AF618039

V&R

Veronika Verbeek

Mit Kita-Eltern kooperieren

Konstruktivistische, systemische und differenzsensible Perspektiven

Mit 17 Abbildungen, 6 Tabellen und 25 Methodenbausteinen

Vandenhoeck & Ruprecht

Bibliografische Information der Deutschen Nationalbibliothek:
Die Deutsche Nationalbibliothek verzeichnet diese Publikation in der Deutschen Nationalbibliografie; detaillierte bibliografische Daten sind im Internet über http://dnb.de abrufbar.

Umschlagabbildung: © Gorilla – Adobe Stock

Satz: SchwabScantechnik, Göttingen
Druck und Bindung: ⊕ Hubert & Co. BuchPartner, Göttingen
Printed in the EU

Vandenhoeck & Ruprecht Verlage | www.vandenhoeck-ruprecht-verlage.com

ISBN 978-3-525-71151-4

Inhalt

Vorwort

Die Idee zu dem vorliegenden Buch entstand nach ein paar zufälligen Gesprächen im Studiengang Sozialwissenschaften an der Hochschule. So erzählte mir eine Studentin nach einem Methodenseminar, sie fände es bedauerlich, wie viele theoretische Konzepte in der wissenschaftlichen Literatur nicht so beschrieben sind, dass man sie sich selbst erarbeiten und in der Praxis umsetzen kann. Eine andere Studentin, die sich im Rahmen ihrer Bachelorthesis vertieft mit Literatur beschäftigt hatte, meinte, sie habe die systemische Literatur lieber weggelassen, die sei immer so kompliziert: Wenn man ein Buch aufmachte, habe man das Gefühl, man würde von »Insiderwissen und Insidertalk erschlagen« – so ihre Ausdrucksweise. In Unterricht und Seminaren zur Systemischen Beratung fiel mir immer wieder auf, wie schwierig sich die Vermittlung von Systemtheorie und Konstruktivismus gestaltete und der schnellen Anwendung systemischer Methoden kaum hinterherkam. Besonders in den kindheitspädagogischen Studiengängen wurde deutlich, dass der systemische Ansatz zunehmend in die Praxis getragen wird, die Hürden, in das Thema einzusteigen, für Anfängerinnen und Anfänger aber sehr hoch sind.

Mit diesen erweiterten Perspektiven startete ich den Versuch, eine Einführung in innovative Konzepte für die kindheitspädagogische Praxis zu verfassen, die das Aufgabengebiet der Kooperation mit Eltern als Anwendungsfeld in den Blick nehmen. Ich möchte mich bei Frau Dr. Ulrike Gießmann-Bindewald vom Verlag Vandenhoeck & Ruprecht für die interessierte Zusage und bei Frau Claudia Peter für die Unterstützung bei der Realisierung des Buchprojekts bedanken.

Eine Gruppe Studierender kindheitspädagogischer Studiengänge an der Hochschule Koblenz hat das Manuskript auf Verständlichkeit hin überprüft. Vielen Dank dafür. Besonders danke ich meinem Mann Dr. Johannes Verbeek für seine kritische Lektüre des Manuskripts und die Unterstützung während der Zeit des Schreibens. Seine Rückmeldungen kamen dem Text sehr zugute.

Die vorliegende Publikation ist durch eine Perspektive auf die Ereignisse in der Kindertagesstätte und im Besonderen auf die Kooperation mit Eltern geprägt, die ich nach einigen Jahren als Kindertherapeutin, vor allem aber seit 25 Jahren als unterrichtende Psychologin in der Fachschulausbildung, seit einigen Jahren auch in der sozialwissenschaftlichen Hochschulqualifikation entwickeln konnte. Für mich ist ein psychologischer Blick – vor allem auf der Grundlage systemisch-konstruktivistischen Denkens – durch Toleranz gekennzeichnet, was gelingendes Leben betrifft, aber auch durch entschiedenes Handeln, wenn langfristig Entwicklungsrisiken drohen. In einem Arbeitsfeld wie der Kindertagesstätte, in dem m. E. viel zu viele pädagogische Erfindungen gemacht werden, wünsche ich den Leserinnen und Lesern, dass diese Konzentration auf das Wesentliche arbeitserleichternd wirken kann.

Veronika Verbeek Koblenz und Trier, im Dezember 2018

1 Nichts ist praktischer als viele gute Theorien

Das Tätigkeitsgebiet der Kindertagesstätte ist in den Kanon der vielen Anwendungsfelder systemischer Praxis noch nicht aufgenommen worden – das fällt bei einem Blick in die einschlägigen Lehrbücher auf (Levold & Wirsching, 2016; Schlippe & Schweitzer, 2016; Schwing & Fryszer, 2015). Betrachtet man die zahlreichen Gesprächssettings in der Kindertagesstätte, dann kann man sich darüber allerdings wundern: Alltagsgespräche mit Kindern, Projekt- und Portfoliogespräche, Kinderkonferenzen, Elterninformations- und Anmeldegespräche, Gespräche während der Eingewöhnung, Entwicklungsgespräche, Gespräche zur Gestaltung des Übergangs in die Grundschule, Teamsitzungen, Fallbesprechungen, Kooperationsgespräche mit Schulen oder im Rahmen der Frühen Hilfen, Tür- und Angelgespräche mit Eltern sowie Gespräche mit Teamkolleginnen und -kollegen sind nur einige der Kommunikationssituationen im Kita-Alltag (Weltzien, 2015). Wo viel geredet wird, da werden auch viele Geschichten erzählt: Über die Kinder von heute, Lernen in Projekten, die Ideen der neuen Berufspraktikantin, den einzigen Erzieher in der Kindertagesstätte, die schwierige Eingewöhnung von Leander, die Mutter von Hedy im letzten Elterngespräch, über die verschiedenen Ausbildungsstätten mit ihren Ansprüchen, die hohen Verwaltungsauflagen, aber auch über die Entstehung eines Regenbogens, den Gebrauch der Wasserwaage, den Kummer von Sophie u.v.m. So betrachtet ist die Kindertagesstätte mit ihrem dichten Geflecht an Kommunikationen ein nahezu idealer Ort systemischer Praxis!

Im vorliegenden Buch wird es nur um einen kleinen Ausschnitt der Praxis in der Kindertagesstätte gehen, nämlich um die Zusammenarbeit zwischen kindheitspädagogischen Fachkräften[1] und Eltern, im Folgenden als *Kita-Eltern-*

1 Zum Publikationszeitpunkt sind in den Kindertageseinrichtungen der BRD ungefähr 95 % Erzieherinnen und 5 % Erzieher beschäftigt. Dennoch wird in dieser Publikation von Erzieherinnen und Erziehern, von Kindheitspädagoginnen und Kindheitspädagogen gesprochen, um das generische Femininum in Sozialberufen zu überwinden. Der Einfachheit halber wird in Bezug auf die Professionellen in der Kindertagesbetreuung aber meistens die Bezeichnung

Kooperation bezeichnet. Eine Reihe von Ratgebern leistet bereits einen wichtigen Beitrag zur konkreten Durchführung der Zusammenarbeit zwischen Kindertagesstätte und Familie und unterstützt die Gestaltung schwieriger Gesprächssituationen (u. a. Groot-Wilken, 2017; Lindner, 2013). Erste Publikationen zum Einbezug systemischer Konzepte schaffen einen Anreiz, sich mit dieser modernen Denkrichtung und ihren Implikationen für die Kindertagesbetreuung auseinanderzusetzen (Ott, Käsgen, & Ott-Hackmann, 2007; Orban & Wiegel, 2018; Renolder, Scala & Rabenstein). Ich möchte an diese aktuelle Diskussion zwischen Theorie und Praxis in der Kooperation mit Eltern anknüpfen.

Die Kooperation zwischen Kindertagesstätte und Familie erfährt seit ca. 20 Jahren eine hohe Aufmerksamkeit. Für die umfangreicher und vielfältiger gewordene Zusammenarbeit setzte sich der Begriff *Erziehungspartnerschaft* bzw. *Bildungs- und Erziehungspartnerschaft* durch (Textor, 1997, 2006). Dazu gehört neben dem regelmäßigen Gespräch mit Eltern das Ermöglichen von Mitbestimmung, das Initiieren von Elterntreffs, der Einbezug von Eltern in pädagogische Aktivitäten und Projekte, Angebote der Elternbildung (Fialka, 2010; Roth, 2014) sowie die Öffnung der Kindertagesstätte in den Sozialraum (Pohlmann, Kaiser-Hylla, Herzog & Schneider, 2016).

Der Ausbau der Kooperation mit Eltern ist dabei nicht Selbstzweck, sondern soll einen positiven Effekt auf das Wohl des Kindes, auf bessere Entwicklungsmöglichkeiten oder eine erhöhte Lernbereitschaft haben. Im Falle Rat suchender Eltern werden durch Bildungs- und Beratungsangebote positive Auswirkungen auf die Erziehung in der Familie erwartet. Ob es sich bei diesen Zielen um programmatische Ansagen oder um tatsächlich nachweisbare Effekte handelt, bleibt mangels empirischer Studien allerdings offen (Betz, 2015).

Fasst man die Zusammenarbeit zwischen Kindertagesstätte und Familie schlagwortartig als *Elterninformation, Elternberatung, Elternbildung* und *Elternpartizipation* zusammen, dann werden in der vorliegenden Publikation nicht alle Kooperationsformen in den Blick genommen. Die Ausführungen beziehen sich vorrangig auf Gesprächssituationen mit Eltern, in denen es um die Betreuung, Erziehung und Bildung ihres Kindes geht. Diese Prioritätensetzung liegt in einschlägigen Forschungsergebnissen begründet: So zeigte sich in der Trierer Kindergartenstudie (Honig, Joos & Schreiber, 2004), in der 5500 Eltern befragt wurden, dass für Eltern das persönliche Gespräch mit der Erzieherin über die Entwicklung des Kindes wichtiger ist als Mitbestimmungs- und Mitarbeits-

---

kindheitspädagogische Fachkraft verwendet. Wo geschlechtsneutrale Lösungen künstlich wirken oder die Lesbarkeit leiden würde, werden flexible Lösungen gesucht, um bei anderen Berufsbezeichnungen (z. B. in Beratung, Coaching und Therapie) das generische Maskulinum zu überwinden.

möglichkeiten, die im Rahmen der Erziehungspartnerschaft angeboten werden. Zudem erscheint eine Begrenzung auf das Kerngeschäft der Kooperation zwischen Kindertagesstätte und Familie vor dem Hintergrund überhandnehmender Anforderungen an kindheitspädagogische Fachkräfte geboten.

Trotz einer weit verbreiteten Rhetorik von Partnerschaftlichkeit liegt die Initiative, Verantwortung und der gesetzliche Auftrag für die Zusammenarbeit aufseiten der pädagogischen Einrichtung. Angesichts der vielfältigen Aufgaben in der Kindertagesstätte stehen pädagogische Fachkräfte unter Druck, weil sie täglich spüren, dass Eltern vielschichtige Qualitätsansprüche an die Kindertagesbetreuung haben. Vor allem bei herausfordernden Gesprächen, bei Entwicklung- und Verhaltensauffälligkeiten von Kindern, bei unzugänglichen oder uninteressierten Eltern kommen pädagogische Fachkräfte verständlicherweise an Grenzen und erhalten in der Regel keine fachliche Unterstützung, die über die Beratung im Team hinausginge.

In der pädagogischen Praxis ist es schon lange üblich, auf das gut durchdachte Know-how aus der Psychotherapie zurückzugreifen, um schwierige Gesprächssituationen in anderen helfenden Situationen, z. B. auch in der Zusammenarbeit mit Eltern, besser lösen zu können. Unter den vier großen Psychotherapieschulen *Psychoanalyse, Personzentrierte Psychotherapie* (auch Gesprächspsychotherapie genannt), *Verhaltenstherapie* und *Systemische Therapie* erlangte bislang vor allem der Personzentrierte Ansatz nach Carl Rogers für professionelle Gespräche in den Sozialwissenschaften eine herausragende Bedeutung. Berufserfahrene Erzieherinnen und Erzieher werden sich erinnern: Die Anwendung der in dieser Therapietheorie als wirksam erklärten Grundhaltungen (Empathie, Echtheit und Wertschätzung), die Umsetzung gesprächsfördernder Techniken (Zuhören, Ich-Botschaften, Paraphrasieren) und die Vermeidung gesprächshemmender Kommunikationen (Ratschläge, Bewertungen) galten lange Zeit als der Königsweg zum erfolgreichen Elterngespräch. All diese Haltungen und Gesprächstechniken sind auch an bestimmte Menschenbildannahmen gebunden: Als Ableitungen aus der Personzentrierten Psychologie von Carl Rogers sind sie untrennbar mit dem humanistischen Glauben an das Gute im Menschen und der Annahme einer angeborenen Selbstverwirklichungstendenz verbunden. Einigen aktuellen Publikationen zur Kooperation mit Eltern liegt der Personzentrierte Ansatz noch zugrunde (z. B. Aich, Kuboth & Behr, 2017; Leupold, 2006).

Psychotherapieschulen und Kita-Pädagogik

Auch die Psychoanalyse und die Verhaltenstherapie beeinflussten zu unterschiedlichen Zeiten die Pädagogik in der Kindertagesstätte, ohne dass damit zwangsläufig auch Kooperationskonzepte mit Eltern verbunden waren.

Die psychoanalytische Vorstellung einer nachhaltig prägenden psychosexuellen Entwicklung des Kindes, die frei von Zwängen ausgelebt werden sollte, bestimmte die Pädagogik der Kinderläden zuzeiten der Studentenbewegung. In offenen Formen der Betreuung und Erziehung hat sie bis heute ihre Spuren hinterlassen, wenngleich explizit psychoanalytische Kindertageseinrichtungen in der Gegenwart selten sind (Eich, 2016).

Die Kenntnis lerntheoretischer Grundlagen und der Einsatz von Verhaltensmodifikation (im Sinne einer Verhaltenstherapie in pädagogischen Institutionen) gehört seit den 1970er-Jahren zum Lernstoff in der Erzieherausbildung. Der lerntheoretische Zugang ermöglicht, Erziehungsprozesse gezielt so zu gestalten, dass Fehlentwicklungen entgegengewirkt werden kann (z. B. Barth, Bernitzke & Fischer, 2007; Müller, Klauß, Heimberg & Mittmann, 1980). Der Einzug von Trainings in die Kindertagesbetreuung basiert ebenfalls auf der Grundidee der Verhaltenstherapie, nämlich Verhaltensdefizite durch Übung dessen, was fehlt, zu überwinden (z. B. Koglin & Petermann, 2013; Krowatschek & Albrecht, 2013).

Mit dem Aufkommen des Selbstbildungsansatzes seit der Jahrtausendwende geraten Theorien, die auf einer Fremdsteuerung des Kindes beruhen, in den Hintergrund.

In der Gegenwart werden zunehmend Zugänge zur Zusammenarbeit mit Eltern gesucht, die kommunikationsorientiert sind und dem systemischen Ansatz zugeordnet werden können. Systemisches Denken hat eine lange Ideengeschichte in der Philosophie und in den Naturwissenschaften. Obgleich verkürzt als *systemisch* bezeichnet, gründet der Ansatz im Grunde auf zwei wissenschaftlichen Theorien, dem *Konstruktivismus* und der *Systemtheorie*. In der zweiten Hälfte des letzten Jahrhunderts wurden diese wissenschaftlichen Lehren in verschiedenen Ländern vor allem in Amerika, in Italien und Deutschland – für die Behandlung von Personen mit psychischen Problemen nutzbar gemacht. Mit dieser Psychotherapierichtung ist deshalb nicht ein einzelner Name – wie im Falle der Psychoanalyse der von Sigmund Freud oder im Falle der Personzentrierten Psychologie der von Carl Rogers – sondern sind eine Fülle von Namen verbunden, die für unterschiedliche Strömungen stehen. Arist von Schlippe und Jochen Schweitzer (2016, 40) unterscheiden in ihrem *Lehrbuch der systemischen Therapie und Beratung* allein elf verschiedene tradierte Richtungen, die man als »Konzeptfamilien« verstehen kann, und besprechen noch fünf neuere Entwicklungen systemischer Theorie und Praxis. Einige dieser systemtherapeutischen Modelle wie die Mehrgenerationenperspektive der Psychoanalytischen Familientherapie, die Strukturelle Familientherapie, die Lösungsorientierte Therapie und die Narrative Therapie werden für das Praxisfeld Kindertagesstätte genutzt und finden in den folgenden Kapiteln an gegebener Stelle ausführlich Erwähnung.

In einschlägigen Aus- und Weiterbildungen zum Thema Elterngespräche oder Erziehungspartnerschaft wird oft sehr deutlich, dass die tragenden theoretischen Grundlagen eines Beratungsansatzes – egal, welcher Herkunft – nicht oder nur oberflächlich bekannt sind. Entweder sie wurden in einer modularisierten, d. h. einseitig auf Anwendungswissen bezogenen Erzieherausbildung nur kurz behandelt oder auch an den Hochschulen der Einfachheit halber zugunsten konkreter Gesprächsübungen weggelassen. Die fundamentale Weltsicht, die Menschenbildannahme eines Beratungsansatzes, kann aber nur dann als vermeintlich trockene Theorie abgewertet werden, wenn ihr keine praktische Relevanz zukommt und ihre grundlegende Bedeutung für Haltungen und Gesprächsmethoden nicht deutlich gemacht wird. So kann es also passieren, dass jemand – um es mit einem saloppen Vergleich zu verdeutlichen – (noch) mit der Bibel unter dem Arm die buddhistische Achtsamkeitspraxis erprobt und sich dann wundert, dass die Wirkung ausbleibt.

Die Frage, ob man sich als professionelle Fachkraft in Therapie, Beratung oder anderen unterstützenden Kommunikationssituationen für eine theoretische Richtung entscheiden sollte oder theoretisch verschiedene Handlungskonzepte auch kombinieren kann, wird kontrovers diskutiert. In ihrem lesenswerten Buch *Kommunikation als Lebenskunst* stellen der Systemiker Bernhard Pörksen und der Kommunikationspsychologe Schulz von Thun (2016) heraus, dass letztendlich immer eine Entscheidung über das Menschenbild getroffen werden muss. Dieses Menschenbild schließt dann bestimmte Haltungen und Methoden ein, andere aber auch aus.

Genau an diesem Punkt, nämlich an der Schärfung des Profils des systemischen Ansatzes, setzt das vorliegende Buch an. Damit bei der Einführung systemischer und konstruktivistischer Konzepte in die kindheitspädagogische Praxis eine Entkoppelung zwischen zugrundeliegender Ideenlehre und konkreter Gesprächspraxis nicht passiert, verfolgt die vorliegende Publikation die Idee, die entsprechenden theoretischen Grundlagen und die Grundhaltungen ausführlich und verständlich zu beschreiben. Dabei gilt: Je deutlicher die Weltsichten und die Grundhaltung hervortreten, umso klarer kann eine Entscheidung für oder gegen einen Beratungsansatz fallen.

In diesem Sinne versteht sich das Buch wie eine einführende Veranstaltung in Aus- und Weiterbildung oder Studium. Sie soll bei der Erkenntnis helfen, ob jemand sich mit systemischen und konstruktivistischen Ansätzen weiter beschäftigen möchte, weil sich eine Passung zum eigenen Denkstil eingestellt hat, oder eben nicht. Und es gilt des Weiteren: Je mehr die Weltsichten und die Grundhaltungen in ihrer praktischen Relevanz verstanden werden, umso leichter gelingen später die konkreten Gesprächssituationen. Je verständlicher das Typische eines theoretischen Zugangs wird, umso kompetenter die Methodenentscheidungen.

Wie im Verlauf der Ausführungen noch deutlich wird, fokussiert ein systemisch-konstruktivistisches Herangehen an Gespräche subjektive Perspektiven, anerkennt Unterschiede und sucht nach Anknüpfungspunkten bei Kommunikationspartnerinnen und -partnern. Hier ergeben sich Verbindungen zu einer differenzsensiblen Grundhaltung, wie sie für den Diversity-Ansatz typisch ist. Dieses für die Kindheitspädagogik ebenfalls relativ neue Konzept soll die vorliegende Einführung in systemisch-konstruktivistische Perspektiven gewinnbringend ergänzen. Die Begriffe *Diversity* oder *Diversität* stehen für die Anerkennung von Unterschiedlichkeit als Vielfalt, *Diversity-Kompetenz* oder *Differenz-Kompetenz* für den würdigenden, gleichstellungsorientierten Umgang mit Verschiedenheit und die Vermeidung von Benachteiligung.

In der aktuellen Diversity-Forschung werden verschiedene Differenzkategorien unterschieden und dahingehend untersucht, wie einer Ausgrenzung benachteiligter Gruppen entgegengewirkt werden kann: Neben Sozialstatus, Geschlechtszugehörigkeit und kultureller Herkunft gehören auch Aspekte wie Gesundheit, Lebensalter oder die regionale Herkunft innerhalb eines Landes dazu (vgl. Lutz & Wenning, 2001). Ungleichheitsforschung und der Abbau sozialer Benachteiligung sind wissenschaftlich betrachtet keine Neuheiten, sondern zählen zu den traditionellen Forschungsthemen einer Differenzpädagogik, die die Soziale Arbeit prägt, in die Kindheitspädagogik aber noch vergleichsweise wenig Einzug gehalten hat.

Der Übertrag der Grundideen eines Handlungskonzepts mit Ursprüngen in der Psychotherapie oder die Anwendung einzelner Themen aus der Diversity-Forschung auf die Zusammenarbeit zwischen Kindertagesstätte und Familie macht nur Sinn, wenn angenommen werden kann, dass dadurch die pädagogischen Aufgaben besser bewältigt werden können. Empirische Wirkstudien liegen dazu nicht vor, von einem gewissen Relevanznachweis der ausgewählten Perspektiven kann allerdings dennoch ausgegangen werden. Hier sind theoretische Perspektiven versammelt, die sich in vielen Jahren in der Erzieherausbildung und in Weiterbildungen an Fachschule und Hochschule bewährt haben, weil sie als für die Berufspraxis nützliche Unterrichts- und Studieninhalte erlebt wurden. Teilnehmende an berufsbegleitenden fachschulischen und hochschulischen Weiterbildungen sind besonders kritisch Prüfende, was die praktische Relevanz von Ausbildungs- und Studieninhalten betrifft. Lesende werden selbst entscheiden, ob die Theorien auch für ihre eigene pädagogische Praxis wichtig werden.

Damit Praxisrelevanz möglich wird, muss die vorliegende Einführung in konstruktivistische, systemische und differenzsensible Perspektiven für die Zusammenarbeit mit Eltern die pädagogischen Fachkräfte in der Kindertageseinrichtung, also Erzieherinnen und Erzieher, Fachschülerinnen und Fachschüler ebenso wie Studierende der Kindheitspädagogik, auch ansprechen. Im Gegensatz zum Gespräch und zur Diskussion in Unterricht und Seminar erlaubt ein Buch kein Nachfragen, sondern es muss an sich verständlich sein, um eine Wirkung zu erzielen. Theoretische Themen für die Praxis nutzbar zu machen, gelingt hoffentlich mit den »Verständlichmachern«, die Schulz von Thun beschreibt: Einfachheit, Gliederung und Ordnung, Kürze und Prägnanz sowie zusätzliche Stimulation. Stimulation als Kriterium verständlicher Texte meint »Verlebendigung« durch konkrete Beispiele oder eindrückliche Geschichten (Pörksen & Schulz von Thun, 2016, 38 f.). Fallgeschichten, Veranschaulichungen und Anwendungen im Kontext der Kooperation zwischen Kindertageseinrichtung und Familie sind wichtige Elemente der vorliegenden Publikation. Im Text werden aber nicht nur Bezüge zur Praxis hergestellt, sondern auch Verbindungen zu einem wissenschaftlichen Zugang gesucht, wenn das Gesagte immer wieder auch theoretisch eingeordnet wird. Sowohl die Exkurse in die Praxis als auch die Ausflüge in die Theorie sind vom Fließtext abgesetzt, sodass Lesende selbst entscheiden können, welchen Teil sie vertiefen und welchen Teil sie eher überfliegen möchten. Es widerspräche allerdings der Grundidee des Buchs, wenn beim Lesen die Reihenfolge der Kapitel nicht eingehalten würde – weil eben Theorien vor Haltungen und Haltungen vor Methoden bzw. Techniken kommen.

In Teil I wird zunächst die Handlungsrelevanz der theoretischen Konzepte vermittelt: In Kapitel 2 geht es um die wissenschaftlichen Grundlagen des Konstruktivismus und in Kapitel 3 um die der Systemtheorie. Sie werden als Perspektiven auf die Welt dargestellt und auf die Kooperation und Kommunikation mit Eltern übertragen. Kapitel 4 zeigt typische Grundhaltungen, die sich aus den theoretischen Positionen und der systemischen Beratungspraxis ableiten lassen, und ihren Nutzen für gelingende Kommunikationen mit Eltern.

Teil II schafft eine Brücke zwischen konstruktivistisch-systemischem Denken und der Anerkennung von Unterschieden, die aktuell unter Fachbegriffen wie *Diversity* und *Inklusion* diskutiert wird. Wissen über den Umgang mit Eltern aus verschiedenen sozialen Milieus wird in Kapitel 5 für die Elternkooperation nutzbar gemacht. Genderkompetenz als Fähigkeit, unterschiedliche Lebensformen zu unterstützen und Benachteiligungen aufgrund des Geschlechts zu vermeiden, wird Thema in Kapitel 6 und erlangt für die Kindertagesstätte – in einem traditionellen Frauenberuf – eine besondere Brisanz. In Kapitel 7 geht es um den Aufbau von Differenzkompetenz bei Kindern in psychischen Problemlagen. Alle drei Aspekte können wichtig werden, um mit Unterschieden bei Eltern und mit Unterschieden bei Kindern im Elternkontakt professionell umgehen zu können.

Teil III widmet sich vor dem Hintergrund der eingeführten konstruktivistischen, systemischen und differenzsensiblen Perspektiven dem konkreten kommunikativen Handeln. Aus dem breiten Methodenspektrum systemisch-konstruktivistischer Praxis werden in Kapitel 8 Analysemethoden für die Kindertagesstätte und in Kapitel 9 Methodenbausteine für Gespräche mit Eltern dargestellt. Kapitel 10 fasst die Überlegungen und Erkenntnisse zu konstruktivistischen, systemischen und differenzsensiblen Perspektiven auf die Kooperation zwischen Kindertagesstätte und Familie zusammen.

Jede Publikation für kindheitspädagogische Fachkräfte läuft Gefahr, die bestehende Komplexität der Aufgaben im Erzieherberuf noch zusätzlich zu erhöhen. Dabei ist schon hinlänglich bekannt, dass kindheitspädagogische Fachkräfte zu der Berufsgruppe gehören, deren Belastungsgrenzen durch hohe Bildungsanforderungen, durch Verwaltungsaufgaben, Personalmangel und Elternansprüche bereits überschritten sind (vgl. Schneider, 2018). Ich vertrete allerdings die Idee, dass bei entsprechendem systemischem und konstruktivistischem Wissen mit dem geschärften Blick für Nützliches und für weniger Nützliches Kommunikationssituationen einfacher werden.

Teil I Konstruktivistische und systemische Perspektiven

Dass Konstruktivismus prinzipiell ohne Systemtheorie und Systemtheorie ohne Konstruktivismus auskommt, sich im Verlauf der theoretischen Entwicklung aber Verknüpfungen ergaben, wird in dem gängigen Attribut *systemisch* für den Ansatz nicht deutlich. Weil im Grunde also zwei Theorien wichtig sind, wird fortan je nach Kontext von *konstruktivistisch* oder von *systemisch* gesprochen, allgemein aber der vergleichsweise sperrige Ausdruck *systemisch-konstruktivistisch* verwendet, um den Beratungsansatz in Psychotherapie, Pädagogik, Sozialer Arbeit oder nun auch in der Kindheitspädagogik zu kennzeichnen. Mit der erweiterten Bezeichnung lassen sich nicht nur beide theoretischen Grundlagen gleichermaßen darstellen, es wird zudem auch möglich, jeweils unterschiedliche Konsequenzen für die Kita-Eltern-Kooperation abzuleiten. Beispielsweise kann so der große Nutzen einer konstruktivistischen Perspektive als reflektierter Umgang mit Sprache, Bedeutungszuschreibungen und Geschichten für die pädagogische Arbeit in der Kindertageseinrichtung deutlicher hervortreten.

Wie kann es gelingen, theoretische Positionen, die in Therapie und Beratung Anwendung finden, auch auf die Kooperation mit Eltern zu übertragen? Ist dieses Vorgehen überhaupt legitim, wenn Erzieherinnen und Erzieher, Studierende der Kindheitspädagogik und der Sozialen Arbeit aus Ausbildung und Studium häufig mitnehmen, dass sie mit Diagnostik und Therapie nichts zu tun hätten? Was unterscheidet Therapie, Beratung und Elterngespräche, und wo ergeben sich Verbindungen?

»Wenn das sprichwörtliche kleine grüne Männchen vom Mars auf die Erde käme und nacheinander – oder parallel – eine Therapie- und eine Beratungssitzung beobachten könnte, würde es einen Unterschied feststellen?«, fragt Fritz B. Simon (2014, 117) in einer Einführung in die Systemische Theorie und Beratung. Er kommt zu der Einschätzung, dass der Unterschied zwischen Therapie und Beratung nicht in der angewandten Methode liegt, sondern im Kontext, im rechtlichen, institutionellen oder qualifikationsbezogenen Rahmen, in dem eine bestimmte Methode Anwendung findet.

Berufsgruppen, die ihr helfendes Tun im Verständnis des Krankenkassensystems *Psychotherapie* nennen dürfen, sind Psychologinnen und Psychologen, Ärztinnen und Ärzte, im Falle von Kindern und Jugendlichen auch pädagogische Berufsgruppen mit entsprechender Therapiequalifikation. Ein möglicherweise völlig identisches Handeln – z. B. die Aktivierung einer Person bei einer depressiven Reaktion auf eine Trennung – wird in einem anderen Setting *Beratung* genannt, nämlich immer dann, wenn Institution oder Qualifikation der systemischen Beraterinnen und Berater die soeben genannten Formalqualifikationen für eine heilkundliche Tätigkeit nicht aufweisen. Käme eine Erzieherin in einem zufälligen Tür- und Angel-Gespräch auf die sinnige Idee, einer Mutter zu empfehlen, jeden Tag einen langen Spaziergang zu machen, damit ihr die Decke nicht auf den Kopf fällt, könnte sie es weder Therapie noch Beratung nennen. Methodisch betrachtet tun alle aber etwas sehr Ähnliches: Sie geben eine Anregung, die im Rahmen der systemischen Therapie der Methodengruppe der *Handlungsvorschläge* zugeordnet werden könnte (Schlippe & Schweizer, 2016). Aus verhaltenstherapeutischer Sicht handelt es sich übrigens um *Aktivierung* als wichtiges Element der Depressionstherapie (Hautzinger, 2013). Man kann also grundlegend zusammenfassen: Eine gewählte Methode (hier je nach Perspektive eine verhaltenstherapeutische oder eine systemische) macht noch keinen Unterschied zwischen Therapie, Beratung oder Elterngespräch, sondern allein der rechtliche, institutionelle und personale Kontext.

Überträge systemisch-konstruktivistischer Theorien in das Berufsfeld der Sozialen Arbeit erfolgten bereits seit den 1990er-Jahren (im kurzen Überblick z. B. bei Kühling, 2006). Jürgen Hargens, Andrea Richter und Helen Zettler (2000, 7) finden nur graduelle Unterschiede in Anliegen, Klienten, Motivation, Freiwilligkeit und Wirkfaktoren zwischen Psychotherapie und Sozialer Arbeit und betonen Gemeinsames: »Wir haben es immer mit anderen Menschen zu tun, wir arbeiten immer an interaktiven Wechselwirkungen, und wir bewegen uns im sprachlichen Raum.«

In diesem Sinne können pädagogische Fachkräfte in der Kooperation mit Eltern auch die zu besprechenden konstruktivistischen und systemischen Positionen einnehmen. Auf der theoretischen Ebene sind Konstruktivismus und Systemtheorie zudem völlig frei von Anwendungsbeschränkungen. So haben Rainer Schwing und Andreas Fryszer (2015) eine lesenswerte Einführung in die systemische Theorie verfasst und diese weder in Therapie noch in Beratung, sondern im Alltagsleben verortet als Lebenseinstellung eingeführt. Arist von Schlippe (2015, 7) bemerkt, dass das sprachlich umständliche Einbeziehen von Therapie, Beratung, Supervision oder Coaching als Anwendungskontexte systemischen Denkens zu überwinden ist, indem einfach von »systemischer Praxis«

gesprochen wird. Unterschiede durch Charakteristik des Tätigkeitsfeldes Kindertagesstätte machen sich erstmalig auf der Ebene der Haltungen (Kapitel 3) und deutlicher in der Methodenauswahl (Teil III) bemerkbar. In Teil I »eint allerdings unser grundlegendes Konzept: das Menschenbild, das wir in unserer Arbeit vertreten« (Hargens u. a., 2000, 15).

2 Konstruktivistisch denken

Sie dürfen nicht alles glauben, was sie denken – mit diesem Ausspruch des Komikers Heinz Erhardt kann man die Grundidee des Konstruktivismus einleitend auf den Punkt bringen. Zitate, die zur Illustration der Erkenntnis- oder Wissenslehre herangezogen werden, gibt es zahlreiche, viele sind von den Leitfiguren der Theorieentwicklung überliefert: Ernst von Glasersfeld, Heinz von Förster, Paul Watzlawick oder Kenneth J. Gergen. Von ihnen wird an gegebener Stelle die Rede sein.

Konstruktivismus als Sichtweise auf die Welt und am Beispiel kindheitspädagogischer Themen grundlegend zu verstehen, ist Ziel des folgenden Unterkapitels 2.1. Der Übertrag dieser Perspektive auf die Kita-Eltern-Kooperation erfolgt in Kapitel 2.2 und führt in Kapitel 2.3 zu einer funktionalen Betrachtung der Kooperation zwischen Kindertagesstätte und Familie. Was es heißt, konstruktivistisch zu denken, wird in Kapitel 2.4 zusammengefasst.

2.1 Konstruktivismus

Die bekannten Begriffe *Konstruktion* oder *konstruieren* weisen auf den lateinischen Ursprung des Wortes, das übersetzt *zusammenfügen* oder *zusammenbauen* bedeutet. In der Kunst steht Konstruktivismus für eine bestimmte Stilepoche gegenstandsloser Malerei zu Beginn des 20. Jahrhunderts, in der Architektur für einen sowjetischen Baustil. Von Gegenständlichem unabhängig bezeichnet Konstruktivismus aber auch eine Erkenntnislehre in der Philosophie und in den Sozialwissenschaften.

2.1.1 Radikaler und Sozialer Konstruktivismus

Üblicherweise gehen wir davon aus, dass die Welt außerhalb und unabhängig von uns existiert und wir die Gegenstände in der Welt mit unseren Sinnesorganen wahrnehmen können. In der philosophischen Erkenntnislehre spricht man hier von *Realismus*. Die Frage, ob es eine Wirklichkeit unabhängig von uns gibt, wird dann eindeutig mit *Ja* beantwortet. Davon auszugehen, dass unsere Sinnesorgane sogar ein genaues Abbild dieser Welt abliefern, wird als *Naiver Realismus* bezeichnet. Die meisten Menschen sind bezüglich der Frage, ob es eine Wirklichkeit außerhalb ihrer Person gibt, sicher (mehr oder weniger naive) Realisten.

In einigen Lebensbereichen lassen wir auch persönliche, subjektive Varianten der Wahrnehmung zu. Dies gilt beinahe selbstverständlich für Geschmacksurteile und unterschiedliche Lebensstile, wird bei zwischenmenschlichen Konflikten als Unvermeidlichkeit akzeptiert, manchmal aber auch zum Ärgernis. So lernen kindheitspädagogische Fachkräfte in Ausbildung und Studium, sich subjektiver Verzerrungen ihrer Wahrnehmung bewusst zu werden und diese beim Beobachten von Kindern zu kontrollieren. Die Toleranz all dieser persönlichen Sichtweisen auf die Dinge steht in der Regel aber nicht im Widerspruch zu der grundlegenden Annahme, die Phänomene existierten dennoch unabhängig von unserer Wahrnehmung als eine objektive Wirklichkeit, die man prinzipiell auch störungsfrei erkennen können sollte.

Im Konstruktivismus wird genau diese Vorstellung einer von uns unabhängigen Welt verneint. Nicht nur einzelne, subjektiv eingefärbte Phänomene, sondern die gesamte Welt existiert nur (so), weil wir sie selbst (so) gedanklich erzeugen: Die Welt existiert nicht unabhängig von unserer Wahrnehmung, sie ist eine Projektion unserer Annahmen über die Welt. Im Konstruktivismus ist die Welt, wie wir sie erkennen, also *nicht Ursache* unserer Wahrnehmung, wie im Naiven Realismus, sondern *Resultat* unserer Wahrnehmung. In Abbildung 1 wird der fundamental andere Erkenntnisweg des Konstruktivismus im Vergleich zum Realismus deutlich.

Abbildung 1: Im Konstruktivismus existiert die Wirklichkeit nicht unabhängig von der beobachtenden Person.

Der obere Pfeil beschreibt die Weltsicht im Realismus, der annimmt, dass die äußere Welt (hier das Gebäude) ursächlich die Wahrnehmung der Beobachterin bestimmt. Der untere Pfeil kennzeichnet die Weltsicht im Konstruktivismus, der eine Wirklichkeit als Resultat subjektiver Wahrnehmungsprozesse betrachtet.

Die materielle Existenz des Gebäudes mag nicht bezweifelt werden, nur macht es wenig Sinn, diese ohne die Erkenntnismöglichkeiten einer bestimmten Person zu denken. (Und wie oft kommen wir an einem Gebäude vorbei, das wir gar nicht gesehen haben, der Partner aber schon ...)

Ernst von Glasersfeld (1914–2011) weist grundlegend darauf hin, dass Konstruktivismus im Grunde keine Erkenntnislehre sei, sondern eine Wissenstheorie:

> Der Konstruktivismus schlägt vor, das Wort »Erkenntnis« und alle Ambitionen, die damit verknüpft sind, aufzugeben und anstelle der Erkenntnistheorie eine Wissenstheorie zu entwickeln, die ein annehmbares Modell unserer Fähigkeiten liefert, das Wissen aufzubauen, das wir in unserer Erfahrungswelt ja mit einigem Erfolg verwenden. (Glasersfeld, 1997, 48)

Die grundlegende Abhängigkeit der Welterfahrung von Wissensbeständen wird an folgendem Beispiel verständlich, das der Konstruktivist und Kommunikationspsychologe Paul Watzlawick (1921–2007) anführt: Ein kleines Kind weiß nicht, was eine rote Ampel bedeutet, wenn es ihm nicht erklärt wird. Der roten Ampel haftet nämlich nichts an, was zum Stehenbleiben auffordert. Ein sehr kleines Kind hört bei *rot* auch nur eine Abfolge von Lauten, *r-o-t* hat noch keine Bedeutung.

Konstruktion von Weltwissen im Kindesalter

Auch ein sehr bekannter Entwicklungspsychologe, der Schweizer Jean Piaget (1896–1980), gehört mit seiner Stufenlehre der kognitiven Entwicklung zu den Vertretern des Konstruktivismus in der Psychologie. Je nach kognitivem Entwicklungsstand kommt das Kind nämlich zu völlig unterschiedlichen Erkenntnissen über die Welt. Vier Kinder unterschiedlichen Alters erzeugen vier Welten:

Hat ein Kind im sensomotorischen Stadium noch keine Objektpermanenz entwickelt, existiert ein Gegenstand nicht unabhängig davon, ob er sich auch im Blickfeld des Kindes befindet. Ist er aus dem Auge, ist er auch grundlegend aus dem Sinn - und damit aus der Welt.

Gibt man einem 4-jährigen Kind, das im vor-operatorischen Stadium nach Piagets Entwicklungstheorie noch keinen Mengenbegriff entwickelt hat, zwei halbe Kekse, dann wird es sich darüber freuen, dass es mehr abbekommen hat als ein anderes Kind, das (nur) einen (ganzen) Keks aus der Kekspackung erhalten hat.

Ein 10-jähriges Kind im konkret-operatorischen Stadium wird erkennen, dass es sich bei zwei halben Keksen und einem ganzen Keks um die identische Menge handelt, einer der beiden Keks nur leider in der Mitte durchgebrochen ist.

Einem Jugendlichen im formal-operatorischen Stadium ist der zerbrochene Keks schon keinen ausführlichen Gedanken mehr wert, weil der Vergleichsprozess *zwei halbe Kekse = ein ganzer Keks* automatisiert abläuft. Die Fähigkeit zur Abstraktion ermöglicht ihm aber zusätzlich, den Keks in das hierarchische Begriffsinventar für Backwaren einzuordnen oder (andere) Keksteile in vielfältigen mathematischen Brüchen (ein Viertel, ein Drittel, drei Viertel) zu quantifizieren.

Eine konstruktivistische Perspektive in Therapie, Beratung und Erziehungspartnerschaft einzunehmen, stellt das übliche Weltbild grundlegend auf den Kopf. Dies gilt vor allem für den sogenannten *Radikalen Konstruktivismus*, begründet von dem Philosophen und Kommunikationstheoretiker Ernst von Glasersfeld (1917–2010) und dem Physiker Heinz von Förster (1911–2002). Der Radikale Konstruktivismus geht davon aus, dass alle materiellen und immateriellen Phänomene nur subjektbezogen verstanden werden können. Eine gemäßigtere Variante, der *Soziale Konstruktivismus*, fokussiert die Erscheinungen der sozialen Welt. Paul Watzlawick hat hierfür eine hilfreiche Unterscheidung ausgeführt. Die *Wirklichkeit erster Ordnung* bezeichnet Konstruktionen der physikalischen Welt. Seine klassischen Beispiele sind ein Klumpen Gold oder ein mit Wasser bis zur Hälfte gefülltes Glas, man kann auch an einen Tisch oder ein Smartphone denken. All diese materiellen Phänomene sind aus Sicht des Radikalen Konstruktivismus von der Wahrnehmung und von Begrifflichkeiten abhängig, Watzlawick meint aber, dass sich darüber nicht so trefflich streiten lässt wie über die Bewertungen, die diesen Gegenständen zugeschrieben werden. Mit *Wirklichkeit zweiter Ordnung* bezeichnet er diese Zuschreibungen: Dem Metall Gold wird ein hoher Wert beigemessen. Das Wasserglas sieht der Optimist halb voll, der Pessimist halb leer. Der alte Tisch wird – zur Antiquität erklärt – plötzlich wertvoll. Das Smartphone muss ein bestimmtes Fabrikat sein, damit man sich in der Clique sehen lassen kann (zum sozialen Konstruktivismus siehe z. B. Gergen, 1985; Gergen & Gergen, 2009; Watzlawick, 2014).

Statt von Wirklichkeiten 1. und 2. Ordnung kann auch von härterer und weicherer Wirklichkeit im Sinne des Familientherapeuten Helm Stierlin (1959; dargestellt in Simon, Clement & Stierlin, 2004) gesprochen werden:

> Bezogen auf den Beobachter und seine Beobachtungsmethoden kann gesagt werden, daß Wirklichkeiten als um so weicher erschienen, je stärker sie durch den Prozeß der Beobachtung selbst verändert werden. Da soziale Realitäten dadurch entstehen, dass Beobachter andere Beobachter beim Beobachten beobachten, kann es nicht verwundern, dass soziale Realitäten im Vergleich zum Bereich der nicht lebenden materiellen Wirklichkeiten extrem weich sind. (Simon, Clement & Stierlin, 2004, 135)

Abbildung 2: Im Sozialen Konstruktivismus existiert die soziale Welt nicht unabhängig von der beobachtenden Person.

Vertreterinnen und Vertreter sozialer Berufe haben es hauptsächlich mit Konstruktionen über die Wirklichkeit zweiter Ordnung zu tun, wie in Abbildung 2 angedeutet. Die eigentlich völlig ungeordnete Flut an Reizen, zwischenmenschlichen Phänomenen und Ereignissen wird ununterbrochen durch zahllose Bedeutungszuschreibungen geordnet: Verhaltensweisen werden benannt und interpretiert; Kindern und auch Eltern werden Eigenschaften zugeschrieben; Vorstellungen über gute und schlechte Erziehung werden formuliert und wechseln mit der Zeit grundlegend; Ideen über gelingende und misslingende Bildung kommen und gehen; Intelligenz wird angenommen und gemessen; Diagnosen kommen in Mode und verschwinden wieder – um nur einige Beispiele aus der unendlichen Menge an Wirklichkeitskonstruktionen im pädagogischen Kontext zu nennen.

Im Grunde erklären, kommunizieren und identifizieren sich Individuen, Familien, Teams, Organisationen über Geschichten und Erzählungen:

> In ständiger Konversation, im Gespräch und im Erzählen von Geschichten halten Menschen ihre Wirklichkeit stabil und bestätigen sich ihre Identitäten wechselseitig. (Schlippe, 2015, 13)

Gerade in der Kindertagesstätte fällt die Dichte an Gesprächssequenzen auf, vor dem geistigen Auge entsteht ein Geflecht steter Kommunikation, in der Weltsichten erzählt werden. Die Liste aus dem einleitenden Kapitel sei an dieser Stelle noch einmal wiederholt: Es sind Alltagsgespräche mit Kindern, Projekt- und Portfoliogespräche, Kinderkonferenzen, Morgenkreise, Interviews, Elterninformations- und Anmeldegespräche, Gespräche während der Eingewöhnung, Entwicklungsgespräche, Gespräche zur Gestaltung des Übergangs in die Grundschule, Teamsitzungen, Fallbesprechungen, kollegiale Beratung, Zielvereinbarungs- und Personalentwicklungsgespräche, Kooperationsgespräche mit Schulen oder im Rahmen der Frühen Hilfen, Tür- und Angelgespräche mit Eltern, Gespräche mit Teamkolleginnen und -kollegen im Gruppenalltag, informelle Gespräche mit Leitung und Träger, spontane Gespräche mit Kooperationspartnern bei Veranstaltungen und Festen (Weltzien, 2015).

Nomen est omen I: Berufsbezeichnungen haben Bedeutung

Auch die verschiedenen Berufsbezeichnungen im Verlauf der 150-jährigen Professionalisierungsgeschichte pädagogischer Berufe können als Konstruktionen von Wirklichkeiten über effektives pädagogisches Handeln interpretiert werden. Welche Botschaften vermitteln die Berufsbezeichnungen Kindergärtnerin, Erzieherin, Sozialassistentin oder Kindheitspädagogin (im Folgenden nur im generischen Femininum verwendet)?

Viele Jahre nachdem Georg Heinrich Theodor Fliedner (1900–1864) und Friedrich Wilhelm August Fröbel (1782–1852) unabhängig voneinander erste Ausbildungskurse eingerichtet hatten, konnte 1911 die erste Ausbildungsordnung für den Beruf der *Kindergärtnerin und Hortnerin* verabschiedet werden. Zumindest die Berufsbezeichnung der Kindergärtnerin steht für die große Bedeutung der Fröbel-Pädagogik, aber auch sinnbildlich für die damals typischen Reifungstheorien. Diese nehmen an, dass das Kind alle genetischen Anlagen schon mit sich bringt und es nur der pflegerischen Zuwendung bedarf, damit diese biologische Ausstattung sich entfalten kann. Die Ausbildung zur *Heim- und Jugenderzieherin* qualifizierte in dieser Zeit für die Arbeit in Kinderheimen und drückte begrifflich ein höheres Maß an Fremdsteuerung der kindlichen und jugendlichen Entwicklung aus. Erst in den 1960er-Jahren ermöglichte eine umfassende Fachschulreform den gemeinsamen Beruf der Erzieherin und des Erziehers. Mit den immer bedeutsamer werdenden Wissenschaften Pädagogik und Psychologie setzte sich die Vorstellung einer durch Umweltbedingungen beeinflussbaren kindlichen Entwicklung durch. Zu Umwelttheorien passte die Berufsbezeichnung *Erzieherin* bzw. *Erzieher:* Im Vergleich zu einer Kindergärtnerin sind Erzieherinnen und Erzieher aktiv, planen, strukturieren und lenken die Entwicklung des Kindes – und zwar nicht nur in der Jugendhilfe, sondern auch im (damals noch so genannten) Kindergarten.

Eigentlich ist seit der letzten großen Fachschulreform im Jahre 2002 eine neue Berufsbezeichnung fällig, denn zu der Idee, dass das Kind sich – begleitet von Erwachsenen – selbst bildet, passt die Bezeichnung Erzieherin und Erzieher nicht mehr so richtig. Es bräuchte einen Namen für den Beruf, der eine Entwicklungs- und Bildungsbegleitung ausdrückt, so wie es im neuen Helferberuf *Sozialassistentin* (mehr oder weniger absichtsvoll) schon umgesetzt wurde. Zumindest in der Heilpädagogik bezeichnet Assistenz die Unterstützung von Personen mit Behinderung zur Optimierung von Selbstbestimmung. Die Berufsausbildung der Sozialassistentin löste in den meisten Bundesländern die *Kinderpflegerin* ab, ein Beruf der stärker versorgend-pflegerische Aufgaben in der Kindertagesbetreuung wahrnahm.

Mit den Bildungsreformen in der 1970er-Jahren entstanden aus den Höheren Fachschulen (Ausbildungsstätten der Jugendleiterinnen, einer für Leitung qualifizierenden Fortbildung) die ersten Fachhochschulen und damit der Beruf der *Sozialpädagogin* und der *Sozialarbeiterin* für die Betreuung von Kindern, Jugendlichen und Erwachsenen mit Hilfebedarf. Seit 2004 findet mit den kindheitspädagogischen Studiengängen und dem neuen Beruf der *Kindheitspädagogin* eine weitere Teilakademisierung des Erzieherberufs statt.

In der ehemaligen DDR waren die Berufe in der Kindertagesbetreuung stärker spezialisiert, teilakademisiert und dem Bildungsministerium zugeordnet - Entwicklungen, die nach der Wende abgeschafft wurden, nun aber wieder verfolgt werden (zur Professionsgeschichte vgl. die Ausführungen bei Aden-Grossmann, 2011; Amthor, 2012; Maiwald, 2006; Metzinger, 2013).

2.1.2 Über die Konsequenzen einer Theorie

Die Grundidee im Konstruktivismus, Weltsichten nicht unabhängig vom Beobachtenden zu sehen, mag im vorherigen Abschnitt deutlich geworden sein. Die Tragweite einer konstruktivistischen Perspektive zeigt sich, wenn verschiedene Merkmale von Wirklichkeitskonstruktionen in Anlehnung an Jochen Schweitzer, Stefan Beher, Kirsten von Syndow und Rüdiger Retzlaff (2007) zunächst allgemein, dann aber auch praxisbezogen am Beispiel einer Verhaltenstendenz bei Kindern erläutert werden.

Konstruktionen sind subjektiv

Wenn eine Äußerung nicht etwas über die Welt an sich aussagt, sondern an die wahrnehmende Person gebunden ist, dann verliert die Frage, ob eine Aussage *wahr* oder *falsch* ist, an Bedeutung.

Wird ein Junge, der sich in ruhigen Situationen sowohl in der Kindertagesstätte als auch zu Hause erwartungswidrig viel bewegt, von der Bezugserzieherin als *hyperaktiv,* von seiner Mutter aber als *temperamentvoll* und von einem Vater als *völlig normal* (»Ich war nicht anders in diesem Alter!«) bezeichnet, dann handelt es sich um subjektive Einschätzungen, die für jede der drei Personen jeweils wahr, allgemein betrachtet aber weder grundsätzlich wahr noch falsch sind. Im Konstruktivismus gibt es kein Kind, dessen Verhalten *an sich,* sozusagen unabhängig von den Perspektiven auf dieses Verhalten, betrachtet werden kann.

Konstruktionen sind mehr oder weniger funktional

Sind Wirklichkeitskonstruktionen weder wahr noch falsch, so sind einige aber dennoch nützlicher als andere. Wie oben besprochen tritt die Wahrheitsproblematik im konstruktivistischen Denken in den Hintergrund und wird durch funktionales Denken ersetzt. *Viabilität* ist in diesem Zusammenhang ein wichtiger Begriff, den Ernst von Glasersfeld einführte und der mit den Bedeutungsnuancen Gangbarkeit, Brauchbarkeit, Funktionalität die Suche nach Wirksamem und nach Lösungen strukturiert. Begriffe oder Handlungen sind also nicht wahr, sondern viabel, »wenn sie zu den Zwecken und Beschreibungen passen, für die wir sie benutzen« (Glasersfeld, 1997, 43). Funktionales Denken als wichtige Errungenschaft einer konstruktivistischen Perspektive wird in den folgenden Kapiteln noch mehrfach aufgegriffen.

Sicher eignen sich die Attribute *temperamentvoll* (Mutter) und *normal* (Vater) eher dazu, einen mehr oder weniger aktiv erzieherischen Kontakt zum Kind aufrechtzuerhalten, während die Bezeichnung *hyperaktiv* dazu führt, Verantwortung für Veränderung an Therapeutinnen und Therapeuten abzugeben. Weshalb kommt die Erzieherin auf die Idee, die Diagnose ADHS zu verwenden? Vielleicht will sie Fachlichkeit zum Ausdruck bringen, auf eine Überbelastung in der großen Kita-Gruppe hinweisen, ihr Interesse an Psychologie zum Ausdruck bringen u.v.m.

Konstruktionen sind veränderbar

Auf Paul Watzlawick geht der Satz zurück: »Ich bin frei, denn ich bin einer Wirklichkeit nicht ausgeliefert, ich kann sie gestalten.« Im Volksmund heißt es: »Jeder ist seines Glückes Schmied.« Probleme gelten im Konstruktivismus als dysfunktionale, wenig nützliche Wirklichkeitskonstruktionen, Lösungen wiederum als funktionale Wirklichkeitskonstruktionen. Vorstellungen können so verändert werden, dass sie sich zur Bewältigung von Schwierigkeiten besser eignen. Aus Problemkonstruktionen können prinzipiell auch Lösungskonstruktionen werden.

Der Gedanke, Wirklichkeitskonstruktionen so zu verändern, dass sie gangbar sind und zu subjektiven Lösungen führen, lässt sich gut an einer systemischen Standardintervention für Eltern in der Erziehungsberatung verdeutlichen. Angenommen, in Bezug auf das Kind steht die Diagnose ADHS im Raum und die Eltern schwanken zwischen einer medizinischen Erklärung (ADHS ist eine Krankheit) und einer pädagogischen Erklärung (ADHS ist Ausdruck unzureichender Erziehung) hin und her. Dann sollen sich die Eltern eine Woche lang vorstellen, ADHS sei ein vorrangig medizinisches Problem. In der zweiten Woche sollen sie an die Idee glauben, ADHS sei ein ausschließlich erzieherisches Problem. In der dritten Woche müssen sie sich entscheiden, welche der beiden Erklärungen sich für die Bewältigung ihrer Probleme als nützlicher erweist und fortan nach dieser handeln (vgl. Weiss, 2008).

Ähnliche Konstruktionen erzeugen eine Illusion von Wahrheit

Wirklichkeit ist nicht nur eine subjektive Erfindung, sondern auch ein konsensuales, d. h. gemeinschaftliches Phänomen. Manchmal sind nur einige Menschen auf einer Wellenlänge, wie man dann gerne sagt, wenn grundlegende Einstellungen und Sichtweisen geteilt werden und man sich deshalb mit den entsprechenden Personen wohlfühlt. In der Demokratie sind es Mehrheiten, die einen Mainstream erzeugen, der mit Wahrheit verwechselt werden kann, einfach deshalb, weil er häufiger erzählt wird. Massenbewegungen lassen andere Sicht- und Denkweisen, nämlich die der Minderheiten, sogar völlig in Vergessenheit geraten. Moden (auch pädagogische Moden) sind ein Beispiel für die Vergänglichkeit und Veränderbarkeit gemeinschaftlicher Wirklichkeitskonstruktionen, die zum jeweiligen historischen Zeitpunkt allerdings nicht anders denkbar waren. Übereinstimmung oder Konsens als Gemeinschaftsleistung entsteht übrigens nicht nur durch Mehrheiten, sondern auch durch Macht.

Das Merkmal Konsensualität kann erneut am Beispiel ADHS verständlich werden. Die psychische Störung ADHS im Kindesalter wurde in den 1960er-Jahren in Amerika erfunden und erst 1992 als Hyperkinetische Störungen (HKS) in das Klassifikationssystem der Weltgesundheitsorganisation aufgenommen, das für die kassenärztliche Versorgung in der Bundesrepublik gültig ist. Die zunehmende medikamentöse Behandlung von Kindern mit dieser Diagnose führte nach Angaben des Bundesinstituts für Arzneimittel und Medizinprodukte im Jahr 1993 im Bundesgebiet noch zu einem Verkauf von 34 kg des Wirkstoffs Methylphenidat, fast 20 Jahre später lag der Verbrauch bei 1839 kg, einer Erhöhung um das 54-fache, mit einer leicht rückläufigen Tendenz in den letzten Jahren.

Konstruktionen entstehen durch Sprache

Gibt es keine von Wahrnehmungen unabhängige Welt, dann hat Sprache auch keine Abbildfunktion. Begriffe entsprechen dann nicht realen Dingen in einer von uns angeblich unabhängigen Welt. Stattdessen erhält Sprache eine ganz andere Bedeutung: Sie wird zum eigentlichen Medium für Wirklichkeitskonstruktionen.

Die ausschlaggebende Rolle der Sprache wird besonders deutlich, wenn Begriffe neu erfunden werden: Vor den 1990er-Jahren waren Kürzel wie ADHS oder HKS für erwartungswidriges motorisches und konzentrationsbezogenes Verhalten bei Kindern unbekannt. Für vergleichbares Verhalten standen andere (pathologisierende oder normalisierende) Wörter zur Verfügung: Minimale Cerebrale Dysfunktion, Zappelphilipp, Spätentwickler, Traumsuse, Wildfang oder Umschreibungen wie temperamentvoll, nervös, typisch Junge.

Wenn Sprache das Medium von Wirklichkeitskonstruktionen ist, dann kommt ihr im Falle von Problemen und beim Finden von Lösungen eine besondere Rolle zu.

Narrative Therapie

Eine therapeutische Entwicklung auf der Grundlage des Konstruktivismus ist die *Narrative Therapie.* Der Begriff *Narration* mit seinem sprachphilosophischen Hintergrund steht für *Geschichte* oder *Erzählungen,* im Kontext des Ansatzes auch *Narrationen* genannt. Prominenter Vertreter des Narrativen Ansatzes in der Familientherapie ist der australische Sozialarbeiter und Therapeut Michael White (1948–2008), der zusammen mit David Epston in den 1990er-Jahren die Grundlagen des narrativen Therapiemodells legte (White, 2010; White & Epston, 2013).

Geschichten oder Erzählungen strukturieren Erfahrungen, haben identitätsstiftende Wirkung, werden gehütet oder weitergegeben. Max Frisch bringt den Gedanken der sprachlichen Konstruktion der eigenen Identität und das Spiel mit verschiedenen Rollen besonders akzentuiert im Roman *Mein Name sei Gantenbein* aus dem Jahre 1964 zum Ausdruck. Den Erzähler lässt er relativierend feststellen: »Jeder Mensch erfindet sich früher oder später eine Geschichte, die er für sein Leben hält.« Geschichten erzeugen eine Wirklichkeit, sind aber nur eine – in einem bestimmten Zeitraum funktionale – Auswahl aus der Fülle an Ereignissen, die prinzipiell erzählt werden können. Auch aus der Alltagserfahrung ist bekannt, dass Personen ein gemeinsames Ereignis oder eine bestimmte Lebenslage völlig unterschiedlich erinnern.

Probleme entstehen, wenn Geschichten, die man sich selbst erzählt, oder die andere Personen über einen erzählen, zu Stagnation führen. In der Kindheitspädagogik hat der Einsatz von Märchen oder von Bilderbüchern eine lange Tradition, nicht zuletzt deshalb, weil Kindern alternative Geschichten angeboten werden, wenn problemzentrierte Wahrnehmungen die Sicht auf positive Erfahrungen versperren (Ortner, 2004). Die Methode der Biografiearbeit verfolgt das Anliegen, hilfreiche Identitätskonstruktionen für Personen anzubieten, die einen besonderen Bedarf haben, gute Geschichten über ihr Leben zu finden: Im Kontext der Kinder- und Jugendhilfe z. B. nachlesbar bei Tony Ryan und Rodger Walker (2007) oder Wilma Weiß (2013), in der Arbeit mit Personen mit geistiger Behinderung oder ihren Familien bei Christian Lindmeier (2013) oder Bettina Lindmeier, Hanna Stahlhut, Lisa Oermann und Cornelia Kammann (2018).

Nicht nur in der Therapie stehen autobiografische Geschichten im Mittelpunkt – auch in Gesprächen mit Eltern werden Geschichten über Kinder, Familiengeschichten oder Erziehungsgeschichten erzählt. Therapie mit dem Fokus auf Erzählungen zielt darauf, Geschichten, die sich nicht als nützlich erwiesen haben, um ein erfülltes Leben zu führen, durch alternative Geschichten zu erweitern, die zu einer positiver erlebten Identität verhelfen.

Destruktiv wirkende Konstruktionen sind nicht verhandelbar

Ein Missverständnis der Theorie des Konstruktivismus wäre die Einschätzung, jeder und jede könne denken und handeln, was er oder sie will. Wirklichkeitskonstruktionen sind allein deshalb nicht beliebig, weil zwischen Funktionalität und Dysfunktionalität unterschieden wird. Die Welt sich gedanklich so zurechtzulegen, dass Probleme für Kinder erwachsen oder familiäres Leid entsteht, stellt eine klare Grenze für Wirklichkeitskonstruktionen dar. Gesetzesübertretungen wie Gewalt in der Familie oder Vernachlässigung elterlicher Sorgearbeit begrenzen eindeutig die Pluralität der Auffassungen von der Welt. Verhaltensprobleme, Symptome bei einem Kind sind immer ein Auftrag, genauer hinzusehen. Auch Einstellungen, Sichtweisen und Handlungen, die zu Rechtsbrüchen führen, beenden einen therapeutischen und beraterischen Kontext und führen zu Kontrollaufgaben (Borst, Schlippe & Fischer, 2013). In diesem Sinne stehen das Wächteramt des Staats und der Schutzauftrag in der Kindertagesstätte nicht im Konflikt mit einer größeren Offenheit für verschiedene Perspektiven auf das Wohl des Kindes (siehe auch 2.2.4 und 4.2.2).

2.2 Erziehungspartnerschaft als gut gemeinte Erfindung

Nach dieser allgemeinen Einführung in konstruktivistisches Denken mit unterschiedlichen Beispielen aus der Kindheitspädagogik soll im Folgenden ausgehend vom modernen Konstrukt *Erziehungspartnerschaft* eine pragmatische Sicht der Kooperation zwischen Kindertagesstätte und Eltern – kurz: Kita-Eltern-Kooperation – entwickelt werden.

2.2.1 Begriffe und Konzepte

Mit dem Begriff der *Erziehungspartnerschaft* wird ungefähr seit dem Aufkommen der Bildungspläne nach der Jahrtausendwende das Verhältnis zwischen Kindertageseinrichtung und Familie neu konzeptualisiert. Die aktuellen Konzepte der Erziehungspartnerschaft und die Weiterentwicklung zur *Bildungspartnerschaft* gehen begrifflich und konzeptuell auf die Arbeiten des frühpädagogischen Experten Martin R. Textor zurück, der in Modellprojekten und im Kontext des bayerischen Bildungsplans Formen der Elternbeteiligung seit den 1990er-Jahren vorantrieb (Textor & Blank, 1996; Textor, 2002; im Überblick: Textor, 2011, 2017). Die Ablösung des Begriffs *Elternarbeit* durch Erziehungspartnerschaft ist ein Beispiel für die sprachliche Vermittlung von Wirklichkeitskonstruktionen: Begrifflichkeiten sind veränderbar, der gewählte Name steht aber auch für das Programm, das in einer jeweiligen Epoche als beste Lösung betrachtet wird.

Das Wort Erziehungspartnerschaft scheint auf den ersten Blick eine gelungene Neukonstruktion für den älteren Begriff Elternarbeit. Elternarbeit lässt an eine auf Eltern zugehende pädagogische Fachkraft denken und suggeriert über den Wortteil *Arbeit* Aktivität, Anstrengung und ein gewisses Maß an Unfreiwilligkeit seitens der pädagogischen Fachkraft und der Eltern. Schließlich geht es darum, die Erziehungsvorstellungen aus dem Team den möglicherweise andersdenkenden Eltern überzeugend nahezubringen. Der Begriff Erziehungspartnerschaft will diese Mitbedeutungen und die Einseitigkeit der Interessenlage korrigieren.

Nicht alle Elemente des neuen Begriffs scheinen allerdings passend: Fasst man das gesamte Spektrum der Aufgaben der Kindertagesstätte als Betreuung, Erziehung und Bildung des Kindes, dann erstaunt, dass nur die *Erziehung* des Kindes, nicht aber seine Betreuung und Bildung von kindheitspädagogischen Fachkräften und Eltern gemeinsam gestaltet werden soll. Die Weiterentwicklung zur *Bildungs- und Erziehungspartnerschaft* korrigiert diese Begrenzung etwas, wird aber unterschiedlich verwendet. Der Begriff kann Eltern nicht nur als Erziehungspartner, sondern auch als Bildungspartner aktivieren (Textor, 2002) oder aber den Einbezug von Grundschulen in die Zusammenarbeit von Kindertagesstätte und Familie meinen (Betz, 2015).

Auch der Wortteil *Partnerschaft* enthält irritierende Momente. Vor allem in Kombination mit *Erziehung* suggeriert er einen sehr vertrauten Rahmen, wirkt beinahe privat, zumindest aber freundschaftlich besetzt. Assoziationen aus dem familiären Bereich wie Vertrauen, Ehrlichkeit, Toleranz, Respekt und Harmonie liegen nahe. Ein professionelles Bild ergibt sich erst, wenn man Assoziationen zu Partnerschaft aus dem Bereich der Geschäftswelt nutzt. Geschäftspartner haben ein gemeinsames Ziel vor Augen, sind vergleichbar kompetent, wenngleich sie für unterschiedliche Bereiche zuständig sein können. Offenheit, Transparenz und regelmäßiger Austausch kennzeichnen ihre Zusammenarbeit.

Textor (2015, 2017) äußert sich inzwischen ausgesprochen skeptisch über den Fortbestand seiner eigenen Erfindung, die Erziehungspartnerschaft und Bildungspartnerschaft als gleichberechtigte Kooperation von Kindertagesstätte und Eltern. Er begründet diese Einschätzung mit der veränderten und zeitlich entgrenzten Erwerbstätigkeit beider Elternteile und der Entwicklung hin zur frühen Fremdbetreuung von Kindern ab dem ersten Lebensjahr mit einer langen täglichen Verweildauer in der Kindertagesstätte. Aber auch die Rahmenbedingungen in der Kindertagesstätte verunmöglichten eine »enge, dialoghafte Beziehung« (Textor, 2015, 7), die der Begriff Partnerschaft unterstellt:

> Bis zu 24 Kinder werden im Durchschnitt von einer Erzieherin betreut … 24 Kinder bedeutet 48 Eltern – vielleicht auch 50 oder 52, wenn soziale Eltern wie z. B. Stiefeltern dazu kommen. Kann man mit 50 Personen »Partnerschaften« eingehen? Kennen Erzieher/innen überhaupt alle 50 Elternteile – inklusive leiblicher Eltern mit gemeinsamem Sorgerecht, die nach der Trennung bzw. Scheidung an einem anderen Ort wohnen? Welche Chancen haben sie bei den wenigen Tür- und Angel-Gesprächen und dem einen Entwicklungsgespräch pro Jahr, mit den 50 Elternteilen in einen Dialog einzutreten? Also zu erfahren, wie die Eltern ihr Kind sehen und erleben, was sie für Bildungsziele und Erziehungsvorstellungen haben, wie sie es erziehen? Oder gar zu erkennen, wo es Defizite gibt, wie sie also die Erziehung und Bildung in der jeweiligen Familie unterstützen können? (Textor, 2015, 8)

Mit Blick auf Eltern aus der unteren sozialen Schicht weist auch Betz (2015) kritisch darauf hin, dass mit der Rhetorik einer Partnerschaft auf Augenhöhe die realen Machtverhältnisse zwischen Kindertageseinrichtung und Eltern verschleiert werden. Im Hinblick auf die genauere Betrachtung der Elternschaft unter dem Aspekt der Unterschiedlichkeit von Familien (vgl. hierzu Kapitel 5) sei an dieser Stelle schon angemerkt, dass die Einschätzung von Eltern als Juniorpartner, d. h. also mit *weniger* Kompetenzen als die kindheitspädagogische Fachkraft ausgestattet, sich als Irrtum erweisen kann.

Sicher tut es also auch der einfache Begriff der *Zusammenarbeit* oder *Kooperation*, um einen wechselseitigen Austausch zwischen pädagogischer Fachkraft und Eltern begrifflich zu fassen. Die Kooperation zwischen Eltern und den professionell Erziehenden bezieht sich auf Betreuungs-, Erziehungs- und Bildungsfragen im Hinblick auf das Kind. Es kommt zu einem regelmäßigen Austausch zwischen kindheitspädagogischen Fachkräften und Elternpersonen über das Kind in zufälligen oder geplanten Gesprächen, die unter dem Stichwort *Elternberatung* zusammengefasst werden können. Kindertagesstätten haben auch die Aufgabe regelmäßiger *Elterninformation* – z. B. an Elternabenden, über die Konzeption, mittels Wanddokumentationen. *Elternpartizipation* als Aspekt der Kita-Eltern-Kooperation ermöglicht Eltern, bei Festen, Feiern, Projekten oder der Gestaltung von Räumen mitzuwirken. Elternbefragungen und Mitgestaltung erhöhen ihren Einfluss auf die Organisation der Kindertagesstätte und auf pädagogische Prozesse. Besonders in Familienzentren finden Eltern Austausch und professionelle Beratung, aber auch Bildungsangebote, die den Aspekt der *Elternbildung* in der Kita-Eltern-Kooperation umsetzen lassen (vgl. auch Fialka, 2010; Roth, 2014).

Im Anschluss an die Betrachtung des Begriffs der Erziehungspartnerschaft sei nun ein Blick aus konstruktivistischer Perspektive auf die Beteiligten geworfen: Damit Kooperation – egal in welcher Dichte, Intensität oder Form – überhaupt gelingen kann, braucht es hierfür nützliche Sichtweisen auf Eltern, pädagogische Fachkräfte und Kinder.

2.2.2 Nützliche Eltern-Konstruktionen

Auf die Frage, welches Bild von Eltern sie haben, nennen Erzieherinnen und Erzieher in Aus- und Weiterbildung häufig Defizitäres: Eltern setzten Kinder unter Druck; Eltern interessierten sich wenig für das, was ihre Kinder in der Kindertagesstätte erleben; Eltern seien verunsichert; Eltern seien froh, ihre Kinder den ganzen Tag unterbringen zu können usw. Mit dieser negativ gefärbten Brille, die sicher weniger das Gesamtbild der Erfahrungen mit Eltern repräsentiert, sondern eine Fokussierung auf schwierige Situationen mit Eltern ausdrückt, lässt sich nur schwer ein ergiebiger Kontakt zu Eltern herstellen. Partnerschaften oder Kooperationen mit Schwächeren gelingen in der Regel nicht.

Die in Weiterbildungskontexten immer wieder erlebte Mühe von pädagogischen Fachkräften, Eltern (auch) Kompetenzen zuzuschreiben, verwundert, zumal kindheitspädagogische Fachkräfte in der Wahrnehmung von Ressourcen geübt sind. Seit der sogenannten kompetenzorientierten Wende in der Lernforschung und der Aufnahme dieser Sichtweise in die Bildungspläne von Kita und Schule werden Kinder nicht mehr (einseitig) mit ihren Defiziten, sondern (einseitig) mit ihren Ressourcen wahrgenommen. In der Kindertageseinrichtung wurden Methoden wie Portfolios oder Lerngeschichten eingeführt, um die Kompetenzen eines Kindes und seinen persönlichen Lernzuwachs zu dokumentieren (Leu u. a., 2007; Wagner, 2013; ausführlich siehe auch 8.1.1)

Einen Teil des Familiensystems, nämlich die Kinder, als kompetent für die Gestaltung ihrer Lernprozesse zu denken, den anderen Teil des Familiensystems, die Elternpersonen, aber als defizitär zu beschreiben, entbehrt einer gewissen Logik. Damit Kooperation gelingt, sind nützliche, funktionale Elternkonstruktionen nötig, die übrigens kindheitspädagogischen Fachkräften, die selbst Eltern sind, in der Regel eher gelingen. Sichtweisen auf Eltern, die einen positiven Kontakt ermöglichen, könnten die folgenden sein:

- Eltern haben Wissen und Kompetenzen in Bezug auf die Betreuung, Erziehung und Bildung in der Familie.
- Eltern haben eigene Vorstellungen über das Beste für ihr Kind.
- Eltern suchen nach bestmöglichen Lösungen für Probleme.

Zur Nachjustierung der Rolle von Eltern aus der typischen Sicht von pädagogischen Fachkräften mag auch ein Blick ins Grundgesetz nützlich sein. In Artikel 6 des Grundgesetzes heißt es:

> (1) Ehe und Familie stehen unter dem besonderen Schutze der staatlichen Ordnung. (2) Pflege und Erziehung der Kinder sind das natürliche Recht der Eltern und die zuvörderst ihnen obliegende Pflicht. Über ihre Betätigung wacht die staatliche Gemeinschaft. (3) Gegen den Willen der Erziehungsberechtigten dürfen Kinder nur auf Grund eines Gesetzes von der Familie getrennt werden, wenn die Erziehungsberechtigten versagen oder wenn die Kinder aus anderen Gründen zu verwahrlosen drohen.

Erste Bildungs- und Erziehungsinstanz ist also die Familie, die Kindertageseinrichtung ist per Gesetz eine familienergänzende Einrichtung, selbst wenn einige Kinder in einer bestimmten Lebensphase mehr Zeit in der Kindertagesbetreuung als zu Hause verbringen.

Angesichts der gesellschaftlichen Entwicklung hin zur Ganztagsbetreuung von Kindern bereits nach dem ersten Lebensjahr bemerkt Textor (2015, o. S.) nachvollziehbar, dass sich die Rolle der »Ko-Erzieherin« von der pädagogischen Fachkraft zur »Haupterzieherin« eines Kindes verändert. Unter den Bedingungen einer deutlich reduzierten Familienzeit wird die Erziehung von den Eltern an die Kindertageseinrichtung delegiert, die Erzieherin bzw. der Erzieher weiß unter Umständen mehr über das Kind als die Eltern.

2.2.3 Nützliche Pädagogische-Fachkraft-Konstruktionen

Kindheitspädagogische Fachkräfte bezeichnen sich selbst im Zusammenhang mit Elternkontakten gern als *Expertinnen und Experten für Erziehung.* Vor einem Jahrzehnt waren Selbstbeschreibungen dieser Art noch unüblich. Wahrscheinlich liegt dies daran, dass Erzieherinnen und Erziehern in Publikationen zum Thema Erziehungspartnerschaft dieser Expertenstatus explizit zugeschrieben wird (z. B. Fialka, 2010).

Vielleicht schießt man mit dieser Begriffswahl ein wenig über das Ziel hinaus. Im allgemeinen Verständnis würde man den Expertenstatus einer Person zuschreiben, die über außerordentliches Wissen zur Klärung schwieriger Probleme verfügt. Alle anderen Personen, die durch eine Ausbildung oder ein Studium Fachwissen erlangt haben, gelten gemeinhin als *Fachfrauen* und *Fachmänner.* Möglicherweise spiegelt sich in der Begriffswahl die allgemeine Tendenz im Bildungsansatz wider, Lernvorgänge und Wissensbestände insgesamt zu übertreiben. So wird aus Wissen gleich *Expertise,* aus einem interessierten Kind gleich ein *Forscher,* werden aus Lernecken und -räumen *Labore,* Kinder können in Nachhaltigkeitsprojekten *Zukunftsdiplome* erwerben oder Zertifikate an *Kinder-Unis* erhalten. Diese Konstruktionen mögen für die Kommunikation im Kontext einer zeitgenössischen Bildungspolitik hilfreich sein, die erfolgreiche Akquise von Projekt- und Forschungsgeldern garantieren – für die Kommunikation mit den meisten Eltern und mit nicht-pädagogischen Berufsgruppen (z. B. Therapeutinnen und Therapeuten) ist eine solche Sprache nicht zu empfehlen, will man einen seriösen Eindruck machen.

Doch zurück zu den Selbstbildern von kindheitspädagogischen Fachkräften. Wer sich selbst den Expertenstatus zuschreibt, muss ihn auch Eltern zusprechen, weil sich sonst keine Gleichberechtigung in der Erziehungspartnerschaft herstellen lässt. Statt von Expertise einfach nur von *Wissen* zu sprechen, kann professionell Erziehende entlasten, wenn Aufgaben zu schwierig erscheinen. Dann kann die Fachkraft einfach sagen, dass ein Sachverhalt ihr Wissen übersteigt, weil sie eben nicht Expertin und Experte ist. Stattdessen können Therapeutinnen und Therapeuten bei als zu schwierig erlebten Entwicklungsverläufen von Kindern herangezogen werden. In der Regel sind hier Psychologen und Psychologinnen anzusprechen: Ihr Hauptgeschäft in der Behandlung von Kindern ist die Förderung der kindlichen Entwicklung, die Behandlung von Entwicklungs- und Verhaltensproblemen durch Kompetenzaufbau oder durch förderliches Beziehungs- und Erziehungsverhalten.

Als kindheitspädagogische Fachkraft davon Abstand zu nehmen, alles, was in der Kindertagesstätte passiert, selbst bewältigen zu müssen, ermöglicht auch, sich von der Konkurrenz zwischen kindheitspädagogischer Fachkraft und Familie zu verabschieden. Stattdessen können die verfügbaren Wissensbestände seitens der Professionellen (für die Kindertageseinrichtung) und seitens der Eltern (für den familiären Kontext) einfach zusammengebracht werden.

2.2.4 Zum Wohl des Kindes

Die Definition von Erziehungspartnerschaft als Kooperation von Eltern und kindheitspädagogischen Fachkräften zum Wohl des Kindes rückt neben den Erwachsenen auch das Kind in den Fokus des Beziehungsgefüges. Dabei fällt aus konstruktivistischer Perspektive Verschiedenes auf:

Der Begriff *Kindeswohl* ist ein sogenannter unbestimmter Rechtsbegriff, d. h. der Inhalt bleibt vieldeutig und bedarf der Auslegung. Nach Michael-Sebastian Honig (2017) lassen sich zwei Strategien unterscheiden, diesen vagen Begriff zu bestimmen: Entweder Kindeswohl wird als Abwesenheit von Kindeswohlgefährdung, d. h. als Abwesenheit körperlicher, geistiger und seelischer Verletzungen negativ bestimmt. Oder es erfolgt eine positive Definition, indem Kriterien für das Wohl von Kindern definiert werden. In der einschlägigen Literatur zur Erziehungspartnerschaft fehlt eine entsprechende Präzisierung der Zielsetzung von Erziehungspartnerschaft.

Kindeswohl - mehr als nur Gewaltverzicht

Aus konstruktivistischer Sicht ist der Wechsel von einem sogenannten pathogenetischen Ansatz hin zu einem salutogenetischen Ansatz in der Gesundheitsförderung hilfreich, Entwicklungsförderung in der Kindertagesstätte zu konzeptualisieren. Von einer pathogenetischen Perspektive (griech. *páthos* = Schmerz, Leid) spricht man, wenn das Interesse auf der Entstehung von Krankheiten liegt, Gesundheit aber nur als Abwesenheit von Krankheit verstanden wird. Es ist dem Medizinsoziologen Anton Antonovsky (1997) zu verdanken, die einseitige Perspektive auf Krankheit und Krankheitsabwendung bei präventiven Maßnahmen durch eine sogenannte salutogenetische Perspektive ergänzt zu haben (lat. *salus* = Gesundheit, Heil, Glück und griech. *génesis* = Entstehung, Entwicklung). Im salutogenetischen Ansatz stellen sich Fragen der Gesundheitsentstehung und Gesundheitserhaltung. Was macht die psychische Gesundheit von Kindern aus? Welche Bedingungen braucht es, um die psychische Gesundheit von Kindern zu erhalten? Welchen Beitrag kann die Kindertagesstätte dazu leisten?

Klaus Schneewind (2012, 109) fasst auf der Grundlage robuster, in »Hunderten von Studien« untersuchter Theorien zusammen, welche elterlichen Kompetenzen für die Entwicklung von Kindern wichtig sind. Dazu gehört die *Gestaltung einer Bindungsbeziehung,* die dem Kind die Exploration der Welt ermöglicht. Diese von dem Kinderpsychiater John Bowlby (1907–1990) entwickelte und von der Entwicklungspsychologin Mary Ainsworth (1913–1999) präzisierte Bindungstheorie sagt für sicher gebundene Kinder eine unauffällige Entwicklung, für Kinder mit unsicherer Bindung eine höhere Wahrscheinlichkeit für Entwicklungsrisiken (z. B. Defizite in sozialen Kompetenzen) vorher. Die für ein zuverlässiges Bindungsangebot notwendige Feinfühligkeit und Selbstwirksamkeitserwartung können bindungsunsichere junge Eltern lernen (im Überblick bei Siegler, DeLoache & Eisenberg, 2005). Zu den elterlichen Kernkompetenzen gehört nach Schneewind auch die *Umsetzung eines autoritativen Erziehungsstils.* Hierbei zeigen Eltern ihren Kindern gegenüber Interesse und Wertschätzung, unterstützen ihre Eigenständigkeit, stellen aber auch Anforderungen und verlangen die Einhaltung von Regeln und Grenzen. Dieser von der Entwicklungspsychologin Diana Baumrind (* 1927) beschriebene und untersuchte Erziehungsstil führt zu höheren sozialen und schulischen Kompetenzen als andere Erziehungsstile (siehe auch 5.3.3). Elternkompetenzen sind allerdings auch abhängig von der Qualität der Paarbeziehung und der Vereinbarkeit von Familie und Beruf.

Im Hinblick auf den Begriff Kindeswohl in der Kindheitspädagogik verweist Bernhard Kalicki (2017) auf den gesetzlichen Rahmen in der Kinder- und Jugendhilfe mit den beiden Komponenten *Schutz vor Gefahren* und *Entwicklungsförderung*. Wohlergehen im Kindesalter bewegt sich zwischen *Angewiesensein* und dem *Aufbau von Handlungsfähigkeit*. Verschiedene Konzepte sind seiner fachlichen Einschätzung nach dem Wohlergehen von Kindern dienlich: autoritativer Erziehungsstil, Förderung intrinsischer Motivation, feinfühlige Bezugspersonen, strukturierte und unterstützende Lernsituationen, alltagsintegrierte Sprachbildung.

Bei einer hohen Quote entwicklungsgefährdeter Kinder gewinnt neben diesen allgemeinen Parametern einer Entwicklungsförderung auch die differenzierende Prävention psychischer Störungen Bedeutung für das Wohl des Kindes (siehe ausführlich in Kapitel 7). In der Studie zur Gesundheit von Kindern und Jugendlichen des Robert-Koch-Instituts, der sogenannten KIGGS-Studie, wurden 14 % der Mädchen und 20 % der Jungen zwischen drei und sechs Jahren als psychisch auffällig eingeschätzt (Robert-Koch-Institut, 2014). Unter Umständen erklärt sich diese Entwicklung auch damit, dass entwicklungspsychologisches prognostisches Wissen in der Konzeptualisierung förderlicher pädagogischer Prozesse in der Kindertagesstätte zunehmend außen vor bleibt (Verbeek, 2017c).

Trotz einzelner Versuche einer Präzisierung des Ziels *Kindeswohl* bleibt es dennoch global gefasst und hat den Status eines strategischen Ziels. In späteren Teilen des Buchs wird deutlich werden, dass sich durch die Konkretisierung von abstrakten Begriffen Aufgaben und Probleme besser lösen lassen (siehe 4.5.1 und 9.3.2). Seit der Einführung des Projektmanagements sind auch in der Kindertagesbetreuung die Kriterien bekannt, die erlauben, Ziele SMART zu formulieren (Erzieherinnen und Erzieher, 2013). Die SMART-Kriterien gelten nicht nur für Bildungs- oder Projektziele, sondern können auch zur Formulierung von Entwicklungszielen dienlich sein.

Nach dem SMART-Prinzip sollen Ziele

- *Specific*, also eindeutig und präzise formuliert werden.
- *Measureable*, messbar im Sinne von überprüfbar sein.
- *Achievable*, für die Person einen Anreiz darstellen und erreichbar sein.
- *Realistic*, realistisch im Kontext Kita förderbar sein.
- *Time-bounded*, zeitlich festlegbar sein und terminiert werden.

Differenziert Entwicklungsschritte bei Kindern zu unterstützen, gelingt erfahrungsgemäß nur mit entwicklungspsychologischem Wissen, das erlaubt, für das

Kind, mit dem Kind, in Kooperation mit den Eltern oder ohne deren Unterstützung zu spezifizieren, welcher Entwicklungsschritt für das Kind die nächste Herausforderung darstellt. Für 25 verschiedene Entwicklungsziele sind in einer eigenen Publikation, dem *Trierer Beobachtungs- und Förderbogen* (Verbeek, 2006) Förderideen für Kindertagesstätte und Familie zusammengefasst. Denkbar ist auch die Unterstützung der kindlichen Selbstwirksamkeit durch das Programm *Ich schaff's!* des finnischen Psychiaters Ben Furman (2017). Überlegungen zur Nützlichkeit verschiedener diagnostischer Methoden in der Kindertagesstätte, werden in Kapitel 8.1 noch angestellt.

Vermeintlich Widersprüchliches

Aufmerksam Lesenden ist möglicherweise aufgefallen, dass sich unter dem Vorzeichen des Konstruktivismus bei einer Zielsetzung *Kindeswohl* ein Paradoxon auftun könnte. Die konstruktivistische Perspektive wurde als eine Wissenstheorie beschrieben, die nicht nach absoluten Wahrheiten sucht oder Normen thematisiert, sondern stattdessen wertfrei subjektive Perspektiven annimmt, die allerdings nicht beliebig sind, sondern in einer funktionalen Betrachtung auf ihre Tauglichkeit zur Lösung von Problemen geprüft werden. Das Anstreben von Kindeswohl bzw. die Vermeidung einer Kindeswohlgefährdung basiert aber eindeutig auf einem normativen Zugang.

Während Normen, die schädigendes Verhalten und Gesetzesüberschreitungen verhindern sollen, in der systemischen Community einen breiten Konsens darüber erzielen, dass hier Grenzen des Möglichen erreicht sind, stellt sich die Frage, inwiefern auch Entwicklungsnormen diesen Status erhalten. Passt die Orientierung an statistischen Normen (im Fall von Entwicklungsüberprüfungen), an sozialen Normen (im Falle von Verhaltensauffälligkeiten), die Prävention von Entwicklungsauffälligkeiten, von Lern- und Verhaltensstörungen zu konstruktivistischen Vorstellungen? Sollte die kindheitspädagogische Fachkraft auch eine Haltung des »Verhinderns und Begrenzens« (Schlippe & Schweitzer, 2016, 202) einnehmen, wenn Eltern ihre Kinder verwöhnen, ängstlich überwachen, hyperindividualisieren oder verprinzen, weil auch die Kehrseite von Gewalt und Verwahrlosung nachhaltig schädigen kann? Diese Kunstfehler der Erziehung hat Alfred Adler schon vor 100 Jahren nachdrücklich beschrieben (Adler, Furtmüller & Wexberg, 1983).

Das hier angesprochene Paradoxon »Sei neutral in Bezug auf das Ergebnis!« im Gegensatz zu »Orientiere dich an den Gesetzmäßigkeiten kindlicher (menschlicher) Entwicklung!« (Schlippe, 2015, 21 f.) zählt zu verschiedenen Paradoxien, die in der systemischen Community heftig diskutiert werden. An dieser Stelle nur soweit: Aus entwicklungspsychologischer Sicht sind Entwicklungsnormen wichtige Information dafür, ob ein bestimmtes Verhalten funktional oder weniger funktional ist, um bestimmte Ziele in der Zukunft mit größerer Wahrscheinlichkeit zu erreichen.

Sie begrenzen ebenso wie Rechtsnormen den Möglichkeitsraum für Lösungen und lassen alle Beteiligten zum Kindeswohl bei störungsfreier Entwicklung beitragen. Dass sich aus konstruktivistischer Sicht ein anderer Umgang mit Theorien ergibt und zusätzlich Fragen entstehen, wird in Teil II einleitend erläutert.

Als weiterer Aspekt erstaunt beim Konstrukt Kindeswohl, dass die Selbstbestimmungskultur der modernen Kindertagesstätte in der Erziehungspartnerschaft noch nicht umgesetzt wird. Wenn Kinder selbst bestimmen, in welchen Themenraum der offen konzipierten Einrichtung sie ihre meiste Zeit verbringen wollen, heute selbstverständlich gefragt werden, was sie in Projekten lernen möchten, und sie in Kinderkonferenzen über organisatorische Fragen mitentscheiden, dann müsste man Kinder im Grunde auch an der Entscheidung und Realisierung dessen, was zum Kindeswohl beitragen soll, beteiligen. Und gerade wenn Ziele nicht nur präzise, überprüfbar, realistisch und terminiert, sondern auch noch erstrebenswert sein sollen, dann tut man gut daran, auch das Kind zu befragen. Obgleich in der Erziehungspartnerschaft konzeptuell nicht zwingend vorgesehen, könnten Kinder altersgemäß auch an grundlegenden Fragen der Betreuung (z. B. wenn möglich auch hinsichtlich der Dauer der täglichen Kita-Betreuung), der Erziehung (z. B. bei neuen Regeln für konflikthaften Situationen) oder Bildung (z. B. über Möglichkeiten, wichtige Bildungsziele zu erreichen) ritualisiert einbezogen werden. Oder sie setzen im Programm *Ich schaff's!* (Furman, 2017) selbst ihre Entwicklungsziele – ein Vorgehen, das in der Kindertherapie übrigens durchaus üblich ist. Die Partizipation von Kindern ist nicht nur angebracht, wenn es um verschiedene Meinungen oder die Bewältigung von Entwicklungszielen geht. Kinder können bei Gesprächen im Rahmen der Erziehungspartnerschaft auch einfach nur dabei sein oder über Gesprächsergebnisse zumindest kindgerecht informiert werden.

In ihrer Expertise zur Bildungs- und Erziehungspartnerschaft zwischen Kindertageseinrichtung, Schule und Familie kommt Betz (2015, 50) ebenfalls zu der Einschätzung, dass das Kind im Konzept der Kita-Eltern-Kooperation bislang nicht mitgedacht wird. Sie sieht zumindest für das Kindergartenalter Vorteile, da sich wahrscheinlich

> das gegenwärtige Wohlbefinden der Kinder erhöht, wenn sie wahrnehmen, dass sich sowohl ihre Eltern als auch ihre Erzieherinnen und Erzieher oder ihre Lehrkräfte für sie einsetzen und sich ›zu ihrem Wohl‹ verständigen. Die Kinder sind stolz auf ihre Eltern und gewinnen Vertrauen in die Institution.

2.3 Kooperationskonzepte als Ausdruck des Zeitgeists

Mit der konstruktivistischen Brille lässt sich die gesamte bisherige Geschichte der Elternarbeit als Abfolge von historisch jeweils stimmigen Konzepten darstellen.

Kita-Eltern-Kooperation historisch betrachtet

Bei Textor (2015) findet sich eine Chronologie der Kooperation zwischen Kindertagesstätte und Familie, die die unterschiedlich konzeptualisierte Beziehung verdeutlichen kann.

In den 1950er- und 1960er-Jahren trafen sich Eltern und Erzieherinnen nur vor dem Gruppenraum beim Abgeben der Kinder und bei wenigen Elternabenden. Textor (2015, o. S.) spricht hier von »Eltern außen vor«. In den 1970er-Jahren, verbunden mit dem bildungs- und sozialpolitisch motivierten Ausbau der Kindertagesbetreuung, wurden Eltern belehrt, was das Beste für ihr Kind sei, z. B. durch Vorträge in der Kindertagesstätte: »Elternarbeit mit erhobenem Zeigefinger«. In den 1970er-Jahren kamen im Zusammenhang mit der Studentenbewegung die ersten Kinderläden auf, in denen Eltern Träger der Einrichtung wurden und die pädagogische Arbeit gleichermaßen wie Erzieherinnen beeinflussten (»Elternmitbestimmung«) oder Dienste übernahmen (»Elternmitarbeit«). Im Situationsansatz in den Kindergärten der 1980er- und 1990er-Jahre wurden Eltern in Projekte eingebunden (»Elternbeteiligung«).

Die aktuelle Fassung der Kita-Eltern-Kooperation unter dem Begriff der Erziehungs- und Bildungspartnerschaft ist vollgepackt mit sehr hohen Erwartungen an die Erzieherinnen und Erzieher oder die Kindheitspädagoginnen und -pädagogen. Klaus Fröhlich-Gildhoff (2013b, 2017) listet Mindeststandards für die Zusammenarbeit mit Eltern auf: Aufnahme- und Eingewöhnungsgespräche, qualifizierte Tür- und Angel-Gespräche, Entwicklungsgespräche, regelmäßige schriftliche Informationen, Bedarfsanalysen, Veranstaltungen zur Elternbildung, Fachkraft-Eltern-Kind-Aktivitäten, Übergangsberatung Krippe zu Kita zu Grundschule zu weiterführender Schule, Krisenmanagement und Beratung bei problematischen Entwicklungsverläufen von Kindern oder bei Kindeswohlgefährdung gehören dazu (vgl. Fröhlich-Gildhoff 2017, 58 f.).

> Wer sich die vielen Konzepte der Elternarbeit vergegenwärtigt, [...] erkennt deren Relativität. [...] dass kein Konzept so etwas wie Allgemeingültigkeit beanspruchen kann oder vorgeschrieben werden sollte. Jede Kindertagesstätte, ja sogar jede Fachkraft muss ihren eigenen Weg finden. Sie muss eine Konzeption der Elternarbeit entwickeln, die den Vorstellungen der Teammitglieder und den Bedarfen der Eltern entspricht. (Textor, 2017, 36)

Wie diese Orientierung an Bedarfen der Teammitglieder und der Eltern aussehen kann, entwickelt Textor (2017) in einer Zukunftsvision von verschiedenen Kooperationskonzepten, die nebeneinander stehen können.

Kindertagesstätten als *Serviceleistung* für Eltern akzeptieren, dass Eltern die Erziehungsarbeit delegieren und nur wenig an der Kooperation mit den pädagogischen Fachkräften interessiert sind. Die Einrichtung richtet sich nach den Bedarfen berufstätiger Eltern mit zeitlich entgrenzten Arbeitszeiten, bietet deshalb deutlich verlängerte Öffnungszeiten oder auch die Betreuung kranker Kinder an – so die Idee Textors. Kindertagesstätten mit dem Schwerpunkt *Elternbildung und -beratung* richten sich an Eltern, die von der Erziehung ihrer Kinder entfremdet sind, weil sie die Betreuung, Bildung und Erziehung ihrer Kinder umfassend delegieren. Sie erhalten Beratung in Erziehungsfragen, Anregungen für Aktivitäten und Bildungsangebote. Kindertagesstätten als *Familienzentren* erfüllen ähnliche Aufgaben, setzen dabei aber auf die Kooperation verschiedener Fachkräfte, die Aufgaben der Bildung, Versorgung und Beratung übernehmen. Dies können Familienhebammen, Sozialarbeiterinnen und Sozialarbeiter sowie Kooperationen mit Therapeutinnen und Therapeuten sein. Als weitere Schwerpunktbildungen bei einer zunehmenden Bedarfsorientierung in der Kooperation mit Eltern nennt Textor Kindertagesstätten als *Arbeitsplatz und Treffpunkt* von Eltern (i. S. v. Bostelmann, 2016) oder eine *Digitalisierung* der Elternarbeit mit einem umfassenden Einsatz digitaler Medien.

Die referierten Kooperationsmodelle folgen einer rein funktionalen Analyse. Die Klärung von Aufträgen und die Akzeptanz verschiedener Aufträge von Eltern, die in dieser Zukunftsvision mitschwangen, entsprechen grundlegend einer systemisch konstruktivistischen Haltung, wie in Kapitel 4.2 noch deutlich wird.

2.4 Zusammenfassung

Kapitel 2 hat die Weichen für ein Verständnis einer der beiden theoretischen Säulen des systemisch-konstruktivistischen Ansatzes gestellt und einen mehrperspektivischen Blick auf die Kooperation zwischen Kindertagesstätte und Eltern geworfen.

Im Konstruktivismus geht man davon aus, dass sich der Mensch nur über seine eigenen Wirklichkeitskonstruktionen Zugang zu einer Welt verschafft, die als von ihm unabhängige Existenz nicht interessiert. Wirklichkeitskonstruktionen sind oft nützlich und fördern Entwicklung, sie können aber auch Probleme erzeugen und zu Erstarrung führen. Die Erzeugung von Wirklichkeit erfolgt durch Sprache, die einen Kosmos an Bedeutungen vermittelt und verhilft, identitätsstiftende Geschichten zu transportieren. Die sprachliche Vermittlung unterschiedlicher Wirklichkeiten wurde am Beispiel verschiedener kindheitspädagogischer Themen – an zentralen Begriffen, Berufsbezeichnungen, Diagnosen, Konzepten der Zusammenarbeit von Kindertagesstätte und Eltern – beispielhaft deutlich gemacht. Aufgrund der Vermittlung über Sprache ist die Wirklichkeitsauffassung änderbar, sodass statt Problemen prinzipiell auch Lösungen sprachlich erzeugt werden können. Je mehr Menschen in ihrer Wirklichkeitskonstruktion übereinstimmen, je höher der Konsens über eine gemeinsame Weltsicht, desto höher ist die Wahrscheinlichkeit, die gemeinschaftliche Konstruktion mit einer vermeintlichen Wahrheit zu verwechseln.

Konstruktivistisch Denkende

- wissen, dass es keine von der Wahrnehmung unabhängige Welt gibt.
- sind sich der unterschiedlichen Perspektiven von Personen bewusst.
- sind sensibel für die sprachliche Vermittlung von Wirklichkeitskonstruktionen.
- wissen um die prinzipielle Veränderbarkeit von Weltsichten.
- beurteilen Konstrukte nach ihrer Nützlichkeit.

Eine konstruktivistische Sicht auf das Konzept Erziehungspartnerschaft macht deutlich, dass Mitbedeutungen von Partnerschaft wie Intensität, auf Augenhöhe kommunizieren, Ideen von pädagogischem Expertentum aufseiten der kindheitspädagogischen Fachkraft oder pädagogischer Laienhaftigkeit auf Elternseite eine professionelle Kooperation zwischen Kindertagesstätte und Familie in Bezug auf die Betreuung, Erziehung und Bildung eines Kindes nicht befördern kann. Sie verschleiern die juristische und in der Profession liegende Verantwortlichkeit der kindheitspädagogischen Fachkräfte für die Kooperation, ignorieren die heterogene Zusammensetzung der Elternschaft, die geringen Zeitressourcen auf Elternseite und aufseiten der kindheitspädagogischen Fachkräfte.

Zusammenarbeit kann gelingen, wenn kindheitspädagogische Fachkräfte ihre Wissensbestände über die Betreuung, Erziehung und Bildung von Kindern in der Kindertageseinrichtung einbringen und Eltern ihre Wissensbestände über die Betreuung, Erziehung und Bildung in der Familie. Kinder haben je nach Alter Wissen über sich selbst und eigene Interessen und können an Entscheidungsprozessen altersgemäß partizipieren. Formen der Kita-Eltern-Kooperation sind Elterninformation, Elternberatung, Elternpartizipation und Elternbildung.

3 Systemisch denken

Systemtheorie grundlegend zu verstehen und die breite Anwendungspraxis zu überblicken, ist Ziel von Kapitel 3.1, wobei direkt in Kapitel 3.2 irreführende Bedeutungszuschreibungen für das Attribut *systemisch* thematisiert werden. In Kapitel 3.3 werden Beispiele aus Familie und Team das Verständnis der Organisationsmerkmale von Systemen vertiefen. Ein systemischer Blick auf die Kita-Eltern-Kooperation erfolgt in Kapitel 3.4. In Kapitel 3.5 wird systemisches Denken zusammengefasst.

3.1 Systemtheorie und ihre Anwendung

Der Begriff *System* kommt aus dem Griechischen und bedeutet *Gebilde, Zusammengestelltes, Verbundenes.* Laut Duden bezeichnet es ein »aus mehreren Teilen zusammengesetztes und gegliedertes Ganzes« (Dudenredaktion, 2006, 1653).

Der Systembegriff in der Psychotherapie gründet in verschiedenen Systemtheorien und bezog sich ursprünglich nur auf Paare und Familien (daher die Bezeichnung *Familientherapie*), wurde in Beratung und Coaching zusätzlich auf Teams oder Organisationen übertragen, gilt aber prinzipiell für alle (andauernden) Gruppen in Schule, Kindertagesstätte oder Heim. Eine systemische Perspektive erfordert, das Verhalten einer Person im Zusammenhang mit dem Verhalten anderer Systemmitglieder zu betrachten, und ist eine deutliche Absage an das Menschenbild der anderen Psychotherapierichtungen mit einem individuenzentrierten Blick auf vereinzelte Personen. Abbildung 3 soll den unmittelbar leicht verständlichen Unterschied zwischen individuenzentriertem und systemischem Denken vermitteln. Im Verlauf der Ausführungen wird aber bald deutlich, dass die Darstellung in Abbildung 3 eine stark vereinfachende Idee eines Systems nahelegt.

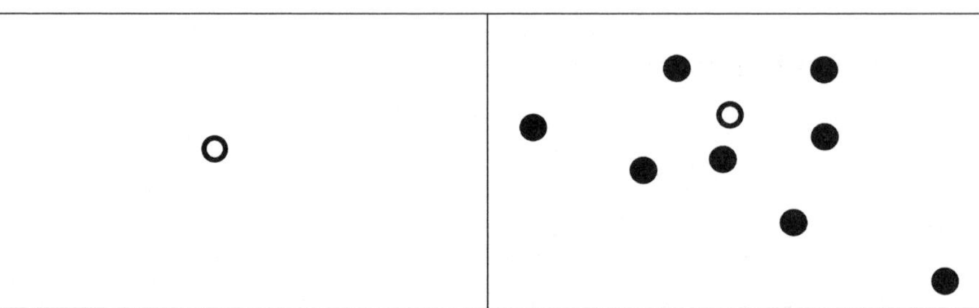

Abbildung 3: Kind bei individuenzentrierter (links) und bei systemischer Sichtweise (rechts).

Systemische Menschenbilder

Die elementare Bezogenheit von Menschen wird für Wissenschaftler verschiedener Disziplinen zum Grundsatz ihrer Theorien. So hat der Religionsphilosoph Martin M. Buber (1878–1965) bereits in seinem Hauptwerk *Ich und Du* aus dem Jahre 1923 das dialogische Prinzip im Verhältnis zu Gott und zu den Mitmenschen beschrieben. Er konzentrierte die Idee in dem viel zitierten Satz: *Der Mensch wird am Du zum Ich.*

Der Soziologe Norbert Elias (1887–1990) führte den Begriff der Figuration in die Soziologie ein und beschrieb damit die Beziehung untereinander abhängiger Personen in sozialen Gemeinschaften. In seinem Hauptwerk *Über den Prozess der Zivilisation* aus dem Jahre 1939 betonte Elias einen Handlungsspielraum von Individuen: »Die ›Umstände‹, die sich ändern, sind nichts, was gleichsam von ›außen‹ an den Menschen herankommt; die ›Umstände‹, die sich ändern, sind die Beziehungen zwischen den Menschen selbst« (1997, 388).

Bereits zu Beginn des Kapitels soll deutlich werden, dass es *die* Systemtheorie nicht gibt. Die grundlegenden Systemtheorien von Ludwig von Bertalanffy (1901–1972), Talcott Parsons (1902–1979) und Niklas Luhmann (1927–1998) seien hier aber nur angetippt, einzelne Aspekte werden im Verlauf des Kapitels anwendungsbezogen aufgenommen (vgl. dazu Haase, 2012).

Der Biologe Bertalanffy betrachtete lebendige Systeme im Gegensatz zu Maschinen und beschrieb *Gesetzmäßigkeiten* wie offene Grenzen, komplexe Beziehungen unter den Systemelementen sowie die Aufrechterhaltung von Homöostase (= Gleichgewicht) durch Rückkoppelung. Der Soziologe Parsons betonte *Funktionen* von Systemen und unterschied die Fähigkeit, sich an verändernde Umstände anzupassen, die Neigung, Ziele zu formulieren und zu verfolgen, die Sicherung von Zusammenhalt und die Funktion von Systemen, grundlegende Werte und Strukturen aufrechtzuerhalten. Die Systemtheorie des Soziologen Luhmann unterscheidet drei *Arten* von Systemen. Den Menschen kennzeichnen das biologische System (der Organismus mit seinem körperlichen Substrat und den biologischen Prozessen), das psychische System (als Wahrnehmung und Bewusstsein) und das soziale System, das Luhmann selbst aber vorrangig auf der Ebene der gesellschaftlichen Kommunikationen betrachtete. Mehr als andere Systemtheoretiker betont er die Bedeutung von Kommunikation und die Eigengesetzlichkeit bei Systemen (siehe 3.3).

Nimmt man die Anwendungsperspektive ein und betrachtet die historische Entwicklung der Familientherapie, dann sucht man ebenfalls vergeblich nach einer einheitlichen Systemischen Therapie (vgl. dazu z. B. Schlippe, Molter & Böhmer, 1995).

Zur Ordnung der verschiedenen systemtheoretischen Modelle hat sich die Unterscheidung von Ansätzen etabliert, die der *Kybernetik erster Ordnung* zugeordnet werden können, und von Ansätzen, die der *Kybernetik zweiter Ordnung* zugeordnet werden können (Schlippe & Schweitzer, 2016). Systemische Modelle der Kybernetik erster Ordnung beurteilen Familien danach, ob sie eine Homöostase, ein Familiengleichgewicht herstellen können. Unter den Familientherapeuten und -therapeutinnen der ersten Generation gab es normative Vorstellungen davon, was eine funktionale Familienkonstellation ausmacht und was nicht. Der Therapiestil kann als autoritär bezeichnet werden. Zu diesen systemtheoretischen Modellen gehören die Familientherapiemodelle, die am *Mental Research Institute* in Palo Alto entwickelt wurden, zu den Protagonisten zählen u. a. Don Jackson (1920–1968), John Weakland (1919–1995) und Paul Watzlawick (1921–2007), die *Strukturelle Familientherapie* mit der Leitfigur Salvador Minuchin (1921–2017), die *Strategische Familientherapie* nach Jay Haley (1923–2007) und die sogenannte *Mailänder Gruppe* um Mara Selvini Palazzoli (1916–1999).

Systemische Modelle, die der Kybernetik zweiter Ordnung zugeordnet werden, berücksichtigen, dass Systeme nicht an sich existieren, sondern als Konstruktionen verstanden werden müssen. Dies galt auch für die Weltsichten, die zwischen Klientinnen und Klienten und den Professionellen ausgehandelt wurden. Zu den systemisch-konstruktivistischen Modellen zählen nach Schlippe und Schweitzer (2016) die späte familientherapeutische Arbeit der *Mailänder Gruppe* um Luigi Boscolo (1932–2015) und Gianfranco Cecchin (1932–2004), die *Lösungsfokussierte Kurzzeittherapie* von Steve de Shazer (1940–2005) und seiner Frau Insoo Kim Berg (1934–2007) sowie die in Kapitel 2 bereits erwähnte *Narrative Therapie* nach Michael White (1948–2008). In anderen Übersichten werden die Narrative Therapie und die Lösungsorientierte Therapie konstruktivistisch und nicht systemisch begründet (z. B. Schlippe, Molter & Böhmer, 1995). Der eher spätere Einbezug konstruktivistischer Elemente erklärt, weshalb das Attribut *systemisch* für den Ansatz selbst dann dominiert, wenn die therapeutischen Zugänge eher mit der Wissenstheorie Konstruktivismus begründet werden müssten.

Einige Modelle werden als systemisch bezeichnet, weil sie Familienangehörige in die Therapie einbeziehen, beruhen aber nicht auf systemtheoretischen Vorstellungen. Dies gilt z. B. für Zweige der Familientherapie wie die *Psychoanalytische Familientherapie*, die *Wachstumsorientierte Familientherapie* und die *Kognitiv-behaviorale Familientherapie* (Schlippe & Schweitzer, 2016).

Einfach stellt sich die Ideengeschichte systemischer Richtungen in der Zusammenfassung von Johannes Herwig-Lempp (2002) dar, der eine geschichtliche Abfolge von sechs Ideen beschreibt:

1. Familie als Patient und Verursacher von Störungen beim Kind,
2. Familie als System, das nach einem Regelkreislauf funktioniert,
3. Familie als sich selbst organisierende Teilsysteme,
4. Einbezug konstruktivistischer Elemente,
5. Lösungsorientierung,
6. Übertrag von der Psychotherapie auf andere Settings wie z. B. Soziale Arbeit.

3.2 Missdeutungen

Im Gegensatz zum Konstruktivismus als theoretischer Grundlegung sozialer Praxis ist *Systemisches* in aller Munde. In Aus-, Weiterbildungs- und Seminargruppen stellt sich in der Regel zu Beginn der Veranstaltung die Frage, was unter dem Begriff *systemisch* verstanden wird. In diesem Zusammenhang wird deutlich, dass das Wort mit Bedeutungszuschreibungen verknüpft wird, die teilweise sehr in die Irre führen.

Systemisch heißt *nicht: systematisch*. Dieses Missverständnis aufgrund der phonologischen Ähnlichkeit der beiden Wörter hält sich nachhaltig. Wie sich noch zeigen wird, passt eine ordnende Reduktion von Vielfalt und Kreativität überhaupt nicht zu systemisch-konstruktivistischen Analysen (siehe z. B. 4.4).

Systemisch heißt *nicht: in positiver Beziehung*. Die Betrachtung von Menschen in Beziehungen qualifiziert diese Bezüge nicht automatisch im Sinne unserer alltagssprachlich positiv besetzten Idee von Beziehung. So ist es nicht nötig, im Zusammenhang mit dem systemischen Ansatz besonders psychologische Bindungstheorien in den Vordergrund zu rücken (z. B. Orban & Wiegel, 2018). Die Bevorzugung von Theorien passt überhaupt nicht zu einer systemisch-konstruktivistischen Perspektive (siehe Teil II).

Systemisch heißt *nicht: ganzheitlich*. Nur weil sich in ›ganzheitlich‹ der Bestandteil ›ganz‹ findet und weil von der ›Ganzheit‹ von Systemen gesprochen werden kann (Watzlawick, Beavin & Jackson, 2000), sollte man nicht den Schluss ziehen, den ganzheitlichen Ansatz in der Kindertagesstätte mit dem systemischen in Verbindung zu bringen. Der ganzheitliche Ansatz in der Kindheitspädagogik betont in der Tradition Johann Heinrich Pestalozzis (1746–1827) das Lernen mit Kopf, Herz und Hand, den Einbezug kognitiv-sprachlicher, sozial-emotionaler und motorischer Aspekte des Lernens. Der damit verknüpfte Fokus auf Sinneserfahrungen passt eher nicht zu einer systemisch-konstruktivistischen Perspektive.

Systemisch heißt *nicht: Einbezug der Familie.* Mit diesem Begriffsverständnis ist die Idee verbunden, Verhaltensprobleme nun nicht mehr mit der Person, also ihrer Veranlagung, zu erklären, sondern stattdessen ungünstige Familienerfahrungen heranzuziehen. Selbst wenn diese Vorstellung bei Erziehungsfehlern, bei Verwahrlosung und Gewalt naheliegt, greift sie in den meisten Fällen als Erklärung zu kurz. Die lineare Erklärung von Verhaltensproblemen durch das Elternverhalten ist typisch für die erste Generation der Familientherapie, wie soeben beschrieben. Diese Perspektive auf Familie hatte den Nachteil, vereinfachend Eltern allein für die Probleme ihres Kindes in die Verantwortung zu nehmen. Diese historisch frühe Perspektive auf Systeme gilt mittlerweile als wenig nützlich (vgl. Herwig-Lempp, 2002).

3.3 Organisationsmerkmale von Systemen

Vorrangig auf der Grundlage der Systemtheorie von Luhmann lassen sich verschiedene Organisationsmerkmale sozialer Systeme beschreiben (im Folgenden orientiert an Schweitzer, Beher, Syndow & Retzlaff, 2007). Beispiele aus Familie oder Team sollen das Verständnis unterstützen.

3.3.1 System-Umwelt-Grenzen

Wenn soziale Systeme aus Personen bestehen, die miteinander in Beziehung stehen, dann sind einige intensiver kommunizierende Personen innerhalb des Systems und andere Personen außerhalb des betreffenden Systems zu verorten. Systeme sind nämlich durch Systemgrenzen gekennzeichnet, die festlegen, wer zu einem System gehört und wer nicht. Systeme bestehen in der Regel zudem aus Teilsystemen, deren Grenzen ebenfalls hervortreten. So lässt sich für die Familie ein elterliches Teilsystem und ein geschwisterliches Teilsystem unterscheiden. Ein Gesamtteam einer mehrgruppigen Kindertagesstätte besteht aus verschiedenen Gruppenteams und gegebenenfalls noch aus einem Leitungsteam.

In einem modernen Verständnis von Systemen sind Systemgrenzen konstruiert und deshalb verhandelbar.

Die digitale Kommunikation macht eindringlich deutlich, wie komplex die Systemzugehörigkeiten einer einzigen Person sein können. Betrachtet man allein die möglichen berufsbezogenen WhatsApp-Gruppen einer kindheitspädagogischen Fachkraft, dann kann diese dem Gesamtteam, dem Gruppenteam, der Fahrgemeinschaft, der Gruppe mit den befreundeten Kolleginnen, der Elterngruppe oder den Elternvertreterinnen angehören – von den unterschiedlichen privaten, familiären und freundschaftlichen und freizeitbezogenen Kontakten einmal abgesehen. Wer zum System zählt und wer nicht, wird immer wieder dann ein Thema, wenn ein Systemmitglied in die WhatsApp-Gruppe aufgenommen wird oder die Gruppe verlässt bzw. ausgeschlossen wird. In der analogen Welt sind die Gruppenzugehörigkeiten mitunter weniger transparent.

Die Kita-Eltern-Kooperation mit zwei kindheitspädagogischen Fachkräften in Stellvertretung des Teilsystems Kindertagesstätte und zwei Elternpersonen für die Familie lässt sich dann wie in Abbildung 4 darstellen. Das Kind gehört beiden Teilsystemen an.

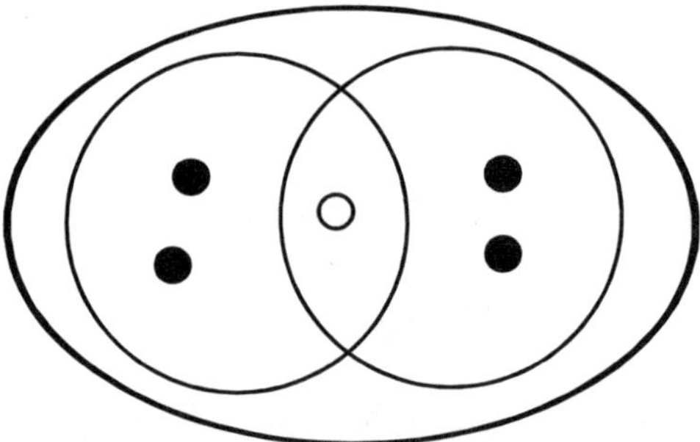

Abbildung 4: Systeme lassen Grenzen und Teilsysteme identifizieren.

3.3.2 Beziehungen als Kommunikationen

Es entspricht der Alltagserfahrung, dass wir uns unterschiedlich erleben und auch anders verhalten, je nachdem, in welcher Personengruppe wir uns befinden. Es kann sich daraus die Frage entwickeln, was dem eigenen Wesen denn nun eigentlich entspricht: das eine Verhalten oder das möglicherweise völlig andere bei veränderter Personenkonstellation?

Die Vorstellung einer elementaren Beziehungsabhängigkeit findet sich auch im systemischen Denken, allerdings radikaler zu Ende gedacht: In der Systemtheorie geht man sogar so weit, zu sagen, dass Personen im Grunde völlig in den Hintergrund der Betrachtung rücken können. Aufgrund der grundlegenden Beziehungsabhängigkeit ist es nämlich nicht sinnvoll, über Personen als Einzelwesen und über ihre vermeintlichen Eigenschaften (oder fixen Störungen) nachzudenken. Statt Personen treten dann Beziehungen in den Fokus der Systemerkennung und -veränderung. Beziehungen gestalten sich wiederum in ganz konkreten kommunikativen Handlungen, sodass die Untersuchung von Kommunikationen das Kerngeschäft im systemischen Ansatz darstellt: Soziale Systeme bestehen aus Kommunikationen.

In der anwendungsbezogenen Literatur findet sich zur Versinnbildlichung der fundamentalen Bezogenheit von Menschen häufig der Vergleich mit einem Mobile. Die Mitbewegungen aller Teile eines Systems im Falle der Bewegung eines Teils können damit trefflich zum Ausdruck gebracht werden, auch die Neigung von Systemen, gemeinsam ein Gleichgewicht herzustellen (ausführlich in 3.3.4). Der Vergleich mit einem Mobile kann die Möglichkeiten eines jeden Einzelnen oder eines Teilsystems, *selbst* das Beziehungsgefüge in Bewegung zu bringen, aber überhaupt nicht versinnbildlichen (vgl. Renoldner, Scala, Rabenstein, 2017). Der Bewegungsimpuls kommt von oben, seitens einer Instanz, die nicht zum System der Mobilefiguren zählt.

Wenn Systeme aus Kommunikationen bestehen, dann kann die Kommunikation mit Systemmitgliedern und mit Personen außerhalb des Systems mit Verbindungslinien dargestellt werden (siehe Abbildung 5). Personen als Einzelwesen treten in dieser Vorstellung von Systemen zurück.

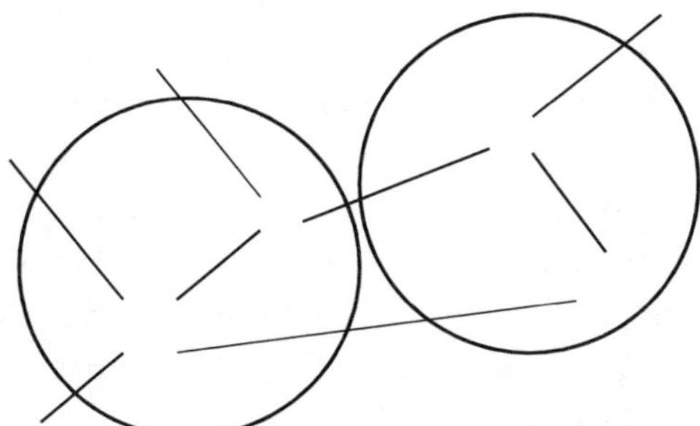

Abbildung 5: Systeme sind durch Kommunikationsbeziehungen beschreibbar.

Eine wichtige Konsequenz der Ansicht, ein System sei weniger durch die Personen, sondern besser durch Beziehungen bzw. Kommunikationen beschrieben, sei im Folgenden noch ausführlich dargestellt, weil sie eine große Bedeutung für den Umgang mit Diagnosen und Verhaltensproblemen bei Kindern hat (ausführlich in Kapitel 7). Kinder und auch Erwachsene werden im systemischen

Denken nicht als Träger von Eigenschaften betrachtet (oder konstruiert), sondern als auf eine bestimmte Art und Weise Kommunizierende. Personen sind dann nicht *dominant, starrsinnig, schüchtern, hyperaktiv, ängstlich, freundlich* oder *arrogant,* sondern sie gehen Beziehungen ein, in denen bestimmte Kommunikationen wahrscheinlicher werden. Kommunikationen können sich nämlich zu Kommunikationsmustern entwickeln, sodass sich Personen immer wieder in Situationen begeben, die sie zu ähnlichen Rollen verführen. Sie können gern und häufig auf ihrem Standpunkt beharren (zusammengefasst: starrsinnig wirken?), öfter als anderen lieb ist von ihren Errungenschaften und persönlichen Stärken erzählen (arrogant sein?) oder häufig lächeln, wenn sie jemandem begegnen (sich freundlich geben?). Die Übersetzung von Eigenschaften in konkrete Handlungen in bestimmten Situationen wird in Kapitel 4.5.1 wieder aufgenommen und als eine der professionellen Grundhaltungen der kindheitspädagogischen Fachkraft beschrieben.

Weshalb ist die Absage an den Eigenschaftsbegriff eine nützliche theoretische Konstruktion? Eigenschaften lassen sich nicht oder nur schwerlich ändern, Kommunikationen schon eher.

Kein Mensch *ist* …

»Kein Mensch ist an sich ›unsympathisch‹ – er ist das immer nur in Beziehungen.« So fassen Arist von Schlippe, Hans Rudi Fischer und Ulrike Borst (2011, 154) eine wichtige systemische Grundannahme am Beispiel einer heiklen Zuschreibung zusammen. Aus dem Wissen heraus, dass Personen keine Eigenschaften *an sich* haben, sondern bestimmte positiv oder eben negativ erlebte Qualitäten in Beziehungen kommuniziert werden, gibt es viele Lösungen für das wahrgenommene Problem der Antipathie.

In der Regel werden Beziehungen zu Personen, denen das Attribut *unsympathisch* zugeschrieben wird, nicht fortgeführt – es sei denn, man ist beispielsweise in einer Kindertagestätte tätig und kann ähnlich wie in Therapie und Beratung Beziehungen nicht einfach beenden, wenn jemand für einen selbst, aus der eigenen Perspektive heraus, nicht mit angenehmen Gefühlen zugänglich wird. Oder es handelt sich um Arbeitsbeziehungen, die allein aus professionellen Gründen aufrechterhalten werden müssen.

Lösungsansätze, die Interaktionen mit als *unsympathisch* Etikettierten positiv verändern können, haben nach Schlippe, Fischer und Borst verschiedene Ansatzpunkte: Man kann sich in psychoanalytischer Manier nach dem Eigenanteil fragen und möglicherweise eine Antwort finden. Dann kann jemand für einen selbst unsympathisch sein, weil die Person das verkörpert, was man sich selbst verbietet. Man kann sich (und in der Therapie zusätzlich auch die andere Person) fragen, was die betreffende Person eigentlich dafür tut, dass sie sich für andere als

Gesprächspartner unbeliebt macht. Oder man überlegt, wie man die Interaktion selbst verändern könnte, dass Sympathie oder Antipathie an Bedeutung verlieren. Die einfachste Lösung besteht wahrscheinlich darin, die Einschätzung der Antipathie einfach stehen zu lassen. So schließen Schlippe, Fischer und Borst (2001, 157) ihren interessanten Beitrag mit der Reaktion einer Supervisorin, nachdem ein Therapeut sich über die Antipathie zu einer Klientin wortreich ausgelassen hatte. Sie sagte nur: »Machen Sie doch einfach Ihre Arbeit.«

Der Austausch von Kommunikation als Merkmal von Systemen kann analysiert werden, wenn man über das kommunikationstheoretische Grundwissen verfügt, das in Kommunikationsmodellen beschrieben wird. Die wegweisenden Sprach- und Kommunikationstheoretiker Karl Bühler (1879–1963), Paul Watzlawick und Friedemann Schulz von Thun unterscheiden bei der Nachricht neben dem inhaltlichen immer auch einen nicht inhaltlichen Aspekt, dessen Kenntnis bei der Lösung von Kommunikationsproblemen wichtig wird. In seinem Organon-Modell der Sprache (gr. *organon* = Werkzeug) beschrieb Bühler bereits 1934 eine Darstellungsfunktion von Sprache, die den Inhalt ausdrückt, eine Ausdrucksfunktion, die den Sender betrifft und eine Appellfunktion an den Empfänger. Paul Watzlawick hat u. a. in seiner Kommunikationstheorie den Beziehungsaspekt von Nachrichten betont. Friedemann Schulz von Thun verbindet die Modellierungen von Bühler und Watzlawick zu einem sehr bekannt gewordenen Kommunikationsquadrat. Die vier Seiten einer jeden Nachricht betreffen Sachinformation (worüber ich informiere), Selbstkundgabe (was ich von mir zu erkennen gebe), Beziehungshinweis (was ich von dir halte und wie ich zu dir stehe) und Appell (was ich bei dir erreichen möchte). Das Vier-Seiten-Modell wurde erstmalig 1981 in *Miteinander reden – Störungen und Klärungen* beschrieben (Schulz von Thun, 2018). Eine sehr übersichtliche Darstellung findet sich unter www.schulz-von-thun.de.

Kommunikation nach Paul Watzlawick

Für das Verständnis der Kommunikation in Systemen ist die Kommunikationstheorie von Paul Watzlawick besonders wichtig. Zusammen mit seinem Kollegen Don D. Jackson und seiner Kollegin Janet H. Beavin publiziert Watzlawick 1969 *Menschliche Kommunikation: Formen, Störungen, Paradoxien* und beschreibt darin eine Kommunikationstheorie in fünf Axiomen. Folgende kommunikative Grundsätze werden genannt:

1. Man kann nicht nicht kommunizieren.
2. Jede Kommunikation hat einen Inhalts- und einen Beziehungsaspekt.

3. Kommunikation ist immer Ursache und Wirkung.
4. Menschliche Kommunikation bedient sich analoger und digitaler Modalitäten.
5. Kommunikation ist symmetrisch oder komplementär. (zitiert aus www.paul-watzlawick.de)

Die Kommunikationstheorie muss im Zusammenhang mit der Palo-Alto-Gruppe am Mental Research Institute (MRI) in Kalifornien, einer der Keimzellen der Familientherapie, betrachtet werden, die als Zusammenschluss von Therapeutinnen und Therapeuten verschiedener Professionen über die Rolle von Kommunikation für ein alternatives Verständnis von psychischen Störungen forschte. Deshalb drückt sich in der Kommunikationstheorie von Paul Watzlawick – mehr noch als in den auf den ersten Blick praxistauglicheren Modellen von Bühler und Schulz von Thun – eine grundlegend systemische Sichtweise aus. Paul Watzlawick setzt in Axiom 1 Kommunikation mit Verhalten gleich, in Axiom 2 und 4 betont er in besonderer Weise den nichtsprachlichen Teil von Kommunikationen. Axiom 3 beschreibt, dass Kommunikationen als Kreislauf ohne Anfang und Ende verstanden werden müssen, die zur Komplexitätsreduktion willkürlich unterbrochen und linear interpretiert werden (vgl. dazu 3.3.3). Kommunikationen können – wie in Axiom 5 festgestellt – zu Kommunikationsmustern erstarren, die typische Probleme hervorbringen.

3.3.3 Zirkularität

Für Systeme ist charakteristisch, dass Systemmitglieder sich nicht einseitig, sondern *wechselseitig* beeinflussen. Das Verhalten einer Person ist demnach gleichzeitig Ursache für das Verhalten einer anderen Person und Folge des Verhaltens einer anderen Person. Diese wechselseitige Beeinflussung in Systemen wird *Zirkularität* genannt. Sie kann, wie in Abbildung 6 dargestellt, annähernd durch Wechselwirkungspfeile ausgedrückt werden.

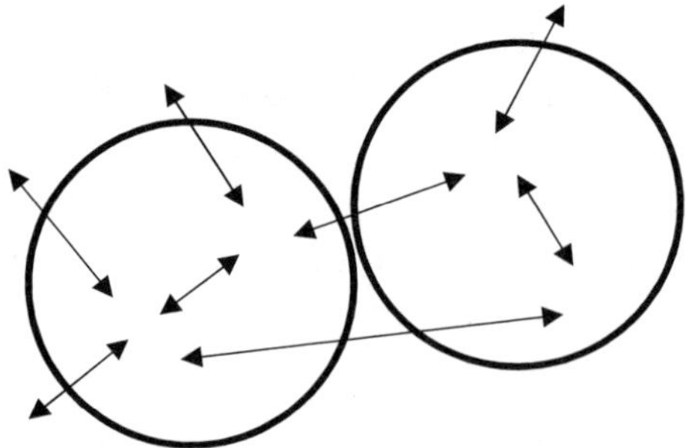

Abbildung 6: Kommunikationen sind gleichzeitig Ursache und Wirkung.

Statt zirkulär und komplex zu denken, bevorzugen Personen der Einfachheit halber *lineare* Erklärungen für Verhalten. Wie bereits erwähnt, hat Paul Watzlawick die Neigung zur Komplexitätsreduktion als 3. Axiom in seiner Kommunikationstheorie beschrieben. In der ursprünglichen Fassung heißt es dort etwas sperrig: »Die Natur einer Beziehung ist durch die Interpunktionen der Kommunikationsabläufe seitens der Partner bedingt.« Watzlawick weist mit dieser Formulierung darauf hin, dass Kommunikationsparteien eine Interpunktion – eine Unterbrechung des Kommunikationsflusses – vornehmen, die die Ursache kommunikativen Handelns willkürlich festlegt. Lineare Sichtweisen, Warum-Fragen nach Erklärungen, die Zuschreibung von Ursache und Wirkung sind Konstruktionen, die bestimmte Funktionen erfüllen: So entlastet die externale Ursachenzuschreibung von eigener Verantwortungsübernahme oder dient dem Erhalt von Selbstwert.

Komplexitätssteigerung Zirkularität

Personbezogene Ursachenzuschreibung:
Verhalten von Person A liegt in der Person selbst begründet (z. B. Kind A ist von Natur aus ein ängstliches Kind).

Lineare Ursachenzuschreibung 1: B → A
Verhalten von Person A liegt im Verhalten von Person B begründet (z. B. Kind A zeigt sich ängstlich, weil die Eltern sich überbehütend geben).

Lineare Ursachenzuschreibung 2: A → B
Verhalten von Person B liegt im Verhalten von Person A begründet (Eltern zeigen sich überbehütend, weil das Kind ängstlich wirkt).

Zirkuläre Prozesse:
Das Verhalten von Person A und das Verhalten von Person B bedingen sich wechselseitig. Es entsteht ein Kreislauf, dessen Anfang und Ende nicht bestimmbar ist (… → Kind A zeigt ängstliches Verhalten → Eltern sorgen sich um ihr Kind → Kind zeigt (mehr) ängstliches Verhalten → Eltern sorgen sich (mehr) um ihr Kind …)

Wenn Kommunikationen im systemischen Verständnis aber keinen natürlichen Anfang (z. B. im Verhalten einer bestimmten Person) und kein Ende haben, dann lässt sich prinzipiell auch nicht auseinanderhalten, was beispielsweise in einem konflikthaften Teamgeschehen Ursache und was Wirkung ist: Spricht Kollegin 1 in Teamsitzungen so viel, weil die anderen Teammitglieder sich nicht beteiligen? Oder beteiligen sich die anderen nicht, weil Kollegin 1 sich so oft meldet? Geht Kollegin 2 in der Pause nicht in den Personalraum, weil die Kolleginnen sich wenig mit ihr unterhalten? Oder beziehen die Kolleginnen Kollegin 2 nicht so häufig in ihre Gespräche mit ein, weil diese ihre Pausen dort nicht regelmäßig verbringt?

Ein Kommunikationsproblem entsteht, wenn Kommunikationspartner bei einem konflikthaften Geschehen die Situation so strukturieren, dass der Anfang des Konflikts jeweils beim anderen liegt. Zur Lösung von Problemen in Wechselwirkungen zu denken und damit den Handlungsspielraum auszuweiten, stellt eine sehr große kognitive, im Konfliktfall auch eine emotionale Herausforderung dar, weil ein permanenter Perspektivenwechsel erforderlich wird: So wie man seine eigene Perspektive auf die Interaktion einnimmt, muss man auch die alternative Sichtweise der Kommunikationspartner betrachten.

Sich in einem Fluss ununterscheidbarer Ursachen und Wirkungen zu bewegen, heißt aber nicht, den Abläufen ausgeliefert zu sein. Im Gegenteil eröffnen sich mehr Möglichkeiten, Kommunikationen zu verändern, wenn man sich nicht nur als behandelte, sondern gleichzeitig immer auch als handelnde Person verstehen kann. Für die beiden beschriebenen beispielhaften Kommunikationsstörungen unter Teammitgliedern liegen jeweils mindestens zwei Möglichkeiten für Veränderungen nahe. Entweder Kollegin 1 nimmt sich vor, sich eine Weile mit Wortbeiträgen zurückzuhalten, oder aber die ruhigen Kolleginnen im Team können sich überwinden und beteiligen sich an Teamsitzungen. Kollegin 2 gibt sich einen Ruck, geht in der Pause in den Personalraum und erzählt vom letzten Wochenende, ohne die Reaktionen der anderen zu interpretieren. Oder die Kolleginnen selbst können Kollegin 2 einfach nach Freizeitaktivitäten fragen und interessiert zuhören.

Prinzipiell kann jede und jeder in Kommunikationen Veränderungen des Systemgefüges erzielen. Mächtigere Kommunikationspartner, d. h. Statushöhere oder Mehrheiten, sind dabei allerdings im Vorteil.

3.3.4 Selbstorganisation

Der Übertrag naturwissenschaftlicher Erkenntnisse in der systemischen Ideenentwicklung führte zu verschiedenen Fassungen der Dynamik in Systemen. Nicht unumstritten ist das Beschreibungsmerkmal der Selbstorganisation von Systemen. Damit wird die Vorstellung verbunden, Systeme seien autonom, erzeugten sich selbst, bestimmten den Einfluss, den die Umwelt auf sie ausüben kann und ließen sich deshalb von außen nicht direkt steuern. Hieraus ergibt sich die Wertschätzung der Autonomie und des Eigensinns von sozialen Systemen (Schlippe & Schweitzer, 2016).

Die Idee der Selbstorganisation hat grundlegende methodische Konsequenzen für Therapie und Beratung. Familien, Paare, Teams, Organisationen oder andere soziale Systeme lassen sich demnach nicht kalkulierbar verändern. Möglich sind aber Anregungen aus der Umwelt eines Systems, die das System im Rahmen seiner Möglichkeiten dazu bringen können, sich besser zu organisieren. Erst die theoretische Grundannahme von sich selbst organisierenden Systemen erklärt einige auf den ersten Blick abstrus wirkende Maßnahmen in der systemischen Beratung. Möglicherweise hat die in Kapitel 2 beschriebene Intervention in der Elternberatung bei ADHS überrascht, andere Beispiele werden in Kapitel 9 angesprochen.

Lernen als Konstruktion von Wissen

Nicht nur auf Gruppen, sondern auch auf Einzelpersonen kann der Systembegriff angewendet werden. Sozusagen durch die Hintertür hat die Idee der Selbstorganisation bereits seit 15 Jahren Eingang in die Kindertagesstätte gefunden. Das modern gewordene Bild vom Kind als Forscher, als Gestalter seiner eigenen Entwicklung, das in den Bildungsplänen favorisiert wird, drückt aus, dass Kinder beim Lernen nicht angeleitet werden müssen, sondern sich selbst bilden. Die kindheitspädagogische Fachkraft kann durch die Gestaltung von Lernräumen und Lernaktivitäten einladen zu lernen, ohne das Lernergebnis eindeutig festlegen zu können.

Aus lernpsychologischer Perspektive lassen sich verschiedene Vorstellungen von Lernen unterscheiden, die in der Kindertagesstätte Anwendung finden. *Lernen als Instruktion* baut auf Fremdsteuerung des Lernenden und entspricht einem behavioristischen Lernverständnis. Die Vorstellung von *Lernen als Konstruktion* hat Wurzeln in der philosophischen Ideengeschichte und Vorläufer in verschiedenen psychologischen Konzepten, z. B. in der *Gestaltpsychologie* (Max Wertheimer), im *Einsichtslernen* (Wolfgang Köhler) oder in der *Strukturgenese* in der kognitiven Entwicklung (Jean Piaget). Lernen als Konstruktionsprozess fokussiert den individuellen Aufbau von Wissen statt des einfachen Abbildens von Wissen, unterstellt beim Lernenden Eigenaktivität und Zielgerichtetheit, betont beim Wissensaufbau Subjektivität (statt Objektivität), Verstehen (statt Behalten) sowie Selbstregulation (statt Fremdregulation) (Hasselhorn & Gold, 2006). Lernen als Konstruktion von Wissen ist in der aktuellen Bildungspolitik wegweisend, wird allerdings einseitig mit Kompetenzorientierung (statt Lernzielorientierung), mit offenen Unterrichtsmethoden (Projektarbeit, Wochenplan, Gruppenarbeit) statt Klassenunterricht in Verbindung gebracht (Holtz, 2008; Reinmann-Rothmeier, 2003).

Dieses Bild vom Kind und seiner Entwicklung ist nicht neu, sondern schon über 100 Jahre alt: Typische Vertreter sind Maria Montessori für die Pädagogik und Jean Piaget für die Entwicklungspsychologie. Was hier für das Kind angenommen wird, das durch kognitive Anregung – nicht aber durch Anleitung oder Steuerung – höhere

Entwicklungsstufen erlangen kann, gilt in der Systemtheorie auch für Familien, Teams und andere überdauernde Gruppen.

3.4 Kita-Eltern-Kooperation systemisch betrachtet

Mit systemtheoretischem Wissen ergeben sich andere Sichtweisen auf die Kita-Eltern-Kooperation als aus konstruktivistischer Sicht. Systemtheorie hilft, die Kita-Eltern-Kooperation als System mit Systemgrenzen und Teilsystemen zu betrachten, die Beziehungen als wechselseitig zu verstehen, die Bedeutung von Kommunikation zu fokussieren und die Einflussnahme auf das jeweilig andere Teilsystem zu relativieren.

3.4.1 Systemgrenzen und Systemebenen bedenken

Das Merkmal *System-Umwelt-Grenzen* verdeutlicht, dass die Eltern-Kita-Kooperation aus dem Teilsystem *Kindertagesstätte* – in der Regel vertreten durch die Bezugsperson eines Kindes unter den kindheitspädagogischen Fachkräften – und dem Teilsystem *Eltern* besteht. Das Kind gehört beiden Teilsystemen an. Während Systemzugehörigkeit und Systemgrenzen aufseiten der Kindertagesstätte durch die beruflichen Positionen und Verantwortlichkeiten der pädagogischen Fachkräfte zumindest offiziell geregelt sind, erfordert das Teilsystem Familie oftmals Klärungen.

Im Falle getrennt lebender Eltern kann das Teilsystem Familie aus zwei Teilfamilien bestehen. Bei getrennten und geschiedenen Eltern stellt sich die Frage nach der Systemzugehörigkeit der beiden Eltern, vor allem dann, wenn die Familie die rechtliche Situation des gemeinsamen Sorgerechts nicht in einer gleichberechtigten Betreuung und Erziehung des Kindes umsetzt. Wer wird zum Familienfest eingeladen? Der leibliche, offiziell sorgeberechtigte Vater, der 200 km entfernt wohnt, oder der Partner der Mutter, mit dem sie schon seit drei Jahren zusammenlebt und der morgens das Kind auf dem Weg zur Arbeit in die Kindertagesstätte bringt? Sind spontane Gespräche mit den Großeltern, die Kinder in die Einrichtung begleiten, ein Aspekt von Erziehungspartnerschaft, weil die Großeltern zum Teilsystem Familie gezählt werden können?

Nomen est omen II: Bezeichnungen für Familien haben Bedeutung
2016 wurden laut Angaben des Statistischen Bundesamts 410.000 Ehen geschlossen, 162.397 Ehen wurden geschieden. Mehr als die Hälfte der Ehen scheiterte dabei vor einer Ehedauer von zehn Jahren. Von der Scheidung ihrer Eltern sind

81.936 minderjährige Kinder betroffen. Laut aktueller Angaben aus dem Jahre 2018 sind 2016 zudem 7.733 Lebensgemeinschaften begründet worden, 1.238 wurden aufgehoben. Mit einer zunehmenden Pluralisierung der Familienformen wächst auch die Zahl der Begriffe zur Bezeichnung derselben. An dieser Stelle bietet sich ein kleiner konstruktivistisch geprägter Exkurs zu den Benennungen für die verschiedenen Familienformen an.

In der Regel werden neue Familienformen mit bewertenden Begriffen versehen. So haftet dem Attribut *alleinerziehend* soziale Isolation an; *Patchwork-Familie* provoziert gedanklich das Zusammensetzen einer neuen Decke aus Resten, bleibt aber übersetzt als Flickwerk und mit Assoziationen eines freakigen Lebensstils negativ besetzt; *Regenbogenfamilie* reiht die Familien mit gleichgeschlechtlichen Eltern wohl in die gesellschaftspolitische Diversity-Bewegung ein, wurde erstmalig aber im Kontext der Hippie-Bewegung verwendet. Viele dieser unausgesprochenen Mitbedeutungen werden dem konkreten Lebensstil der Familien sicher nicht gerecht.

Neutrale Begriffe für die vielfältigen Familienformen sind *Einelternfamilie* (statt: alleinerziehende Eltern), *Zweielternfamilie* (statt: Kernfamilie), *zusammengesetzte Familie* (statt: Patchwork-Familie) und *LGBT-Familien* (LGBT als Abkürzung für Lesben, Schwule, Bisexuelle und Transgender) oder *Gleichgeschlechtliche Elternschaft* (statt: Regenbogenfamilie). Für Pflege-, Adoptiv- und Stiefelternschaft kann der Begriff *Ersatzfamilie* nützlich sein, um negative Mitbedeutungen zu vermeiden. Relativ neutral sind auch die Bezeichnungen *Soziale Familie* und *Biologische Familie,* wenn Kinder nicht bei ihren leiblichen Eltern leben.

Der Entwicklungspsychologe Urie Bronfenbrenner (1917–2005) hat in seinem ökopsychologischen Ansatz aus dem Jahre 1981 Begrifflichkeiten geprägt, die erlauben, zusätzlich zu den Systemgrenzen auch *Systemhierarchien* zu beschreiben und auf die Abhängigkeit rangniedriger Systeme von ranghöheren Systemen hinzuweisen. Die Gruppe in der Kindertagesstätte oder die Familie gehören zu den *Mikrosystemen,* für die konkrete zwischenmenschliche, sich wechselseitig beeinflussende Beziehungen typisch sind. Mikrosysteme, die miteinander in Beziehung stehen, bilden sogenannte *Mesosysteme.* In diesem Sinne ist die Kita-Eltern-Kooperation ein typisches Mesosystem. *Exosysteme* bilden die nächsthöhere Systemebene, auf die kein Einfluss möglich ist, die allerdings Mikro- und Mesosysteme bestimmen. Exosysteme sind die konkrete Umgebung der Kindertagesstätte, der Wohnort oder Arbeitsplatz der Eltern – Beispiele für die zahlreichen Rahmenbedingungen, die die Mikrosysteme Kindertagesstätte und Familie bzw. ihre Kooperation beeinflussen. Das *Makrosystem* bezeichnet den normativen Anteil der Gesellschaft in Gestalt von Konventionen, Traditionen, Werten, Gesetzen oder auch Weltbildern. In diesem Sinne sind gesetzliche und ideologische Vorgaben für die Kindertagesstätte in einem jeweiligen historischen Kontext dem Makrosystem zuzuordnen.

3.4.2 Selber und im eigenen Teilsystem handeln

Das Systemmerkmal *Zirkularität,* d. h. die Wechselseitigkeit der Beziehungen in Systemen, verweist auf zwei wichtige Aspekte im Kontext der Kita-Eltern-Kooperation.

Zum einen lässt sich beobachten, dass in Bezug auf die Zuschreibung von Verursachung bei Problemen häufig eine Komplexitätsreduktion erfolgt, die für eine Zusammenarbeit wenig dienlich ist: So verweisen kindheitspädagogische Fachkräfte (wie auch Lehrkräfte) gern auf die Fehler im Elternhaus, Eltern wiederum auf Unzulänglichkeiten in der Kindertagesstätte (oder Schule), wenn sich Betreuung-, Erziehungs-, Entwicklungs-, Verhaltens- oder Lernprobleme beim Kind zeigen. Hier verweisen Malte Mienert und Heidi Vorholz (2007) zu Recht darauf hin, Konkurrenz abzubauen und stattdessen im Schulterschluss miteinander zu kooperieren. Zu empfehlen ist zudem, dass sowohl die Familie als auch die Kindertagesstätte sich jeweils im eigenen System um Veränderung bemühen. Statt sich (übermäßig) mit angenommenen Unzulänglichkeiten im jeweils anderen Teilsystem der Erziehungspartnerschaft zu beschäftigen, sollten Probleme im eigenen System angegangen werden.

Zum anderen weist Zirkularität darauf hin, dass kindheitspädagogische Fachkräfte ebenso wie Eltern jederzeit einen Anfang setzen und Interaktionen positiv beeinflussen können. Dass die Verantwortung zwischen den vermeintlichen Erziehungspartnern nicht gleich verteilt ist, wurde bereits mehrfach angesprochen. Die kindheitspädagogischen Fachkräfte sind von Gesetzes wegen für den Einbezug von Eltern in die Betreuung, Erziehung und Bildung ihres Kindes verpflichtet, haben Verantwortung und sollten aus professionellen Gründen diese positiven Anfänge setzen.

Deshalb geht es im folgenden Kapitel 4 um Grundhaltungen der pädagogischen Fachkraft und nicht um Grundhaltungen der Eltern. Sicher setzen auch Eltern oft einen positiven Anfang und treffen Entscheidungen, wie sie mit den kindheitspädagogischen Fachkräften ihrer Kinder besser in Kontakt kommen. Nur ist das nicht Thema dieses Buches.

Betrachtet man abschließend noch den Aspekt der *Selbstorganisation* von Systemen, dann führt diese Annahme zu der Erkenntnis, dass Systeme nur zur Veränderung angeregt werden können, der Ausgang lässt sich aber nicht bestimmen. Dies gilt nicht nur für Lernprozesse von Kindern, sondern auch für Familien in Aufnahme-, Informations-, Beratungs-, Konflikt- oder Abschlussgesprächen. Welche Möglichkeiten aus dem großen Repertoire systemischer

Methoden sich für die pädagogischen Fachkräfte in der Kindertagesstätte eignen, lösungsorientierte Veränderungen zumindest anzuregen, wird sich im Verlauf des Buches noch zeigen, besonders in Kapitel 9.

3.5 Zusammenfassung

Aus systemischer Sicht ist der Mensch nur in elementarer Bezogenheit zu anderen Menschen zu verstehen. Je nach Intensität des Austausches können Außen- und Innengrenzen wahrgenommen (konstruiert) werden, die Systeme und Teilsysteme unterscheiden lassen. Systemmitglieder beeinflussen sich wechselseitig. Die Beziehungen der Systemmitglieder untereinander und zur Außenwelt werden als Kommunikationen analysiert. Unterschiedlich zugeschriebene Systemgrenzen, ein lineares Denken in Ursachen oder Auswirkungen auf das Verhalten Einzelner stellen Reduktionen von Komplexität dar und begrenzen im Problemfall das Finden von Lösungen.

Systemisch Denkende

- nehmen Personen nicht als Einzelwesen, sondern in verschiedenen Systemen wahr.
- denken quer zu vermeintlichen Ursache-Wirkungs-Linien und erkennen die wechselseitigen Bezüge von Systemmitgliedern.
- sehen in zirkulären Perspektiven auf Kommunikation ein vielfältiges Potenzial, Veränderungen anzuregen, wenn Beziehungen und die sie gestaltenden Kommunikationen erstarrt sind.
- sind sich bewusst, dass Systemänderungen sich nur anregen, aber nicht bestimmen und nur bedingt steuern lassen.

Während die Autonomie des Kindes bereits seit vielen Jahren angenommen wird und in Selbstbildungsansätzen verfolgt wird (H. Brandes, 2008; Merkel, 2005), steckt der Übertrag systemisch-konstruktivistischer Denkansätze auf die Kooperation mit Eltern noch in den Kinderschuhen.

Perspektiven auf System-Umwelt-Grenzen, Zirkularität oder Selbstorganisation können die Kooperation mit den Eltern verändern. Sie lassen die Kita-Eltern-Beziehung als System mit Teilsystemen konzeptualisieren und Systemzugehörigkeiten bewusst reflektieren. Die Rolle der kindheitspädagogischen Fachkraft als Initiatorin hilfreicher Gesprächsgelegenheiten und das in zirkulär konstruierten Kommunikationen anzunehmende Wirkungspotenzial ihrer Ansprache stärkt ihre professionelle Rolle. Die Annahme der Familie als selbstorganisiert führt zu einer Haltung, die die Autonomie von Eltern achtet (siehe 4.1 und 4.2).

4 Haltungen gegenüber Eltern

Konstrukte wie *Erzieherpersönlichkeit,* die Idee der *Person als Organon,* als Werkzeug in der Sozialen Arbeit (Blaha, Meyer, Colla & Müller-Teusler, 2013), oder die Thematisierung der *Professionellen Haltung* (Schwer & Solzbacher, 2014) – all diese Konzepte machen deutlich, dass es ein Bündel geistiger, gefühlsmäßiger oder moralischer Merkmale und Einstellungen geben sollte, das in Sozialer Arbeit oder Kindheitspädagogik ein gelingendes methodisches Handeln erst hervorbringt. Für den systemischen Ansatz verortet Bergknapp (2016) die Ebene der Haltung zwischen der Ebene der Theorie und der Ebene der Methoden.

Um systemisch-konstruktivistische Haltungen gegenüber Eltern soll es im folgenden Kapitel gehen. Nach einleitenden kritischen Überlegungen zur Konzeption der Professionellen Haltung in der Kindheitspädagogik in Kapitel 4.1 werden in den Kapiteln 4.2 bis 4.5 verschiedene Aspekte einer theoriegeleiteten Grundhaltung in der Kita-Eltern-Kooperation dargestellt. 4.6 fasst die systemisch-konstruktivistischen Haltungen kindheitspädagogischer Fachkräfte in Bezug auf die Kooperation zwischen Kindertagesstätte und Familie zusammen.

4.1 Haltungen in der Kindheitspädagogik

Grundhaltungen zu thematisieren, das kennen die Erzieherin und der Erzieher seit Beginn der Ausbildungszeit. Nichts eignet sich besser für den Einstieg in die Fachschulausbildung als idealtypische Eigenschaften von professionell Erziehenden zu sammeln und zu besprechen. Als Wertekanon hängen die Plakate oft über die gesamte Ausbildungszeit im Klassenzimmer. In kindheitspädagogischen Studiengängen wird einführend die Profession aus ethischer Perspektive betrachtet, was helfen kann, Selbstreflexion anzuregen und eine fundierte Haltung zu entwickeln.

4.1.1 Haltlose Sprachspiele vermeiden

Liest man einschlägige Publikationen zum Thema, dann zeigt sich schnell, dass eine professionelle Haltung immer dann ein schwieriges Dasein fristet, wenn ihr die Anbindung an eine Theorie fehlt. Keil und Pasternack (2013), die 17 Rahmenpläne, Ausbildungs- und Studienordnungen verglichen haben, kommen auf eine Liste von immerhin 37 inhaltlich unabhängigen Kompetenzbeschreibungen zu allgemeinen professionellen Fähigkeiten und Haltungen. Eine eigene Befragung von 16 erfahrenen Berufspraktikerinnen und -praktikern aus verschiedenen Tätigkeitsbereichen brachte sogar 47 verschiedene Kompetenzen hervor (Verbeek, 2016b). Oft wird eine pädagogische Grundhaltung einseitig auf personale und soziale Kompetenzen reduziert, durch einen ausgeprägten Fokus auf Selbstreflexion teilweise sogar zu einer höchst persönlichen Angelegenheit erklärt (Kuhl, Schwer & Solzbacher, 2014b). Nicht selten wird sie in ausufernden Definitionen beschrieben, die nicht auf den Punkt kommen oder stiften – wie bei dem folgenden Beispiel aus einem bundesweit beachteten frühpädagogischen Rahmenkonzept – mit viel Raummetaphorik eher Verwirrung:

> Quer zu den Prozessschritten und Handlungsfeldern liegt die »Professionelle Haltung«, die als handlungsgenerierende Struktur »hinter« der Ebene der Disposition liegt und die pädagogische Arbeit grundlegend beeinflusst. (Robert Bosch Stiftung, 2011, 46; Unterstreichungen V.V.)

Existiert ein theoretischer Überbau – seien dies christliche Werte, gesellschaftliche Leitbilder wie Inklusion, philosophische Theorien, pädagogische Konzepte (wie Montessori- oder Waldorf-Pädagogik) oder psychologische Therapierichtungen – so ergeben sich sogenannte Grundhaltungen einfacher, weil sie sich logisch schlüssig ableiten lassen.

Ein christliches Menschenbild, das z. B. die Würde des anderen achtet, die Gleichheit der Menschen in den Vordergrund der Beziehung zu anderen rückt und die Unterstützung Benachteiligter als wichtige Aufgabe betrachtet, schafft eine ideale Grundhaltung für helfende Berufe. Inklusion als gesellschaftspolitische Leitidee wird wiederum Handlungen hervorbringen, die Gleichbehandlung, Gleichstellung und die Umsetzung einer umfassenden Barrierefreiheit als gemeinsame Richtschnur erkennen lassen (vgl. Verbeek, 2017b).

In einigen wissenschaftlichen Zugängen werden Annahmen zur professionellen Haltung theoretisch abgeleitet (z. B. aus philosophischen Theorien bei Mührel, 2015; aus persönlichkeitspsychologischen Theorien bei Kuhl, Schwer & Solzbacher, 2014a oder Smidt & Roux, 2015; zusätzlich aus lernpsychologischen Theorien bei Verbeek, 2016b). Oder Grundhaltungen, die einzelne Beratungsansätze kennzeichnen (i. d. R. personzentrierte oder systemische) werden kombiniert (z. B. bei Albrecht, 2017; Tschöpe-Scheffler, 2014), allerdings ohne zu klären, ob sich rein logisch gesehen eine Passung herstellen lässt.

Manchmal ist der Einfluss von Theorien oder Denkschulen auf Grundhaltungen den Anwendenden auch gar nicht bewusst. So steht in der Regel auf jedem der eingangs erwähnten Plakate in der Erzieherausbildung *Echtheit, Empathie* und *Wertschätzung,* ohne dass die Fachschülerinnen und -schüler zu Beginn der Ausbildung schon wissen können, dass hier die Humanistische Psychologie für den (angenommenen) Erfolg professionell Erziehender Pate stand. Denkbar ist auch der Fall, dass jemand glaubt, einer Theorie zu folgen, dabei aber auf eine Art und Weise handelt, die dem Leitbild gar nicht entspricht.

4.1.2 Systemisch-konstruktivistische Haltungen

Obgleich *Systemische Haltung* ein feststehender Fachterminus ist und in verschiedenen Publikationen ausführlich thematisiert wird (z. B. Barthelmess, 2016; Bergknapp, 2016; Erpenbeck, 2017), passt der Begriff der *Grundhaltung* eigentlich gar nicht zum systemisch-konstruktivistischen Denken. Rein von der Begrifflichkeit her haftet eine Grundhaltung – ähnlich wie eine Eigenschaft – viel zu sehr an der Person. In Kapitel 3 wurde Kommunikation als das Eigentliche an Systemen eingeführt, was den Blick von der Person weg auf das Dazwischen, auf die Beziehungen lenkte. In diesem Sinne müsste man korrigierend formulieren: Statt eine systemisch-konstruktivistische Grundhaltung zu *haben, kommuniziert* eine kindheitspädagogische Fachkraft auf eine förderliche Art und Weise. Die im Folgenden zu beschreibenden Haltungen meinen also, dass die kindheitspädagogische Fachkraft immer wieder Kommunikationen in Kita-Eltern-Kooperationen initiiert, die nützlich sind, um Kontakt herzustellen, Entwicklungsmöglichkeiten zu schaffen oder Lösungen zu finden. Wie bereits in Kapitel 2 ausgeführt, liegt es an ihr, den *Anfang* zu verantworten: Ihre Professionalität in der Kita-Eltern-Kooperation zeigt sich auch darin, dass sie in der Lage ist, dienliche Kommunikationen zu initiieren und aufrechtzuerhalten. In diesem Sinne könnte die Bezeichnung *Kommunikationsangebote* ein alternativer Begriff für Haltungen sein. Dennoch wird im Folgenden der tradierte Begriff verwendet, allerdings bevorzugt im Plural.

Elterngespräch

Katrin Christmann (25 Jahre), Erzieherin, zertifizierte Bildungsbegleiterin für den Übergang in die Grundschule und aktuell in einer berufsbegleitenden Fortbildung zur Inklusionspädagogin, bereitet ein Elterngespräch vor. Dazu hat sie die Eltern Denis und Jasmina Menthen (beide 30 Jahre) eingeladen, um in einem Entwicklungsgespräch ein Jahr vor der Einschulung über deren einzige Tochter Maite (5 Jahre) zu sprechen.

In ihrer Ausbildung hat Katrin Christmann Hilfreiches zum Aufbau eines Elterngesprächs gelernt. Die klare Struktur einer schrittweisen Abfolge gab ihr von Beginn an Sicherheit, auch bei schwierigen Eltern wie der Mutter von Maite. Jasmina Menthen, von Beruf Gesundheits- und Krankenpflegerin, ist eine ausgesprochen mitteilsame Frau, die extrem ausführlich antwortet, nicht immer beim Thema bleibt und deren Wortschwall mit zunehmender Dauer des Gesprächs kaum zu bremsen ist. Denis Menthen kommt zu Elterngesprächen nicht mit, obgleich er seit einem Jahr wegen eines chronischen Nierenleidens nicht erwerbstätig ist. Die Erzieherin muss aufpassen, sich nicht schon im Vorfeld über diese Eltern sehr aufzuregen.

Die folgenden Schritte im Entwicklungsgespräch wird sie auch heute einhalten wollen. In Schritt 1 wird sie den Eltern gegenüber den Entwicklungstand des Kindes beschreiben, den sie mit einem wissenschaftlich geprüften Beobachtungsverfahren ermittelt. Die Beobachtungen verdeutlicht sie mit Ereignissen aus dem Kita-Alltag, nennt zuerst Stärken und Ressourcen des Kindes und daran anschließend Lernbedarfe und Probleme. Für diesen Schritt hat sie sich umfangreiche Notizen gemacht. Obgleich im Rahmenplan ihres Bundeslandes eine ressourcenbezogene Perspektive auf das Kind und eine Bildungs- und Lerndokumentation mittels Portfolios empfohlen wird, haben ihre Kolleginnen die Erfahrung gemacht, dass Eltern eine Einschätzung der altersgemäßen Entwicklung wichtiger ist, als ein Portfolio zu betrachten, das sie in der Regel von ihren Kindern schon kennen. Am wichtigsten ist es der Erzieherin aber, die große Schüchternheit von Maite anzusprechen. In Schritt 2 wird sie die Eltern befragen und nachhören, ob diese zu einer ähnlichen Einschätzung kommen. Schritt 3 führt zu der Frage, welche Fördermaßnahmen für Maite sinnvoll sind.

Die Erzieherin Katrin Christmann findet, Maite sollte dringend beim schulpsychologischen Dienst vorgestellt werden, damit abgeklärt wird, ob sie überhaupt schulfähig ist.

Die Erzieherin im Beispiel zeigt viele berufliche Handlungsweisen, die für einen Profi unter den Erzieherinnen sprechen: Sie ist gewissenhaft, engagiert, setzt sich für die Kinder ihrer Gruppe ein und scheut sicher auch keine Konfrontation mit Eltern, wenn es nötig sein sollte. Sie hat ihr Handeln geplant und vor dem Hintergrund der Kenntnis eigener Reaktionsmuster reflektiert gestaltet. Unabhängig davon, ob dies überhaupt ein Anliegen der Erzieherin wäre: Als systemisch sollte man dieses Vorgehen nicht bezeichnen. Oder vielleicht sollte es besser heißen: *Sehr* systemisch sollte man das Vorgehen nicht nennen. Denn nach Matthias Varga von Kibéd (2012) gibt es den Gegensatz zwischen *systemisch* und *nicht systemisch* überhaupt nicht. Haltungen können seiner Einschätzung nach aber sehr wohl *systemischer* sein als andere.

Dazu lassen sich aus den theoretischen Grundsätzen Systemtheorie und Konstruktivismus eine Reihe von Haltungen zur Entwicklung förderlichen Kommunikationsverhaltens ableiten, die in der Literatur in Bezug auf Therapie, Beratung und Coaching beschrieben werden (im Überblick Schlippe & Schweitzer, 2016). Im Folgenden werden Kundenorientierung, Auftragsorientierung, Neutralität, Offenheit, Rollenwechsel, Hypothesenvielfalt, Kontextualisierung, Ressourcenorientierung und Lösungsorientierung auf ihre Nützlichkeit für die Gestaltung der Kita-Eltern-Kooperation in der Kindertagesbetreuung hin überprüft. Die neun systemisch-konstruktivistischen Haltungen werden dabei nach vier Themen geordnet: Eine Passung zu Eltern herstellen (4.2), Auf Elternperspektiven eingehen (4.3), Unterscheidungen einführen (4.4), Handlungsmöglichkeiten erweitern (4.5).

Fertigte man in einer Aus- oder Weiterbildungsveranstaltung ein Plakat zu professionellen Haltungen bei systemischer und konstruktivistischer Orientierung an, dann sähe diese Präsentation aus wie in Abbildung 7 dargestellt.

Beim Lesen dieser Liste kann der Gedanke aufkommen, dass einige der genannten Grundhaltungen für die Kindertagesstätte so neu gar nicht sind. Eine Kompetenz- und Ressourcenorientierung ist seit dem PISA-Schock im Jahre 2000 und der Formulierung von Bildungsplänen in Kindertagesstätte und Schule Programm geworden. Mit dem Einzug von Qualitätsmanagement ist auch Kundenorientierung ein vertrautes Konzept.

Ob der kindheitspädagogische Gebrauch des Begriffs Ressource oder das betriebswirtschaftlich geprägte Verständnis von Kundenorientierung mit den entsprechenden Grundhaltungen in der systemischen und konstruktivistischen Theorie einhergehen, muss schon an dieser Stelle bezweifelt werden. Die Deutsche Gesellschaft für Systemische Therapie, Beratung und Familientherapie e. V. (DGST) machte mit einem unterstützten Diskussionspapier bereits 2014 auf grundlegende Missverständnisse systemischer Konzepte aufmerksam. Die Tendenz, auch in der Kindheitspädagogik Missverständnisse über den systemischen Ansatz zu produzieren, wurde bereits einleitend in Kapitel 1 problematisiert.

In den folgenden vier Unterkapiteln werden die aus systemisch-konstruktivistischer Sicht förderlichen Einstellungen ausführlich beschrieben. Dabei wird das eingangs geschilderte Fallbeispiel eines Elterngesprächs immer wieder aufgegriffen und so verändert, dass die besprochenen Grundhaltungen partiell

Abbildung 7: Haltungen der pädagogischen Fachkraft in der Kita-Eltern-Kooperation.

erkennbar werden. Dabei muss ein konkretes methodisches Vorgehen noch ausgeklammert bleiben, sodass sich kein Verlauf im Sinne einer logischen Abfolge eines Elterngesprächs abbildet. Im Sinne der Überlegungen des Systemikers Varga von Kibéd (2012) sollte allerdings deutlich werden, wie die Kooperation zwischen der Erzieherin und den Eltern in Bezug auf das Kind systemisch*er* und konstruktivistisch*er* wird.

Toleranz bei Unterschieden und Komplexität

Verschiedene der im Folgenden zu besprechenden Grundhaltungen erfordern seitens der kindheitspädagogischen Fachkraft ein hohes Maß an Stabilität, was den Umgang mit Unterschiedlichkeit und Komplexität betrifft.

Der friedvolle Umgang mit Unterschieden zwischen verschiedenen gesellschaftlichen Gruppen, aber auch bei zwischenmenschlichen Differenzen wird als *Toleranz* bezeichnet. Toleranz liegt eine Ablehnungs- und gleichzeitig eine Akzeptanzkomponente zugrunde, deren Zusammenspiel vier Stufen von Toleranz unterscheiden lässt. Bei deutlicher Ablehnung zeigt sie sich als *Erlaubnis* oder *Koexistenz,* bei deutlich hervortretender Akzeptanzkomponente als *Akzeptanz* oder *Wertschätzung.* Dogmatismus, ein unkritisches Übernehmen von Lehrmeinungen, was leicht zu Vorurteilen führt, ist das Gegenteil von Toleranz (Köhler, 2016).

Das psychologische Konstrukt der *Ambiguitätstoleranz* setzt sich begrifflich aus lateinisch *ambiguitas* (= Doppelsinn, Zweideutigkeit) und *tolerare* (= erdulden, ertragen) zusammen. Er wurde von der Psychoanalytikerin Else Frenkel-Brunswik (1908–1958) in die psychologische Diskussion eingeführt. Ambiguitätstoleranz bezieht sich auf den kompetenten Umgang mit Unsicherheit, offenen Ausgängen oder Widersprüchlichkeit in prozesshaftem Geschehen, also auf die Fähigkeit »Vieldeutigkeit und Unsicherheit zur Kenntnis [zu] nehmen und ertragen [zu] können« (Ambiguitätstoleranz, 2018, o. S.). Neben emotionalen Reaktionen wie Aggression bei widersprüchlichen Informationen sind bestimmte Denkmuster typisch bei geringer Ungewissheitstoleranz: Dazu zählen einseitig negative oder einseitig positive Bewertungen, Schwarz-Weiß-Denken, lineare Erklärungen, Verneinung oder Tabuisierung.

In Anbetracht der Herausforderungen des systemisch-konstruktivistischen Denkens ist Toleranz auf den Stufen der Akzeptanz und Wertschätzung dienlich, ebenso eine Angstfreiheit bei uneindeutigen, ambiguen Situationen.

4.2 Eine Passung zu Eltern herstellen

Kundenorientierung und *Auftragsorientierung* beschreiben zusammen Kommunikationsangebote, die die Passung mit den Eltern erhöhen: Sich nicht (oder nicht nur) an dem Werte- und Einstellungssystem der eigenen Person, sondern an dem der Adressatinnen und Adressaten zu orientieren, ergibt sich aus dem konstruktivistischen Weltbild, das die grundlegende Subjektivität und Relativität von Wirklichkeitskonstruktionen annimmt. Bei Andreas Bergknapp (2016, 12) findet sich ein treffender Satz für die hier zu beschreibende Einstellung: »Der Berater widersteht der Versuchung, seine Bedeutung für das System zu überschätzen.«

Die beiden Konzepte Kundenorientierung und Auftragsorientierung sind eng miteinander verbunden. Kundenorientierung wird in 4.2.1 stärker auf die Eltern als Personen in unterschiedlichen Lebenslagen bezogen. In 4.2.2 wird das Gefüge der Aufträge und Anforderungen an die kindheitspädagogische Fachkraft in der Eltern-Kind-Kooperation betrachtet.

4.2.1 Eltern als Kunden betrachten

Wie bereits einleitend erwähnt, haben Prozesse der Qualitätsentwicklung und der Qualitätssicherung in den letzten 20 Jahren auch in der Kindertageseinrichtung eine Orientierung an Eltern als Kunden bewirkt. So schließen Kindergärten nicht mehr um 12 Uhr und bieten nachmittags ab 14 Uhr eine Betreuung für einige wenige Kinder an, deren Mütter berufstätig sind, sondern entwickelten sich als Kindertagesstätten zu Ganztagseinrichtungen mit flexiblen Öffnungszeiten. Dem Bedürfnis von Eltern nach Mitbestimmung wird in der modernen Erziehungspartnerschaft nachgekommen. Viele Beispiele ließen sich ergänzen.

Kundenorientierung als betriebswirtschaftlich motivierte Ausrichtung an Elterninteressen und Elternbedarfen wird besonders dann wichtig, wenn die ökonomische Situation der Einrichtung gefährdet ist, weil die Anmeldungen zurückgehen und andere Kindertagesstätten in unmittelbarer Nähe zur Konkurrenz werden. Was angesichts bundesweiter Probleme mit einer bedarfsdeckenden Kindertagesbetreuung abwegig erscheint, kann in konkreten Nachbarschaften städtischer Kindertagesstätten oder im ländlichen Gebiet sehr wohl Thema werden, vor allem dann, wenn sich die Altersstruktur eines Wohngebiets ändert.

Kundenorientierung im systemisch-konstruktivistischen Ansatz meint nicht die einseitige Ausrichtung des Angebots an der Nachfrage einer tatsächlichen oder potenziellen Kundengruppe. Kundenorientierung meint die Optimierung der Passung zwischen einer kindheitspädagogischen Fachkraft und einzelnen Eltern. Eltern, auch die jeweiligen Elternpersonen, sind nämlich höchst unterschiedlich in ihren Bedarfen und Interessen.

Welche Vorteile ergeben sich durch die eingehende Betrachtung von Eltern als Kunden?

1. Kundenorientierung hilft, die Autonomie von Eltern zu achten, vor allem dann, wenn Veränderung und Entwicklung anstehen. Mit dem Satz »Menschen sind eigensinnig« erklären Rainer Schwing und Andreas Fryszer (2015, 325) in systemischer Manier die Neigung von Personen, sich beeinflussen, aber nicht kalkulierbar verändern zu lassen.
2. Aufgrund der Eigendynamik von Systemen ist es nötig, Teil des Systems zu werden, um Veränderungen anregen zu können (Klein & Kannicht, 2011). Kundenorientierung hilft, Eltern adressatenorientiert zu informieren, zu beraten, ihnen Möglichkeiten der Partizipation zu schaffen und Zugang zu Elternbildung zu vermitteln. In Kapitel 5 wird dieser Aspekt der Kundenorientierung aufgenommen, wenn ausführlich die verschiedenen milieuspezifischen Bedarfe von Eltern betrachtet werden.
3. Kundenorientierung hilft, Kunden und Nicht-Kunden zu unterscheiden. Auf Steve de Shazer (2015), den Begründer der Lösungsfokussierten Kurzzeittherapie, geht eine vielzitierte Unterteilung von Hilfe suchenden Personen im Beratungskontext zurück: Besucher, Klagende und Kunden. *Besucher* sehen kein Problem und sehen sich auch nicht für Lösungen in der Verantwortung. Sie kommen nicht aus einer inneren Motivation heraus, sondern sind geschickt worden, z. B. von Ehepartnern oder auch von weisungsbefugten Personen im Jugendamt. *Klagende* sehen im Gegensatz zu Besuchern wohl das Problem und haben das Ziel, dieses zu beseitigen, betrachten sich aber nicht als in das Problem involviert und übernehmen deshalb auch keine Verantwortung für eine Lösung. Sie jammern, verbleiben in problemati-

schen Situationen, nehmen andere in die Verantwortung: die Gesellschaft, die Schule und eben auch die Kindertagesstätte. Als *Kunden* werden die Personen in Beratungsprozessen oder auch in Elterngesprächen bezeichnet, die sich als Teil des Problems und als Teil von Lösungen sehen. Die Vorstellung von de Shazer ist zunächst einmal eine Klassifikation der Motivation von Klienten, nimmt aber auch eine Entwicklung von einer Besucher- oder Klagenden-Motivation hin zu einer Kunden-Motivation an. Im Übertrag auf die Kindertagesstätte heißt dies, dass Eltern unterschiedlich behandelt werden müssen, je nachdem, ob es sich um Kunden oder um Nicht-Kunden, also um Besucher oder Klagende, handelt (siehe 9.4).

4.2.2 Erwartungen und Aufträge klären

Erwartungen und Aufträge bezeichnen in Beratung und Therapie Ansprüche unterschiedlicher Dringlichkeit. Der in der systemischen Praxis übliche Begriff des *Auftrags* suggeriert geschäftsmäßige Klarheit, dabei ist eher mit einem komplexen Bündel an Wünschen, Bedürfnissen und auch Befürchtungen zu rechnen. Hans Rudi Fischer, Arist von Schlippe und Ulrike Borst (2014, 260) sprechen zurecht von »Erwartungspaketen«. Betrachtet man die Auftragslage in der Kita-Eltern-Kooperation, so zeigt sich, dass diese erstaunlich anspruchsvoll ist.

In der Kita-Eltern-Kooperation haben nämlich nicht nur die Eltern Anliegen. Größter Auftraggeber der kindheitspädagogischen Fachkraft ist die Gesellschaft bzw. der Staat, der mit dem Kinder- und Jugendhilfegesetz (SGB VIII) und den länderspezifischen Ausführungsgesetzen vorgibt, dass Kinder in der Tageseinrichtung *Betreuung,* eine umfassende *Bildung* und eine an Werten orientierte *Erziehung* erfahren sollen.

> SGB VIII § 22 (3): Der Förderungsauftrag umfasst Erziehung, Bildung und Betreuung des Kindes und bezieht sich auf die soziale, emotionale, körperliche und geistige Entwicklung des Kindes. Er schließt die Vermittlung orientierender Werte und Regeln ein. Die Förderung soll sich am Alter und Entwicklungsstand, den sprachlichen und sonstigen Fähigkeiten, der Lebenssituation sowie den Interessen und Bedürfnissen des einzelnen Kindes orientieren und seine ethnische Herkunft berücksichtigen.

Die Auftragslage der Förderung verkompliziert sich, wenn nicht nur Eltern, sondern auch Kooperationspartner anderer Bildungsinstitutionen mit betrachtet werden.

> SGB VIII § 22a (2): Die Träger der öffentlichen Jugendhilfe sollen sicherstellen, dass die Fachkräfte in ihren Einrichtungen zusammenarbeiten
> 1. mit den Erziehungsberechtigten und Tagespflegepersonen zum Wohl der Kinder und zur Sicherung der Kontinuität des Erziehungsprozesses,
> 2. mit anderen kinder- und familienbezogenen Institutionen und Initiativen im Gemeinwesen, insbesondere solchen der Familienbildung und -beratung,
> 3. mit den Schulen, um den Kindern einen guten Übergang in die Schule zu sichern und um die Arbeit mit Schulkindern in Horten und altersgemischten Gruppen zu unterstützen.

Seit der Unterzeichnung der UN-Behindertenrechtskonvention im Jahre 2007 wird besonders nachhaltig *Inklusion* als Ziel auch in der Kindertagesbetreuung verfolgt, was die Auftragslage zusätzlich erweitert.

> SGB VIII § 22a (4): Kinder mit und ohne Behinderung sollen, sofern der Hilfebedarf dies zulässt, in Gruppen gemeinsam gefördert werden. Zu diesem Zweck sollen die Träger der öffentlichen Jugendhilfe mit den Trägern der Sozialhilfe bei der Planung, konzeptionellen Ausgestaltung und Finanzierung des Angebots zusammenarbeiten.

Betreuung, Erziehung, Bildung, Förderung, Kooperation, Inklusion – gut denkbar, dass Eltern dieses Potpourri an Aufträgen nicht gleichermaßen wie den Gesetzgeber oder das Team einer Kindertagesstätte interessiert und dass sie unterschiedliche Akzente setzen. Eltern können den Gesamtauftrag reduzieren und beispielsweise nur Betreuung erwarten. Eltern, die mit der Erziehung ihres Kindes überfordert sind, mögen stillschweigend der Einrichtung den Auftrag erteilen, diesem Regeln und ein angemessenes Sozialverhalten beizubringen, also Erziehung zu leisten.

Neben dieser Großauftragslage, lässt sich in der Kita-Eltern-Kooperation Elterninformation, Elternberatung, Elternbildung und Elternpartizipation unterscheiden. Es wurde bereits an verschiedenen Stellen deutlich, dass Eltern und auch kindheitspädagogische Fachkräfte die Bedeutung dieser Aspekte moderner Kita-Eltern-Kooperation nicht alle gleichermaßen wichtig finden (Honig, Joos & Schreiber, 2004). Neben den weiteren oben skizzierten Erwartungen können mit geschärftem Blick auch kleine Aufträge identifiziert werden als Weisungen an die kindheitspädagogische Fachkraft: den Kindern Gruppenregeln beibringen; die Kinder dazu anhalten, ihre Kleider nicht schmutzig zu machen; mit

Kindern regelmäßig rausgehen; die Eltern in Ruhe lassen; täglich ein Tür- und Angel-Gespräch führen u.v.m.

Welche Vorteile ergeben sich durch eine Auftragsorientierung?

1. Auftragsorientierung hilft, Anforderungen verschiedener Kooperationspartner überhaupt erst in den Blick zu nehmen. Dabei wird möglich, das breite Spektrum der Ansprüche zu erkennen und nicht stillschweigend von einer gemeinsamen Auftragslage aller Beteiligten auszugehen.
2. Auftragsorientierung zeigt die Auftragslage, sensibilisiert zusätzlich aber auch für verborgene und widersprüchliche Erwartungen. Je mehr Kooperationsparteien zusammentreffen, umso mehr, teilweise auch widersprüchliche Aufträge können zur Sprache kommen. Hier gilt es, nachzufragen, Widersprüche deutlich zu machen, nebeneinanderzustellen oder möglicherweise auszuräumen. Sobald Ämter oder Einrichtungen involviert sind, stellt sich auch die Frage nach Auftragsgebern in der zweiten Reihe. Von *Zwangskontexten* oder moderater von *Pflichtkontexten* spricht man, wenn Personen nicht freiwillig eine Beratung aufsuchen, sondern dies z. B. vom Jugendamt zur Auflage gemacht wird. So kann der Besuch einer Kindertagesstätte und die Teilnahme an Elternabenden und Entwicklungsgesprächen eine Auflage des Jugendamtes sein, damit das Kind in der Familie bleiben kann.
3. Auftragsorientierung meint auch, dass Aufträge oder Ziele nicht nur zu Beginn der Kita-Eltern-Kooperation geklärt werden, sondern immer wieder Thema sind, weil sie sich im Verlauf der Zeit verändern. Zwei Beispiele sollen den Gedanken verdeutlichen: Unabhängig vom Bildungsbegriff in der Kindheitspädagogik, der Bildung auf die gesamte Zeit in der Kindertagesstätte bezieht, könnte eine Familie erst im letzten Jahr vor der Einschulung dezidiert den Auftrag Bildung formulieren. Oder eine Mutter, die bislang berufstätig war, nach der Geburt des zweiten Kindes aber Erziehungsurlaub nimmt, möchte fortan mehr informiert werden und sich in der Kita engagieren, Elternpartizipation wird ihr nun erst wichtig.

Das Symptom als Auftraggeber

Ein Dilemma in Sozialer Arbeit und auch in der Kindertagesbetreuung entsteht immer dann, wenn Eltern bewusst keine Aufträge erteilen, das Kind aber gefährdet ist oder sich nicht altersgemäß entwickelt – aus Sicht der professionellen Fachkräfte also ein konkreter Handlungsbedarf besteht.

Friedhelm Kron-Klees (1994, 2008) spricht aus der Perspektive des Jugendamtes hier vom *Symptom als Auftraggeber,* wobei er den verdeckten Auftrag aus der Sicht eines Kindes wie folgt übersetzt: »Ich möchte, dass ihr helft, dass unsere

Familie Lösungen der Aufgaben des Zusammenlebens findet, die weniger oder kein Opfer von mir verlangen.« (1994, 27)

Übertragen auf die Kindertagesbetreuung heißt dies, dass die kindheitspädagogische Fachkraft ihre Sorge um ein Kind sehr wohl in das Gespräch einbringen kann und daraus einen Förderauftrag ableiten kann, selbst wenn dieser von den Eltern nicht erteilt wird. In letzterem Fall wird die Förderung dann auf die Kindertagesstätte und ihre Kooperationspartner begrenzt bleiben müssen. Wenn eine Gefahr für das Kindeswohl vorliegt, ist das Jugendamt im Rahmen des § 8a SGB VIII davon in Kenntnis zu setzen. Dies betrifft Vernachlässigung, körperliche Misshandlung (z. B. auch das Schütteltrauma) seelische Misshandlung, sexuellen Missbrauch und sexualisierte Gewalt sowie das *Münchhausen-Stellvertreter-Syndrom,* wenn Elternpersonen Krankheiten ihrer Kinder vortäuschen oder herbeiführen (Lieb, Danzeisen & Goddar, 2011).

Das Konstrukt *Symptom als Auftraggeber* macht deutlich, dass es immer wieder Situationen gibt, »in denen man nicht umhinkommt, konkreten Personen auch konkrete Verantwortung zuzurechnen und damit auch klar Stellung zu beziehen. Die Auseinandersetzung, [...] wann man entschieden eine Position der Wertung zu vertreten hat, ist bei Themen wie Missbrauch und Misshandlung am schärfsten« (Schlippe, 2015, 21). Vor dem Hintergrund systemisch-konstruktivistischer Haltungen weitet Birgit Maschke (2016) den Blick einer Kinderschutzkraft von der dominanten Perspektive auf das Opfer Kind noch auf andere Aspekte der Dynamik in den entsprechenden Familien: auf die kleinschrittigen Veränderungen bei gewaltorganisierten Familiensystemen; auf die Notwendigkeit, eine aktive und führende Rolle zu übernehmen; darauf, Eltern in die Verantwortung zu nehmen und dennoch einen verständlichen Grund für ihr Handeln zu suchen; darauf, durch den Einbezug wirtschaftlicher und subkultureller Wirkfaktoren Komplexität zu erhöhen; Eltern bei Inobhutnahmen und Heimunterbringung der Kinder zu beteiligen.

Auftragsorientierung ist eine Grundhaltung, die nicht zur unkritischen Übernahme elterlicher Aufträge anleiten soll. Stattdessen zieht eine Auftragsorientierung eine *Auftragsklärung* als konkretes kommunikatives Handeln in der Kita-Eltern-Kooperation nach sich: Ziele, Erwartungen und Aufträge werden erfragt, protokolliert, ernst genommen und bei widersprüchlichen Aufträgen auch verhandelt. Die Klärung von Aufträgen, verbunden mit einer affektiven Rahmung, ermöglicht, ein Arbeitsbündnis zu schließen (Hildenbrand, 1999). Möglichkeiten und Grenzen der Zusammenarbeit können so im Verlauf der Kita-Eltern-Kooperation immer wieder ausgelotet werden.

Was würde die Erzieherin im eingangs geschilderten Beispiel eines Gesprächs mit Eltern (vgl. Kapitel 4.1.2) anders machen, wenn Kundenorientierung und Auftragsorientierung Leitlinien im Gespräch wären?

Elterngespräch: Erweiterung 1

Eine Passung zu Eltern herzustellen, sich also auf Eltern einzustellen und Aufträge zu klären, stellt immer dann eine Herausforderung dar, wenn Eltern so ganz anders leben als es die kindheitspädagogische Fachkraft selbst kennt. Kompetent im Umgang mit Eltern aus den unterschiedlichen sozialen Milieus, versteht die Erzieherin Katrin Christmann die Neigung der Mutter Jasmina Menthen, sich selbst in den Mittelpunkt zu stellen, zusammen mit anderen Beobachtungen als Ausdruck eines Lebensstils, in dem Autonomie und Freiheit wichtige Grundwerte darstellen. Hinweise auf Struktur, Regeln und Konsequenzen können dann schnell als Einschränkung von Freiheit erlebt werden und verärgern die Eltern wahrscheinlich.

Ob das tatsächlich so ist, gilt es allerdings zu erfragen. Die Erzieherin Katrin Christmann gibt den Eltern deshalb viel Raum für die Darstellung ihrer elterlichen Interessen, ihrer Wünsche, Befürchtungen und Erwartungen an das Gespräch bzw. an die Förderung in der Kindertagesstätte. So erfährt sie im konkreten Fall, dass die Mutter nun erstmalig Bildung und Förderung wichtig findet, »damit es in der Schule dann auch klappt«. Die Mutter berichtet, dass Maite sich in der Gruppe der Mädchen, die bald zusammen in die Grundschule gehen werden, überhaupt nicht wohlfühlt. Sie glaubt sogar, Maite würde gemobbt, das gäbe es auch unter Kindern. Nach den Erwartungen des Vaters befragt, berichtet die Mutter, dieser halte seine Tochter für sehr begabt. Er ist sich sicher, dass sie den Übertritt in die Grundschule gut bewältigen wird. Dass sie in der Kita wenig rede, sehe er nicht als Problem an.

Auch wenn sie die Vorstellungen der Eltern nicht teilt, gelingt es Katrin Christmann, das Gespräch freundlich und emotional ausgeglichen zu führen, weil sie keine Energie darauf verwenden muss, ihr Wertesystem auf das der Eltern zu übertragen und Überzeugungsarbeit zu leisten. Sie hat keine Schwierigkeiten damit, diese drei völlig unterschiedliche Perspektiven auf das Vorschulkind Maite im Übergang in die Grundschule nebeneinander stehen zu lassen. Die unterschiedlich abzuleitenden Aufträge sind Ausgangspunkt einer Auftragsklärung.

Die hier fokussierten Grundhaltungen unter der Überschrift *Eine Passung zu Eltern herzustellen* sind für alle Aspekte der Kita-Eltern-Kooperation wichtig. Elterninformation, Elternberatung und Elternbildung gelingen nur, wenn adressatenorientiert kommuniziert wird. Für die Elternberatung ist die beschriebene Grundhaltung besonders in der Anfangsphase wichtig, methodische Anregungen hierfür werden in Kapitel 9 ergänzt.

4.3 Auf Elternperspektiven eingehen

Sich an Eltern zu orientieren und eine Passung zu den Eltern herzustellen, ist eine Voraussetzung für die im Folgenden zu beschreibende *Neutralität* und *Offenheit* als Grundhaltungen für einen Wechsel hin zu Elternperspektiven. Gegenüber Elternpersonen neutral und im Kontakt offen zu sein, scheint zunächst selbstverständlicher Teil kindheitspädagogischer Professionalität zu sein. Auch hier ist das Begriffsverständnis im systemisch-konstruktivistischen Ansatz entschiedener als in der Alltagssprache. Deshalb wird in 4.3.1 und 4.3.2 unter den Überschriften *Umfassend neutral sein* und *Für anderes offen sein* ein entsprechendes Begriffsverständnis angeregt.

4.3.1 Umfassend neutral sein

Neutralität wird in der Regel als persönliche Distanz verstanden, was ermöglicht, mit Eltern vorurteilsfrei und unvoreingenommen in Kontakt zu kommen und objektiv zu bleiben. Persönliche Beziehungen oder gar Freundschaften zu Eltern werden als hinderlich erlebt. Neutralität als Grundhaltung im systemisch-konstruktivistischen Ansatz definiert sich aber nicht über Abstand oder über den Versuch einer objektiven Sicht auf die Dinge (die es aus konstruktivistischer Sicht nicht gibt). Neutralität bezieht sich auch nicht nur auf Personen.

Zu einem umfassenden Verständnis von Neutralität trägt die Unterscheidung in eine *Neutralität gegenüber Personen*, eine *Neutralität gegenüber Problemen* und eine *Neutralität gegenüber Lösungen* (Schlippe & Schweitzer, 2016) bei. Was in der Beratung gilt, kann auf die Zusammenarbeit mit Eltern übertragen werden. *Neutralität gegenüber Personen* ist unmittelbar verständlich. Pädagogische Fachkräfte sollten sich gegenüber Elternpersonen so verhalten, dass die Sichtweisen beider Elternpersonen gleichermaßen berücksichtigt werden und nicht eine Perspektive bevorzugt wird. Als Allparteilichkeit erinnert sie in der Gesprächsführung daran, jedem Elternteil immer wieder das Wort zu geben, Erwartungen oder Einschätzungen beider Elternteile zu erfragen und zu würdigen. Das allein kann im Elterngespräch eine große Herausforderung sein: Häufig haben Mütter und Väter Zuständigkeiten und Rollen innerhalb der Familie so geklärt, dass eine Elternperson (häufig die Mutter) das Gespräch über Erziehung dominiert oder gar allein angesprochen werden möchte. *Neutralität gegenüber Problemen* scheint auf den ersten Blick eine unsinnige Forderung zu sein. Wie kann sich eine kindheitspädagogische Fachkraft neutral, d. h. ohne klare Positionierung, verhalten, wenn ein Kind problematische Verhaltensweisen wie beispielsweise aggressives Verhalten, Sprachprobleme oder extreme Schüchternheit zeigt? Ähnlich unsinnig erscheint eine *Neutralität gegenüber Lösungen* zu sein. Aus der Sicht einer kindheitspädagogischen Fachkraft werden einige Lösungen immer besser als andere sein. So werden in der Regel erzieherische Lösungen gegenüber medizinischen bevorzugt, Abwarten wird als weniger erfolgversprechend angesehen als ein früher korrigierender Eingriff bei kindlichem Problemverhalten. Neutralität gegenüber Problemen und Lösungen verstößt sozusagen gegen das Berufsverständnis von kindheitspädagogischen Fachkräften – so der erste Eindruck. Wichtigster Aspekt der Neutralität gegenüber Problemen und gegenüber Lösungen ist die Einsicht in die Funktionalität von Verhaltensweisen. In Kapitel 2 wurde in die konstruktivistische Denkweise eingeführt, Konzepte oder Theorien, aber auch konkrete Verhaltensweisen prinzipiell auf ihre Nützlichkeit hin zu befragen. Auch problematische Verhaltensweisen bei Kindern können der Versuch einer bestmöglichen Lösung sein, also einen Gewinn darstellen.

Krankheitsgewinne

Das Phänomen, von einer ungünstigen Gesundheitssituation oder einer psychischen Störung nicht nur Nachteile zu haben, sondern auch Vorteile zu erlangen, ist in Medizin und Psychologie bekannt und wird als Krankheitsgewinn bezeichnet. Das Konzept erlaubt, neutral - im Sinne von ausgewogen - auf die Situation von Personen mit körperlichen oder psychischen Störungen zu schauen, während in der Regel der Blick allein auf Krankheitsverluste gerichtet wird. Vor allem bei Störungen ohne körperlichen Befund (sogenannten Somatisierungsstörungen) ist die Betrachtung von Krankheitsgewinnen wichtig, um Ideen zu erzeugen, wie die Ziele direkt und nicht indirekt über die Symptomatik erreicht werden können.

Als *primärer Krankheitsgewinn* werden die Vorteile bezeichnet, die die Person selbst erfährt. Dies können Aufmerksamkeit und Beachtung, Fürsorge oder Schonung sein. Der sekundäre Krankheitsgewinn besteht in externalen Vorteilen wie Schul- oder Arbeitsbefreiungen, Entschädigungen, Frühverrentung, Nachteilsausgleichen. Vorteile, die andere Personen erlangen, die mit der erkrankten Person in Beziehung stehen oder zu den Behandelnden gehören, werden als *tertiärer Krankheitsgewinn* bezeichnet (Merten, 2018).

In der Regel werden Krankheitsgewinne von nicht professionellen Personen nicht wahrgenommen, sondern die Beachtung der Krankheitsverluste überwiegt. Eine Ausnahme unter den Störungen mit Beginn im Kindes- und Jugendalter stellt allerdings die Aufmerksamkeitsdefizit-Hyperaktivitätsstörung (ADHS) dar. Hier werden vor allem tertiäre Krankheitsgewinne für die Eltern (z. B. Entschuldigung für fehlende erzieherische Konsequenz) und die Pharma-Industrie (z. B. durch extrem gestiegene Medikamententherapie) unterstellt. Allerdings ist eine einseitig negative Einschätzung noch keine neutrale Position gegenüber Problemen und Lösungen.

Die pädagogische Fachkraft kann eine umfassende Neutralität einüben, indem sie nicht nur Nachteile des Problemverhaltens, sondern auch mögliche Vorteile überdenkt: Auch Problemverhalten hat einen guten Grund. Damit ist allerdings nicht gemeint, das Verhalten gutzuheißen. Es geht darum, es affektneutral und umfassend zu analysieren. Ein anderes Beispiel aus dem Spektrum typischer Problematisierungen kindlichen Verhaltens soll dies verdeutlichen.

Neutralität gegenüber Problemen

Jenny (5 Jahre) ist übergewichtig. Zu viel zu essen, vor allem als Kind zu viel zu essen, ist ein Verhalten, das aus sehr bekannten Gründen als nachteilig gilt. Neutralität gegenüber Problemen heißt hier, sich nicht nur mit der negativen, gesundheitsschädigenden Seite des Verhaltens zu beschäftigen, sondern auch die innere Freiheit zu besitzen, einen radikalen Perspektivenwechsel einzunehmen und kindliches Übergewicht als in einem gewissen Sinne dienliches Verhalten zu sehen.

Schweitzer und Schlippe (2016) schlagen einige Hypothesen zu Übergewicht in der Familie vor. Übergewichtige Kinder könnten – wie alle Kinder mit psychischen Problemen – für den Familienzusammenhalt sorgen, weil man sich intensiv um das Kind kümmern muss. Im Falle übergewichtiger Eltern wird der Zusammenhalt über das gemeinsame Schicksal gestärkt: Schwierige Kontakte zu Gleichaltrigen erfahren nun auch die Kinder, Mobbingerfahrungen und hinausgezögertes Heranreifen binden die Kinder an die Familie. Für die Eltern kann es ein Nutzen sein, keine anstrengenden erwachsenen Erziehungs- und Strukturierungsleistungen in Bezug auf das Essen erbringen zu müssen.

Am Beispiel kindlichen Übergewichts wird deutlich, dass der Perspektivenwechsel auf die guten Gründe mehr Lösungsideen produziert als die bloße Betrachtung der Nachteile (vgl. hierzu ausführlich 4.5)

Die dritte Art von Neutralität nach Schlippe und Schweitzer (2016), die Neutralität gegenüber Lösungen, hilft, die Autonomie von Eltern zu achten.

Neutralität gegenüber Lösungen

Leander (5 Jahre) fällt während der gesamten Kindergartenzeit durch eine intellektuelle Begabung auf. Er beschäftigt sich stundenlang in der Lernwerkstatt, verbringt viel Zeit in der Kuschelecke neben dem Regal mit Bilderbüchern. Da er sich beim Spielen mit anderen Kindern wenig beteiligt, keine Freude am Freispiel auf dem Außengelände zeigt, ist er nicht in die Gemeinschaft der Kita-Gruppe integriert. Er spielt ab und zu mit zwei jüngeren Kindern, beschäftigt sich aber sonst die gesamte Kindergartenzeit über allein. Die Kindheitspädagogin möchte, dass das letzte Jahr vor der Einschulung genutzt wird, damit Leander eine Gruppenfähigkeit entwickelt und soziale Kompetenzen aufbaut. Die Eltern äußern allerdings den völlig überraschenden Wunsch, Leander ein Jahr früher einzuschulen und haben dazu beim schulpsychologischen Dienst bereits einen Beratungstermin vereinbart.

Zusammenfassend betrachtet hat die Neutralität gegenüber Personen, Problemen und Lösungen in Gesprächen mit Eltern eine Reihe von Vorteilen.

1. Neutralität gegenüber Personen ermöglicht, mit beiden Elternteilen in einen Dialog über verschiedene Sichtweisen zu kommen und sich nicht in ungünstige Beziehungsmuster zu verstricken. Gerade die Dominanz von Frauen im Erzieherberuf kann dazu verführen, in Frauensolidargemeinschaft Elterngespräche als Gespräche von Mutter zu Mutter zu führen. Neutralität gegenüber Personen fordert ein, auch die Perspektiven von Vätern zu erkunden, selbst wenn sie am Gespräch oder zu anderen Veranstaltungen mit Elternbeteiligung nicht häufig teilnehmen (können).
2. Neutralität gegenüber Problemen und Lösungen erlaubt, sich in der Bewertung von Problemen und Lösungen zurückzunehmen. Den vermeintlichen Expertenstatus aufzugeben, die Idee, qua Ausbildung über vermeintlich richtige Problem- und Lösungssichten zu verfügen, kann entlastend sein. In Bezug auf Probleme wie auch auf Lösungen jeweils Vor- und Nachteile abzuwägen, verhindert, sich im Elterngespräch vorschnell mit der Sichtweise eines Elternteils (in der Regel der Mutter) zu identifizieren. Nicht in die Konsensfalle zu tappen, sich nicht von Elternpersonen vereinnahmen zu lassen, die eine bestimmte Problemsicht haben und die bestimmte Lösungen bevorzugen, verhindert eine vorschnelle Verengung der Perspektiven.
3. Erst die Neutralität gegenüber Personen, Problemen und Lösungen erlaubt, mit Eltern auf Augenhöhe zu kommunizieren statt zu konkurrieren, weil sich die kindheitspädagogische Fachkraft durch andere Problemdefinitionen und Lösungsansätze der Eltern nicht persönlich gekränkt fühlt. Eine erlangte Neutralität ist die Voraussetzung für Aufmerksamkeit, für das Zuhören und für eine Offenheit Elternperspektiven gegenüber.

Wichtig erscheint an dieser Stelle die Klarstellung, dass Neutralität immer eine *professionelle Neutralität* ist. Natürlich kann die kindheitspädagogische Fachkraft ihre Meinung haben, die Mutter sympathischer finden als den Vater (oder anders herum), das Problem des Kindes schlimm finden und ganz andere Lösungen bevorzugen als die Eltern. Es nützt ihr allerdings nur die beschriebene, umfassend neutrale Haltung:

> Wenn den Teilnehmern einer systemischen Beratung hinterher unklar ist, auf wessen Seite der Berater mehr gestanden hat, welche der vertretenen Ideen er favorisiert und wie er zum Problem steht – dann war der Berater ›neutral‹. (Schlippe & Schweitzer, 2016, 205)

Neutralität gegenüber Problemen und gegenüber Lösungen gilt nur dann als nützliche Grundhaltung, wenn keine Kontrollaufgaben oder Fürsorgeaufgaben anstehen. Sie hat immer dann eine klare Grenze, wenn das Kindeswohl gefährdet ist.

4.3.2 Für anderes offen sein

Eine im beschriebenen Sinne umfassende Neutralität ist eine optimale Bedingung, sich für andere Weltbilder und Sichtweisen der Eltern zu öffnen.

Offenheit für Erfahrungen ist eines der fünf Persönlichkeitsmerkmale, das in der wichtigsten psychologischen Persönlichkeitstheorie, dem Fünf-Faktoren-Modell, unterschieden wird. Eigenschaftstheorien passen eigentlich nicht in das konstruktivistische Weltbild, es sei denn, man betrachtet sogenannte Persönlichkeitsmerkmale nicht als unveränderbar, sondern als wiederholt in verschiedenen konkreten Situationen auftretende, prinzipiell aber änderbare Verhaltensmuster. Diese systemisch-konstruktivistische Idee ist auch in der Persönlichkeitspsychologie vertreten: In Rollentheorien der Persönlichkeit wird unter den Begriffen *contextualized personality* und *personality states* das Nebeneinander verschiedener sozial oder kulturell unterscheidbarer Persönlichkeitsausprägungen untersucht (z. B. Heller, Watson, Komar, Min & Perunovic, 2007).

In den Persönlichkeitstests, die in Wissenschaft oder Personalwesen auf der Grundlage des Fünf-Faktoren-Modells genutzt werden, bezeichnet der Faktor Offenheit »das Interesse an […] neuen Erfahrungen, Erlebnissen und Eindrücken« (Berth & Goldschmidt, 2006, 95). Dabei werden unterschiedliche Facetten von Offenheit unterschieden: Offenheit für Phantasie, für Ästhetik, für Gefühle, für Handlungen, für Ideen und Offenheit des Werte- und Normensystems (Ostendorf & Angleitner, 2004). Besonders die beiden letztgenannten Aspekte, nämlich eine Offenheit für Ideen als »intellektuelle Neugier« und Offenheit des Werte- und Normensystems als »Bereitschaft, die eigenen Werte und die von Autoritätspersonen zu überprüfen« (Lord, 2011, 44 f.) sind hilfreich für die Entwicklung der hier betrachteten Grundhaltung.

Interessant ist in diesem Zusammenhang eine Studie unter Absolventinnen von sozialpädagogischen Fachschulen und kindheitspädagogischen Hochschulen, die zeigt, dass die Berufsgruppe sich im Vergleich zur Gesamtbevölkerung in der BRD durch eine höhere Offenheit auszeichnet (Smidt & Roux, 2015). In diesem Sinne sind die Voraussetzungen für eine Offenheit im Sinne von Neugier auf andere und anderes beinahe schon berufstypisch gegeben.

»Systemische Neugier interessiert sich für die jedem System immanente Eigenlogik, die als weder gut noch schlecht, sondern schlicht als wirksam angesehen wird, weil sie sich für dieses System offensichtlich evolutionär bewährt hat« (Schlippe & Schweitzer, 2016, 207). Neugier verhindert eine Verengung von Perspektiven durch Langeweile, soziale Kontrolle und vorschnelles Problem- und Lösungswissen.

Elterngespräch: Erweiterung 2

Neutralität und Offenheit würde sich als veränderte Grundhaltung unmittelbar auf die Gespräche auswirken, die Katrin Christmann im Rahmen der Kita-Eltern-Kooperation führt. Wie bereits in der Auftragsklärung deutlich wurde, würde die Erzieherin nicht nur die Perspektive der Mutter Jasmina Menthen umfassend interessieren, ihre *Neutralität gegenüber Personen* erforderte selbstverständlich auch den Einbezug der Vaterperspektive in das Gespräch, entweder, indem der Vater zu den Gesprächen ausdrücklich mit eingeladen wird, indem die Mutter immer wieder nach der Vaterperspektive gefragt wird oder indem eine prinzipielle Klärung des Einbezugs oder Nichteinbezugs des Vaters erfolgt. Vor dem Hintergrund einer Partizipation des Kindes hat sie in einer ruhigen Gesprächssituation Maite auch selbst gefragt, ob sie sich denn auf die Schule freue. Maite hat nur mit den Schultern gezuckt. Die Beobachtungen während der schulvorbereitenden Aktivitäten zeigen, dass Maite Anspannung zum Ausdruck bringt.

Neutralität gegenüber Problemen gewinnt die Erzieherin durch das Ausloten möglicher Vor- und Nachteile eines bestimmten Verhaltens, das als problematisch erlebt wird. So könnte sich um die von ihr eindeutig als negativ betrachtete Schüchternheit des Kindes der Gedanke entwickeln, dass eine gewisse Introversion für gute Schulleistungen förderlich ist. Neutralität gegenüber Problemen heißt auch, dass andere Problemkonstruktionen keine Abwehr hervorrufen. Die mütterliche Annahme, Maite werde gemobbt, hat ebenfalls zwei Seiten: die negative einer Kränkung, aber auch die positive, sich aus der Verantwortung für Veränderung ziehen zu können. Ähnliches gilt für die Annahme des Vaters, dass es kein Problem gibt, Maite stattdessen der Übergang in die Grundschule besonders gelingen wird. Möglicherweise hat er recht, es kann aber für ihn auch von Nutzen sein, weil keine Förderaufgaben auf die Eltern zukommen, wenn er so denkt.

Neutralität gegenüber Lösungen fordert eine Bescheidenheit, was die eigene fachliche Expertise betrifft. Katrin Christmann wäre dann nicht übermäßig stolz auf ihre Qualifikationen, sähe sich nicht als Expertin für den Übergang in die Grundschule und für die Inklusion von Kindern mit Verhaltensauffälligkeiten oder Behinderungen, sondern betrachtete das Handlungswissen, über das sie verfügt, als eine unter möglichen anderen Perspektiven auf das Kita-Kind Maite. Wissen erhöht die Wahrnehmung von Komplexität und ermöglicht Multiperspektivität. Eine psychologische Abklärung erscheint nicht mehr als einzige Lösungsmöglichkeit, den Übergang in die Grundschule zu optimieren.

Eine so umfassend gezeigte Neutralität ermöglicht der Erzieherin, sich so zurückzunehmen, dass eine Offenheit für andere Werte, Normen, Einstellungen und Erlebensweisen möglich wird und sich eine grundlegende Neugier auf die Perspektiven der Eltern von Maite entwickeln kann.

Die hier fokussierten Grundhaltungen unter der Überschrift *Auf Elternperspektiven eingehen* sind besonders wichtig für die Ausgestaltung einer modernen Kita-Eltern-Kooperation unter dem Stichwort *Elternpartizipation*, die Ermöglichung von Mitbestimmung, Mitwirkung und Beteiligung der Eltern an inhaltlichen und organisatorischen Prozessen der Kindertagesstätte. Mit Neugier, Offenheit und Autonomie kann es möglich werden, auch höhere Beteiligungsformen zu verwirklichen, also z. B. Beratung von Eltern als Experten einzuholen, sie zu befragen und einen Konsens zwischen Kita und Elternschaft zu finden (vgl. Fialka, 2010).

4.4 Unterscheidungen einführen

Rollenwechsel und *Hypothetisieren* stehen für zwei grundlegende Kommunikationshaltungen im systemisch-konstruktivistischen Ansatz, die Flexibilität und einen kompetenten Umgang mit Unterschieden zum Ausdruck bringen. In 4.4.1 wird unter der Überschrift *Verschiedene Rollen einnehmen* deutlich, dass kindheitspädagogische Fachkräfte unterschiedliche Aufträge nur erfüllen können, wenn sie ihre Rollen in der Eltern-Kita-Kooperation bewusst wechseln. Der Umgang mit Annahmen und Hypothesen im Kontext Kindertagesstätte wird in 4.4.2 unter der Überschrift *Andere Sichtweisen einbringen* behandelt. Insgesamt betrachtet weist der Inhaltsbereich *Unterscheidungen einführen* auf den großen Stellenwert von Diversity-Kompetenz für eine systemisch-konstruktivistische Grundhaltung hin (siehe ausführlich in Teil II).

4.4.1 Verschiedene Rollen einnehmen

In 4.2.2 wurde mit den Schlagwörtern Betreuung, Erziehung, Bildung, Förderung, Kooperation, Inklusion und Partizipation die allgemeine Auftragslage der Kindertagesstätte beschrieben. Speziell in der Eltern-Kita-Kooperation fallen Elterninformation, Elternberatung, Elternbildung und Elternpartizipation an. Diese vielfältigen Aufgaben erfordern verschiedene Rollen seitens der professionellen Fachkräfte.

Nach Antony Williams (1995, zitiert in Schwing & Fryszer, 2015) können in der Supervision die vier Rollen *teacher* (Lehrende, Informierende), *facilitator* (Zuhörende, Unterstützende), *consultant* (Fragende, Begleitende) oder *evaluator* (Bewertende, Überprüfende) unterschieden werden. In den meisten Fällen wird die kindheitspädagogische Fachkraft zwei Rollen einnehmen, nämlich *teacher* und *consultant,* also Fachwissen vermitteln und Prozesse begleiten. Die Rolle als Zuhörende und Tröstende *(faciliator)* in Bezug auf Eltern wird gleichermaßen wie die Rolle als Bewertende, Überprüfende *(evaluator)* eher die Ausnahme sein. Schwing und Fryszer (2015) ermutigen allerdings dazu, öfter Bewertungen auszusprechen, also Eltern auch kritisches Feedback zu geben.

Manuel Barthelmess (2016) betrachtet vorrangig zwei Rollen, je nachdem, ob der Kontext eine *Prozessberatung* erfordert oder eine *Fachberatung.* Er beruft sich dabei auf die Unterscheidung im Englischen zwischen *counceling* und *advising. Counceling* versteht sich als *Beraten durch Fragen* und entspricht der Prozessberatung. *Advising* entspricht der Fachberatung, die *Beraten durch Antworten* meint. Diese beiden Rollen sind auch in der Kita-Eltern-Kooperation am häufigsten anzutreffen.

Spricht man in Coaching oder Supervision von verschiedenen Rollen, wird gern die Metapher unterschiedlicher *Hüte* herangezogen. Trägt die Beratende den *Prozesshut,* fordert Barthelmess (2016) eine systemische Haltung des Nicht-Wissens als tiefe Einsicht in die Relativität von Wissen, und des Nicht-Verstehens als Aufbau einer professionellen Neugier. Es wird Hilfe zur Selbsthilfe geleistet, d. h. Problemdefinition und Lösungsauswahl liegen im Falle des Elterngesprächs bei den Eltern. Prozessberatung entspricht in weiten Teilen dessen, was in diesem Buch als systemisch-konstruktivistisches Vorgehen beschrieben und im Verlauf der folgenden Kapitel zunehmend konkretisiert wird. Trägt die kindheitspädagogische Fachkraft den *Wissenshut,* dann leistet sie Fremdhilfe und entscheidet selbst über die Lösungsauswahl. Falls Eltern entsprechend anfragen, kann sie sich auf entwicklungspsychologisches Wissen beziehen (Wann beginnen Kinder eigentlich zu sprechen? – Muss mein Kind vor der Einschulung schon einzelne Wörter schreiben können?), auf didaktischmethodisches Wissen (Was sind eigentlich Kinderkonferenzen? – Welche Idee liegt der Konzeption einer teiloffenen Kita zugrunde?) sowie auf Wissen über den Umgang mit Entwicklungs- und Verhaltensproblemen (Was kann ich tun, damit mein Kind nicht immer ausrastet? – Ich sehe mein Kind immer alleine spielen. Muss ich mir Sorgen machen? – oder auch, wie im Fall von Maite: Was kann man tun, wenn ein Kind in der Kita nicht spricht?).

Wird allein diese informierende Rolle eingenommen, sollte man das Vorgehen nicht im engeren Sinne systemisch-konstruktivistisch nennen. Zu erkennen, dass Fachberatung *auch* zielführend sein kann, ist allerdings in hohem Maße mit dem Konstruktivismus vereinbar. Die Lernforscherin Gabi Reinmann-Rothmeier (2003, 13) bringt ein gängiges Missverständnis in Bezug auf die Methodenwahl im Schulunterricht auf den Punkt, das gleichermaßen für die Rollenwahl in der Beratung gilt: »Welche Methoden ich [...] heranziehe, ist dem Konstruktivismus sozusagen egal – sie müssen nur viabel[2], also in meinem konkreten Unterricht erfolgreich und damit dem jeweils umgesetzten Ziel dienlich sein.« Zudem kann man Fachwissen auf eine Art und Weise referieren, dass es nicht als absolutes Wissen, sondern als relatives Wissen vermittelt wird (siehe Einführung in Teil II).

Welche Vorteile hat eine kindheitspädagogische Fachkraft, die verschiedene Rollen einnehmen kann?

1. Es gibt bestimmte Aufgaben im Rahmen der erweiterten Kita-Eltern-Kooperation, die bestimmte Rollen mehr einfordern als andere. Eine mit verschiedenen Rollen vertraute kindheitspädagogische Fachkraft kann die gesamte Breite der Aufgaben in der Kita-Eltern-Kooperation bedienen. So verlangen *Elterninformation* und *Elternbildung* in besonderer Weise das fachliche Know-how, erfordern die Rolle *teacher*. Im Elternabend wird dann ein Thema behandelt, über das eine pädagogische Fachkraft informiert, die sich damit gut auskennt (Was sind Bildungs- und Lerngeschichten? – Wie gestaltet sich der Übergang von der Kita in die Grundschule? – Welche Konsequenzen hat die Datenschutzverordnung für Eltern?). Denkbar ist auch, dass Referierende eingeladen werden oder die Kindertageseinrichtung sich zu einem Familienzentrum entwickelt hat, das mit spezialisierten Fachdiensten regelmäßig kooperiert (Weltzien, 2006). *Elternberatung* als Prozessberatung erfordert wiederum besonders die Fähigkeit, *consultant* zu sein.
2. Nicht nur in den unterschiedlichen Modalitäten der Kita-Eltern-Kooperation wechseln die Rollen, auch innerhalb eines Gesprächs mit Eltern kann aus einer Prozessberatung eine Fachberatung werden oder anders herum.

2 Viabel steht für funktional, geeignet, passend, zweckdienlich.

Im Sinne der Rollenklarheit kann sich die gesprächsführende kindheitspädagogische Fachkraft bewusstmachen, in welchem Modus das Gespräch gerade abläuft.

3. Kindheitspädagogische Fachkräfte können auch Eltern gegenüber Rollentransparenz zeigen, wenn sie dies für sinnvoll erachten. Sie können dazu sprachliche Anker setzen und besonders den Wechsel in die Fachberatung ankündigen: »Wenn ich jetzt einmal die Sichtweise einer pädagogischen Fachkraft einnehme …« – »Ich kann ihnen gerne ausführlich darstellen, welche pädagogische Idee hinter Portfolios steckt …«

Rollentransparenz ist unabdinglich, wenn z. B. in der Kooperation mit dem Jugendamt bewertende, überprüfende Aufgaben hinzukommen, also die Rolle des *evaluators* einzunehmen ist.

Rollen in Pflichtkontexten

Die im systemisch-konstruktivistischen Ansatz grundlegende Haltung der Freiwilligkeit und Achtung der Autonomie von Eltern stößt immer dann an Grenzen, wenn die kindheitspädagogische Fachkraft mit Kontrollaufgaben konfrontiert wird, weil die Familie unter Aufsicht des Jugendamtes steht und eine Kindeswohlgefährdung vermutet wird. In der Fachliteratur der systemischen Sozialen Arbeit wird hier von *Zwangskontexten,* etwas moderater auch von *Pflichtkontexten* gesprochen. Wie kann man mit Aufträgen, die das Jugendamt zur Abwendung einer Kindeswohlgefährdung erteilt, umgehen? Pflege und Versorgung der Kinder, kindgerechte und hygienische Wohnverhältnisse, ärztlich-therapeutische Versorgung und ein regelmäßiger Kita-Besuch – für viele der Auflagen sind kindheitspädagogische Fachkräfte die wichtigsten Ansprechpartnerinnen und -partner.

Schlippe und Schweitzer (2016) unterscheiden für Zwangskontexte *Pflichtaufgaben,* die sich aus dem sanktionsbedürftigen Problem und dem Kontrollauftrag ergeben, und *Küraufgaben,* die sich aus inakzeptablem Privatvergnügen ergeben. Pflichtaufgaben (z. B. Versorgung mit Nahrung, Hygiene, Kita-Besuch) *müssen* erledigt werden, Küraufgaben (Computerkonsum als Eltern reduzieren, mit dem Kind spielen) *können* angegangen werden. Freiwilligkeit im Zwangskontext zu ermöglichen verhindert, dass problembelastete Familien jeglichen Kontakt mit Vertretern sozialer Institutionen mit Kontrolle gleichsetzen. Professionelle Fachkräfte machen den Eltern gegenüber transparent, wann sie die Rolle der Kontrollierenden und wann sie die Rolle der Beratenden einnehmen (vgl. hierzu auch 5.2.3).

4.4.2 Hypothesen bilden

Eine Hypothese bezeichnet laut Duden eine Annahme, die noch nicht bewiesen ist. Im wissenschaftlichen Kontext geht es darum, Hypothesen mittels Forschungsmethoden zu bestätigen oder zu widerlegen und dadurch zunehmend Wissensbestände zu erzeugen. Aus konstruktivistischer Sicht haben Hypothesen einen anderen Stellenwert. Sie werden – wie alle anderen Konstruktionen über die soziale Welt – nicht nach ihrer Wahrheit, sondern nach ihrer Funktionalität beurteilt. Von daher gibt es nicht eine richtige Hypothese, die es zu finden, sondern eine Vielzahl möglicher Hypothesen, die es zu erproben gilt.

Schlippe und Schweitzer (2016) unterscheiden für Hypothesen im Beratungskontext eine *Ordnungsfunktion* und eine *Anregungsfunktion*. Hypothesen haben eine Ordnungsfunktion, wenn sie die Informationen aus Beobachtungen (vgl. hierzu Kapitel 8) oder auf der Grundlage nützlicher Theorien (vgl. hierzu Kapitel 5 bis 7) nutzbar machen. Hypothesen haben Anregungsfunktion, wenn sie die Komplexität einer Situation erweitern. Diese Anregungsfunktion wird besser mit dem Begriff des *Hypothetisierens* vermittelt, ein Ausdruck für das vielfältige Produzieren von Ideen über Zuschreibungen, Beziehungen und Funktionalitäten in Systemen. Hypothetisieren als Grundhaltung erneuert immer wieder die Sichtweisen und bringt unkonventionelle Perspektiven ein. Der Begriff Hypothetisieren geht auf die italienische Familientherapeutin Mara Selvini Palazzoli zurück, eine Leitfigur der *Mailänder Schule*.

Hypothetisieren ähnelt dem, was kindheitspädagogische Fachkräfte möglicherweise aus Fall-Supervisionen oder aus strukturierten Teamgesprächen kennen: Nach der Falldarstellung und den Fragen zum Fall werden in einer Brainstorming-Phase Annahmen über die Entstehung des Problems und Lösungsvorschläge einfach nur gesammelt, nicht bewertet, nicht kommentiert und nicht diskutiert. Die Rolle des falleinbringenden Teammitglieds ist dabei die eines ausschließlich Zuhörenden. In der kollegialen Supervision wird nicht eine *richtige* Hypothese gesucht, sondern die Lösungsidee wird umgesetzt, die die falleinbringende Person als umsetzbar, angemessen, demnach also als passend empfindet (vgl. Haug-Benien, 1998).

So kann allein die konsequent zirkuläre Betrachtung sozialer Phänomene eine solche Anregungsfunktion haben, weil tradierte Erklärungen durch andere Sichtweisen ergänzt werden. Ein Beispiel für zirkuläre Hypothesenbildung ist eine (nur noch sinngemäß erinnerte) Überschrift eines Artikels über ADHS: *Macht Max die Erzieherinnen krank oder machen die Erzieherinnen Max krank?* Der erste Teil der Überschrift beschreibt die konventionelle Hypothese, dass Kinder mit motorischer Unruhe Erzieherinnen an ihre Belastungsgrenzen bringen. Der zweite Teil der Überschrift formuliert die unkonventionelle Hypothese, dass das Erziehungsverhalten von professionellen Fachkräften oder offene pädagogische Konzepte wenig förderlich sind, Kinder zu situationsangemessenem Bewegungsverhalten oder zu altersgemäßer Konzentration hinzuführen. Auch im Kontext einer konsequent umfassenden Betrachtung der Funktionalitäten eines Verhaltens als Ausdruck von Neutralität ergeben sich viele Hypothesen: Das Fallbeispiel Jenny mit Hypothesen über kindliches Übergewicht (vgl. Kapitel 4.3.1) war dafür ein Beispiel.

Hypothesen sollten (zumindest meistens) bestimmte Kriterien erfüllen, um nicht in Widerspruch zum Weltbild des Konstruktivismus und der Systemtheorie zu geraten. Schwing und Fryszer (2015, 135) widmen in ihrem Lehrbuch *Systemisches Handwerk. Werkzeug für die Praxis* dem Thema der Hypothesenbildung eine ausführliche Darstellung und benennen Konstruktionsprinzipien für konstruktivistisch-systemische Hypothesen. Diese beziehen sich

- nicht auf Personmerkmale, sondern auf Beziehungen.
- nicht auf Ursachen, sondern auf Funktionen eines bestimmten Verhaltens.
- nicht auf die Vergangenheit, sondern auf Gegenwart und Zukunft.
- nicht auf stabile Eigenschaften, sondern auf veränderliche Verhaltensweisen.
- nicht auf negative Konnotationen, sondern auf positive Konnotationen eines bestimmten Verhaltens.
- nicht auf kontextfreie, sondern auf kontextbezogene Handlungen.
- nicht nur auf konventionelle alltägliche oder sozialwissenschaftlich tradierte Denkmuster, sondern auch auf unkonventionelle Denkmuster.

Elterliche Perspektiven durch Perspektiven der kindheitspädagogischen Fachkraft zu erweitern, führt zu dem systemischen Schlüsselkonzept der *Verstörung* (Kriz, 2017). Zur Erinnerung: In Kapitel 3.3.4 wurde Selbstorganisation als ein Merkmal von Systemen beschrieben, was nach sich zieht, dass Systeme nicht direkt steuerbar, sehr wohl aber durch Verstörung angeregt werden können, sich besser zu organisieren. Verstörung gelingt durch Anzweifeln und Infragestellen, durch das Einbringen anderer Annahmen.

Wenn Hypothesen Unterscheidungen einführen sollen, müssen sie kommuniziert werden. Jürgen Kriz (2017) nennt Bedingungen einer gelingenden Einführung von Unterschieden. Verstörung ist an die Bedingung einer tragfähigen Beziehung geknüpft. Verstörung muss auch angemessen sein, um Veränderung hervorzurufen. Ist die Verstörung zu nah an der Wirklichkeitskonstruktion der Person, die ein Problem schildert, dann bewirkt sie keine Veränderung. Ist sie zu weit davon entfernt, dann ruft sie Abwehr hervor. In diesem Zusammenhang weist er darauf hin, dass Menschen in der Einschätzung dessen, was eine angemessene Verstörung ist, wiederum sehr unterschiedlich sind.

Auch in der Gruppe der Eltern sind Unterschiede in der Starrheit der Sichtweisen anzunehmen. Eltern, die wenig flexibel sind, erleben schon geringe Abweichungen als bedrohlich, während progressive Eltern größere Unterschiede zu ihrer eigenen Sicht der Dinge ertragen können, möglicherweise sogar wünschen.

Elterngespräch: Erweiterung 3

Die Erzieherin Katrin Christmann hat gelernt, sich nicht vorschnell auf eine Hypothese festzulegen, sondern Hypothesen mit dem Ziel zu generieren, eine Lösung zu finden. Sie weiß, dass ihre eigene Hypothese über das von ihr als problematisch wahrgenommene Verhalten des Kita-Kindes Maite durch ihr Interesse an psychologischen Themen geprägt ist. Sie ist sich ziemlich sicher, dass Maite eine schwache Ausprägung von *Elektivem Mutismus* zeigt. Die Hauptsymptome treffen zu: Maite ist sprachlich völlig altersgemäß entwickelt, spricht mit ihren Eltern und Verwandten, nur in der Kita äußert sie sich auch nach Aufforderung nicht, besonders wenn Erwachsene sie ansprechen. Die Erzieherin hat Sorge, dass Maite in der Schule nicht zurechtkommen wird, wenn sie sich der Mitarbeit völlig verweigert. Sie sollte ihrer Einschätzung nach deshalb eine psychologische Behandlung erhalten. Die Erzieherin wird diese Einschätzung in das Elterngespräch einbringen, allerdings wird sie es als eine Idee, als ihre Perspektive darstellen und nicht als absolutes Wissen. Sie spricht auch nicht von der Diagnose Elektiver Mutismus, sondern von *schüchternem Verhalten.* Neben dieser Lieblingshypothese hat sie aber auch andere Ideen im Kopf, die die Beziehungen betreffen und eine funktionale Analyse beinhalten. Dazu hat Katrin Christmann sich in einem offenen Gespräch im Team ausgetauscht. Denkbar ist, dass Maite

- im Kontext der Schulvorbereitung nicht spricht, weil sie einen Druck spürt, in der Schule erfolgreicher sein zu müssen als die Eltern.
- von den gleichaltrigen Mädchen in der Kita-Gruppe ausgegrenzt wird, weil sie von ihren Interessen her nicht zu den drei Mädchen passt, die eine Freundesgruppe bilden.
- wie der Vater einfach wenig aus sich herausgeht. Der Vater, erfahren im Schüchtern-Sein, sieht deshalb keinen Handlungsbedarf.
- sich nur durch Problemverhalten die Aufmerksamkeit ihrer Eltern sichern kann.
- den Anforderungen an die Vorschulkinder nicht gewachsen ist.

Sie wird alle Hypothesen mit den Eltern besprechen, diese nach ihren Einschätzungen fragen und gemeinsam mit den Eltern überlegen, welche Hypothese handlungsleitend sein kann oder in welcher Reihenfolge sie bedeutsam sind.

4.5 Handlungsmöglichkeiten erweitern

Die Maxime »Handle stets so, dass du die Anzahl der Möglichkeiten erhöhst« des Physikers und Konstruktivsten Heinz von Förster steht für den vierten Inhaltsbereich einer systemisch-konstruktivistischen Haltung *Handlungsmöglichkeiten erweitern*. Diese gelingt durch *Kontextualisierung, Ressourcen-* und *Lösungsorientierung. Abstraktes konkret machen* (Kapitel 4.5.1) und meint, nicht von Verallgemeinerungen, sondern von konkreten Handlungen zu sprechen. Mehr Handlungsmoglichkeiten schaffen auch Einstellungen wie *Elterliche Ressourcen aktivieren* (Kapitel 4.5.2) und *Lösungen finden* (Kapitel 4.5.3), die mittlerweile bereits über den systemischen Ansatz hinaus Bedeutung erlangten.

4.5.1 Abstraktes konkret machen

In der Beschreibung von Systemen in Kapitel 3 wurde bereits ausgeführt, dass der Fokus auf Beziehungen und auf Kommunikationen die Person als Erklärungsgrund in den Hintergrund rückt. Der beliebte Gedanke, dass Personen vermeintlich gute, neutral bewertete oder gar als problematisch eingeschätzte Eigenschaften anhaften, wird aufgegeben. Eigenschaften, Verhaltensauffälligkeiten oder Störungen lösen sich in konkrete Handlungen auf. Hilfreich ist auch die Vergegenwärtigung, dass Handlungen zu verschiedenen Zeiten, an verschiedenen Orten, in Gegenwart verschiedener Personen erfolgen, also kontextualisiert sind.

Die Unterscheidung von Handlungen, je nachdem, ob sie in der Kindertagesstätte oder in der Familie auftreten, wird in den Kita-Eltern-Gesprächen bereits sehr häufig gemacht. Dies geschieht allerdings oft in einer Konkurrenzsituation um die korrekte Einschätzung des *eigentlichen* Wesens des Kindes, weniger mit der Idee, dass das Kind sich tatsächlich je nach Kontext völlig unterschiedlich geben kann. Auch innerhalb dieser beiden Systeme lassen sich vielfältige Kontexte unterscheiden. So können in der Familie und auch in der Kindertagesstätte unterschiedliche Personen anwesend sein. Situationen lassen sich dahingehend unterscheiden, ob sie durch Freiwilligkeit, Interesse oder Verpflichtung geprägt sind.

Allgemeine Begriffe auf die Handlungsebene in konkreten Kontexten zu bringen, gehört zu den Kommunikationsangeboten in der systemischen Beratung, die Handlungsoptionen erhöhen. Dabei hilft zunächst die Frage, was jemand, dem eine bestimmte Eigenschaft zugesprochen wird, konkret tut. Eltern sind dann nicht *überbehütend,* sondern tun bestimmte Dinge, damit ihr Kind nicht in Gefahr gerät; stellen ihr Kind in den Mittelpunkt ihres Lebens, informieren sich viel über das Kind …

Abstrakta im Sinne von fixen Eigenschaften von Kindern oder Diagnosen werden eher von Eltern als von kindheitspädagogischen Fachkräften eingebracht. Der Erfahrung nach sind Letztere sehr gut darin, konkrete Handlungen zu beschreiben. Dies ist der positive Effekt des Berufsbildes, das dazu auffordert, sich klar von Therapie und Diagnostik abzugrenzen. In diesem Sinne dürfte die Grundhaltung, Abstraktes prinzipiell zu kontextualisieren, nicht schwerfallen. Möglicherweise besteht die Ergänzung darin, im Operationalisieren von Eigenschaften und anderen Abstraktionen ein vielfältiges Potenzial für Lösungsmöglichkeiten zu sehen.

4.5.2 Elterliche Ressourcen aktivieren

Ressourcenorientierung in Bezug auf die Kinder ist in der Kindheitspädagogik eine selbstverständliche Einstellung geworden: Statt wie früher den pädagogischen Blick nur auf Defizite zu werfen, Verhaltensprobleme und Entwicklungsrückstände festzustellen, werden nun akzentuiert die Stärken von Kindern wahrgenommen. Ressourcenorientierung hat in der Praxis der Kindertagesbetreuung sogar eigenständige Methoden der Bildungs- und Lerndokumentation hervorgebracht. Portfolios und Könnerhefte dokumentieren die Lernzuwächse und Kompetenzen von Kindern – in Kapitel 8 wird darauf noch einmal eingegangen. Der Fokus auf Ressourcen ist stimmig im Kontext des Selbstbildungsansatzes und im Rahmen einer konstruktivistischen Didaktik, nicht an sich.

Was als selbstverständlich für Kinder gilt, muss natürlich auch auf die Eltern übertragen werden. Ressourcen bei Eltern wahrzunehmen hat noch einige zusätzlich Facetten.

1. Ressourcenorientierung ermöglicht zunächst, Eltern als starke und bewältigungskompetente Erziehende zu betrachten. Bereits in Kapitel 2 wurde deutlich, dass Erzieherinnen und Erzieher ebenso wie Studierende der Kindheitspädagogik häufig ein defizitäres Bild von Eltern haben und einseitig deren Erziehungsfehler wahrnehmen. In diesem Sinne mag allein schon in dem Übertrag des Konzepts der Ressourcenorientierung auf Eltern eine Herausforderung liegen.
2. Jedes System verfügt bereits über Ressourcen, die es zur Lösung des Problems braucht – es nutzt sie nur nicht. Diese Annahme von Steve de Shazer, dessen Name für die *Lösungsfokussierte Kurzzeittherapie* steht, erlaubt, vergessene, abgewertete oder aus anderen Gründen nicht mehr verfügbare Ressourcen bei der Problembewältigung in das Gespräch mit einzubeziehen.
3. Ressourcenorientierung ermöglicht nicht nur Stärken wahrzunehmen, sondern auch die positive Umdeutung von Verhaltenstendenzen, die als negativ

bewertet werden. Begriffe sind nämlich häufig positiv oder negativ assoziiert. *Verhaltensauffälligkeit, Probleme, Disziplin* oder *Trauma* sind Wörter, die gemeinhin negative Assoziationen hervorrufen. *Kompetenzen, Lösungen, Resilienz* (im Sinne einer psychischen Widerstandskraft) – auch der Begriff *Ressourcen* selbst – rufen positive Gefühle hervor. In der Sprachwissenschaft spricht man hinsichtlich der begleitenden Nebenbedeutung von *Konnotationen.* Ressourcenorientierung durch positive Umdeutung legt die verborgenen guten Gründe offen, die in jedem auch noch so unverständlichen Verhalten vermutet werden können.

Während eine einseitige Ressourcenorientierung nicht nur Chancen, sondern auch Risiken birgt (Drexler, 2015; Ritscher, 2008), mag sie helfen, bei kindheitspädagogischen Fachkräften eine andauernd beobachtbare einseitige Defizitorientierung in Bezug auf Eltern auszugleichen.

4.5.3 Lösungen finden

Das soeben beschriebene Konzept der Ressourcenorientierung ist eng mit der Neigung verbunden, in systemisch-konstruktivistischen Zusammenhängen grundsätzlich eher über Lösungen als über Probleme zu sprechen. Als Haltung hat die Orientierung an Lösungen eine übergeordnete Bedeutung erlangt. Unergiebige Problemanalysen – in der systemtheoretischen und konstruktivistisch geprägten Sprache dann auch als *Problem-Konstruktionen,* als *Problem-Talk,* als *Problem-Trance* oder als *Problem-Hypnose* bezeichnet – erklären möglicherweise die durchschlagende Wirkung des lösungsorientierten Vorgehens über Therapie und Beratung hinaus. Sei es in Streitschlichterkonzepten für Schulen, in Mediationskonzepten bei juristischen oder persönlichen Streitigkeiten – Lösungsorientierung führt mittlerweile auch bei der Konfliktbewältigung im Alltag weg von Problembetrachtungen und Schuldzuschreibungen.

Die Erfolgsgeschichte der Lösungsorientierung begann in den 1950er-Jahren im Mental Research Institut in Palo Alto und verbreitete sich mit der *Lösungsfokussierten Kurzzeittherapie,* die Steve de Shazer zusammen mit seiner Ehefrau Insoo Kim Berg entwickelte (vgl. Wienands, 2002). Für die Fokussierung auf die Lösung bereits zu Beginn der Therapie steht die sogenannte *Wunderfrage:* »Angenommen, es würde eines Nachts, während Sie schlafen, ein Wunder geschehen, und Ihr Problem wäre gelöst. Wie würden Sie das merken?« (Shazer, 2015, 24).

Mit der Lösungsorientierung als Haltung sind zahlreiche Konsequenzen verbunden (vgl. Bamberger, 2015):

1. Der Blick weg von Problemen hin zu Lösungen allein führt bereits zu einer Destabilisierung, die als förderlich für die Lösungsfindung gilt. Im Gegensatz zu einer bloßen Reparatur des Problems steht Lösungsorientierung für die Fokussierung von Zielen, aber auch für Entwicklung und persönliches Wachstum.
2. Lösungsorientierung schärft den Blick für Lösungen und Ressourcen, die im System bereits erprobt sind, umgesetzt wurden, aber aus irgendwelchen Gründen in Vergessenheit gerieten.
3. Ein pragmatischer Lösungsansatz spart Zeit, weil das Reden über Probleme und Erklärungen von Problemen wenig förderlich sind. Problemkonstruktionen sind auch deshalb unnötig, weil sie keine Voraussetzung dafür sind, dass Lösungen gefunden werden: Problemkonstruktionen und Lösungskonstruktionen müssen nämlich nicht zwangsläufig zueinander passen.
4. Problemen wird der Schrecken genommen, wenn sie unmittelbar mit ihrer Lösbarkeit in Beziehung gesetzt werden: »Statt Geschichten zu rekonstruieren, die von Verletzungen, Enttäuschungen und Mängeln handeln, wird nach Möglichkeiten gesucht, eine *neue* Geschichte zu konstruieren, die wahr werden kann« (Bamberger, 2015, 29). Lösungsorientierung inkludiert Probleme als etwas Normales.
5. Lösungsorientierung hilft in besonderer Weise, verschiedene Problemlösungen zu respektieren.

Elterngespräch: Erweiterung 4

Allgemeine Begriffe immer wieder auf die Handlungsebene in konkreten Kontexten zu bringen, gehört zu den Kommunikationsangeboten in der systemischen Beratung, die Handlungsoptionen erhöhen. Schüchternheit stellt eine solche Verdinglichung des Verhaltens von Maite dar. Mit der Idee im Hinterkopf, dass es hilfreicher sei, zu betrachten, was eine Person wann, in welcher Situation wie tut, und welche Gründe es dafür geben mag bzw. welchen Nutzen sie daraus ziehen kann, ändert Katrin Christmann ihr Sprechen über Kinder und Eltern. Zur Beschreibung verwendet sie Eigenschaften oder Diagnosen entweder gar nicht mehr oder ausschließlich im Zusammenhang mit der Frage, wie das jeweils entsprechende Verhalten konkret aussieht.

Was meint die Erzieherin Katrin Chrismann mit Schüchternheit? Maite spricht nicht, wenn sie von Erwachsenen, also von Erzieherinnen und Erziehern oder von Eltern, angesprochen wird; in der Vorschulgruppe ist sie immer nah bei der Erzieherin; beim Würzburger Sprachtrainingsprogramm meldet sie sich nicht, gibt keine Antwort, wenn sie an der Reihe ist; errötet schnell. Der Fokus auf Ressourcen ermöglicht der Erzieherin, die Ausnahmen zu erkennen: Sie stellt sich die Frage, was den Unterschied ausmacht, wenn Maite sich an Gesprächen beteiligt: Bei der Praktikantin Sophie spricht sie leise, antwortet in kurzen Sätzen; vor einem Jahr war das Verhalten weniger häufig. Eine wichtige Frage wird: Woran erkennt die Mutter eigentlich die Isolation von der Gleichaltrigengruppe? Oder: Woran macht der Vater die angenommene hohe Begabung fest?

Kontextualisieren und Ressourcen erkennen – das gilt dabei nicht nur für kindliches Verhalten, sondern auch für die Eltern. Die egoistischen Eltern, die so gerne von sich und so wenig von ihrem Kind reden, werden zu Eltern, die sich für die Entwicklung des Kindes interessieren, wenn wichtige Entscheidungen anstehen. Sie können sich durch den Freiraum, den sie im Gespräch erhalten, als Eltern zeigen, die sich Gedanken um ihre Tochter machen.

Der Fokus auf Lösungen hilft Erzieherin Katrin endlich, mit den langen und wortreichen Problemdarstellungen der Mutter Jasmina Menthen professionell umgehen zu können. Statt sich wie früher zwischen der Forderung nach Empathie und der Sorge, sich aufgrund ihrer Verärgerung nicht im Ton zu vergreifen, regelrecht zutexten zu lassen, stoppt sie die überlangen Problemschilderungen freundlich. Sie nutzt die verschiedenen Gesprächstechniken, nicht zuletzt auch die Wunderfrage in abgewandelter Form, um immer wieder auf Lösungen zu sprechen zu kommen, die sie zusammen mit der Mutter für die Annahme einer sozialen Ausgrenzung der Tochter sucht.

4.6 Zusammenfassung

Aus Konstruktivismus und Systemtheorie ließen sich Grundhaltungen ableiten, die sich von Psychotherapie und Beratung auf das Gespräch mit Eltern, prinzipiell aber auch auf andere Formen der Kita-Eltern-Kooperation übertragen lassen. Grundhaltungen sind als Kommunikationsmuster zu betrachten, die kindheitspädagogische Fachkräfte anbieten, um gewinnbringend mit Eltern zu kooperieren. Haltungen haben eine Mittelstellung zwischen Theorie und methodischem Handeln. Ihnen kommt eine handlungssteuernde Funktion zu, in Kapitel 8 und 9 wird deutlich werden, dass sich ihnen auch ganz konkrete Methoden zuordnen lassen.

Für die Kita-Eltern-Kooperation wurden in diesem Kapitel neun Grundhaltungen herausgestellt und thematisch so gruppiert, dass vier inhaltliche Aspekte förderlicher Kommunikationsangebote hervortreten. Kindheitspädagogische Fachkräfte handeln eher im Sinne eines systemisch-konstruktivistischen Ansatzes, wenn sie

- eine Passung zu Eltern herstellen (Kundenorientierung, Auftragsklärung),
- auf Elternperspektiven eingehen (Neutralität, Offenheit),

- Unterscheidungen einführen (Rollenwechsel, Hypothetisieren),
- Handlungsmöglichkeiten erhöhen (Kontextualisierung, Ressourcen- und Lösungsorientierung).

Die beschriebenen Grundhaltungen sind für die verschiedenen Aspekte der Kita-Eltern-Kooperation unterschiedlich bedeutsam. Elterninformation und Elternbildung muss an Eltern orientiert sein, Elternpartizipation gelingt nur, wenn kindheitspädagogische Fachkräfte auf Elternperspektiven eingehen möchten. Unterschiede zu machen und Handlungsmöglichkeiten zu erhöhen, wird dann zusätzlich wichtig, wenn Probleme zu klären sind und der Handlungsspielraum für Entwicklungsmöglichkeiten und Problemlösungen sich verengt hat.

Einige Grundhaltungen produzieren erfahrungsgemäß Missverständnisse, vor denen teilweise regelrecht gewarnt werden muss.

So schließt eine Orientierung an Eltern natürlich nicht aus, dass vonseiten der Kindertagesstätte selbst eigene Interessen, Erwartungen und auch Aufträge, die von Gesetzes wegen an die Kindertagesbetreuung herangetragen werden oder die einen konzeptuell verankerten pädagogischen Konsens darstellen, gleichermaßen in die Kita-Eltern-Kooperation eingebracht werden.

So bedeutet ein Eingehen auf Elternperspektiven und die Grundhaltung der Neutralität nicht, jeglichen Erziehungsvorstellungen offen und neutral zu begegnen. Das Wohl des Kindes muss in der kindheitspädagogischen Fachkraft eine wirkungsvolle Lobby haben. Verletzungen des Kindeswohls und Entwicklungsgefährdungen sind nicht verhandelbar, wie an entsprechender Stelle bereits ausführlich angesprochen wurde.

Unterscheidungen einzuführen, besonders die Grundhaltung des Hypothetisierens, meint nicht, Vorurteile im Sinne von Stereotypien zu produzieren, sondern Vor-Urteile im Sinne vorläufiger, möglichst wissenschaftlich begründeter Annahmen über das Beobachtete zu formulieren. Hypothetisieren ist demnach an relativierendes Vielwissen gebunden.

Handlungsmöglichkeiten durch Ressourcen- und Lösungsorientierung zu erhöhen wird besonders oft missverstanden. Ressourcenorientierung darf nicht darüber hinwegtäuschen, dass Eltern auch Defizite haben und nicht zwingend über grundlegende Erziehungskompetenzen verfügen. Wolf Ritscher (2008, 145) warnt im Kontext Soziale Arbeit nachdrücklich:

> Ressourcenorientierung heißt […] nicht: Probleme ignorieren oder verleugnen, mangelnde Kompetenzen schönreden oder nach dem bekannten Schopenhauer-Motto »Wo ein Wille ist, ist auch ein Weg« dem Einzelnen alleinige Ursache und Verantwortung für Erfolg oder Misserfolg zuzuschreiben.

In Bezug auf Lösungsorientierung kritisiert er eine Ideologie der Machbarkeit, der Problembeseitigung, statt einer bewältigenden Auseinandersetzung mit dem, was sich ungünstig entwickelt hat.

Diana Drexler (2015, 57) betont die Abhängigkeit kognitiver Ressourcen von materiellen Ressourcen:

> Der Begriff der Ressourcenorientierung erscheint zynisch in einem Kontext, wo konzentrierte Angriffe auf Sozialstaat und Gesundheitswesen stattfinden und wo sich Hilfen und Helfer auf kostengünstige (nicht bedarfsgerechte) Versorgung mit dem Nötigsten beschränken müssen, ohne Aussicht der Unterstützten, irgendwann von diesen Hilfen unabhängig zu werden.

Insgesamt generieren systemisch-konstruktivistische Grundhaltungen eine höhere Vielfalt an Perspektiven und eine größere, aber eben nicht unbegrenzte Anzahl an Möglichkeiten.

Teil II Differenzsensibilität und Differenzkompetenz

Der gesellschaftliche Wandel hin zu einer pluralen Gesellschaft stellt kindheitspädagogische Fachkräfte zunehmend vor die Aufgabe, sich auf die verschiedenen Lebenswelten von Kindern und Jugendlichen, auf vielfältige Formen von Familie oder auf eine unterschiedliche kulturelle und religiöse Sozialisation von Kindern einzustellen.

In einschlägigen Veröffentlichungen zur Erziehungspartnerschaft wird die Ungleichheit von Eltern nur im Ansatz thematisiert. Differenziert werden Eltern mit Migrationshintergrund, die eine Herausforderung darstellen, weil Sprach- und Kulturbarrieren zu überwinden sind. Differenziert werden auch Eltern in Armutslagen, wenn Kindertageseinrichtungen in Stadtteilen mit überdurchschnittlich vielen Familien, die in prekären Verhältnissen leben, niedrigschwellige Formen der Kita-Eltern-Kooperation entwickeln. Alle anderen Familien werden zumindest in der Literatur zur Erziehungspartnerschaft als einheitliche Gruppe behandelt, wie die Kindheitsforscherin Tanja Betz (2015) in einer Literaturanalyse feststellte.

Wie sieht es in Bezug auf die Kinder aus? In einer Analyse der Bildungspläne findet Steffen Brockmann (2014) Ausführungen zu Diversity in Bezug auf die Merkmale Geschlecht, Kultur, Herkunft, Sprache, Religion, Behinderung und Armut – offen bleibt aber die tatsächliche Berücksichtigung dieser Merkmale in der pädagogischen Praxis. Kinder werden hauptsächlich in Bezug auf ihr Lebensalter unterschieden, besuchen also altersbedingt Krippe, Kindertagesstätte oder Hort, ansonsten werden ihnen aber vergleichbare Haltungen und Erziehungsmethoden entgegengebracht. Der Inklusionsgedanke bezieht sich vorrangig auf den Einbezug von Kindern mit Behinderung, lässt alle anderen Kinder aber als homogene Gruppe erscheinen.

Auch in der Theorie und Praxis des systemisch-konstruktivistischen Ansatzes führt eine differenzsensible Perspektive ein Schattendasein. In den großen Lehrbüchern wird die Anerkennung von Vielfalt wohl als Ausdruck einer »systemischen Kompetenz« (Schlippe & Schweitzer, 2016, 211) reflektiert, die Ausführungen dazu bleiben auf wenige Seiten oder wie im Lehrbuch von Levold und Wirsching (2016) auf ein Kapitel beschränkt.

In der Qualifikation von Erzieherinnen und Erzieher und in Studiengängen der Kindheitspädagogik hat das Themenfeld *Diversity* bereits seit geraumer Zeit Einzug in die Curricula und Lehrbücher gehalten. Unter diesem Stichwort werden Wissensbestände aus Soziologie, Psychologie, Pädagogik und Heilpädagogik zusammengetragen, sodass sich Gelingensbedingungen für soziale Gerechtigkeit und die Umsetzung des gesellschaftlichen Leitbilds Inklusion ergeben. Brockmann (2014) kommt in einer Untersuchung von Diversität in der Kindertagesstätte zu der Erkenntnis, dass in Bildungsplänen für die Kindertagesstätte das Thema allerdings bedeutsamer ist als in Lehrplänen für die Ausbildung an Fachschulen.

Die Begriffe *Diversity, Diversität, Differenzsensibilität* stehen weitestgehend synonym für die Anerkennung von Unterschiedlichkeit als Vielfalt, *Diversity Management, Diversity-Kompetenz* oder *Differenzkompetenz* für den würdigenden, gleichstellungsorientierten Umgang mit Verschiedenheit. Bei *Diversity-Management* handelt es sich ursprünglich um ein Konzept der Personalführung, das die Unterschiedlichkeit der Mitarbeiterinnen und Mitarbeiter für ein Unternehmen nutzen möchte, Kompetenzen Einzelner würdigt, Chancengleichheit und Toleranz im Umgang untereinander verfolgt. Dieses Konzept kann auf heterogene Gruppen in pädagogischen Einrichtungen übertragen werden.

Die Anerkennung von Vielfalt als Zielsetzung von Diversity kann den Blick dafür trüben, dass Unterschiede durch Ungleichbehandlung entstehen. Im Falle sozialer Ungerechtigkeit durch Unterschiede gilt es, einen Ausgleich zu schaffen und Chancengleichheit zu ermöglichen. Speziell in der Kindheitspädagogik haben sich Konzepte wie der *Anti-Bias-Approach* oder die *vorurteilsbewusste Pädagogik* verbreitet, die sich für gleiche Entwicklungsbedingungen von Kindern einsetzen. Dazu wird die Verschiedenheit von Kindern offen und explizit tolerierend thematisiert und stellt den Ausgangspunkt pädagogischen Handelns dar (Anti-Bias-Netz, 2015; Richter, 2014).

In der Literatur werden zahlreiche *Differenzkategorien* (auch *Differenzdimensionen* oder *Differenzlinien* genannt) unterschieden (z. B. nach Lutz & Wenning, 2001), die auf ihre Bedeutung für die Elternarbeit überprüft werden können. Diversity in Bildungsplänen, Curricula und den meisten Publikationen bezieht sich nämlich eher auf den Umgang mit den Kindern, weniger auf die Eltern. Differenzkategorien, die auf Eltern bezogen werden können, sind natürlich mit solchen, die auf Kinder bezogen werden können, verschränkt. Einen Unterschied in der Kita-Eltern-Kooperation machen beispielsweise der *Bildungsstand*, oft verbunden mit dem *Sozialstatus* der Eltern, die *kulturelle*

Herkunft, die *Religionszugehörigkeit* sowie die eher traditionelle oder moderne *Grundorientierung* der Eltern. Im Mittelpunkt der Kita-Eltern-Kooperation steht das Kind, die Gespräche betreffen Differenzkategorien wie den altersgemäßen *Entwicklungsstand*, die körperliche und psychische *Gesundheit* sowie das Merkmal *Geschlecht* mit den verknüpften Rollenerwartungen der Eltern.

Differenzmerkmale sind allgemein dadurch charakterisiert, dass sie eine positiv bewertete Ausprägung haben (z. B. altersgemäße Entwicklung, Gesundheit, obere soziale Schicht) und eine negativ bewertete (nicht altersgemäße Entwicklung, Krankheit, untere soziale Schicht). Die positive Bewertung von Differenzkategorien wird in der Regel an der Mehrheit ausgerichtet, was dazu führt, dass z. B. kulturelle, religiöse Minderheiten abgewertet werden. Diese Zuschreibungen sind auch kontextuell gebunden bzw. können in ihrer Bedeutung variieren: So wird der altersgemäße Entwicklungsstand oder die psychische Stabilität des Kindes Eltern in Abhängigkeit von ihrer sozialen Lage unterschiedlich beschäftigen. Mehrfachzugehörigkeiten (auch *Intersektionalität* genannt) führen dazu, dass Differenzkategorien ihre positive oder negative Wirkung ausgleichen, aber auch verstärken können. So tragen Jungen mit Migrationshintergrund aus Familien mit traditioneller Werteorientierung und geringem Sozialstatus ein hohes Risiko, Lern- und Verhaltensprobleme zu entwickeln. Ein Migrationshintergrund wirkt sich bei moderner und fortschrittlicher Grundorientierung der Familie, einem mittleren oder höheren Sozialstatus dagegen nicht nachteilig aus, kann sogar eine wichtige Ressource sein (z. B. Mehrsprachigkeit, beruflicher Nutzen).

Kindertagesstätten: diverser als gedacht

Die Analyse der Kindertagesbetreuung unter dem Aspekt der Diversität von Steffen Brockmann (2014) schafft ein Bewusstsein darüber, dass zahlreiche Differenzmerkmale in der Kindertagesbetreuung traditionell bedeutsam sind.

In einer historischen Betrachtung wird deutlich, dass *Armutslagen* (also die oft verschränkten Differenzkategorien Sozial- und Bildungsstatus) maßgeblich die Gründung der ersten Kinderbewahranstalten Mitte des 19. Jahrhunderts erklären. Bis in die Gegenwart führen nicht nur bildungspolitische, sondern auch sozialpolitische Interessen zu der Forderung nach einer frühen Ganztagsbetreuung kleiner Kinder, von der besonders Kinder aus prekären Verhältnissen und bildungsfernen Elternhäusern profitieren sollen.

Die Differenzkategorie *Religionszugehörigkeit* tritt hervor, wenn man sich vergegenwärtigt, dass zwei Drittel der Kindertageseinrichtungen im Bundesgebiet in freier, dominiert christlicher Trägerschaft sind (Forschungsgruppe Weltanschauungen in Deutschland, 2018). Damit verbunden ist eine vorrangig christlich prägende

Religionspädagogik, die unterschiedlich stark eine interreligiöse und interkulturelle Pädagogik ermöglicht.

Schon in einem Fächercurriculum vor der Modularisierung der Ausbildung im Rahmen der Fachschulreform 2002 (KMK, 2018) waren Entwicklungspsychologie, Sonderpädagogik, Heimerziehung und Gesundheitslehre fester Bestandteil der Ausbildung. Hier sind also die Differenzkategorien körperliche und psychische *Gesundheit* und ein altersgemäßer *Entwicklungsstand* bei Kindern lehrplanmäßig bedacht. Die Kindertagesstätte ist die Institution, die auf eine 40-jährige Tradition integrierter Betreuung, Erziehung und Bildung zurückgreifen kann (Behrensen, Schwer, Friedberger & Kiso, 2014).

Berufe in der Kindertagesbetreuung sind traditionell Frauenberufe: In der Kindertagesstätte sind es 95 % aller Beschäftigten (Statistisches Bundesamt, 2017b), was dem Differenzmerkmal *Geschlecht* eine besondere Bedeutung verleiht.

Die differenzierende Betrachtung von Kindern und Eltern ist für therapeutisch und heilpädagogisch Tätige selbstverständlich. Kinder unter verallgemeinernden Kategorien wie Geschlechtszugehörigkeit, Schichtzugehörigkeit oder Migrationshintergrund zu betrachten und daraus einen differierenden pädagogischen Umgang abzuleiten, stößt bei kindheitspädagogischen Fachkräften in Regeleinrichtungen erfahrungsgemäß auf Widerstand. Zumindest in Aus- und Fortbildung kommt an dieser Stelle der dezidierte Hinweis, man wolle das Kind (und selbstredend auch die Eltern …) als Individuen betrachten und nicht in eine Schublade stecken. Zudem wolle man alle Kinder gleich behandeln und nicht einzelnen Kindern eine Sonderbehandlung zukommen lassen.

Zwei Dinge seien dazu aus Sicht der Differenzpädagogik angemerkt. Erstens: Kinder sind nicht nur individuell und einzigartig, sondern sie sind gleichzeitig immer auch Teil einer Gruppe. Ein Kind ist geprägt durch familiäre Muster, gesellschaftliche Kontexte und entwicklungsbedingte Verläufe, die es mit anderen teilt. So gehört es zur Gruppe der Mädchen oder zur Gruppe der Jungen und macht geschlechtsspezifische Erfahrungen; es macht Erfahrungen, die je nach Herkunft für Kinder aus der Ober-, Mittel- oder Unterschicht typisch sind; es ist wie andere aus der Kindertagesstätte auf einem bestimmten Entwicklungsstand; Kinder, die sich zurückhaltend und ängstlich verhalten sind, rufen bei der kindheitspädagogischen Fachkraft ein anderes pädagogisches Handeln hervor als Kinder, die sich schlecht selbst steuern können usw. Kinder als Teil unterschiedlicher Gruppen *und* als einzigartige Individuen zu sehen, stellt also keinen Widerspruch dar, sondern ist einfach Ausdruck verschiedener Perspektiven auf das Kind.

Zweitens sei angemerkt: Gleichbehandlung führt nicht zu Gleichheit oder Gerechtigkeit, wenn die gleich behandelten Kinder eben nicht gleich sind.

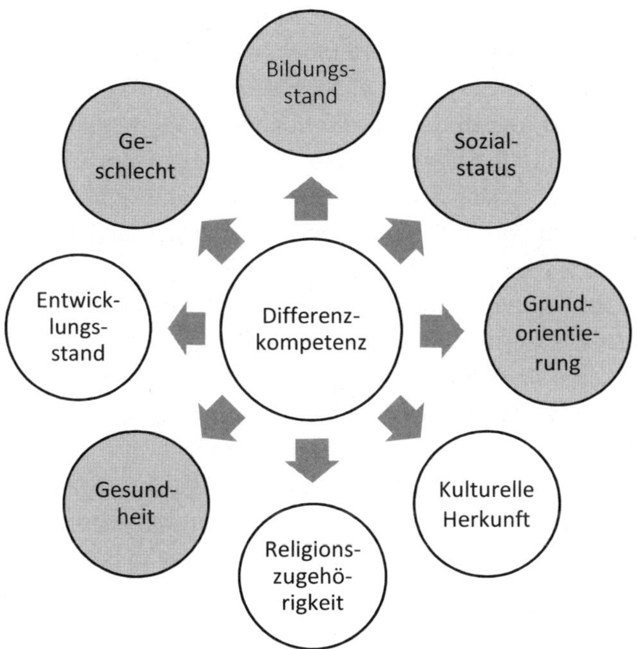

Abbildung 8: Die in Teil II akzentuierten Differenzkategorien sind grau unterlegt.

Gleichbehandlung bei Verschiedenheit führt sogar zu mehr Ungerechtigkeit. So stellt sich z. B. die Frage, ob eine offene Didaktik, die aktuell in vielen Kindertageseinrichtungen praktiziert wird, wirklich für alle Kinder, unabhängig von Entwicklungsstand und Temperament, förderlich ist. Unterschiede zu tabuisieren, nimmt der kindheitspädagogischen Fachkraft wichtige Handlungsmöglichkeiten, um Entwicklungsnachteile auszugleichen und ihren erzieherischen Beitrag zu sozialer Gerechtigkeit zu leisten.

In Teil II geht es nur um einige der erwähnten acht Differenzkategorien (siehe Abbildung 8). Dies hat verschiedene Gründe. Zum einen kann im Rahmen dieser einführenden Publikation keine ausführliche Analyse aller Differenzkategorien erfolgen. Zum anderen ist in Bezug auf einige Differenzkategorien entsprechendes Grundwissen bereits vorhanden. Dies trifft sicher auf den an das Lebensalter gebundenen Entwicklungsstand von Kindern zu, weil die Vermittlung entwicklungspsychologischen Wissens eine herausragende Stellung in Ausbildung und Studium erhält. Auch die Themen *Interkulturelle Kompetenz* und *Interreligiöse Kompetenz* sind in Lehrplänen verankert, werden bildungspolitisch gefördert und als Bedarf in Kindertagesstätten mit Kindern aus verschiedenen Nationen unmittelbar erkannt.

In den folgenden Kapiteln wird im Kontext der Kita-Eltern-Kooperation besonders der Blick auf Eltern und Kinder aus unterschiedlichen sozialen Milieus gelenkt (Kapitel 5), was ermöglicht, Eltern mit Unterschieden im *Bildungsstand, Sozialstatus* und in der *Grundorientierung* zu erreichen. Eine Genderperspektive auf alle Beteiligten in der Kita-Eltern-Kooperation (Kapitel 6) und die Annahme verschiedener Pädagogiken in Abhängigkeit von kritischen Verhaltensmustern von Kindern (Kapitel 7) betreffen die Differenzmerkmale *Geschlecht* und *psychische Gesundheit.*

Differenzkompetenz ermöglicht Passung, d. h. die pädagogische Fachkraft kann sich auf das Gegenüber optimal einstellen und es in seiner Welt ansprechen. Die Erkenntnis, dass alles auch ganz anders sein könnte, provoziert zudem Lösungen und erweitert die Möglichkeiten immer dann, wenn tradierte Ideen nicht weiterführen oder Entwicklung behindern.

Doing difference, das Tun und Machen von Unterschieden, wie der Diversitätsansatz in Anlehnung an den Doing-Gender-Ansatz von Candace West und Don H. Zimmerman (1987) genannt wird, passt in besonderem Maße zu Grundsätzen der systemisch-konstruktivistischen Perspektive, die in Teil I dargestellt wurden. Zum einen handelt es sich um einen sozialkonstruktivistischen Ansatz, der davon ausgeht, dass Unterschiede an sich, die Art der getätigten Unterschiede und der Umgang mit Unterschieden Ergebnis sozialer Konstruktionsprozesse sind, die kommunikativ ausgehandelt werden. Zum anderen entspricht es einer systemisch-konstruktivistischen Grundhaltung, den Möglichkeitsraum für Lösungen zu erhöhen, was nur durch Unterscheiden gelingt:

> Keine Angst vor Unterschieden! Im Gegenteil, Unterschiede und die Einführung von Unterschieden in die Kommunikation sind die Quelle aller Veränderung und das beraterische Kapital an sich. (Fischer, Schlippe & Borst, 2014, 261)

Während systemische-konstruktivistische Perspektiven und diversitätsbewusste Perspektiven also sehr gut zusammenpassen, ist die Darstellung von Wissensbeständen und die Einnahme theoretischer Positionen, wie dies in Teil II erfolgen wird, im Zusammenhang mit Konstruktivismus erklärungsbedürftig. Auf den ersten Blick steht theoretisches Wissen im Widerspruch zu einer grundsätzlich relativierenden Erkenntnistheorie und einer Haltung der Wertfreiheit und Offenheit.

Ich vertrete die Ansicht, dass multiperspektivisches Hintergrundwissen für die Hypothesenbildung in Bezug auf Probleme und Lösungen unabdingbar ist. In dem berühmten Goethe-Zitat »Man erblickt nur, was man schon weiß und versteht« wird dieser Gedanke deutlich. Der Umgang mit Wissen ist aus konstruktivistischer Perspektive aber anders als gewohnt. Übersetzt man das griechische Wort *theoreîn* mit »beobachten, betrachten, anschauen«, dann wird bereits deutlich, dass Theorien Modelle über die Welt sind, die nicht mit der Welt verwechselt werden sollten. Mit der Begriffsnuance *Modellierung* wird noch deutlicher, dass Theorien die Handschrift der Konstruierenden tragen. Aus konstruktivistischer Sicht werden wissenschaftliche Erkenntnisse demnach als historisch, kontextuell und methodisch bedingte Versuche betrachtet, Phänomene zu strukturieren, um Erkenntnisse zu erlangen, die im besten Falle Handlungsfähigkeit ermöglichen. Entgegen dem allgemein formulierten Anspruch von Wissenschaft, der Wahrheit auf die Spur zu kommen, werden theoretische Aussagen relativiert, mit anderen theoretischen Aussagen verglichen und auf ihre Funktionalität zur Lösung von Problemen hin überprüft. In diesem Sinne erhöht ein umfassendes Wissen über möglichst verschiedene theoretische Zugänge die Perspektivenvielfalt, die Beratende bei Bedarf einbringen können.

Aus systemisch-konstruktivistischer Perspektive müsste man das oben erwähnte Goethe-Zitat deshalb explizit ergänzen: *Man sieht mehr, wenn man mehr weiß. Und man weiß erst dann, dass Wissen relativ ist.* Manuel Barthelmess (2016, 24) arbeitet in seiner Analyse der systemischen Haltung heraus, dass genau dieses Wissen um die Relativität von Wissen die systemische Beratung charakterisiert, während nicht systemische Beratungskonzepte von einem absoluten Wissen ausgehen: »Diese Expertise des Nicht-Wissens schließt das Wissen […] mit ein. Insofern handelt es sich beim Nicht-Wissen nicht um weniger, sondern um mehr Wissen.«

Auftragsforschung kritisch betrachtet

Dass Forschung nicht gleich Forschung ist, wird besonders im Feld der Frühpädagogik deutlich. Lilian Fried und Susanna Roux (2013, 19) fassen in einem Forschungsüberblick zusammen, dass »bis in die jüngste Zeit immer noch viele – als Forschungsarbeiten deklarierte – Publikationen zu finden sind, die diesem Anspruch in Wahrheit nicht gerecht werden, weil sie den Minimalstandards der Sub-Disziplin nicht genügen.« Besonders im Bereich der Frühpädagogik empfiehlt es sich zu überprüfen, »ob es sich bei der zu lesenden und zu bewertenden Studie um eine Auftragsforschung handelt« (Rost, 2007, 28). Ludwig Liegle (2006) betont diesen Aspekt kritisch und auch Fried und Roux (2013, 15) beschreiben Studien »meist staatlich initiiert oder gesteuert, wie z. B. durch Bundes- oder Landesministerien […], aber auch privat initiiert oder gesteuert (Robert Bosch Stiftung, Bertelsmann Stiftung, Telecom Stiftung usw.).« Sie vermissen »eine Grundlagenforschung, die offene Forschungsziele aufweist« (ebd.).

In den folgenden Kapiteln zu den Diversitätsthemen Soziale Milieus, Geschlecht und psychische Gesundheit liegt der Fokus auf Theorien mit einem empirischen Zugang, die in vielen Jahren der Fort- und Weiterbildung für Praktikerinnen und Praktiker Bedeutung erlangten, also den Nützlichkeitsaspekt berücksichtigen. Sie erweitern Perspektiven auch dadurch, dass sie traditionelle Sichtweisen in Frage stellen. In der Darstellung werden immer wieder die Entstehungszusammenhänge der Theorien deutlich gemacht, was erlaubt, sie als historisch, kontextuell und methodisch bedingte Modellierungen zu erkennen.

5 Milieukompetenz in der Kooperation mit Eltern

Sich an Eltern zu orientieren, für andere Lebenswelten offen zu sein und die Passung mit Elternperspektiven zu optimieren, wurde in Kapitel 4 als Grundhaltungen der pädagogischen Fachkraft in der Kita-Eltern-Kooperation beschrieben. Wenn es gelingt, sich auf Adressaten einzustellen, deren Sicht der Wirklichkeit einzunehmen, sie aus ihrer inneren Logik heraus zu verstehen, dann kann das Gespräch in seinem Verlauf und in seinem Ergebnis optimiert werden. Kunden- und Adressatenorientierung, Offenheit und Neugier kann durch Wissen über unterschiedliche soziale Milieus unterstützt werden. Dann entsteht ein Bewusstsein dafür, dass Eltern nicht nur sehr unterschiedliche Vorstellungen darüber haben, wie eine optimale Betreuung, Erziehung und Bildung ihrer Kinder aussieht, sondern dass sie auch eine völlig unterschiedliche Ansprache brauchen, um mit der kindheitspädagogischen Fachkraft zusammenarbeiten zu können.

Unterschiedliche Wertesysteme und Lebensstile von Eltern ganz konkret im Elternkontakt zu berücksichtigen, kann als professionelle Milieukompetenz bezeichnet werden. In Kapitel 5.1 wird dazu allgemein in den Milieuansatz eingeführt. In Kapitel 5.2 werden die verschiedenen sozialen Milieus auf Eltern bezogen. Dabei werden viele Fallbeispiele geschildert und pädagogisch relevante Milieumerkmale fokussiert. Die Kooperation mit Eltern in Kapitel 5.3 sammelt Wissensbestände zum Aufbau einer Milieukompetenz in der Kita-Eltern-Kooperation. Dies erfordert auch eine Selbstreflexion der professionellen Fachkraft: Vor dem Hintergrund der eigenen familiären Herkunft stellt sich die Frage, wie flexibel sie sich auf die verschiedenen Elterntypen überhaupt einstellen kann. Kapitel 5.4 fasst die Überlegungen zur milieubezogenen Differenzkompetenz zusammen.

Aus Gründen der Komplexität bleiben Aspekte der kultursensiblen Pädagogik ausgeklammert. Kindheitspädagogische Fachkräfte, die sich speziell in die Kooperation mit Eltern einarbeiten wollen, die in einer anderen Kultur aufgewachsenen sind, seien auf einschlägige Literatur verwiesen (Borke & Keller, 2014; Fischer, 2017). Dies gilt auch für die sprachlichen und kulturellen Herausforderungen mit geflüchteten Familien (Hendrich, 2016).

5.1 Diverse Konstruktionen über eine gute Familie

Kindheitspädagogische Fachkräfte beobachten täglich, dass Eltern höchst unterschiedlich mit ihren Kindern umgehen, höchst unterschiedliche Vorstellungen von Erziehung haben und ihr Familienleben höchst unterschiedlich gestalten. Jede kindheitspädagogische Fachkraft ahnt allein am Beispiel der morgendlichen Bringsituation, dass sich darin nicht einfach nur verschiedene Gewohnheiten von Eltern zeigen, sondern dass sich in der Bewältigung und in der Gestaltung dieser Situation unterschiedliche Werthaltungen und Lebenseinstellungen ausdrücken: Sarah und Robin steigen aus dem Fahrradanhänger, wenn der Vater sie auf dem Weg zur Arbeit vor der Kindertagesstätte rauslässt. Der Großvater von Qazim und Jalila verabschiedet die Kinder in seiner Muttersprache Arabisch und lächelt den Erzieherinnen, mit denen er sich nicht unterhalten kann, freundlich zu. Die Eltern von Torben fahren mit einem neuen Porsche Cayenne, die Mutter von Luca mit einem alten Renault Clio in die Parkverbotszone vor der Kindertagesstätte. Friedrich und Johann werden von einem englischen Au-Pair-Mädchen in die Kita gebracht. Maya kommt in Begleitung ihrer Mutter zu höchst unregelmäßigen Zeiten, manchmal bleibt sie den Vormittag über auch zu Hause. Valentina und Chiara stehen ohne Eltern vor der Tür der Kindertagesstätte, wenn die Erzieherin diese um 7.15 Uhr aufschließt.

Eltern haben nicht nur höchst unterschiedliche Ideen darüber, wie man sein Kind morgens in die Kindertagesstätte bringt, sondern auch sehr verschiedene Vorstellungen, wie die ideale Betreuung, Erziehung und Bildung ihrer Kinder aussieht und was ein gutes Familienleben ausmacht. Folgt man den Ergebnissen soziologischer Forschung, dann sind diese Vorstellungen nicht zufällig unterschiedlich oder Ausdruck individueller Ziele, sondern es lassen sich systematisch verschiedene Gruppen erkennen, die sich in Wertesystem und Lebensstil ähnlicher sind als andere.

Wurzeln der Lebensstilforschung

In der Philosophie und Soziologie hat die Beschreibung unterschiedlicher gesellschaftlicher Gruppierungen eine lange Tradition. Der Philosoph Karl Marx (1818–1883) hat mit der Beschreibung von Machtverhältnissen zwischen der Bourgeoisie (Bürgertum = Kapitalist, Ausbeuter) und dem Proletariat (besitzlose Arbeiter = Ausgebeutete) unterschieden und mit seinem Hauptwerk *Das Kapital* Kommunismus und Sozialdemokratie im Kampf gegen soziale Ungerechtigkeit theoretisch auf den Weg gebracht.

Über die soziologische Wissenschaft hinaus wurde auch die Kultursoziologie von Pierre Bourdieu (1930–2002) bekannt, der in seiner wegbereitenden Schrift

Die feinen Unterschiede. Kritik der gesellschaftlichen Urteilskraft aus dem Jahre 1979 den Menschen als Habitus-Träger beschreibt, der unterschiedlich über ökonomisches Kapital, soziales Kapital, symbolisches Kapital und kulturelles Kapital verfügt.

Die Unterteilung der Gesellschaft in Unterschicht, Mittelschicht und Oberschicht ist gemeinhin bekannt. Sie erfolgt in der Regel nach der Einkommenssituation und der beruflichen Qualifikation bzw. Stellung. Diese Unterteilung geht auf Theodor Geiger zurück, der als Begründer der Schichtungssoziologie gilt, die er in einer Publikation aus dem Jahr 1932 beschrieb.

Seit Ende der 1970er-Jahre wird in der Lebensstilforschung versucht, die vorrangig horizontale Schichtung der Gesellschaft durch eine vertikale Schichtung zu ergänzen und gesellschaftliche Gruppen zu identifizieren, die sich in ihren Lebensgewohnheiten ähneln (im Überblick z. B. Flaig & Barth, 2017). Wie zahllose Forschungsergebnisse zeigen, unterscheiden sich Familien nämlich nicht nur hierarchisch in ihrem Sozialstatus, sondern auch – unabhängig von der Schichtzugehörigkeit – nach ihren grundlegenden Lebenseinstellungen. Manche Familien sind beispielsweise eher traditionell, andere sind modern und gehen mit dem Zeitgeist, wieder andere orientieren sich an der Zukunft und sind progressiv, weil sie gesellschaftliche Entwicklungen vorwegnehmen.

Gruppen in der Gesellschaft, die sich nachweislich in ihrem Lebensstil, in ihrem Wertesystem und in ihren Einstellungen unterscheiden, werden als *Soziale Milieus* bezeichnet. Ein Milieumodell wird vom Heidelberger SINUS-Institut (www.sinus-institut.de) fortgeschrieben und soll die Grundlage der Ausführungen in diesem Kapitel bilden. Ähnlichkeitsanalysen auf der Grundlage repräsentativer Befragungsdaten kommen auf zehn soziale Milieus, die kontinuierlich weiterentwickelt werden. In einer sogenannten *Kartoffelgrafik* (siehe Abbildung 9) werden sie auf den beiden Grunddimensionen *Soziale Lage* (Horizontale Unterteilung) und *Grundorientierung* (Vertikale Unterteilung) angeordnet. Für Deutschland werden zehn Soziale Milieus unterschieden, die in 5.2 ausführlich mit Fallbeispielen beschrieben werden.

Aus konstruktivistischer Sicht können Soziale Milieus als Bündel von Annahmen über ein gutes Leben interpretiert werden: Was man erreichen möchte und was nicht. Was gefällt und was nicht. Für was es sich lohnt, Geld auszugeben und für was nicht. Einige Milieumerkmale sind pädagogisch relevant: der Bildungsstand und die Berufe der Eltern, die Einstellungen zu Freizeitbeschäftigung und Mediennutzung, die Einstellungen zu Familie und Kindererziehung, zu Gleichberechtigung – und im Falle von Radikalisierungstendenzen von Eltern auch deren politische Einstellung.

Die Sinus-Milieus® in Deutschland 2018

Soziale Lage und Grundorientierung

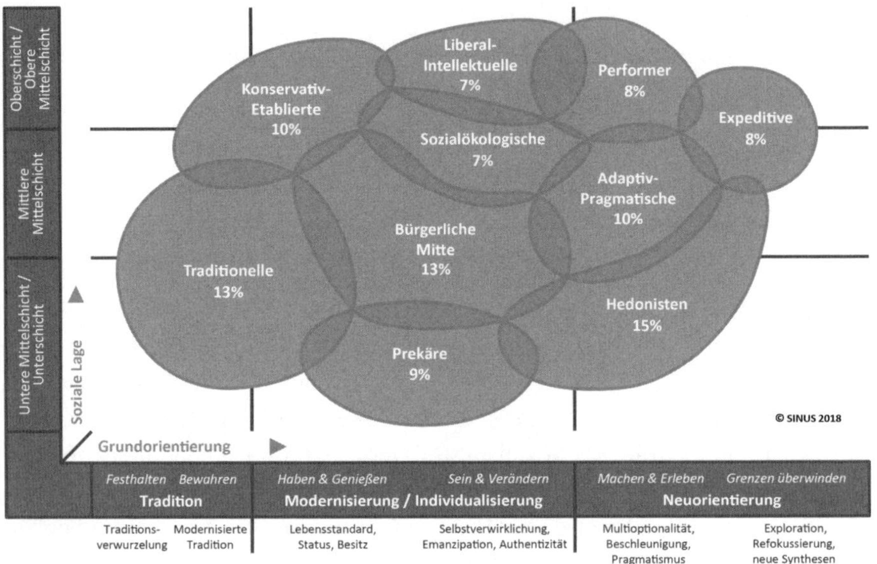

Abbildung 9: Sinus-Milieus 2018 (Quelle: SINUS-Institut).

Milieuforschung

Mit historischen Vorläufern bis in die Kaiserzeit und die Weimarer Republik erlangte die Milieuforschung durch die zunehmende Pluralisierung von Lebenswelten wieder an Bedeutung. Neben anderen Lebenswelttypologien werden seit den 1980er-Jahren im Wesentlichen zwei ähnliche Modelle, die SIGMA-Milieus und die Sinus-Milieus, kontinuierlich fortgeschrieben. In beiden Theorien werden aktuell zehn Soziale Milieus unterschieden. Milieumodelle entstehen nicht am grünen Tisch, sondern sind Ergebnis empirischer Forschung: Befragungsergebnisse an großen Stichproben werden einer statistischen Analyse zugeführt, die die Daten nach inhaltlicher Ähnlichkeit gruppiert. Die Cluster müssen dann nur noch so benannt werden, dass die Bezeichnung den Inhalt optimal repräsentiert.

Außerhalb der Marktforschung erlangte der Milieuansatz immer wieder auch für eine breite Öffentlichkeit Bedeutung. So publizierte Gerhard Schulze 1980 ein Buch mit dem Titel *Die Erlebnisgesellschaft,* in der er das Niveaumilieu, das Harmoniemilieu, das Selbstverwirklichungsmilieu, das Unterhaltungsmilieu und das Integrationsmilieu unterschied (Schulze, 2005). Durch zahlreiche journalistische Beiträge erlangten auch die Sinus-Milieus, die seit 2001 vom Heidelberger Markforschungsinstitut Sinus Sociovision beschrieben werden, über die Internet-Präsenz des Marktforschungsinstituts (www.sinus-institut.de) hinaus Verbreitung.

Die Milieuforschung erfolgt nicht nur auf nationaler, sondern auch auf internationaler Ebene (Meta-Milieus), sie betrachtet die Segmentierung der Migrantenpopulation (Sinus-Migranten-Milieus) oder beschreibt in der Altersgruppe der 14–17-Jährigen Jugendmilieus (Thomas & Calmbach, 2013). Interessierte finden einen Überblick über die Sinus-Milieuforschung bei Bertram Barth, Berthold Bodo Flaig, Norbert Schäuble und Manfred Tautscher (2017). Die Aufnahme des Milieu-Ansatzes für die Pädagogik erfolgte bislang nur in vereinzelten Beiträgen (vgl. Barz, 2017).

5.2 Soziale Milieus von Eltern

Hinter den zehn abstrakten Milieubegriffen stehen ganz konkrete Lebensvollzüge. Einige der Herkunftsmilieus von Kindern werden im Folgenden exemplarisch in Fallbeispielen erzählt. Dies gilt vor allem für Milieuerfahrungen, die in der Kita-Eltern-Kooperation herausfordern können, weil sie den Milieuerfahrungen, die kindheitspädagogische Fachkräfte im Allgemeinen geprägt haben, nicht entsprechen dürften (vgl. 5.3.1). Andere Soziale Milieus werden nur kurz zusammengefasst. Nach einer allgemeinen Skizze von Lebenswelt und Lebensstil liegt der Fokus jeweils auf der Beschreibung von Milieumerkmalen, die in der Kita-Eltern-Kooperation bedeutsam werden (Dannhardt & Nowak, 2007; Sinus Sociovision, 2017). Die Literaturbasis in Bezug auf die Situation in der Kindertagesbetreuung ist gering (Barz, 2017; Liebenwein, 2008; Merkle & Wippermann, 2008; Sinus Sociovision 2005a; Sinus Sociovision 2005b), sodass hier auch eigene Analysen dargestellt werden.

5.2.1 Eltern aus den gesellschaftlichen Leitmilieus

Den gesellschaftlichen Leitmilieus, deren soziale Lage als Obere Mittelschicht oder Oberschicht beschrieben werden kann (vgl. Abbildung 9), wird ein Drittel der Bundesbürger zugerechnet. Zu den Leitmilieus gehören das *Konservativ-Etablierte Milieu* (10 %), das *Liberal-Intellektuelle Milieu* (7 %), das *Milieu der Performer* (8 %) und das *Expeditive Milieu* (8 %). Eltern aus diesen Sozialen Milieus verfügen über eine hohe Formalbildung (z. B. Abitur und Studium). Sie üben eine Berufstätigkeit in gesellschaftlich wichtigen Bereichen wie Wirtschaft, Bildung, Politik oder Kultur in leitenden Positionen aus oder haben eine große Zeitautonomie im Beruf. Dies führt zu einer hohen Bedeutung des Berufs mit fließenden Übergängen zwischen Berufstätigkeit und Freizeit.

Die vier gesellschaftlich gehobenen Milieus unterscheiden sich allerdings auch sehr grundlegend untereinander, betrachtet man ihre Verteilung auf der Dimension Grundorientierung mit den Polen Tradition und Neuorientierung (vgl. Abbildung 9). So dominiert beim Konservativ-Etablierten Milieu eine traditionelle Grundorientierung, im Liberal-Intellektuellen Milieu dagegen eine moderne, individualisierende. Das Milieu der Performer und das Expeditive Milieu sind die beiden zukunftsweisenden Leitmilieus.

Konservativ-Etabliertes Milieu

Konservativ-Etablierte stellen »das klassische Establishment mit Verantwortungs- und Erfolgsethik und Führungsansprüchen« (Flaig & Barth, 2017, 16) dar. Eltern aus diesem Milieu haben ein überdurchschnittliches Bildungsniveau, sind höhere Beamte, Selbstständige, Unternehmer oder Freiberufler mit einem hohen Einkommen. Familienunternehmen oder Familienvermögen binden sie häufig an eine Familientradition, die ihnen eine große moralische Verantwortung auferlegt, aus der sie aber auch Selbstbewusstsein und Exklusivitätsansprüche ableiten können.

Karl-Frieder und Julia-Therese

Die Eltern Karl-Frieder (40 Jahre; promovierter Jurist) und Julia-Therese (36 Jahre; promovierte Kulturwissenschaftlerin) wohnen mit ihren drei Kindern Charlotte (6 Jahre), Friedrich (4 Jahre) und Johann (2 Jahre) in einer großzügigen Etage eines klassizistischen Stadthauses mit ausgedehntem Garten direkt am Domviertel. Das Haus ist seit zwei Generationen im Besitz der Familie von Karl-Frieder, dessen Eltern in einer weiteren Etage des Hauses wohnen, den Winter über aber mittlerweile in der Toskana leben. Die Wohnung von Karl-Frieder und Julia-Therese ist mit Erbstücken und modernen, aber in klassischem Stil gehaltenen Möbeln sowie mit Werken alter und zeitgenössischer Künstler ausgestattet. Einen Fernseher besitzt die Familie nicht, der Gebrauch von Computern erfolgt abends nur beruflich und zur Informationsbeschaffung. Karl-Frieder arbeitet als gleichberechtigter Teilhaber in der über die Stadtgrenzen hinaus bekannten Anwaltskanzlei seines Vaters. Julia-Therese ist wissenschaftliche Mitarbeiterin im Stadtmuseum – mit dem Wunsch nach einer Führungsaufgabe nach dem Erziehungsurlaub. Zwei Nachmittage in der Woche werden Charlotte, Friedrich und Johann von einer angehenden Erzieherin beaufsichtigt, damit Therese ihrer journalistischen Tätigkeit für ein überregionales Kulturmagazin nachgehen kann, während sie in Erziehungsurlaub ist.

Die Eltern verstehen sich als Vorbild für die Wahrung von Tradition, Familiensinn und ein geordnetes Leben. Sie sind den Kindern liebevoll zugeneigt, haben aber sehr klare Vorstellungen davon, wie ihre Kinder den erlangten Lebensstil fortsetzen können. Die Kinder haben hochwertige und traditionelle Spielmaterialien (Holzeisenbahn, Kaufladen, Bauklötze) und viele Bilderbücher. Charlotte besucht seit zwei Jahren die Domsingschule und lernt Cello. Friedrich und Johann gehen in eine Kindertagesstätte in kirchlicher Trägerschaft. Die Kinder werden nach der Grundschulzeit ein traditionsreiches humanistisches Gymnasium besuchen, an dem bereits ihre Eltern und ihre Großeltern das Abitur absolvierten.

Eltern aus dem Konservativ-Etablierten Milieu haben sehr hohe Ansprüche an die Kindertagesbetreuung und an die Erziehung und Bildung ihrer Kinder. Gute Umgangsformen und korrektes Auftreten sind wichtig. Eine frühe individualisierte Fremdbetreuung z. B. durch Au-pairs oder Babysitterinnen ist eine Serviceleistung, die zu ihrem Lebensstil passt. In der Wahl der Einrichtung für die Kindertagesbetreuung entscheiden sie sich für Konzepte, die ihrem Wunsch nach Tradition und Ordnung entsprechen. Einer Kindertagesbetreuung mit Bildungsanspruch wie Montessori-Einrichtungen, privaten oder traditionsreichen Einrichtungen wird der Vorrang gegeben. Ihr eigenes etabliertes Wissen über erfolgreiche Erziehungs-, Bildungs- und Karrierewege wird durch andere Meinungen oder bildungspluralistische gesellschaftliche Entwicklungen wenig beeinflusst. Die Rollenverteilung innerhalb der Familie ist eher traditionell: Mütter des Konservativ-Etablierten Milieus sind für die Kontakte mit der Kindertagesstätte zuständig. Aufgrund ihrer guten Vernetztheit könnten sie sich für die Förderung der Institution Kindertagesstätte engagieren. Mit Eltern aus anderen sozialen Milieus treten sie wenig in Kontakt.

Liberal-Intellektuelles Milieu

Liberal-Intellektuelle werden beschrieben als »die aufgeklärte Bildungselite mit liberaler Grundhaltung, postmateriellen Wurzeln und starkem Wunsch nach Selbstentfaltung« (Flaig & Barth, 2017, 16). Eltern aus dem Liberal-Intellektuellen Milieu haben höchste formale Qualifikationen und sind typischerweise in Unterricht und Lehre beschäftigt. Sie haben eine zwischenmenschlich tolerante Grundhaltung, sind Politik und Gesellschaft gegenüber aber kritisch eingestellt. Aufgrund gelebter Gleichstellung von Mann und Frau und einer hohen Zeitautonomie im Beruf können beide Elternteile Beruf und Familie vereinbaren. Durch ihre hohe Formalbildung und gleichberechtigte Berufstätigkeit verfügen sie über ein sehr hohes Haushalts-Netto-Einkommen, das sie allerdings weniger für materielle Güter, sondern eher für Bildung, Kunst und Kultur ausgeben.

Ihr hoher Bildungsanspruch wird nicht zwangsläufig auf die Kindertagesstätte übertragen, weil sie wissen, dass sie prinzipiell auch selbst für ihre Kinder ein anregendes Umfeld schaffen können. Die Kinder haben viele Freiräume, aber auch einen klaren Rahmen. Eltern aus dem Liberal-Intellektuellen Milieu haben keine Sorgen, wenn ihre Kinder mit Kindern aus verschiedenen, auch sozial schwachen Elternhäusern zusammentreffen. Moderne Konzepte wie offene Kindertagesstätten und Inklusion unterstützen sie, weil ihnen Selbstverwirklichung und soziale Gerechtigkeit bedeutsame Werte sind. Für kindheitspädagogische Fachkräfte besteht eine Herausforderung darin, dass sich in dieser Elterngruppe viele pädagogische und psychologische Expertinnen und Experten aus Schule, Hochschule und therapeutischen Arbeitsfeldern finden.

Milieu der Performer

Eltern aus dem Milieu der Performer sind durch Leistungsorientierung in Ausbildung und Studium sowie durch Karriereorientierung im Beruf gekennzeichnet. Im Milieumodell werden sie beschrieben als »multi-optionale, effizienzorientierte Leistungselite, die sich als Konsum- und Stil-Avantgarde versteht« (Flaig & Barth, 2017, 16). Sie sind über gesellschaftliche und politische Themen informiert, agieren global und vernetzt und sind zu hoher berufsbezogener Mobilität bereit. Ihr intensives Berufsleben verbinden sie mit gut geplanten, gehobenen und genussbetonten Freizeit- und Familienaktivitäten.

Fabian und Ines

Fabian (38 Jahre) und Ines (36 Jahre) absolvierten beide ein Studium der Betriebswirtschaftslehre und erreichten nach Studien- und Berufsjahren im In- und Ausland gehobene Positionen in internationalen Konzernen. Mit ihren beiden Kindern Liam (5 Jahre) und Emilia (3 Jahre) bewohnen sie seit ein paar Jahren ein Eigenheim mit Designer-Ausstattung in einer innenstadtnahen Neubausiedlung. Fabian arbeitet als Finanzmanager für eine Bank im nahe gelegenen Luxemburg. Während des Erziehungsurlaubs hat Ines ihre Tätigkeit als Projektleiterin einer internationalen Firma im Bereich der Medizintechnik teilweise ausgesetzt, teilweise vom Home-Office aus erledigt, will nun aber ihre Stelle im 30 km entfernt gelegenen Unternehmen wieder aufnehmen. Fabian und Ines ist regelmäßiger Sport wichtig: Fast jeden Abend fährt Fabian eine Stunde mit dem Rennrad. Ines spielt zwei Mal in der Woche Volleyball in ihrer früheren Damenmannschaft.

Die Eltern vermitteln ihren Kindern Vitalität, Optimismus, Disziplin und Anstrengungsbereitschaft. Liam und Emilia wurden schon im Alter von 1½ Jahren an einen langen Kindergartentag gewöhnt. Um Beruf und Familie effektiv miteinander zu verbinden, bringt ein Elternteil die beiden Kinder gegen 9.00h in die Kindertagesstätte, das andere holt sie gegen 17.00h ab. So können sowohl Fabian als auch Ines ihren 10-Stunden Arbeitstag und die langen Anfahrtszeiten zu den Unternehmen bewältigen. Freitags betreut eine Studentin Liam und Emilia abends, damit die

Eltern entweder ins Theater gehen oder mit Freunden ein Restaurant besuchen können. Die Spielsachen der Kinder finden sich nur in den Kinderzimmern und in einem Erker im Flur, nicht aber in den Wohnräumen. Am Wochenende nimmt sich die Familie Zeit für Ausflüge.

In Bezug auf die Betreuung, Erziehung und Bildung ihrer Kinder in der Kindertagesstätte ist Modernen Performern der Aufbau einer Leistungsbereitschaft wichtig. Die Anreicherung des Bildungsangebots einer Kindertagesstätte (z. B. durch ein Fremdsprachenangebot oder frühen Musikunterricht) hilft dabei. Die Eltern geben Regeln vor, sind allerdings offen für die Talente und Potenziale ihrer Kinder, die optimal gefördert werden sollen, um hohe Bildungsziele zu erreichen. Wegen ihrer Effizienzorientierung und der Neigung, sich unterscheiden zu wollen, sind die Eltern kaum zur Mitarbeit in der Kindertagesstätte bereit.

Expeditives Milieu

Eltern aus dem Expeditiven Milieu fallen durch eine ausgeprägte Unkonventionalität auf. Es handelt sich um die »ambitionierte kreative Avantgarde, die – online oder offline vernetzt – auf der Suche ist nach neuen Grenzen und neuen Lösungen« (Flaig & Barth, 2017, 16). Wichtig ist ihnen, anders zu sein als der Mainstream. Bei hoher Formalbildung sind sie eher in künstlerischen, gestaltenden und kreativen Berufen tätig, was je nach Erfolg zu hohen oder mittleren Einkommen führt, aber auch prekäre Lebensphasen beinhaltet. In ihren Fachgebieten können sie Trendsetter sein: Start-up-Unternehmen haben ein hohes innovatives Potenzial; Journalisten wirken meinungsbildend und können gesellschaftliche Missstände aufdecken; Künstler schaffen Kultur im Konzertsaal, im Theater, auf der Straße und in kleinen Musikclubs. Ohne Anpassung und Karriereorientierung sind Eltern aus dem Expeditiven Milieu dennoch leistungsorientiert, global vernetzt und sehr mobil, was ihre oft zeitlich begrenzte Berufstätigkeit und berufliche Projekte betrifft. Im Vergleich zu anderen Milieus der Oberschicht oder Mittelschicht ist die Familiensituation des Kindes deshalb wenig beständig.

Die Neigung zur Überindividualisierung wirkt sich auch auf die Gestaltung der Familiensituation und die Sicht des Kindes aus. Auch wenn die Eltern zusammenleben, werden sie den Eindruck einer konventionellen Familie vermeiden wollen. Struktur ist ihnen weniger wichtig als das Ausleben von Kreativität und Selbstverwirklichung, was zu einem tendenziell nachgiebigen Erziehungsverhalten führt. Dem Kind zuliebe werden sich die Eltern mit ihren beruflichen Kompetenzen in der Kindertagesstätte einbringen, gerne aber mit exponierten Projekten.

Bei aller Unterschiedlichkeit der vier beschriebenen gesellschaftlichen Leitmilieus und der Annahme, dass von Eltern gerade aus diesem Milieus hohe Bildungserwartungen ausgesprochen werden, ist ein Ergebnis aus der Trierer Kindergartenstudie interessant (Honig, Joos & Schreiber, 2004). Die Forschergruppe fand heraus, dass Eltern Bildungsaktivitäten – untersucht am Beispiel der Schulvorbereitung – in Abhängigkeit vom eigenen Bildungshintergrund relevant fanden, allerdings war der Zusammenhang umgekehrt proportional: Je höher der eigene Schulabschluss der Eltern, desto geringer war die Bedeutung, die der Schulvorbereitung in der Kindertagesstätte zugesprochen wurde. Je niedriger der Bildungsstand, desto mehr erwarteten die Eltern die Ermöglichung von Bildungschancen in einer entsprechend aufgestellten Kindertagesstätte. In einer ähnlich angelegten Studie aus dem Jahr 2015 berichten Tanja Betz und Frederick de Moll ebenfalls von Effekten des sozialen Status. Eltern mit niedrigem sozialem Status erwarteten von der Kindertagesstätte eher eine Kompensation ihrer eigenen Unzulänglichkeiten und fanden eine Schulbefähigung, die Entwicklung von Leistungsbereitschaft, traditionelle Erziehungsziele wie Konformität oder Bescheidenheit wichtig – bei insgesamt allerdings nur schwachen Unterschieden. Umgekehrt gilt dann aber auch, dass Eltern mit einem hohen sozialen Status diese Erwartungen an die Kindertagesstätte eher nicht formulierten.

5.2.2 Eltern aus den Milieus der gesellschaftlichen Mitte

Zu den Mittelschicht-Milieus mit unterschiedlicher Grundorientierung zählen die *Bürgerliche Mitte* (13 %), das *Sozialökologische Milieu* (7 %), und das *Adaptiv-Pragmatische Milieu* (10 %). Der Lebensstil des Sozialökologischen Milieus ist auch mit einer hohen Einkommenssituation vereinbar, der der Bürgerlichen Mitte mit einem niedrigen Einkommen (vgl. Abbildung 9). Im Gegensatz zur Bürgerlichen Mitte ist das Adaptiv-Pragmatische Milieu durch eine jüngere Altersgruppe, eine höhere Zielstrebigkeit, mehr Lebenspragmatismus und Nutzenkalkül gekennzeichnet: »Die moderne junge Mitte mit ausgeprägtem Lebenspragmatismus und Nützlichkeitsdenken und einem starken Bedürfnis nach Verankerung und Zugehörigkeit« (Flaig & Barth, 2017, 17). Ausführlich wird dieses Milieu im Folgenden nicht dargestellt.

Bürgerliche Mitte

Die Bürgerliche Mitte stellt mit 13 % eine der größeren gesellschaftlichen Gruppen dar. Es handelt sich um den »leistungs- und anpassungsbereiten bürgerlichen Mainstream mit Wunsch nach bürgerlicher Etablierung und wachsenden Abstiegsängsten« (Flaig & Barth, 2017, 17).

Thomas und Susanne

Thomas (35 Jahre) und Susanne (34 Jahre) leben mit ihren Kindern Sarah (8 Jahre), Leon (5 Jahre) und Emma (1 Jahr) in einem Dorf mit ca. 3000 Einwohnern. Aktuell wohnen sie noch in einer beengten Wohnung in einer Etage des Elternhauses von Susanne, in einem halben Jahr können sie aber ihr Eigenheim in unmittelbarer Nachbarschaft beziehen.

Beruflich ist Thomas als Bauzeichner in einem Planungsbüro angestellt. Susanne hat ihre Arbeit als Krankenschwester nach der Geburt von Sarah aufgegeben, übernimmt aber noch regelmäßig Nachtschichten an zwei Wochenenden im Monat. Wenn Emma in einem Jahr in die Kindertagesstätte geht, wird sie wieder halbtags in ihren Beruf zurückkehren. Eventuelle Betreuungsengpässe können von den Großeltern aufgefangen werden.

Ihre Freizeit verbringt die Familie mit Verwandten und mit Freunden, die Thomas und Susanne schon seit der Schulzeit kennen. Sie machen Ausflüge und Spaziergänge in der Natur. Susanne beschäftigt sich zudem gerne mit der Einrichtung und der Dekoration von Haus und Garten. Thomas widmet eine Stunde am Samstag der Fahrzeugpflege. Wenn die Kinder im Bett sind, schauen Thomas und Susanne gerne zusammen fern: Krimis sind ganz nach dem Geschmack von Thomas, Susanne bevorzugt Rate- und Quizsendungen und liest gerne Frauenromane.

Die intensive Beschäftigung mit den Kindern ist für die Eltern von großer Bedeutung. Sie halten Struktur, Regeln und Rituale im Alltag für bedeutsame Erziehungsmittel. Susanne versucht, die Betreuungszeiten in der Kindertagesstätte möglichst kurz zu halten, verbringt gerne den Nachmittag mit den Kindern und sorgt für die Förderung durch Musikalische Früherziehung, Flötenunterricht und Kinderturnen. Thomas freut sich, dass Leon schon früh Talent zum Fußballspielen zeigt.

Das Milieu Bürgerliche Mitte beschreibt Personen, die nach Sicherheit und Harmonie in ihrem Privatleben streben und sich beruflich früh und ohne Risiken etablieren möchten. In der Bürgerlichen Mitte überwiegen mittlere Bildungsabschlüsse, die zu Berufstätigkeiten als Facharbeiter, Angestellte oder mittlere Beamte führen. Eltern aus der Bürgerlichen Mitte sind sehr familienbezogen und kinderfreundlich. Typisch ist ein hoher Normalitätsanspruch, verbunden mit einem geringen Verständnis für andere Lebensformen.

Der ausgeprägte Familiensinn sichert den Kindern Rückhalt und Geborgenheit, eine fürsorgliche Betreuung und eine kindgerechte Freizeitbeschäftigung. Eltern kooperieren in hohem Maße mit der Kindertageseinrichtung, weil ihnen die Förderung, Erziehung und Bildung der Kinder wichtig sind und sie in der kindheitspädagogischen Fachkraft eine Unterstützung mit einem ähnlichen Wertesystem sehen. Sie sind offen für Engagement und Partizipation in der Kita-

Eltern-Kooperation, haben aber auch die Neigung zur Kontrolle ihrer Kinder in der Kindertagesstätte. Der für das Milieu typische Konventionalitätsdruck, die Neigung zu Vorurteilen und die Tendenz zur Überbehütung wirken sich bei Kindern im frühen Lebensalter kaum negativ aus, können aber bei älteren Kindern zu Begrenzungen ihrer Entwicklungsmöglichkeiten führen.

Sozialökologisches Milieu

Das Sozialökologische Milieu wird im Sinus-Modell als »engagiert-gesellschaftskritisches Milieu mit normativen Vorstellungen vom ›richtigen‹ Leben und ausgeprägtem ökologischem Gewissen« (Flaig & Barth, 2017, 17) beschrieben. Die Zugehörigkeit zu diesem Milieu ist gut erkennbar, weil Idealismus, Konsum- und Globalisierungskritik nach außen getragen werden. Dies wird vor allem bei alltagsästhetischen Entscheidungen in Bezug auf Kleidung, Wohnen und Einkaufen deutlich – Lebensbereiche, die mit einem ökologischen Bewusstsein übereinstimmen müssen, um glaubhaft zu wirken. Zu ihren Freizeitbeschäftigungen gehört ein Engagement in sozialen oder ökologischen Belangen. Unter pädagogischen Berufen finden sich viele Personen dieses Milieus.

Kinder erleben im Sozialökologischen Milieu einen ausgeprägten Familiensinn, anregende Freizeitbeschäftigungen mit einem hohen Anteil an Naturerfahrungen und wenig Medienkonsum. Die Vorgaben, was erlaubt ist und was nicht, sind allerdings sehr eng. Strukturgebend wirkt sich die Normorientierung der Eltern in der Kindheit eher günstig aus, wird im Jugendalter allerdings auch als einschränkend erlebt. Eltern aus dem Sozialökologischen Milieu unterstützen Kita-Konzepte wie Waldkindergarten oder Waldorf-Kindergarten. Eine Bevorzugung reformpädagogischer Bildungskonzepte ist erkennbar, die den Eltern auch ermöglichen, für die Betreuung ihrer Kinder unter Gleichgesinnten zu sein und mit ihrem hohen normativen Anspruch nicht aufzufallen.

5.2.3 Eltern aus den unteren sozialen Milieus

In Kindertageseinrichtungen, die in durch Einkommensarmut und Arbeitslosigkeit geprägten Siedlungsgebieten liegen, wissen kindheitspädagogische Fachkräfte, dass sie vergleichsweise wenig auf die Kooperation der problembelasteten Eltern bauen können. Zwei Familienskizzen sollen die Lebenswelten von Kindern aus dem *Prekären Milieu* und dem *Hedonistischen Milieu* veranschaulichen. Das dritte Milieu der sozialen Unterschicht, das *Traditionelle Milieu* (vgl. Abbildung 9), betrifft eher die ältere Generation und wird deshalb an dieser Stelle nicht beschrieben.

Prekäres Milieu

Dem Prekären Milieu (*prekär* = bildungssprachlich für *unangenehm, schwierig*) sind laut Angaben des SINUS-Instituts 9 % der bundesdeutschen Bevölkerung zuzuordnen. Es handelt sich um »die nach Orientierung und Teilhabe bemühte Unterschicht, bei der sich soziale Benachteiligung und Ausgrenzungserfahrung häufen« (Flaig & Barth, 2017, 17).

Steven und Natascha

Natascha (32 Jahre) lebt mit ihrem Freund Steven (28 Jahre) und den beiden Töchtern Valerie (5 Jahre) und Chiara (4 Jahre) in einer kleinen Wohnung in einem traditionellen Arbeiterstadtteil einer Großstadt. Natascha hat erst die Schule, dann die Lehre abgebrochen, war nie berufstätig und lebte viele Jahre von staatlicher Unterstützung, seit sie mit 16 Jahren Mutter geworden war. Ihre beiden älteren Söhne Brandon (16 Jahre) und Justin (14 Jahre) haben keinen Kontakt zu ihren biologischen Vätern und leben seit zehn Jahren in einer Jugendhilfeeinrichtung, weil Natascha die Söhne wegen einer Depression und der Neigung zu pathologischem Horten nicht versorgen konnte. Die beiden Söhne sind auch heute noch sehr verhaltensauffällig. Rückführungsversuche scheiterten, jeder Sohn verbringt ein Wochenende im Monat bei Nataschas Eltern und trifft dort einige Stunden auch die Mutter.

Durch die Beziehung zu Steven hat Natascha in den letzten fünf Jahren eine gewisse psychische Stabilität gewonnen. Steven arbeitet für einen Kurierdienst und am Wochenende zusätzlich als Nachtportier in einem Hotel. Es ist ihm wichtig, dass die kleine Familie sich etwas leisten kann. Er tätigt Ratenkäufe für Unterhaltungselektronik und die Wohnzimmereinrichtung, das Geld reicht aber kaum bis zum Monatsende. Entgegen seiner Überzeugung, dass für den Haushalt eigentlich Frauen zuständig sind, übernimmt Steven viele Haushalts- und Betreuungsaufgaben. So sorgt er für ein Abendessen und bringt die beiden Töchter ins Bett. Natascha hat dagegen Schwierigkeiten mit der Alltagsversorgung der Kinder, wenn Steven bei der Arbeit ist. Sie verbringt viel Zeit vor dem Fernseher. Valerie und Chiara gehen morgens früh allein in die Kita, häufig haben sie kein Frühstück dabei. Mit der Kindertagesstätte will Natascha nicht so viel zu tun haben. Sie denkt, die Erzieherinnen seien maßgeblich schuld daran gewesen, dass ihre beiden Söhne vor zehn Jahren ins Heim kamen.

Eltern aus dem Prekären Milieu haben einen niedrigen Bildungsabschluss, einfache Berufe gelernt, sind als ungelernte Arbeiter beschäftigt oder von Arbeitslosigkeit betroffen. Die Teilhabe an der Gesellschaft wird durch finanzielle Belastungen, Armut oder Leistungen aus den Mindestsicherungssystemen drastisch eingeschränkt. Die Familiensituation ist überproportional häufig durch Einelternschaft, Trennung und Scheidung sowie durch körperliche und psychische Erkrankungen von Familienmitgliedern gekennzeichnet. Personen aus dem Prekären Milieu nehmen sich selbst als Verlierer wahr, was oftmals auch zu Wut auf die Gesellschaft führt.

Aufgrund der eigenen schwierigen Familienerfahrungen und der Probleme mit Schul- und Ausbildung fehlen Eltern aus dem Prekären Milieu die Fähigkeiten zur adäquaten Betreuung, Erziehung und Bildung ihrer Kinder. Die Aufgaben werden von der Kindertagesstätte übernommen. Häufig fehlt es in den Familien sogar an der Grundversorgung (ausreichende oder gesunde Nahrung, Hygiene). Das Erziehungsverhalten kann autoritär sein, sodass Gewalt und Übergriffe die Kinder bedrohen. Häufig ist der Erziehungsstil vernachlässigend oder verwöhnend, sehr oft fehlt es an strukturgebenden Regeln, Verlässlichkeit und Zuwendung. Die Kinder sind durch die soziale und psychische Belastung der Eltern früh auf sich allein gestellt und überfordert. Aus aktuellen Studien zur körperlichen und seelischen Gesundheit ist bekannt, dass 11 % der Kinder zwischen 3 und 17 Jahren mit niedrigem Sozialstatus körperliche Gesundheitsprobleme haben. Auch psychische Gesundheit ist sozial determiniert: Bei einer gesellschaftlich bedenklich hohen Rate von ungefähr 20 % psychisch auffälligen Kindern sind es bei niedrigem Sozialstatus 37 % der Jungen und 29 % der Mädchen (Robert-Koch-Institut, 2014).

Hedonistisches Milieu

Hedonisten bilden die »spaß- und erlebnisorientierte moderne Unterschicht, die häufig angepasst im Beruf ist, aber in der Freizeit aus den Zwängen des Alltags ausbrechen will« (Flaig & Barth, 2017, S17).

Melly

Melly (35 Jahre) lebt mit ihrem Sohn Jason (15 Jahre) und ihrer Tochter Hedy (5 Jahre) in einer Dreizimmer-Wohnung in einer Hochhaussiedlung einer Großstadt. Melly arbeitet trotz ihrer früheren Ausbildung als Kinderpflegerin seit einigen Jahren als Aushilfe in einem Supermarkt und bedient an zwei Wochenenden im Monat in einer Kneipe. Jason besucht die 9. Klasse einer Realschule, Hedy eine Kindertagesstätte im Stadtviertel.

Direkt nach der Ausbildung heiratete Melly im Alter von 20 Jahren den zehn Jahre älteren Matts, der als Selbstständiger einen Hausmeisterdienst betrieb. Sohn Jason wurde geboren. Melly und Matts verband die Leidenschaft für das Motorradfahren und für Hardrock-Konzerte. Trotz begrenzter finanzieller Möglichkeiten fuhren beide eine Harley Davidson mit Beiwagen für Jason und besuchten jeden Monat Musikfestivals oder Konzerte. Nach zehn Jahren Ehe ging Melly eine Beziehung zu Jeff ein, den sie aus der Motorradclique kannte, und verließ ihre Familie. Sie wanderte mit Jeff nach Mallorca aus, um dort eine Kneipe zu eröffnen. Tochter Hedy wurde geboren. Die Beziehung zu Jeff scheiterte und Melly entschied sich, nach zwei Jahren wieder nach Deutschland zurückzukehren. Sohn Jason wohnt seit einem Jahr unter der Woche bei der Mutter und seiner Halbschwester Hedy.

Melly lebt nach dem Motto *Leben und leben lassen.* Sie setzt ihren Kindern selten Grenzen, weil sie tief überzeugt ist, dass sich alles mit der Zeit von alleine regelt. Bestrafen würde sie ihre Kinder nie. Wenn Melly nicht arbeiten muss, bringt sie Hedy erst spät am Vormittag in die Kindertagesstätte oder erlaubt ihr, zu Hause zu bleiben. Dort läuft die meiste Zeit der Fernseher, vor allem Soaps und Musikvideos sieht Melly gern. Vorlesen und Tischspiele findet sie spießig.

Das Hedonistische Milieu stellt mit ca. 15 % der Befragten ebenfalls eine größere gesellschaftliche Gruppe dar, die je nach sozialer Lage der unteren Mittelschicht oder der Unterschicht zugeordnet werden kann. Das Adjektiv *hedonistisch* kennzeichnet das Wertesystem und die Einstellungen im Milieu mit den Zielen Lustgewinn und Genussstreben. Personen dieses Milieus üben einen Ausbildungs- oder Angestelltenberuf aus, ihr eigentliches Leben findet aber in der Freizeit statt. Dann wollen sie Spaß und Action haben oder Authentisches erleben. Diese Befreiung von Alltagszwängen erfüllen erlebnis- und gemeinschaftsintensive Outdoor-Aktivitäten wie Kneipenbesuche, aber auch eine ausgeprägte Beschäftigung mit Unterhaltungselektronik, (wie im Fallbeispiel) Hobbys wie Motorradfahren oder Musikfestival-Besuche, aber auch zeitintensive Freizeitaktivitäten wie Liverollenspiel oder eine Fußballanhängerschaft. Statt dieses Doppellebens zwischen Anpassung im Beruf und ausgeprägter Spaßorientierung in der Freizeit kann eine berufliche Tätigkeit aufgenommen werden, die den eigenen Bedürfnissen mehr entspricht – oder Hedonisten steigen ganz aus gesellschaftlichen Zwängen aus.

Im Gegensatz zum Prekären Milieu ist die Grundversorgung der Kinder immer gesichert. Die Eltern sind in die Regeln einer Kindertagesstätte mit zeitlich umrissenen Bring- und Abholzeiten oder vereinbarten Terminen (Elternabende, Projektzeiten) schwer einzubinden. Das Erziehungshandeln der Eltern ist nachgiebig und verwöhnend: Sie sind warmherzig, lenken das Verhalten ihrer Kinder aber nicht. Die Ansprache auf eine problematische Entwicklung des Kindes seitens der kindheitspädagogischen Fachkraft wird abgewehrt. Dies liegt daran, dass Eltern aus dem Hedonistischen Milieu häufig eine Schicksalsgläubigkeit zeigen, die sie auf einen positiven Ausgang bei Problemen hoffen lässt. Zudem leben sie im Hier und Jetzt, was erschwert, eine Langzeitperspektive (z. B. mögliche Auswirkungen von aktuellen Verhaltensproblemen auf die

Schulfähigkeit) einzunehmen. Je nachdem, wie stark die Eltern ihre eigenen Erwachsenenbedürfnisse in kritischen Lebenssituationen in den Vordergrund stellen, können hedonistische Eltern ihren Kindern starke Frustrationen zumuten (z. B. durch Wohnortwechsel, Trennung von der Familie, Schulden).

5.3 Milieubezogene Differenzkompetenz

Die Beschreibung der Sinus-Milieus ruft bei Personen, für die die Theorie neu ist, in der Regel ein Aha-Erlebnis hervor. In der bis dahin nur als irgendwie unterschiedlich wahrgenommenen Elternschaft werden plötzlich Muster, Konturen, aber auch Schnittstellen und Übergänge zwischen Lebenswelten erkennbar. Gruppen Gleichgesinnter haben einen Namen bekommen, die eigenen Sozialisationserfahrungen werden vielleicht benennbar. Allein durch die Kenntnis der verschiedenen Sozialen Milieus verändern sich die Perspektiven auf Elterngespräche.

Beim Lesen der Fallbeispiele in 5.2 wurde höchstwahrscheinlich auch deutlich, dass nicht alle Ideen über eine gelingende Familie gleichermaßen zum eigenen Familienkonzept passen. Jeder ist durch ein Herkunftsmilieu geprägt und hat Affinitäten zu einigen sozialen Milieus entwickelt, findet andere Familienkonzepte dagegen unverständlich oder kann diese regelrecht als befremdend erleben. Auch kindheitspädagogische Fachkräfte haben sicher Lieblingsmilieus, in die sie sich – bedingt durch die eigene Sozialisationsgeschichte – eher als in andere hineinversetzen können. Die eigene milieubezogene Position zu reflektieren, ist eine Bedingung, Milieukompetenz in der Kita-Eltern-Kooperation zu entwickeln.

5.3.1 Erzieherin – ein Beruf der Bürgerlichen Mitte

Studien über das Herkunftsmilieu von kindheitspädagogischen Fachkräften liegen m.W. noch nicht vor. Befragungen in mittlerweile 20 Ausbildungsklassen im eigenen Fachschulunterricht kommen zu folgendem Ergebnis: Nach einer intensiven Beschäftigung mit dem Sinus-Milieu-Modell und einer selbstreflexiven Analyse geben in der Regel ungefähr 80 % aller Schülerinnen und Schüler die Bürgerliche Mitte als ihr Herkunftsmilieu an. Die restliche Gruppe sieht sich durch das Adaptiv-Pragmatische Milieu, das Hedonistische Milieu oder das Sozialökologische Milieu geprägt, die vereinzelte Nennung anderer Milieus ist zu vernachlässigen.

Diese Einschätzungen passen zu ersten empirischen Ergebnissen zum Bildungshintergrund von Fachschülerinnen und Fachschülern (Projektgruppe ÜFA,

2013). So gaben in einer Längsschnittstudie zum Übergang von der Ausbildung in die Berufstätigkeit 80 % der 1154 befragten Fachschülerinnen und -schüler an, dass ihre Eltern keinen akademischen Abschluss haben. Ungefähr 20 % der Fachschülerinnen und -schüler mit dem Ausbildungsziel Erzieherin oder Erzieher haben Eltern, von denen mindestens ein Elternteil ein Studium absolviert hat.

Dass vorrangig junge Erwachsene aus der Bürgerlichen Mitte den Erzieherberuf ergreifen, wundert nicht. Die Familienorientierung der Bürgerlichen Mitte liefert das tragende Wertesystem für einen sozialen Beruf. Zudem geraten bei einem Frauenberuf Karrierewünsche (z. B. Leitungsaufgaben) nicht in Konflikt mit einer Orientierung an traditionellen Geschlechterrollen, die für die Bürgerliche Mitte immer noch typisch ist (Wippermann, 2016; siehe 6.3 und 6.4).

Betrachtet man den Erzieherberuf nun aus der milieuspezifischen Perspektive, dann ergeben sich zwei Passungsprobleme. Ein erstes Passungsproblem liegt als Thema des Kapitels auf der Hand: In der Kita-Eltern-Kooperation kommen in ca. vier von fünf Fällen kindheitspädagogische Fachkräfte und Elternpersonen zusammen, die nicht über ein übereinstimmendes Wertesystem verfügen, was die Betreuung, Erziehung und Bildung von Kindern betrifft. Die Wahrscheinlichkeit, mit diesem Problem in der Kita-Eltern-Kooperation konfrontiert zu werden, hängt allerdings auch davon ab, wo sich die Kindertageseinrichtung befindet. In einem dörflichen Umfeld ist die Aussicht, überwiegend Eltern aus der Bürgerlichen Mitte oder dem Adaptiv-Pragmatischen Milieu anzutreffen, sehr hoch – so hoch, dass das Erlangen von Differenzkompetenz keine Dringlichkeit hat: Die gemeinsamen Mittelschichtsnormen erleichtern die Kita-Eltern-Kooperation. In Städten bildet sich dagegen das breite Spektrum der Sozialen Milieus ab. In Stadtvierteln, in denen vorrangig Eltern aus der unteren Mitte oder der Unterschicht leben, ist die kindheitspädagogische Fachkraft gefordert, mit sozial benachteiligten und bildungsfernen Familien ein Erziehungsbündnis zu schaffen. In sozial privilegierten Wohngegenden bilden wiederum Eltern aus den gesellschaftlichen Leitmilieus die Mehrheit. Manche Stadtteile sind in Bezug auf die soziale Lage der Familien so durchmischt, dass hier Kinder vieler Milieus zusammenkommen.

Ein zweites Passungsproblem des Erzieherberufs als Beruf aus der Bürgerlichen Mitte, das erwähnt werden sollte, betrifft die Passung zwischen kindheitspädagogischer Theorie und Praxis: Möglicherweise passen neue Konzepte der Kindergartenpädagogik, die sich (liberal-intellektuelle) Hochschullehrende und Bildungsreferenten in frühpädagogischen Instituten ausdenken und (manchmal ohne Not) in die Kindertageseinrichtung einführen, nicht zu der Vorstellung von erfolgreichem Lernen, das kindheitspädagogische Fachkräfte aus der eigenen Bildungserfahrung kennen. Zu nennen sind in diesem Zusammenhang beispielsweise ein konstruktivistischer Lernbegriff (statt eines instruktivistischen Lernbegriffs), die Projektmethode (für lernzielorientierte Aktivitäten), die Portfolio-Dokumentation (für entwicklungsbezogene Dokumentationen) – um nur einige der Neuerungen der jüngeren Vergangenheit zu nennen.

Idealerweise ließen sich beide Passungsprobleme überwinden, wenn in der Kindertageseinrichtung kindheitspädagogische Fachkräfte mit unterschiedlichen milieuspezifischen Erfahrungen ein Team bildeten. Realistisch betrachtet muss die kindheitspädagogische Fachkraft aber in sich selbst verschiedene Milieuperspektiven hervorrufen können, um Eltern aus anderen sozialen Lagen und mit einer anderen Grundorientierung so anzusprechen, dass eine gemeinsame Kooperation in der Kita-Eltern-Kooperation möglich wird.

5.3.2 Die soziale Lage berücksichtigen

In der Kita-Eltern-Kooperation ergeben sich grundlegende Probleme, wenn sich eine in der Bürgerlichen Mitte sozialisierte kindheitspädagogische Fachkraft mit Eltern verständigen möchte, die durch eine andere soziale Lage, also durch die Lebenseinstellungen und den Lebensstil der Oberschicht oder der Unterschicht geprägt sind (vgl. Abbildung 9). Die soziale Lage von Eltern ist durch Ausbildungsniveau, Berufsstatus und Einkommensniveau bestimmt, bietet wenig Einflussmöglichkeiten und erfordert von daher Flexibilität seitens der kindheitspädagogischen Fachkraft.

Eltern aus der sozialen Oberschicht erreichen

Im Gegensatz zum Bemühen, Eltern aus den unteren sozialen Milieus zu erreichen, erscheint eine Anpassung an die Elternschaft mit hoher Formalqualifikation und einer gehobenen sozialen Lage überraschend – so zumindest die Erfahrung aus Unterricht, Fort- und Weiterbildung. Das Sprechen über die Kooperation mit Eltern aus dem Konservativ-Etablierten Milieu (»Die Bessergestellten«), aus dem Liberal-Intellektuellen Milieu (»Lehrerkinder sind die schlimmsten.«) oder aus dem Milieu der Performer (»Ich frage mich, warum die überhaupt Kinder haben, wenn sie den ganzen Tag arbeiten«) offenbart, dass für kindheitspädagogische Fachkräfte doch deutliche Hürden zu überwinden sind.

Neid nicht auszuschließen?

Unter Umständen steht hinter der häufig zu vernehmenden Abwertung von Eltern aus der sozialen Oberschicht als schlechte Eltern auch die tabuisierte Dynamik des Neides. Laut Duden beschreibt Neid eine »Empfindung, Haltung, bei der jemand einem andern dessen Besitz oder Erfolg nicht gönnt und selbst haben möchte«

(Dudenredaktion, 2006, 1201). Kaum eine grundlegende Emotion wird so tabuisiert wie Neid. Mit den Verwandten Eifersucht, Missgunst und Schadenfreude ist Neid in der Arbeitswelt allgegenwärtig. Über Neid gibt es viel zu erzählen, interessierte Leserinnen und Leser seien auf die theologisch und psychologisch begründeten Ausführungen bei Anton Bucher (2012) und bei Heiko Ernst (2006) verwiesen.

Hilfreich für die professionelle Selbstreflexion in Bezug auf Eltern- und Teamkontakte sind die verschiedenen Umgangsweisen mit Neid. Um den eigenen Selbstwert zu erhalten, erzeugt Neid oft Feindseligkeit, manchmal auch aggressives Verhalten gegenüber der beneideten Person. Man kann mit Neid aber auch konstruktiv umgehen und ihn uneingeschränkt zugeben oder die Leistungen des anderen bewundern. Die Besserstellung einer anderen Person als gerechtfertigt anzuerkennen, gelingt eher bei Einsicht in eigene Stärken und Schwächen oder bei einem Bewusstsein über eigene Prioritäten im Leben. Neid kann sogar positiv wirken: So kann sich eine Person durch den Neid auf andere anspornen lassen und erkennen, dass Neidthemen eigene unerledigte Baustellen sind, die angegangen werden möchten.

Eltern aus dem Liberal-Intellektuellen Milieu und aus dem Expeditiven Milieu sind in der Kita-Eltern-Kooperation leichter erreichbar als Eltern aus dem Konservativ-Etablierten Milieu und dem Milieu der Performer. Es gehört zum Selbstverständnis des Liberal-Intellektuellen Milieus, die eigene sehr gute materielle Absicherung nach außen nicht zu zeigen. Ihre Toleranz, die gesellschaftskritische Grundhaltung und die häufige fachliche Nähe zum Erzieherberuf ermöglichen eine einfache Kontaktaufnahme. Eltern aus dem Expeditiven Milieu sind weltoffen und grenzen sich ebenfalls wenig durch Statussymbole ab.

Welche Haltungen können kindheitspädagogische Fachkräfte in der Kita-Eltern-Kooperation mit Eltern aus den oberen sozialen Milieus einnehmen? Welche Qualitätsmerkmale sind wichtig, um besonders Eltern aus dem Konservativ-Etablierten Milieu und dem Milieu der Performer zu erreichen? Wie optimieren pädagogische Fachkräfte die Passung in der Kita-Eltern-Kooperation? Folgende Kommunikationsangebote könnten erprobt werden:

- Die andere Lebenswelt als ein mögliches Familienkonzept annehmen und diese nicht als elitär etikettieren.
- Das eigene verbale und nonverbale Verhalten mit der Brille sozial privilegierter Eltern sehen.
- Eine gehobene Sprache verwenden, Fachbegriffe nutzen.
- Schriftliche Kommunikationswege bevorzugen und auf sprachliche Korrektheit achten (langfristige Terminplanung bei Einladungen zu Elternabenden und zu Terminen bedenken).

- In Elterngesprächen die eigene Professionalität und Fachlichkeit herausstellen.
- Pädagogische Arbeit wissenschaftlich begründen (Erziehungsstandards wissenschaftlich erläutern, wissenschaftliche Referenzen zur Konzeption zur Verfügung stellen, Fachreferenten einladen, mit Fach- und Hochschulen kooperieren).
- Möglichkeiten schaffen, die Mitarbeiterinnen der Kindertagesstätte als professionelle Kräfte wahrzunehmen (z. B. in der Öffentlichkeitsarbeit Berufsausbildungen und Fortbildungen der kindheitspädagogischen Fachkräfte publizieren).
- Mit Ignoranz oder Überheblichkeit seitens der Eltern gegenüber der pädagogischen Arbeit in der Kindertagesbetreuung oder mit subtilen Abwertungen der Berufsgruppe der kindheitspädagogischen Fachkraft souverän umgehen und Gegenaggression vermeiden.
- Subtile Abwertungen kindheitspädagogischer Tätigkeiten in Teilen der gesellschaftlichen Leitmilieus als Ausdruck geringer Toleranz interpretieren.
- Bei Entwicklungs- und Verhaltensauffälligkeiten von Kindern die eigene Perspektive fachlich begründen und der Perspektive der Eltern gegenüberstellen.
- Das hohe Kompetenzniveau und die gute Vernetztheit von Eltern würdigen: Eltern aus Konservativ-Etabliertem Milieu z. B. für Förderverein, für die Subvention von Projekten oder für Fördergelder gewinnen; die vorhandene pädagogisch-psychologische Expertise von Eltern aus dem Liberal-Intellektuellem Milieu für Vorträge nutzen; Eltern aus dem Expeditiven Milieu zu Gestaltung, Design oder zur Öffentlichkeitsarbeit befragen.

Eltern aus der sozialen Unterschicht erreichen

Im Auftrag des Erzbistums Köln publizierte das SINUS-Institut eine interessante Untersuchung über Mütter aus dem Prekären und aus dem Hedonistischen Milieu (Sinus Sociovision, 2005a). Die Autorengruppe betont für das Prekäre Milieu, also die benachteiligte Unterschicht, dass Mütter in weiten Teilen die Verantwortung für die Betreuung, Erziehung und Bildung an die Kindertagesstätte übertragen und Forderungen nach Mitarbeit abwehren. Letzteres kommt durch offenen Ärger, einen Beziehungsabbruch oder durch die Abwertung der pädagogischen Fachkraft zum Ausdruck. Mütter aus dem Hedonistischen Milieu – zur Erinnerung: freiheitsliebende Spaß- und Actionorientierte – unterhalten sich mit vertrauten Personen offen über Erziehung, haben aber Vorbehalte im Gespräch mit Fachkräften aus Kindertagesstätte und Schule sowie mit Fachkräften der Jugendämter, vor allem wenn sie sich belehrt fühlen. Ihre Erziehungsziele möchten sie nicht diskutieren, möglich sind erziehungspraktische Anfragen angesichts der Überforderung im Umgang mit dem eigenen

Kind. Typisch ist auch das oberflächliche Anpassen im Gespräch, wenn dieses Verhalten Müttern aus dem Hedonistischen Milieu nützlich erscheint.

Befragt nach dem Bild von pädagogischen Fachkräften, offenbart sich in beiden Milieus eine Idealisierung der Lebenssituation, des Wertesystems, der Fähigkeiten und des Verhaltens von Mitarbeiterinnen und Mitarbeitern der Kindertageseinrichtungen. Die Beschreibungen der Befragten zeigen, dass diese die Bürgerliche Mitte repräsentieren, eine Lebenswelt, zu der die Mütter des Prekären Milieus keinen Zugang haben und die Elemente beinhaltet, die sich die Mütter aus dem Hedonistischen Milieus wünschen.

Die Studie zeigt allerdings auch Unterschiede zwischen Prekärem und Hedonistischem Milieu, was sich für die differenzsensible Elternarbeit als nützlich erweist.

Mütter aus dem Hedonistischen Milieu delegieren die Betreuung und Erziehung der Kinder aus anderen Gründen an die Kindertagesstätte als die Mütter aus dem Prekären Milieu. Mütter aus dem Hedonistischen Milieu fühlen sich durch die Elternschaft und die Erfordernisse, sich nun an Regeln und Strukturen halten zu müssen, in ihrem ich-bezogenen Lebensstil eingeschränkt. Der Widerspruch zwischen spaßorientierter Grundeinstellung und den Erfordernissen eines einengenden Alltags mit Kindern bleibt bestehen und wird teilweise durch einen nachgiebigen Erziehungsstil ausgeglichen, der allerdings wiederum zu Erziehungsproblemen führt.

Mütter aus dem Prekären Milieu hadern nicht mit unausgelebten Bedürfnissen, sondern fügen sich in die Mutterrolle und in die traditionelle Rollenverteilung, die für das Milieu typisch ist. In der Interpretation der Interviewdaten kommen die Autoren zu dem Schluss, dass sich die Mütter aus dem Prekären Milieu keine Gedanken über die Entwicklung, über Wesensmerkmale oder über Stärken und Schwächen ihrer Kinder machen. Die Kinder sind einfach da, über Erziehungspraktiken verfügen die Mütter nicht. Ihr Verhalten gegenüber den Kindern ist oft durch eigene Bedürfnisse, wenig durch die der Kinder geprägt. Wichtig ist Müttern aus dem Prekären Milieu allerdings, zum Schutz der Kinder (z. B. vor möglicher Gewalt oder Entbehrungen) beizutragen.

Die aus diesen Erkenntnissen gewonnen Ableitungen für die Kita-Eltern-Kooperation sind im Folgenden durch Erfahrungen von kindheitspädagogischen Fachkräften in der Arbeit mit sozial benachteiligten und bildungsfernen Familien ergänzt (z. B. Hofmeier & Friess, 2010).

- Die andere Lebenswelt als ein Familienkonzept annehmen und dieses nicht als defizitär kritisieren.
- Sein eigenes verbales und nonverbales Verhalten mit der Brille sozial benachteiligter Eltern sehen.

- Eigene Lebenswelt zurückstellen, Anlässe für Neid minimieren, dennoch authentisch sein und sich immer auch von seiner partnerschaftlichen Seite zeigen.
- Die Übertragung der Verantwortung für die Betreuung, Erziehung und Bildung der Kinder zunächst bedingungslos annehmen.
- Möglichkeiten schaffen, die Mitarbeiterinnen und Mitarbeiter der Kindertagesstätte unverbindlich kennenzulernen: Elterncafé, Kleiderverkauf; räumliche Nähe und den öffentlichen Raum zwischen Kindertageseinrichtung und Wohnungen nutzen.
- Eine einfache Sprache verwenden, auch Dialekt sprechen.
- Schriftliche Kommunikation durch mündliche Kommunikationswege ersetzen: Einladungen zu Elternabenden und Terminen mündlich aussprechen; digitale Kommunikationswege über das Smartphone nutzen, sich gegenseitig erinnern.
- Die Konzeption in *Leichter Sprache* vorstellen (Bundesministerium für Arbeit und Soziales, 2014) und z. B. als Wanddokumentation zur Verfügung stellen.
- Erziehungsstandards kommunizieren und an Beispielen aufzeigen (statt moralisch oder abstrakt zu belehren).
- Beispiele und Lösungen im Umgang mit den Kindern zum Ausprobieren in der häuslichen Situation erarbeiten.
- Mit Provokationen souverän umgehen und Gegenaggression vermeiden.
- Aggression gegen die Person der kindheitspädagogischen Fachkraft als Ausdruck einer grundlegenden Kränkung (z. B. durch Gleichsetzung mit kontrollierendem Jugendamt), einer psychischen Notlage oder geringer sozialer Kompetenz sehen.
- Positive Rückmeldung bei Kooperationen in der Kita-Eltern-Kooperation formulieren: Teilnahme an Elternabenden oder Kita-Veranstaltungen, Zeit für spontane Gespräche, Teilnahme an Entwicklungsgesprächen o. Ä.
- Dranbleiben: Ermutigung und Bedauern ausdrücken bei Nichtteilnahme, Wiederholung von Einladungen.
- Positive Rückmeldung formulieren bei der Annahme von Hilfen seitens der Mütter beim Aufbau von Versorgungs- und Erziehungskompetenz: Besuch von niedrigschwelligen Angeboten in Familienbildungsstätten, Teilnahme an Kompetenztrainings, Eingliederungsmaßnahmen, Aufnahme einer Teilzeittätigkeit o. Ä.
- Bei einer Gefährdung des Kindes Eltern gegenüber bestimmt und entschieden auftreten (Stichwort: *Symptom als Auftraggeber,* siehe 4.2.2).
- Das Erreichen auch hochschwelliger Hilfe ermöglichen: Übungsbehandlungen wie Physiotherapie, Logopädie, Ergotherapie, Psychotherapie, Behandlung bei Fachärzten oder Kuraufenthalte.

5.3.3 Die Grundorientierung berücksichtigen

So wie Passungsleistungen seitens der kindheitspädagogischen Fachkraft auf der Milieumodell-Dimension *Soziale Lage* erforderlich sind, müssen auch auf der zweiten Dimension, der *Grundorientierung*, Unterschiede zwischen elterlichen Einstellungen berücksichtigt werden. Die zweite Dimension des Sinus-Milieu-Modells, die Grundorientierung mit den drei Stufen *Tradition – Modernisierung/ Individualisierung – Neuorientierung* (vgl. Abbildung 9) kann zu Aushandlungsprozessen führen, weil sie normative Fragen berührt. Eine bedeutsame Frage betrifft das Ausmaß der Erziehungsbedürftigkeit des Kindes.

Erziehungsstile wirken langfristig

Die amerikanische Entwicklungspsychologin Diana Baumrind unterscheidet drei verschiedene Erziehungsstile. Der *autoritäre Erziehungsstil* ist fordernd, der *autoritative Erziehungsstil* ist führend, der *permissive Erziehungsstil* steuert das kindliche Verhalten nicht und kann je nachdem, ob das Kind positive Bindungserfahrungen macht oder nicht, *verwöhnend* oder *vernachlässigend* sein.

Am Beispiel der Bringsituation in der Kita lassen sich die vier Erziehungsstile unterscheiden: Ein autoritärer Vater würde ein Kind bei Problemen in der Bringsituation trotz der Not des Kindes einfach in der Kita lassen. Ein autoritativ Erziehender würde das Kind trösten, in Aushandlungsprozessen dem Kind deutlich machen, was er von ihm erwartet, es aber auch dabei unterstützen, wie es die Trennung bewältigen kann. Permissiv-nachgiebige Väter ließen sich möglicherweise dazu verleiten, lange in der Kita zu bleiben oder das Kind wieder mit nach Hause zu nehmen (wenn dies möglich ist), weil sie dem kindlichen Bedürfnis viel Bedeutung zumessen und einen tieferen Grund für dessen Not vermuten. Vernachlässigende Eltern neigen sogar dazu, ihre Kinder nicht in die Kita zu begleiten und kümmern sich nicht um die Gefühle ihrer Kinder.

Die Erziehungsstilforschung von Baumrind ist durch die Beschreibung von Langzeitwirkungen der verschiedenen Erziehungsstile auf die Lernfähigkeit und soziale Integration besonders wichtig für Gespräche in der Kita-Eltern-Kooperation. Für die soziale und schulische Entwicklung des Kindes ist der autoritative Erziehungsstil nachweislich von Vorteil: Er ist durch emotionale Wärme und Kommunikationsbereitschaft gekennzeichnet, gibt Regeln für das kindliche Verhalten vor, billigt dem Kind aber auch Freiräume für eigene Entscheidungen zu. Für die langfristige Entwicklung des Kindes ist ein permissiver Erziehungsstil nachweislich nachteilig. Begründet sind Zweifel angesagt, was die Integrationsfähigkeit in Schule, Freizeit und Beruf betrifft. Bei nachgiebigem Erziehungsstil entwickelt das Kind eine ausgeprägte Ich-Bezogenheit, die sich im Jugendalter in der Missachtung von sozialen Regeln und schlechtem Benehmen äußern kann. Lernen gelingt in der Regel besser, wenn überfachliche Kompetenzen entwickelt sind, d. h. wenn es gelingt, Ziele zu verfolgen, Regeln einzuhalten und Sorgfalt zu zeigen, also die Sache und nicht sich als Person in den Vordergrund zu rücken. Bei einem vernachlässigenden Erziehungsstil besteht zudem die Gefahr psychischer Fehlentwicklungen, weil nicht nur Regeln als stützende Struktur, sondern auch die emotionale Bindung zu den Eltern fehlen (Siegler u. a., 2005).

Die Grundorientierung von Eltern geht mit bestimmten Erziehungsstilen einher, die Auswirkungen auf die kindliche Entwicklung haben. So beschreiben Tanja Merkle und Carsten Wippermann (2008), dass nicht in allen sozialen Milieus das Kind gleichermaßen als erziehungs- und förderungsbedürftig gilt. Der autoritative Erziehungsstil findet sich – sicher mit unterschiedlichen Akzenten auf vorgegebenen Regeln und Freiräumen für die Kinder – in den Milieus der sozialen Mittel- und Oberschicht. Das Hedonistische Milieu und das Expeditive Milieu sind durch den permissiv-verwöhnenden Erziehungsstil, das Prekäre Milieu durch den permissiv-vernachlässigenden Erziehungsstil gekennzeichnet. In der traditionsbewussten Unterschicht und in manchen Migrantenmilieus (Flaig & Schleer, 2017) zeigt sich noch autoritäres Erziehungsverhalten.

Zum Zusammenhang zwischen Grundorientierung von Eltern und Erziehungsstil gilt: Je traditioneller die Einstellungen, desto regelorientierter die Erziehung, je progressiver der Lebensstil, desto individualistischer der Umgang mit dem Kind.

Traditionell-normorientierte Eltern erreichen

Eine traditionelle Grundorientierung findet sich in Teilen des Konservativ-Etablierten Milieus und im Traditionellen Milieu (vgl. Abbildung 9). Eltern, die sich einer *Tradition* verpflichtet fühlen, vertreten konservative Werte und Einstellungen und setzen sich für die Beibehaltung von Bewährtem ein. Veränderungen im Allgemeinen, gesellschaftlicher Wandel, eine partnerschaftliche Rollenverteilung unter den Eltern, neue Erziehungs- oder Bildungskonzepte betrachten traditionell orientierte Eltern kritisch. Systemdynamisch überwiegen in diesen Familien die Verharrungstendenzen: Alles soll so bleiben, wie es immer war.

Elterliche Vorstellungen über gewinnbringendes Lernen decken sich eher nicht mit dem individualisierten Vorgehen im Selbstbildungsansatz: Traditionelle Eltern haben einen instruktivistischen Lernbegriff, gehen also davon aus, dass Kinder am besten durch Anweisung lernen. Die pädagogische Arbeit wird an Aktivitäten gemessen, die die kindheitspädagogische Fachkraft initiiert und durch die die Kinder auf die Schule vorbereitet werden. In der Kindertagesbetreuung kann sich die Fixierung der Eltern auf Traditionen auch in der Weitergabe von geschlechterrollenstereotypen Einstellungen und Verhaltensweisen zeigen, die eine freie Entwicklung von Spiel- und Freizeitinteressen des Kindes einschränken (siehe 6.2).

Überwiegt in einer Familie die Neigung, alles beim Alten zu lassen und die Wege des Kindes normativ vorzugeben, dann fehlt dem Kind häufig die Gelegenheit, eigene Bedürfnisse wahrzunehmen, diese auszudrücken und zu verfolgen. Es ist wenig geübt darin, das gesamte Spektrum der Möglichkeiten zu nutzen und sich interessenbezogen zu entwickeln. Zu wissen, was man spielen will, was einen interessiert, was man gerne lernen möchte und wie man sich dabei fühlt, ist aus psychologischer Sicht nicht unerheblich für einen positiven Verlauf der Identitätsentwicklung mit einer gelingenden Ablösung von den Eltern (Stierlin, 1980, 1982; siehe 8.2.2).

Zum Wohle des Kindes ist es erforderlich, eine ausgeprägte und einseitige Traditionsorientierung der Eltern mit einer individuenbezogenen Perspektive auf das Kind zu verbinden. Die kann möglicherweise mit der folgenden Grundhaltung in der Kita-Eltern-Kooperation gelingen:

- Die Orientierung an Bewährtem und an klaren Normen in der Familie würdigen.
- Die Wahrung von Traditionen in der Praxis der Kindertageseinrichtung hervorheben (z. B. Feste und Feiern, religionspädagogische Aktivitäten, Historie der Kindertageseinrichtung).
- Die Orientierung an traditionellen Werten und Normen und die Orientierung an Bedürfnissen und Wünschen des Kindes nicht als Widerspruch sehen.
- Den Wertekatalog der Kindertagesstätte transparent machen (Leitbild, Konzeption).
- Ähnlichkeiten und Unterschiede zwischen Elternhaus und Kindertagesbetreuung benennen.
- Die pädagogische Zielsetzung der individuenzentrierten Lernformen wie Projektlernen, Lernwerkstätten, Portfolios oder Partizipation erläutern.
- Die Balance zwischen Selbst- und Fremdbestimmung als ideale Entwicklungsmöglichkeit eines Kindes begründet verfolgen.
- Moderne und progressive Elemente der Kindheitspädagogik als Werte und Normen der Kindertagesstätte darstellen (z. B. Geschlechterrollenflexibilisierung, diskriminierungsfreier Einbezug von Männern als professionelle Fachkräfte, Inklusion).

Eltern mit Individualisierungstendenz erreichen

Eltern können aber auch Milieus repräsentieren, die auf dem gegensätzlichen Pol der *Neuorientierung* angesiedelt sind. Diese Grundorientierung findet sich bei Eltern aus dem Hedonistischen Milieu und dem Expeditiven Milieu (vgl. Abbildung 9). Veränderungen, neuen Entwicklungen und Innovationen gegenüber sind sie aufgeschlossen. Werte, Normen und Strukturen erleben sie dagegen als eingrenzend. Eltern aus den genannten Milieus ist trotz unterschiedlicher sozialer Lage gemeinsam, dass sie die Einzigartigkeit ihrer Kinder überbetonen. Die pädagogische Arbeit wird daran gemessen, ob sie das eigene Kind in seiner Individualität würdigt und die freie Entfaltung von Spiel- und Bildungsinteressen des Kindes ermöglicht. Die aktuell dominierende offene Didaktik, der Selbstbildungsansatz, ressourcenbezogene Lerndokumentationen und eine das kindliche Lernen betont würdigende Bildungsrhetorik passen zu der Einstellung dieser Eltern.

Die Individualisierungstendenz bei Eltern aus dem Hedonistischen Milieu und dem Expeditiven Milieu geht häufig mit einem verwöhnenden, nachgiebigen Erziehungsstil einher. In der Erziehungsstilforschung von Diana Baumrind ist dieses Erziehungsmuster durch eine hohe emotionale Nähe zum Kind und durch wenig oder keine Regeln gekennzeichnet. Die Wünsche und Bedürfnisse des Kindes stehen im Vordergrund, es wird gleichberechtigt mit Erwachsenen in Entscheidungen einbezogen, Eltern ordnen sich häufig auch unter und richten sich einseitig nach den Wünschen der Kinder.

Erwin Wexberg, Individualpsychologe und Schüler Alfred Adlers, findet bereits vor 100 Jahren in seinem Aufsatz *Verzogene Kinder* aus dem Jahr 1922 eine Beschreibung, die ausgesprochen aktuell wirkt:

> Wie verziehen wir unsere Kinder? Wir tun es auf mancherlei Art: 1. Wir überhäufen sie mit Zärtlichkeit; 2. wir bedauern sie unendlich, wenn ihnen etwas weh tut, wir bewundern sie überschwänglich ob jeder Leistung, sind maßlos eingebildet auf ihre Schönheit und Intelligenz und lassen all dies das Kind merken, indem wir es zum Mittelpunkt der Familie machen; 3. wir lesen ihnen jeden Wunsch von den Augen ab, können nicht nein sagen; 4. wir gehorchen ihnen, lassen uns von ihnen beherrschen, respektieren ihre Launen, auch denn diese offenkundig nur den Zweck haben, uns zu tyrannisieren. (Wexberg, 1983, 241)

Wie bereits in der obigen Darstellung der Auswirkungen eines nachgiebigen Erziehungsstils erwähnt, kann bei den Kindern ein schwaches Selbstwertgefühl resultieren, weil die Eltern ihnen alle Schwierigkeiten abnehmen. Mit viel

Aufmerksamkeit der Eltern bedacht und an intensive Zuwendung gewöhnt, ist das Kind wenig geübt darin, Regeln einzuhalten und sich in Gruppen zurückzunehmen. Wahrscheinlich ist auch die Entwicklung einer ausgeprägten Ich-Bezogenheit, was für die soziale und schulische Entwicklung von Nachteil ist.

In extremen Fällen dominieren die Kinder ihre ohnmächtig gewordenen Eltern, was aus der klinischen Erfahrung heraus seit vielen Jahrzehnten immer wieder thematisiert wird: Die *Festhalte-Therapie* von Irina Prekop (1997; 2006) möchte Eltern ermächtigen, ihren Kindern Halt zu geben; die psychoanalytische Konzeption einer Beziehungsstörung bei tyrannischen Kindern wurde von Michael Winterhoff (2009) in Bestsellern beschrieben; auf die (Wieder-)Herstellung *Elterlicher Präsenz* zielt das systemische Konzept von Haim Omer und Arist von Schlippe (2017).

Zum Wohle des Kindes ist es erforderlich, eine einseitige Fokussierung auf das Kind seitens der Eltern mit einer Orientierung an Gemeinschaft und an sozialen Normen zu verbinden. Folgende Überlegungen können die Kita-Eltern-Kooperation leiten:

- Die Orientierung am Kind in der Familie würdigen.
- Negativ konnotierte Begrifflichkeiten im Gespräch vermeiden (»Verwöhnung«, »Helikopter-Eltern«).
- Eine Orientierung an Regeln, Werten und Strukturen als zusätzliche Kompetenz positiv besetzen (im Sinne der Vermittlung von Sicherheit und Halt).
- Ähnlichkeiten und Unterschiede im Erziehungsstil in Elternhaus und Kindertagesbetreuung benennen.
- Ein autoritatives Erziehungsverhalten in der Kindertagesstätte begründen.
- Die Vorteile eines autoritativen Erziehungsstils in der Langzeitperspektive vermitteln.
- Die Eltern ermutigen, ihren Kindern die Bewältigung entwicklungsangemessener Aufgaben zuzumuten.

5.4 Zusammenfassung

Ausgehend von der Einschätzung, dass Eltern in der Erziehungspartnerschaft fälschlich als weitestgehend homogene Gruppe betrachtet werden, wurden in diesem Kapitel in Anlehnung an die Theorie der Sinus-Milieus 2018 verschiedene Elterngruppen unterschieden. Pädagogisch relevante Milieumerkmale, hinsichtlich derer Eltern differieren, sind der Bildungsstand und die Berufe der Eltern, die Einstellungen zu Freizeitbeschäftigung, zu Mediennutzung, zu Familie und Kindererziehung, zu Gleichberechtigung und im Falle von Radikalisierungstendenzen von Eltern auch deren politische Einstellung. Die Beschreibung exemplarischer Lebensstile bei Eltern sollte die kindheitspädagogische Fachkraft für verschiedene Familienwelten sensibilisieren.

Vor dem Hintergrund der mittelschichtsorientierten Sozialisation der meisten Professionellen in der Kindertagesbetreuung stellen Eltern, die in Bezug auf ihre soziale Lage oder ihre Grundorientierung von der Mitte abweichen, eine Herausforderung dar. Deshalb wurden für Eltern aus der oberen und der unteren sozialen Schicht und für eine traditionelle und eine progressive Grundorientierung konkrete Vorschläge für die Passung mit Elterninteressen und -einstellungen gemacht.

Auf der Grundlage der Sinus-Milieus, einer Theorie über die Sozialstruktur der Gesellschaft, kann die Kita-Eltern-Kooperation in verschiedener Weise optimiert werden. Milieuwissen ermöglicht, eine Haltung der Offenheit und des Interesses an verschiedenen Ausgestaltungen von Familie einzuüben, flexibel auf Eltern zu reagieren und Überlegungen zu Problemen und Lösungen milieusensibel zu entwickeln. Im Falle von Benachteiligungen von Kindern hilft Milieuwissen, Eltern durch eine milieuspezifische Ansprache zu gewinnen, um Gefährdungen der kindlichen Entwicklung abzuwenden. Dies kann bedeutsam werden, wenn Eltern einen autoritären oder – weitaus häufiger – einen nachgiebigen oder vernachlässigenden Erziehungsstil praktizieren. Bei diesen dysfunktionalen Erziehungsstilen läuft das Kind Gefahr, sich nur schwer sozial und schulisch anpassen zu können.

6 Genderkompetenz in der Kooperation mit Eltern

Der eingedeutschte Begriff *Gender* bezieht sich auf die psychologische und soziale Dimension geschlechtsbezogenen Verhaltens. Genderperspektiven einzunehmen gehört zu den Klassikern der Differenzpädagogik. In der Geschlechterpädagogik ging es in den letzten 50 Jahren vorrangig darum, die Benachteiligung von Frauen zu untersuchen und Gleichberechtigung einzufordern. Heute wird zunehmend auch die Perspektive einer Benachteiligung von Männern eingenommen. Gleichstellungsfragen werden zudem nicht nur im Hinblick auf das biologische Geschlecht gestellt, sondern sie beziehen sich auch auf die Geschlechtsidentität oder die sexuelle Orientierung einer Person. Diskussionsthemen wie *Chancengleichheit, Frauenquoten, Sexismus, Erziehungsurlaub von Männern, Drittes Geschlecht, Ehe für alle* machen mehr als deutlich, wie vielfältig Geschlechterthemen geworden sind. Im Idealfall führen diese Debatten zu Gesetzesänderungen, die eine tolerante und geschlechtergerechte Gesellschaft auf den Weg bringen.

Dass allein in Bezug auf die Gleichberechtigung von Frauen und Männern noch ein hoher Handlungsbedarf besteht, macht der aktuelle Gleichstellungsbericht der Bundesregierung deutlich (Sachverständigenkommission zum Zweiten Gleichstellungsbericht der Bundesregierung, 2017). Eine Chancengleichheit in den untersuchten Bereichen Arbeit, Geld, Wissen, Zeit, Macht und Gesundheit ist noch lange nicht erreicht: Der Gender Equality Index als Maß für die in einer Gesellschaft erzielte Gleichstellung erreicht in Deutschland nur einen Wert von 55,3 – bei einem Maximalwert von 100 bei völlig egalitären Verhältnissen.

In der Regel führen Diskussionen über Gleichberechtigung zu heftigen Debatten. Die Erfahrung in Ausbildung, Fortbildung, beruflicher Weiterbildung und Studium lehrt, dass dies auch für pädagogische Fachkräfte gilt. Unabhängig davon, wie jemand persönlich zu Gleichberechtigung steht – im professionellen Kontext gibt es einen klaren gesetzlichen Auftrag. Artikel 3 Absatz 2 des Grundgesetzes formuliert nicht nur das Grundrecht der Gleichheit, sondern auch die Aufforderung, zu ihrer Umsetzung beizutragen: »Männer und Frauen sind gleichberechtigt. Der Staat fördert die tatsächliche Durchsetzung der Gleichberechtigung von Frauen und Männern und wirkt auf die Beseitigung bestehender Nachteile hin.« Im Achten Sozialgesetzbuch wird von allen pädagogisch Tätigen erwartet, »bei der Ausgestaltung der Leistungen und der Erfüllung der Aufgaben [...] die unterschiedlichen Lebenslagen von Mädchen und Jungen zu berücksichtigen, Benachteiligungen abzubauen und die Gleichberechtigung von Mädchen und Jungen zu fördern« (SGB VIII § 9 Nr. 3).

Der Auftrag, als Professionelle zur Gleichstellung von Mädchen und Jungen in Bezug auf ihre Bildungs- und Entwicklungschancen beizutragen, bezieht sich auf die Förderung in der Kindertagesstätte und damit auch auf die Kooperation mit Eltern. In einschlägigen Publikationen hat sich für die Fähigkeit, die pädagogische Praxis genderbezogen zu gestalten, der Begriff der *Genderkompetenz* etabliert. Was damit eigentlich gemeint ist, wird in Kapitel 6.1 erläutert. Vor dem Hintergrund aufbrechender Traditionen, was die Zuständigkeit für die Kinderbetreuung und -erziehung nicht nur in der Familie, sondern auch in der Kindertagesstätte betrifft, macht es Sinn, in diesem Kapitel zudem alle Akteurinnen und Akteure – also die Kinder, die pädagogischen Fachkräfte und die Eltern – jeweils unter der Genderperspektive zu betrachten. In Kapitel 6.2 werden Themen der geschlechterbezogenen Sozialisation von Kindern angesprochen. In Kapitel 6.3 werden aktuelle Forschungsergebnisse zum pädagogischen Handeln von Erzieherinnen im Vergleich zu Erziehern zusammengestellt. Kapitel 6.4 trägt zu einer genderbezogenen Auseinandersetzung mit Eltern als Mütter und als Väter bei. Abschließend werden in Kapitel 6.5 alle Überlegungen zur Differenzkategorie Geschlecht in der Kita-Eltern-Kooperation zusammengefasst.

Ziel des Kapitels ist eine erste Sensibilisierung für Ungleichheiten in Abhängigkeit von der Geschlechtszugehörigkeit der Beteiligten. Die im Folgenden zusammengefassten Befunde können dazu führen, traditionelle Geschlechterkonstruktionen im Bereich der Kindertagesstätte zu relativieren. Veränderte Perspektiven führen im besten Falle zu Verhaltensänderungen seitens der professionell Erziehenden, die funktional für die Lösung des Problems ungleicher Entwicklungs- und Bildungschancen von Mädchen und Jungen sind. Diese Lösungen müssen Eltern gegenüber begründet und in Elterngesprächen ausgehandelt werden.

6.1 Professionelle Genderkompetenz

Gender Mainstreaming fasst die gesellschaftliche Zielsetzung zusammen, die Gleichstellung von Männern und Frauen zu ermöglichen und Benachteiligungen aufgrund der Geschlechtszugehörigkeit oder der sexuellen Orientierung abzubauen. Die politische Forderung des Gender Mainstreaming führt seit ungefähr zehn Jahren auch zu Gender-Forschungsaktivitäten im Bereich der Kindertagesstätte. Genderkompetenz entwickelt sich aus Genderwissen, Genderpraxis und genderbezogener Selbstreflexion (vgl. Wegrzyn, 2014).

Auf die Elternkooperation bezogen meint *Genderwissen* z. B. Wissensbestände und Studienergebnisse zu kennen, die erlauben, den eigenen Berufsstand, Eltern und auch Kinder vor dem Hintergrund geschlechtstypischer Erfahrungen zu betrachten. *Genderpraxis* meint die Fähigkeit, die pädagogische Praxis chancengerecht zu gestalten, dieses gendergerechte pädagogische Handeln Eltern gegenüber zu erläutern oder Eltern auch dazu anzuleiten, entsprechende Impulse in der Erziehung ihrer Söhne und Töchter zu setzen. *Genderbezogene Selbstreflexion* rückt die eigenen geschlechtsbezogenen Einstellungen in den Fokus der Betrachtung.

Das Attribut *professionell* im Kontext von Genderkompetenz macht deutlich, dass hier eine Haltung und Fähigkeit gemeint ist, die zunächst einmal (nur) die Berufstätigkeit betrifft. Wie bereits eingangs erwähnt, können pädagogische Fachkräfte zu der Gleichstellung von Frauen und Männern stehen, wie sie wollen, als Fachkraft haben sie keine Wahl, denn für pädagogisch Berufstätige in der Kinder- und Jugendhilfe ist die Förderung von Gleichberechtigung und Gleichstellung gesetzlicher Auftrag (SGB VIII § 9 Nr. 3).

Trotz des gesetzlichen Auftrags, trotz der Aufnahme von Gender Mainstreaming als Querschnittsthema in die Lehrpläne der Fachschulen (Brockmann, 2014; Cremers & Krabel, 2012a), trotz einiger Publikationen, die unmittelbar auf die Ausbildungssituation bezogen werden (Krabel, Cremers & Debus, 2008) und trotz ausgearbeiteter Konzepte einer geschlechtersensiblen Pädagogik (Cremers, Höyng, Krabel & Rohrmann, 2012; Koordinationsstelle »Männer in Kitas«, 2013, 2014a, 2014b) ist die Genderthematik in der Berufspraxis im Grunde nicht angekommen. Einrichtungen, die pädagogisches Handeln auch als geschlechtsbezogene Sozialisationserfahrungen reflektieren oder Methodenbausteine einer Genderpraxis in ihre Konzeptionen aufgenommen hätten, finden sich außerhalb von Modellprojekten kaum. Melitta Walter (2008, 17) fasst ihre Erfahrungen aus der Fachberatung prägnant zusammen:

> Vielen Eltern, vielen pädagogischen Fachkräften ist die bewusste Geschlechterpädagogik oder gar das politische Gestaltungsinstrument des ›Gender Mainstreaming‹ so fern wie die Möglichkeit, selbst auf den Mond zu fliegen.

Gespräche und Diskussionen in der Erzieherausbildung und in der Hochschullehre machen deutlich, dass für viele die Forderungen nach Gleichberechtigung schwer nachzuvollziehen sind, die geführten Debatten (z. B. die nach einer gendergerechten Sprache oder Quotenregelungen) als überzogen und die Parteinahme für Frauen als einseitig wahrgenommen werden. Nicht selten wird ein Engagement für Gleichberechtigung sogar belächelt, manchmal auch lautstark bekämpft. Mit *Genderbashing* wird eine emotional hervorgebrachte Abwertung der Genderforschung und ihrer Ergebnisse bezeichnet. Sie tritt weniger auf, wenn über Geschlechtsunterschiede als Thema von Vielfalt gesprochen wird, wohl aber immer dann, wenn die Diskriminierung von Frauen kritisiert und entsprechende Konsequenzen eingefordert werden (Verbeek, 2017a).

Oberflächlich betrachtet scheinen sich in einem Frauenberuf Geschlechterfragen nicht sehr dringlich zu stellen. Möglicherweise findet die Genderthematik aber auch deshalb kaum Eingang in die Kindertagesstätten, weil Praktikerinnen und Praktiker einfach andere Ideen von Geschlechtsunterschieden haben als Genderforscherinnen und -forscher. Bereits in Kapitel 5.1.2 wurde die Annahme ausgeführt, pädagogische Fachkräfte in der Kindertagesstätte seien besonders häufig durch die Bürgerliche Mitte geprägt. Vor diesem Hintergrund wurde problematisiert, dass pädagogische Themen, für die sich (liberal-intellektuelle) Hochschullehrende oder Bildungsreferentinnen und -referenten in frühpädagogischen Instituten begeistern, nicht zu der Vorstellung von erfolgreicher Pädagogik passen, die professionell Erziehende in der Praxis befürworten. Dieses Problem kann auch die Genderthematik betreffen.

Carsten Wippermann (2016, 80 f.) untersuchte Frauen zwischen 18 und 40 Jahren und kommt zu der folgenden Zusammenfassung der Geschlechterkonstruktionen im Milieu der Bürgerlichen Mitte:

> Ihr Selbstbild als sehr moderne, aufgeschlossene, selbstbewusste, beruflich qualifizierte Frau ist zugleich durchzogen von einzelnen, traditionell anmutenden Einstellungen und Weltbildern, auch stereotypen Geschlechterbildern. […] Die Betonung der biologischen Unterschiedlichkeit von Männern und Frauen ist nicht nur persönliche Überzeugung, sondern hat auch die Funktion der Legitimierung für das geringe Interesse, sich mit ungleichen Teilhabemöglichkeiten und Rollenmustern (für Einkommen, Erziehung, Hausarbeit) konkret und vertieft zu befassen. Sehr gering ist die Bereitschaft zur Problematisierung.

Während in der Bürgerlichen Mitte also biologische Erklärungen zu einem Arrangieren mit Geschlechtsunterschieden führen, fokussieren Unterstützerinnen und Unterstützer der Gleichstellung von Frauen und Männern andere Erklärungen für die beobachtbaren geschlechterstereotypen Einstellungen und das entsprechende Rollenverhalten. Sie sehen darin weniger angeborene Unterschiede, wie dies in der gesellschaftlichen Mitte zumindest partiell angenommen wird, sondern vorrangig gesellschaftliche Überformungen. Beobachtbare Unterschiede zwischen Frauen und Männern sind dann Ergebnis geschlechterrollenkonformer Sozialisation oder Ausdruck inszenierter Geschlechterkonstruktionen von Weiblichkeit und Männlichkeit. »Geschlechtergerechtigkeit ist erreicht, wenn es die Kategorien ›Frau/Mann‹ nicht mehr gibt« (Wippermann, 2016, 104) fasst die genderbezogene Haltung der Personengruppe zusammen, die Genderkompetenz für die Fachkräfte in der Kindertagesstätte einfordert.

Theorien über Geschlechtsunterschiede und -ähnlichkeiten

Da Erklärungsansätze über geschlechtertypisches Verhalten bestimmen, wie der diesbezügliche pädagogische Einfluss auf Jungen und Mädchen eingeschätzt wird, seien die wichtigsten Theorien kurz dargestellt. Je nachdem, welche Erklärung man unterstützt, wird man in Fragen der Gleichstellung Minimal- oder eben auch Maximalforderungen stellen.

Geschlechtsunterschiede werden entweder durch biologische Faktoren oder durch umweltbedingte Faktoren erklärt. *Biologische Theorien* betonen beispielsweise den Entwicklungsvorsprung von Mädchen, der sich positiv auf die Schulleistungen auswirkt. Auch unterschiedliche Kompetenzen bei räumlichem und sprachlichem Denken werden auf genetische Faktoren zurückgeführt und sollen die Überlegenheit bei sprachlichen Leistungen seitens der Mädchen und bei mathematisch-naturwissenschaftlichen Leistungen bei Jungen erklären. Der höhere Testosteronspiegel bei Jungen kann dann für die Neigung zu Aggressivität, aber auch für eine Leistungs- und Risikobereitschaft verantwortlich gemacht werden (Kasten, 2010; Sievert & Kröhnert, 2015).

Sozialisationstheorien gehen von unterschiedlichen Lernerfahrungen von Mädchen und Jungen in Familie und Gesellschaft aus. Geschlechterrollenkonformes Verhalten wird durch Imitation von geschlechtstypisch agierenden Eltern, durch deren Bekräftigung rollenkonformen Verhaltens und auch durch entsprechende Erwartungen Gleichaltriger erworben. Auch der Einfluss von Medien wird zur Erklärung von Geschlechtsunterschieden herangezogen. Gender kann dann definiert werden »als in interaktiven und diskursiven Prozessen sozial hervorgebrachte und in je individuellen Sozialisationsprozessen inkorporierte, in der alltäglichen Praxis unablässig handelnd angeeignete soziale und kulturelle Fremd- und Selbstzuschreibung« (Fleßner, 2011, 67). Was kompliziert klingt, drückt sehr prägnant aus, wie komplex man sich die Geschlechterrollensozialisation vorstellen muss.

Ob Geschlechtsunterschiede tatsächlich so groß sind wie angenommen, kann ernsthaft in Frage gestellt werden. Die Genderforscherin Janet S. Hyde (2005) hat deutlich herausgestellt, wie vorurteilsbehaftet Studienergebnisse zu vermeintlichen Geschlechtsunterschieden interpretiert werden. In ihrer Analyse von 128 Forschungsarbeiten wurden in 78 % der Studien Geschlechtsunterschiede unterstellt, die so gering waren, dass sie überhaupt nicht wahrnehmbar sind. Hyde spricht sich vor dem Hintergrund ihrer Metaanalyse für die grundlegende Annahme einer *Geschlechterähnlichkeit* aus: »The gender similarities hypothesis holds that males and females [...] are more alike than they are different» (2005, 581). So ist vor allem im Bereich der in der Kindheitspädagogik relevanten intellektuellen und kommunikativen Kompetenzen davon auszugehen, dass die Unterschiede zwischen Mädchen ebenso wie die Unterschiede zwischen Jungen größer sind als die zwischen Mädchen und Jungen als Geschlechtergruppen.

Die Kontextabhängigkeit des Verhaltens fokussiert der sozialkonstruktivistische Ansatz *Doing Gender,* der auf Candace West und Don H. Zimmerman (1987) zurückgeht und die aktuelle Genderforschung - auch die über Erzieherinnen und Erzieher - theoretisch begründet. Geschlechtstypisches Verhalten wird demnach in Interaktionen konstruiert und beruht auf kulturellen - und sicher auch subkulturellen, milieuspezifischen - Übereinkünften.

Unter den Erklärungsansätzen für unterschiedliche Verhaltensmuster von Mädchen und Jungen, aber auch von Erzieherinnen und Erziehern, von Kindheitspädagoginnen und Kindheitspädagogen, von Müttern und von Vätern, bietet die sozialkonstruktivistische Theorie des *Doing Gender* die größten Möglichkeiten für Gleichstellung und Chancengleichheit. »Machen (oder Tun) von Geschlecht« rückt die Perspektive weg von den (konstruierten) Begrenzungen angeborener oder sozialisierter Geschlechtsmerkmale und betont die Aushandlungsprozesse geschlechtstypischen Verhaltens von Frauen und Männern in der konkreten Situation. Wer Geschlecht *tut,* kann es auch lassen, sich geschlechtstypisch zu verhalten, was in dem Begriff des *Undoing Gender* ausgedrückt wird (vgl. Westheuser, 2018; Geimer, 2013). Die Doing-Gender-Perspektive auf geschlechtsbezogenes Verhalten erzeugt die größte Passung mit der konstruktivistischen Erkenntnistheorie, die in Kapitel 2 beschrieben wurde.

6.2 Über Kinder als Mädchen und Jungen

Das geschlechtsbezogene Verhalten von Kindern differenzierend zu betrachten und eine Benachteiligung von Mädchen oder von Jungen zu vermeiden, ist Ziel einer Genderpädagogik in der Kindertagesstätte. Im Folgenden werden nur einige wenige Themen angesprochen, die in der Kita-Eltern-Kooperation besondere Bedeutung erlangen können: Dies betrifft die Entwicklung des Geschlechtsverständnisses, die ungleichen Bildungschancen von Mädchen und von Jungen sowie den Hinweis auf vielfältige Geschlechterkonstruktionen bereits im Kindesalter. Für die vertiefte geschlechterreflektierende Auseinandersetzung auch im Zusammenhang mit sexualpädagogischen Fragen sei auf einschlägige Literatur verwiesen (Rohrmann & Wanzeck-Sielert, 2018; Walter, 2012).

6.2.1 Das Geschlechtsverständnis im Kita-Alter

Kinder beginnen früh, das Geschlechtsverständnis ihrer Kultur zu entwickeln. Sie erlernen dabei, dass das biologische Geschlecht ein unveränderliches Merkmal ist, entwickeln also *Geschlechtskonstanz* – in Bezug auf die eigene Person auch als *Geschlechtsidentität* bezeichnet. Zudem lernen sie das *Geschlechtsstereotyp* (Was gilt als männlich? Was als weiblich?) und welche *Geschlechtsrollen* in ihrer Kultur üblich sind.

Begriffe und Differenzierungen

Das biologische Geschlecht (engl. sex) wird auf der Grundlage des chromosomalen, gonadalen, hormonellen Geschlechts sowie der inneren und äußeren Geschlechtsorgane bestimmt. Vom biologischen Geschlecht wird das soziale Geschlecht (engl. gender) unterschieden, welches geschlechtsbezogenes Erleben, Verhalten und Denken meint und gesellschaftlich vermittelt wird.

Geschlechtskonstanz bezeichnet die Einsicht in die Unveränderlichkeit des biologischen Geschlechts – medizinische Eingriffe bei Geschlechtsumwandlungen ausgenommen. Geschlechtsidentität entwickelt ein Kind, wenn es zu einer stabilen Selbsteinschätzung als weiblich oder männlich kommt.

Mit Geschlechterrolle werden geschlechtsbezogene Einstellungen und Verhaltensweisen bezeichnet. Geschlechterrollenstereotype sind weiblich oder männlich assoziierte Verhaltensweisen (z. B. Einfühlsamkeit versus Durchsetzungsfähigkeit), die die tatsächlichen Geschlechtsunterschiede allerdings übertreiben (Asendorpf & Neyer, 2012).

Die Entwicklung der Geschlechtskonstanz vollzieht sich in mehreren Stufen. Zunächst kann ungefähr im Alter von drei Jahren die Frage nach der Geschlechtszugehörigkeit richtig beantwortet werden (»Bist du ein Mädchen oder ein Junge?«). Danach festigt sich während der Kindergartenzeit die Einsicht in die Geschlechtsstabilität, in die zeitliche Konstanz des biologischen Geschlechts. Erst im Grundschulalter ist die Entwicklung der Geschlechtskonstanz stabilisiert: Dass das eigene Geschlecht sich nicht einfach ändert, wird früher erlernt als die Geschlechtskonstanz in Bezug auf andere Personen.

Kinder können bereits ab dem Alter von drei Jahren geschlechtstypische Merkmale einem Geschlecht zuordnen und stabilisieren dieses Wissen während der Kindergartenzeit. Diese rigiden Geschlechterrollenstereotype werden in der Grundschulzeit wieder flexibler. Kinder geben dann vermehrt an, dass bestimmte Attribute oder Tätigkeiten auch von beiden Geschlechtern ausgeführt werden können (Asendorpf & Neyer, 2012).

6.2.2 Androgynie und Geschlechterrollenflexibilität

Geschlechterrollen oder Geschlechterrollenstereotype gehen davon aus, dass typisch männliche Verhaltensmuster und typisch weibliche Verhaltensmuster wohl mehr oder weniger ausgeprägt sein können, männliche Geschlechterrollen sind aber an Jungen bzw. Männer, weibliche Geschlechterrollen an Mädchen bzw. Frauen gebunden. Zeigen sich bei Frauen gegengeschlechtlich konnotierte Spielinteressen oder Kleidungsstile, Leistungsorientierung, später Karriereorientierung oder Führungskompetenz, dann werden Mädchen im Kindesalter noch als *burschikos* bezeichnet, im Erwachsenenalter allerdings mit Begriffen abgewertet, die den Bestandteil *-Weib* beinhalten. Vergleichbar diffamierende Prozesse finden gegenüber Männern statt, die gegengeschlechtlich konnotierte Verhaltensmuster zeigen (siehe 6.3 für Väter in Familienzeit und 6.4 für Männer im Arbeitsfeld Kindertagesstätte).

Ein hilfreiches Denkmodell, männlich oder weiblich assoziiertes geschlechterrollentypisches Verhalten nicht als einander ausschließende Kategorien, sondern als prinzipiell gleichermaßen mögliche Verhaltensmuster einer Person darzustellen, liefert das *Androgynie-Konzept* der Psychologin Sandra L. Bem (1944–2014), das diese bereits in den 1970er-Jahren formulierte. Androgynie bezeichnet die Vereinigung von männlichen und weiblichen Merkmalen (aus dem Griechischen: *andros* = Mann und *gyne* = Frau) und wird als Begriff eher in biologischen Zusammenhängen verwendet. Als *psychologische Androgynie* bezeichnet Bem (1974, 1975) die Vorstellung, dass typisch männliche und typisch weibliche Verhaltensweisen als zwei unabhängige Dimensionen menschlichen Handelns betrachtet werden müssten, die beide gleichermaßen zum Verhaltensrepertoire einer Person gehören können. Zeigt eine Person ausgeprägt typisch weibliche Verhaltensmuster *und* ebenfalls typisch männliche Verhaltensmuster, würde sie in die Gruppe von Personen fallen, die im psychologischen Sinne als *androgyn* bezeichnet werden. Mädchen und Jungen, die unabhängig von Geschlechterrollenzuschreibungen selbstverständlich Vater-Mutter-Kind spielen, gerne matschen, wenn ihnen danach zumute ist, naturwissenschaftliche Experimente machen und die Freundin oder den Freund trösten, zeigen diese Gleichzeitigkeit in ihrem Verhaltensrepertoire. Erzieherinnen, die es gleichermaßen mit ihren persönlichen Interessen verbinden können, eine längere Wanderung bei Wind und Regen zu machen, die – und sei es nur aus einer professionellen Rollenflexibilität heraus – auf dem Bolzplatz mit Mädchen und Jungen Fußball spielen, mit allen Kindern Plätzchen backen, zeigen diese psychologische Androgynie.

Wenn bei einer Person, egal welchen Alters und egal welchen biologischen Geschlechts, eine der beiden geschlechterrollentypischen Verhaltensdimensionen stärker ausgeprägt ist als die andere, zeigen sich die traditionellen Geschlechterrollen, also *feminines* oder *maskulines* Rollenverhalten. Als *indifferent* bezeichnet Bem die Gruppe von Personen, die in ihrem Messverfahren entsprechend geringe Ausprägungen in geschlechterrollenstereotypem Verhalten zeigten und zur Selbstbeschreibung neutrale Eigenschaftswörter benutzten. Was in Abbildung 10 vereinfachend als vier klar unterscheidbare Muster dargestellt ist, muss man sich als Tendenzen mit fließenden Übergängen vorstellen. Die Annahmen des Androgynie-Konzepts sind empirisch bestätigt (Bem, 1974; Hoffman & Borders, 2001).

Abbildung 10: Androgynie-Konzept von Bem (1974, 1975), eigene Darstellung.

Das Androgynie-Konzept erlaubt größtmögliche Freiheiten, was geschlechtsassoziiertes Verhalten betrifft, und trägt zur Normalisierung von angeblichen Inkonsistenzen zwischen biologischem Geschlecht, Geschlechtsidentität und Geschlechtsrolle bei. Es kann zudem als theoretische Grundlegung einer Geschlechterrollenflexibilisierung in der Kindheitspädagogik betrachtet werden. Geschlechterrollenflexibilisierung als Voraussetzung und Ziel kindheitspädagogischer Förderung ermöglicht die Umsetzung von Gleichstellung, weil

Kinder befähigt werden, gemäß ihren Begabungen und ihren Interessen als Person prinzipiell alle bislang geschlechtsbezogen assoziierten Verhaltensmuster zu entwickeln, statt durch starre Geschlechterrollen in ihren Möglichkeiten begrenzt zu werden. Für eine geschlechterrollenflexible Pädagogik finden sich in der Literatur auch Bezeichnungen wie *geschlechterbewusst, geschlechtersensibel* oder *geschlechterreflektierend.*

Vielfältige Anregungen für die Umsetzung in der pädagogischen Arbeit mit Kindern finden sich z. B. bei Tim Rohrmann und Christa Wanzeck-Sielert (2014). In dieser grundlagenorientierten Publikation wird deutlich, dass eine umfassende Reflexion der Kita-Pädagogik unter geschlechtsbezogenen Themen erfolgen muss. Genderpädagogik betrifft u. a. die Einstellung und das Verhalten der kindheitspädagogischen Fachkräfte, Alltagsroutinen und Projekte, die Raumgestaltung, Fragen der Geschlechtshomogenität oder -heterogenität bei der Zusammensetzung von Lerngruppen, berührt sexualpädagogische Konzepte und muss mit Eltern verhandelt werden.

Für die Zusammenarbeit mit Eltern empfiehlt das Autorenteam, immer beide Elternteile in die Kita-Eltern-Kooperation einzubeziehen, besonders Väter anzusprechen, auf der Grundlage einer konzeptuell verankerten geschlechterbewussten Pädagogik Eltern für Geschlechterthemen zu sensibilisieren und kulturelle Unterschiede einer geschlechtsbezogenen Sozialisation auszuhandeln. Themenbezogene Elternabende können dabei hilfreich sein. Ergänzt sei der Hinweis auf die Herkunftsmilieus der Kinder, in denen in unterschiedlichem Maße Geschlechterrollenflexibilität, d. h. die Fähigkeit, (situationsbedingt) typisch männliche und typisch weibliche Aktivitäten auszuführen, vermittelt wird. Vorteile haben Kinder aus Herkunftsmilieus mit hoher sozialer Lage und progressiver Grundorientierung (siehe 6.4.2).

Dass geschlechterrollentypisches Verhalten nicht dem freien Gestaltungswillen unterliegen sollte, sondern Kindern, aber auch Fachkräften und Eltern systematisch Nachteile bringt, wird in den folgenden Ausführungen dieses Kapitels deutlich werden. Wider Erwarten lassen sich eher Benachteiligungen des männlichen Geschlechts erkennen.

6.2.3 Bildungsverlierer Junge

Trägt man die Ergebnisse von Bildungsstudien zusammen, dann fällt auf, dass Jungen in wichtigen Schulerfolgsmaßen schlechter abschneiden als Mädchen. Sie werden häufiger von der Einschulung zurückgestellt, bekommen schon in der Grundschule schlechtere Noten als Mädchen, erhalten nicht so oft eine Übergangsempfehlung aufs Gymnasium, haben eine wenig förderliche Einstellung zur Schule, bleiben häufiger sitzen, absolvieren seltener das Abitur und erlangen weniger häufig einen Studienabschluss. In mathematisch-naturwissenschaftlichen Fächern sind sie den Mädchen überlegen, was sich aber nicht in der Gesamteinschätzung schulischer Kompetenzen niederschlägt (Hannover, 2015; OECD, 2015; Sievert & Kröhnert, 2015).

Für die schulischen Nachteile von Jungen gibt es eine Reihe von Erklärungsansätzen. Häufig hört man das Argument, Jungen seien in der Familie, in der Kindertagesstätte und in der Grundschule ausschließlich von Frauen betreut, erzogen und unterrichtet. Die Befundlage zu dieser Hypothese über die Bildungsbenachteiligung von Jungen ist unterschiedlich, je nachdem ob man die Kindertagesstätte oder die Grundschule betrachtet. Studien zur Kindertagesbetreuung weisen nachdrücklich darauf hin, dass Jungen weniger Entwicklungsförderung erhalten als Mädchen (siehe auch 6.3.2). Die untersuchten Kriterien beziehen sich auf die Einschätzung sozialer Kompetenzen oder die größere Distanz zur Erzieherin, die Jungen mehr Autonomie – damit verbunden aber auch eine gewisse Regellosigkeit – ermöglichen (Rohrmann, Cremers & Krabel, 2010). In einer Analyse zahlreicher Studien zur Bildungsbenachteiligung von Jungen konnten Bettina Hannover und Ursula Kessels (2011) für die Grundschule ausschließen, dass die Noten von Jungen oder die Empfehlung für den Übertritt auf ein Gymnasium davon abhingen, ob sie von weiblichen Lehrkräften oder von männlichen Lehrkräften unterrichtet wurden.

Die Annahme geringerer überfachlicher Kompetenzen von Jungen bleibt aber auch für die Grundschule bestehen. Jungen sind häufiger von Lernstörungen betroffen, die im Falle von Lese-Rechtschreibstörungen und Konzentrationsstörungen weitreichenden Einfluss auf die Schulleistungen haben. Jungen spielen deutlich länger am Computer und verbringen weniger Zeit mit Hausaufgaben und Lernen (OECD, 2015) – ungünstige Tendenzen, die sich in Ansätzen auch schon in der Kindertagesstätte beobachten lassen. Hannover und Kessels (2011) gehen davon aus, dass die Doing-Gender-Hypothese einer Inszenierung von männlicher Geschlechtlichkeit, zu der gewissenhaftes Lernen nicht gehört, als Hypothese für die Bildungsnachteile nicht zu unterschätzen ist.

Vor dem Hintergrund der Bildungsbenachteiligung von Jungen wird es besonders wichtig, Geschlechterrollenstereotype schon in der Kindertagesstätte kritisch zu hinterfragen, die stereotypisierten Jungen Freiräume einräumen, ihnen dadurch aber auch verunmöglichen, ausreichend Selbstregulation zu lernen (vgl. Rohrmann & Wanzeck-Sielert, 2018). Vor allem wenn Jungen zu externalisierendem, unkonzentriertem, impulsivem und regelüberschreitendem Verhalten neigen, können präventive Maßnahmen Entwicklungsrisiken mildern. Grundlegend positive Einstellungen zu Lernen und Leistung sollten Jungen schon früh entwickeln können, damit sich eine höhere Passung zu Erwartungen in der Schule herstellen lässt – eine Anpassung, die Jungen langfristig betrachtet zum Vorteil gereichen kann.

Betrachtet man dagegen den Bildungsweg von Mädchen als Geschlechtsgruppe, dann treten zwei Dinge in den Vordergrund: Mädchen haben im Durchschnitt ein geringeres Interesse und geringere Leistungen bei naturwissenschaftliche Themen und sie können ihre deutlich besseren schulischen Abschlüsse nicht in entsprechende berufliche Positionen umsetzen (Hannover, 2015). Selbst wenn diese Perspektive sehr weit über die Zeit in der Kindertagesstätte hinausreicht, können Mädchen im emanzipierenden Klima einer geschlechterrollenoffenen Kindertagesstätte ermutigt werden, sich bereits früh mit naturwissenschaftlich-mathematischen Themen zu beschäftigen. Wichtig erscheint vor dem Hintergrund der gesamtgesellschaftlichen Entwicklung hin zu einer gleichstellungsorientierten Lebensführung die Ermutigung für Mädchen, selbstbewusst auch berufliche Interessen, Berufs- und Karriereziele zu verfolgen.

Rollenflexible Vorbilder und Aktivitäten in bewusst geschlechterhomogenen Gruppen – also (mehr) Lesen und Sprachförderung für Jungen und (mehr) naturwissenschaftliche Bildung für Mädchen – können diesbezügliche Erfahrungen ermöglichen. Im Zusammenhang der Jungen- und Mädchenförderung wird auch ein dem Stereotyp gegenläufiger Einsatz von Fachkräften empfohlen, also Lese-, Sprach- und Konzentrationsförderung (wenn möglich) durch Erzieher bzw. Kindheitspädagogen und naturwissenschaftliche Experimente durch Erzieherinnen bzw. Kindheitspädagoginnen. *Crosswork*, d. h. der pädagogische Einbezug des Gegengeschlechts, macht nur Sinn, wenn damit nicht Geschlechterrollen reaktiviert werden, weil sie gerade *nicht* leitend sind (Busche, 2012).

Was bedeutet dies für die Kita-Eltern-Kooperation? Vor dem Hintergrund einer geschlechterbewussten Pädagogik in der Kindertagesstätte können auch Eltern darin beraten werden, eine einseitig geschlechterrollenkonforme Erziehung besonders bei Jungen unter dem Gesichtspunkt ungünstiger Startbedingungen für die schulische Bildungslaufbahn zu reflektieren. Eltern sollten zudem für die Chancen einer Förderung mit gegengeschlechtlichen Themen sensibilisiert werden.

6.2.4 Diverse Geschlechtsidentitäten

Mädchen oder Jungen im Kindergartenalter und im Schulalter können sich geschlechterrollentypisch verhalten, sie können sich relativ frei von frühen stereotypen Zuschreibungen entwickeln, sie können sich aber auch dezidiert dem jeweils anderen Geschlecht zugehörig fühlen. Geschlechtsidentität als inneres

Erleben einer stabilen Geschlechtszugehörigkeit ist nicht an das biologische Geschlecht gebunden.

Bereits im Kindergartenalter zeigen einige Mädchen typisch jungenhaftes Verhalten und einige Jungen typisch mädchenhaftes Verhalten. Diese Kinder sind nicht frei in ihrem Handeln, sondern verhalten sich stereotyp gemäß der gegengeschlechtlichen Rolle. Geschlechterrollenuntypisches Verhalten bei Mädchen wird eher akzeptiert als bei Jungen. Mädchen, die sich jungentypisch kleiden, auf dem Bolzplatz Fußball spielen und sich für Technik interessieren, werden weniger problematisiert als Jungen, die sich gern mit mädchentypischen Spielsachen beschäftigen, möglicherweise sogar Freude an Mädchenkleidung haben. Hier ist die Verunsicherung bei kindheitspädagogischen Fachkräften und Eltern weitaus größer. Leichte Formen gegengeschlechtertypischer Verhaltensmuster liegen bei 2 bis 3 % der Kinder vor. Sie lassen sich mit Problemen durch die geschlechtstypischen Rollenanforderungen erklären (Bosinski, 2013).

Wenn Kinder aber unter der Zugehörigkeit zu ihrem biologischen Geschlecht leiden, wird aus der Perspektive der Klinischen Psychologie die ICD-10-Diagnose *Geschlechtsidentitätsstörung im Kindesalter* vorgeschlagen. Weniger als 1 % der Kinder wählen nicht nur Spielpartnerinnen oder -partner des anderen Geschlechts, verfolgen ausschließlich Interessen, die dem anderen Geschlechtsrollenstereotyp entsprechen, oder äußern den Wunsch, die Kleidung des anderen Geschlechts zu tragen. Sie lehnen auch das eigene biologische Geschlecht ab, verleugnen es sogar. In langjährigen Verlaufsstudien zeigt sich bei der seltenen Diagnose einer Geschlechtsidentitätsstörung im Kindesalter bei ca. 15 % eine transsexuelle Entwicklung im Jugend- und Erwachsenenalter (Korte u. a., 2008).

Begriffe und Differenzierungen

Das Kürzel *LSBTTIQ* steht für lesbische, schwule, bisexuelle, transsexuelle, transgender, intersexuelle und queere Menschen und ermöglicht, unterschiedliche Lebensformen in Bezug auf die Geschlechtsidentität und sexuelle Orientierung als Ausdruck von Vielfalt begrifflich positiv zu besetzen und selbstbewusst zu vertreten. Für diese Einstellung steht besonders der Begriff *queer,* aus dem Englischen für *seltsam, verschroben, eigenartig,* der von der Norm abweichende sexuelle Orientierungen negativ bewertet, als politischer Begriff aber neu und positiv besetzt wurde.

Transsexualität beschreibt erwachsene Personen, die sich dauerhaft dem anderen Geschlecht zugehörig fühlen. Die sekundären Geschlechtsmerkmale werden abgelehnt, durch Kleidung versteckt, und der Wunsch nach hormoneller Behandlung und operativer Geschlechtsumwandlung wird geäußert. *Transvestismus* bezeichnet das Bedürfnis von Personen, durch das Tragen geschlechterrollenstereotyper Kleidung des anderen Geschlechts zeitweise die Zugehörigkeit zum anderen Geschlecht zu erleben. Die Erwachsenen-Diagnosen Transsexualität und Transvestismus sind in dem für das Jahr 2019 angekündigten ICD-11, dem überarbeiteten Klassifikationssystem psychischer Störungen der Weltgesundheitsorganisation, nicht mehr als psychische Störung, sondern als *sexueller Gesundheitszustand* aufgeführt.

Intersexualität ist ein Überbegriff für verschiedene, unterschiedlich diagnostisch umrissene Störungen der Geschlechtsdifferenzierung, die genetisch, anatomisch oder hormonell begründet sind. Mit einer geschätzten Prävalenz von 0,1 % sind sie selten, führen aber bei verfrühter Zuschreibung zu einem Geschlecht durch geschlechtszuordnende operative Eingriffe im frühen Kindesalter zu massiven psychischen Problemen. 2017 steckte die Geschlechtervielfältigkeitsgesetzgebung den juristischen Rahmen für eine intersexuelle Geschlechtsidentität ab.

Sexuelle Orientierung bezeichnet von der Geschlechtsidentität unabhängig die sexuelle Anziehung durch das eigene oder das andere Geschlecht. Allgemein wird zwischen Heterosexualität, Homosexualität und Bisexualität unterschieden. Störungen der Sexualpräferenz, vor allem dann, wenn das Sexualhandeln andere schädigt (z. B. Exhibitionismus, Pädosexualität) sind davon zu unterscheiden (vgl. ausführlich bei Fiedler, 2004).

Unterschiedliche Ausgestaltungen von Geschlechtsidentitäten im Kindergartenalter können als Vielfalt betrachtet werden, sind in Einzelfällen aber auch Hinweise auf problematische familiäre Bedingungen. Ähnlich wie Geschlechterrollenverhalten sind einseitige Ausprägungen des Rollenverhaltens immer auch auf Nachteile für Kinder hin zu untersuchen. So kann ausgeprägt geschlechterrollenuntypisches Verhalten – gleichermaßen wie extrem sexualisiertes Verhalten von Kindern – auch ein traumakompensatorisches Reaktionsmuster sein. Bekannt ist, dass die Rate psychischer Auffälligkeiten der Eltern bei Kindern mit diagnostizierter Geschlechtsidentitätsstörung überproportional hoch ist, was innerfamiliäre Gewalt und Bindungsstörungen bei Kindern nach sich ziehen kann (Korte u. a., 2008; Bosinski, 2013).

Bei Kindern mit einem gegengeschlechterrollentypischen Verhalten, gleich welcher Ausprägung, ergeben sich einige pädagogische Schwerpunkte. Als Ausdruck selbstbestimmter Geschlechtsidentität sind die Interessen des Kindes zu unterstützen, gleichermaßen wirkt auch bei dieser Gruppe von Kindern eine Flexibilisierung von Geschlechterrollen handlungserweiternd, kann aber auf Widerstände stoßen, wenn die Abwertung des eigenen Geschlechts psychodynamisch begründet ist. Da die Kinder mit geschlechterrollenuntypischem Verhalten häufig auch Abwertung und Ausgrenzung erfahren, muss der Aufbau von Selbstbewusstsein, wichtiger aber noch die Entwicklung von Toleranz bei den anderen Kindern in der Kindertagesstätte pädagogisch unterstützt werden.

Ein therapeutischer Handlungsbedarf besteht nicht. Erst bei älteren Kindern und Jugendlichen wird zu Psychotherapie geraten, um vielfältige Alternativen zu erarbeiten, damit andauernde Gefühle der Inkongruenz im biologischen Körper bewältigt werden können (Bosinski, 2013). Auch den Eltern muss eine unterstützende und abwartende Haltung ihren kleinen Kindern gegenüber nahegelegt werden. Eine psychologische Kurzberatung kann bei extremer Verunsicherung helfen.

6.3 Über kindheitspädagogische Fachkräfte als Frauen und Männer

Im folgenden Abschnitt werden kindheitspädagogische Fachkräfte unter dem Aspekt der Gleichstellung im Beruf thematisiert. Studien über Erzieherinnen im Vergleich zu Erziehern (in seltenen Fällen auch über die neue Berufsgruppe der Kindheitspädagoginnen und -pädagogen) stellen ein sehr kleines nationales Forschungsfeld dar. Umso interessanter sind diese ersten Ergebnisse. Im Grunde haben erst die Akademisierung der Kindheitspädagogik seit 2004 und Forschungsprojekte wie *Männer in Kitas* (Cremers, Höyng, Krabel & Rohrmann, 2012) eine wahrnehmbare Anzahl von Studien hervorgebracht. Der folgende Überblick kann dazu beitragen, geschlechterbezogene Einstellungen und zugeschriebene Rollenverteilungen von professionell erziehenden Frauen und Männern zu hinterfragen.

6.3.1 Ausbildungssituation

Eine sozialpädagogische Fachschulausbildung absolvieren in Deutschland gegenwärtig knapp 81 % Frauen und über 19 % Männer (Statistisches Bundesamt, 2017a). Der Männeranteil an Fachschulen lag im Schuljahr 2015/16 in den Bundesländern Brandenburg, Schleswig-Holstein, Mecklenburg-Vorpommern sowie in Hamburg, Berlin und Bremen sogar deutlich über 20 %.

Im Fachschulunterricht sind Leistungsunterschiede zum Vorteil junger Frauen und zum Nachteil junger Männer erkennbar, die aus allgemeinbildenden Schulen spätestens seit den PISA-Ergebnissen offen diskutiert werden (Hannover & Kessels, 2011). Fachschülern fehlt es im Vergleich zu ihren Mitschülerinnen an reproduktiven Lernkompetenzen, an Planungskompetenzen und an Anstrengungsbereitschaft, was zu schlechteren Ausbildungsergebnissen führt (Verbeek, 2016a). In einer Datenanalyse von Smidt und Roux (2015) fielen Männer in der Fachschulausbildung im Persönlichkeitsmerkmal Gewissenhaftigkeit im doppelten Sinne negativ auf: Sowohl im Vergleich zu den Männern in der Gesamtbevölkerung als auch im Vergleich zu den Mitschülerinnen in der Ausbildung schätzten sie ihre Gewissenhaftigkeit deutlich geringer ein. Gewissenhaftigkeit gilt in der Lernpsychologie als das wichtigste Kriterium für Lernerfolg, was auch in der Erzieherausbildung bestätigt werden konnte (Smidt, 2015; Verbeek, 2016b). Wer Aufgaben ordentlich, zielorientiert, mit Selbstdisziplin und Besonnenheit erledigt, kann sein intellektuelles Potenzial optimal ausschöpfen. Männer punkten allerdings mit höheren Werten beim Persönlichkeitsmerkmal Emotionale Stabilität, d.h. in der Fähigkeit, ruhig und gelassen mit Stressoren umzugehen. Diese Fähigkeit wird ihnen wahrscheinlich in der konkreten beruflichen Verantwortung, z.B. bei Leitungsaufgaben oder herausfordernden Erziehungssituationen, zum Vorteil gereichen.

Vielleicht erklärt sich mit dieser persönlichen Stärke im Umgang mit Belastungen der häufige Wechsel von Männern in sozial- und heilpädagogisch geprägte Arbeitsfelder (Berufsverband Heilpädagogik, 2011; Fuchs-Rechlin & Schilling, 2006). Aus Studien über Männer in der Ausbildung ist auch bekannt, dass diese für früh- oder kindheitspädagogische Themen weniger motiviert sind (Aigner & Rohrmann, 2012). Dieser eindeutige Trend von Männern zu Arbeitsfeldern, die nicht kindheitspädagogisch, sondern eher sozialpädagogisch geprägt sind, lässt sich auch für die Kindheitspädagogen nach einem Hochschulstudium nachweisen (Fuchs-Rechlin, Göddeke, Smidt & Theisen, 2015). Bei Männern unter Hochschulstudierenden der Kindheitspädagogik, die dennoch eine Tätigkeit in der Kindertageseinrichtung aufnehmen, ist eine geringe Aufstiegsorientierung erkennbar (Mischo, Wahl, Hendler & Strohmer, 2012).

In den obligatorischen ersten Praktika in der Kindertagesstätte machen Männer sehr widersprüchliche Erfahrungen. Sie haben beste Einstellungschancen als Praktikanten und werden in der Kindertagesstätte regelrecht hofiert. Nicht selten werden sie schon für das Berufspraktikum gebucht oder sind später als Absolventen begehrt. Viele Schüler berichten, diese bevorzugende Behandlung auch als herabsetzend zu erleben, weil sie auf ihre Geschlechtszugehörigkeit reduziert sind und nicht mit ihren Kompetenzen und Lernbedarfen als angehende Fachkräfte wahrgenommen werden. Praktikanten berichten sehr häufig auch von stereotypisierenden Erfahrungen, übernehmen das grobmotorische Spiel und den Sport, werden zu Ansprechpartnern für die Jungen und als zuständig für die Haustechnik erklärt (BMFSFJ, 2011). Zu den weitestgehend tabuisierten Themen gehört, dass Erzieher in der Kindertagesstätte auch der Diskriminierung ausgesetzt sind: Homophobie-Klischees gekoppelt mit dem Generalverdacht der Pädophilie und des sexuellen Missbrauchs (Cremers & Krabel, 2012b) führen nur bei 5 % der Eltern zu Vorbehalten, nur 2 % der Kita-Verantwortlichen und nur 3 % der Träger-Verantwortlichen sehen ein Risiko darin, Männer in der Kita einzusetzen (BMFSFJ, 2011) – und dennoch: Ein einziger fälschlich ausgesprochener Verdacht genügt, um Erzieher in ihrer beruflichen und persönlichen Integrität massiv zu schädigen. Die Tabuisierung des Generalverdachts bei gleichzeitig begrenzenden Regeln im Umgang mit Kindern, die oft einer *No-touch-Policy* folgen, behindert Erzieher in ihrer professionellen Arbeit.

Schutzkonzepte statt Generalverdacht

Der Generalverdacht gegen Männer motivierte die Koordinationsstelle »Männer in Kitas«, sich für ein Schutzkonzept in Kindertageseinrichtungen auszusprechen, das das Thema Generalverdacht enttabuisiert und Handlungssicherheit in Bezug auf Geschlechtervorstellungen, körperliche Nähe und Umgang mit kindlicher Sexualität bereitstellt. Die Autorinnen und Autoren der Handreichung *Sicherheit gewinnen* (Koordinationsstelle »Männer in Kitas«, 2014b) unterscheiden dabei zum einen den Schutz von Männern vor diskriminierenden Verdächtigungen und damit eng verknüpft ein Schutzkonzept gegen sexuellen Missbrauch von Kindern.

In einer Bestandsanalyse müssen die Einstellungen der Teammitglieder zum Generalverdacht zunächst einmal ermittelt werden, bevor eine allgemeine Klärung des Umgangs mit Körperkontakt und die Erweiterung stereotyper Geschlechterbilder möglich wird. Schutzkonzepte für Kinder erfordern die Entwicklung sexualpädagogischer Maßnahmen, die interkulturell reflektiert sind sowie organisatorische Regularien miteinbeziehen, die auch Verfahrensmodalitäten bei geäußerten Verdächtigungen beinhalten. Für die Eltern- und Öffentlichkeitsarbeit ist abschließend zu klären, welche Teile des Schutzkonzeptes zur internen Konzeption gehören und welche Aspekte als externer Teil der Konzeption veröffentlicht werden. Die Handreichung *Sicherheit gewinnen* ist zusammen mit anderen Materialien zum Thema als Download unter https://mika.koordination-maennerinkitas.de verfügbar.

Neben dieser Publikation finden sich auch praxisnahe Schriften verschiedener Bistümer, die sich als Reaktion auf die Offenlegung der Täterschaft von Priestern seit einigen Jahren besonders für die Prävention von sexuellem Missbrauch in Bistumseinrichtungen engagieren. Ein Beispiel dafür sind die Leitfäden und Praxishilfen aus dem Bistum Köln: Sie unterstützen die Teamreflexion bei Fragen wie der Gestaltung von Nähe und Distanz, der Sprache und Wortwahl, des Umgangs mit sozialen Medien, der Angemessenheit von Körperkontakten, der Beachtung der Intimsphäre und des Verhaltens auf Freizeiten und Reisen (www.praevention-erzbistum-koeln.de).

In diesem Sinne wird Gleichstellung von Frauen und Männern im Erzieherberuf nur möglich, wenn für alle Teammitglieder – ungeachtet ihrer Geschlechtszugehörigkeit – die *gleichen* Regeln im Umgang mit Kindern gelten. Eine konzeptuelle Klarheit im Team durch Schutzkonzepte ermöglicht kindheitspädagogischen Fachkräften, Eltern, die sich kritisch zu körpernahen erzieherischen Handlungen seitens der Erzieher äußern, sicher zu begegnen.

6.3.2 Berufspraxis

Auch Gender-Forschungsaktivitäten im Bereich der beruflichen Praxis sind in den letzten Jahren vielfach durch Modellprojekte initiiert worden, die den Einbezug von Männern in die Ausbildung und in die Berufstätigkeit untersuchten und vorantreiben wollten (Cremers, Höyng, Krabel & Rohrmann, 2012). In diesem Sinne liegen Forschungsergebnisse über Erzieher vor, aus denen indirekt natürlich auch Erkenntnisse über Erzieherinnen in der Kindertagesstätte gewonnen werden können.

Wie bereits erwähnt ist die Kindertagesstätte nicht das bevorzugte Berufsfeld von Erziehern. Nur maximal 5 % des Personals im gesamten Bundesgebiet ist männlich, wobei alle Fachkräfte unterschiedlicher Ausbildung einschließlich der Praktikanten zusammengezählt sind. Hamburg beschäftigt knapp 11 %, Berlin knapp 11 % und Bremen 9 % Männer in Kindertageseinrichtungen, einen Männeranteil von über 6 % geben Brandenburg, Hessen, Sachsen und Schleswig-Holstein an, Schlusslicht bildet Bayern mit 3,6 % männlichen Kita-Beschäftigten (Statistisches Bundesamt, 2017b). Obgleich in der Ausbildungsklasse an der Fachschule mittlerweile jeder Fünfte ein Mann ist, obgleich Teams in heil- und sozialpädagogischen Arbeitsfeldern geschlechterheterogen zusammengesetzt sind, liegt die Erziehung in der Kindertagesstätte noch weitestgehend in Frauenhand.

In einer Dokumentenanalyse finden Lotte Rose und Friederike Stibane (2013) verschiedene Motive für den Wunsch und den politisch artikulierten Willen nach mehr Erziehern in der Kindertagesstätte. Aus der *sozialisationstheoretischen Perspektive,* die allerdings psychoanalytisch eingefärbt ist, kommt es zu einer Verklärung der Rolle des Mannes für die Entwicklung von Jungen, verbunden mit der Gefahr der Reproduktion und Überzeichnung von Geschlechterrollen. Diese Problematik wurde aus der Wahrnehmung von Fachschülern bereits aufgezeigt, wenn ihnen geschlechterrollenstereotype Aufgaben delegiert werden (vgl. 6.2.1). Aus einer *gleichstellungspolitischen Perspektive* werden mit dem Einbezug von Männern in den Erzieherberuf ungleiche Geschlechterverhältnisse aus der Sicht der Männer thematisiert, deren Rolle in der professionellen sozialen Arbeit aufgewertet werden soll. *Arbeitsmarktpolitische Motive* sind immer dann anzunehmen, wenn der Fachkräftemangel in der Kindertagesstätte behoben werden soll, beispielsweise wenn durch Quereinsteigerprogramme mehr Männer angesprochen werden.

Vor dem Hintergrund der gleichstellungspolitischen Perspektive steht die grundsätzliche Frage im Raum, ob Frauen und Männer im Beruf denn vergleichbare erzieherische Kompetenzen zeigen oder ob sie sich grundlegend in ihrer pädagogischen Haltung und im konkreten Handeln unterscheiden. Diese sehr interessante Frage beschäftigte ein Forscherteam an der Evangelischen Hochschule Dresden in der sogenannten *Tandem-Studie* (Brandes, Andrä, Röseler & Schneider-Andrich, 2015). Erzieherinnen und Erzieher konnten gleichermaßen befragt und in identischen, weil standardisierten Praxissituationen beobachtet werden.

Wider Erwarten zeigten sich in videoaufgezeichneten Spielsituationen keine nennenswerten Unterschiede zwischen Erzieherinnen und Erziehern im Einfühlungsvermögen, in der Beeinflussung der Kinder zu explorativem Verhalten, in der Gestaltung von Dialogen, in Bezug auf die Art und Weise des Umgangs mit dem Kind oder in den Kommunikationsinhalten. In einer Bastelsituation mit standardisiertem Material waren Erzieher sogar flexibler als Erzieherinnen, wenn es darum ging, auf das Kind einzugehen und die (geschlechterrollenkonformen) Bastelwünsche der Kinder zu berücksichtigen. Erzieher gestalteten mit Jungen mehr Objekte (definiert als Produkte ohne Augen) und mit Mädchen mehr Subjekte (Produkte mit Augen). Erzieherinnen gestalteten mit Mädchen, aber auch mit Jungen eher Subjekte. Sowohl Erzieherinnen als auch Erzieher gehen mit Mädchen und Jungen unterschiedlich um, die Neigung, eigene geschlechtsbezogene Interessen durchzusetzen, war bei Erzieherinnen aber ausgeprägter.

Frühere Untersuchungen von Erzieherinnen im Umgang mit Mädchen oder Jungen bestätigen eine Schwachstelle Erzieherin – Junge. So berichten verschiedene Übersichtsarbeiten zusammenfassend von Ergebnissen zur Bindungsqualität und zum Erziehungsverhalten von Erzieherinnen, die verdeutlichen, dass Mädchen sicherer gebunden sind als Jungen, sich eher in der Nähe der Erzieherin beschäftigen und dadurch mehr Lenkung erfahren, was sich positiv auf die personalen und sozialen Kompetenzen auswirkt. Sie erfahren eher Lern- und Spielangebote, die zu ihren Interessen passen (Ahnert, Pinquart & Lamb, 2006; Rohrmann, Cremers und Krabel, 2010).

Besonders interessant sind die Tandem-Studie und andere Beobachtungsstudien allein deshalb, weil sie nicht ausschließlich auf Selbsturteilen der kindheitspädagogischen Fachkräfte basieren, sondern auf tatsächlichen erzieherischen Interaktionen. Dass die in einer Studie angewandte Methode dabei einen Unterschied macht – in die Interpretation also einbezogen werden sollte – berichten Julia Nentwich, Franziska Vogt, Wiebke Tennhoff und Stefanie Schälin (2014) in ihrem Projekt zu Genderaktivitäten in der Krippe. Sie finden einander widersprechende Ergebnisse, je nachdem ob sie eine *Befragung* oder eine *Beobachtung* durchführten: Wurden Erzieherinnen befragt, dann sprachen sie der Gleichstellung von Kindern und im Team eine große Bedeutung zu. Diese Einstellungen stimmten aber überhaupt nicht mit der gelebten pädagogischen Praxis und dem geschlechterrollenstereotypisierenden Raumkonzept überein.

6.4 Über Eltern als Mütter und Väter

Googelt man die Begriffskombinationen *Mütter + Kita* und *Väter + Kita,* dann wird offenbar, dass im Kontext der Kindertagesstätte mit den Elternpersonen unterschiedliche geschlechtsbezogene Themen verknüpft sind. Zumindest bei dieser Form der Recherche sind mit dem Suchbegriff *Mütter* kritische Fragen zur Bindungsqualität bei einer immer früher einsetzenden außerfamiliären Betreuung verbunden, während der Suchbegriff *Väter* zu einer Reihe von Väterprojekten führt.

Um für die Genderfrage in der Kita-Eltern-Kooperation zu sensibilisieren, sollen im Folgenden über Mütter und Väter zwei Themen akzentuiert werden: die Verteilung der Familienarbeit unter Müttern und Vätern sowie die Nützlichkeit von Väterprojekten. Viele andere Themen müssen hier aus Komplexitätsgründen außen vor bleiben, seien aber dennoch erwähnt: Dies betrifft die besondere Situation in Einelternfamilien, Rollenmuster in gleichgeschlechtlichen Lebensgemeinschaften und die kulturell und religiös geprägten Geschlechterrollen bei Familien mit Migrationshintergrund. Zu diesen Elterngruppen sei auf aktuelle Studien hingewiesen (Becher & El-Menouar, 2014; Rupp, 2009).

6.4.1 Familienarbeit im Vergleich

Der im Jahr 2012/13 ermittelte *Gender Care Gap,* ein Maß für die ungleiche Verteilung unbezahlter Sorgearbeit, zeigt prägnant auf, dass Frauen in der gesamten Lebensspannenperspektive 52,4 % mehr unbezahlte Sorgearbeit leisten als Männer. Sorgearbeit betrifft Haushaltsführung, Pflege und Betreuung der Kinder, ehrenamtliches Engagement und andere unentgeltliche Hilfen. Paare mit Kindern haben mit 83,3 % einen deutlich höheren Gender Care Gap als Paare ohne Kinder, deren Gender Care Gap nur 35,7 % beträgt. Dieser Unterschied ist der Tatsache geschuldet, dass Familien mit Kindern Erwerbs- und Familienarbeit nicht einmal tendenziell gleichberechtigt auf beide Eltern verteilen (Sachverständigenkommission zum Zweiten Gleichstellungsbericht der Bundesregierung, 2017).

Mehr als 80 % der Familien mit minderjährigen Kindern sind Zweielternfamilien (BMFSFJ, 2012), die durch eine spezifische Verteilung von Erwerbs- und Familienarbeit gekennzeichnet sind. Die Geburt des ersten Kindes führt bei den meisten Paaren dazu, dass ein Doppel-Vollzeit-Modell der Erwerbstätigkeit aufgegeben wird und die junge Familie Erwerbs- und Familienarbeit entweder in dem sogenannten Familienernährermodell oder in dem Zuverdienstmodell verbindet (Sachverständigenkommission zum Zweiten Gleichstellungsbericht der Bundesregierung, 2017). Dabei bestimmen traditionelle Vorstellungen von der Mutter als Bindungsperson für die Kinder und dem Vater als Ernährer der Familie die Entscheidungen. In der Gleichstellungsstudie von Birgit Wippermann und Carsten Wippermann (BMFSFJ, 2008) stimmten ca. 61 % der Befragten der Aussage zu, Frauen und Männer sollten sich gleichermaßen um ihre Kinder kümmern, und ca. 41 % fanden, die Eltern müssten sich gemeinsam über Elternzeit und Erziehungsurlaub verständigen. Die restlichen knapp 40 % oder knapp 60 % der Befragten schrieben diese Zuständigkeit aber fast ausschließlich den Müttern zu. Wie stark Geschlechterrollenstereotype wirken, zeigen auch weitere Ergebnisse der Gleichstellungsstudie: 93 % der Befragten stimmten der Aussage zu, in den ersten drei Lebensmonaten sollte die Mutter zu Hause bleiben, nur 20 % sahen den Vater in der Pflicht. 91 % fanden, die Mutter sollte die Berufstätigkeit reduzieren, solange die Kinder noch klein sind, 34 % erwarteten dies vom Vater. 90 % der Befragten forderten, die Kita sollte sich an die Bedürfnisse der berufstätigen Mütter anpassen, immerhin 56 % nahmen dafür den berufstätigen Vater in den Blick. Mütter wurden in der Studie auch eher dafür verantwortlich gemacht, wenn ein Kind Verhaltensprobleme zeigt: 64 % der Befragten fanden, die Gründe lägen darin, dass die Mutter zu wenig zu Hause sei, nur 39 % begründen dies mit der beruflichen Abwesenheit des Vaters.

Rollenverteilung genauer betrachtet

Eine tiefenpsychologische Begründung prägt maßgeblich die Rollenbilder in der Familie und der Kindertagesstätte: Die sogenannte *mütterliche Seite* stellt in diesem theoretischen Kontext das Kind und dessen Bedürfnisse in den Vordergrund, ist nachgiebig, personzentriert, binnenorientiert auf die Familie und agiert im Hier und Jetzt. Die sogenannte *väterliche Seite* fokussiert Leistung, ist eher konsequent, sachorientiert, nach außen auf die Arbeitswelt und die Gesellschaft ausgerichtet und plant für die Zukunft (Engelhardt, 2008). Der Nachteil dieser Begründung liegt in der Bindung von Rollenbildern an das biologische Geschlecht.

Eine differenzierte Perspektive auf die Rollenverteilung von Frauen und Männern werfen empirische Studien, die eine Antwort auf die Frage suchen, weshalb Frauen auch in einem Haushalt mit vergleichbarem Erwerbsumfang der Eltern dennoch mehr Familienarbeit leisten. Einen Überblick über neuere Studien findet sich z. B. bei Christoph Brandes (2017). Mütter und Väter unterscheiden sich im Gruppenvergleich systematisch im Umgang mit den Anforderungen einer Vereinbarkeit von Familie und Berufstätigkeit.

Nimmt man die Mütter in den Blick, dann stößt man in der einschlägigen Literatur auf das Phänomen des *Gatekeeping* (englisch für *Pförtner, Torwärter, Weichensteller*):

> *Material Gatekeeping* meint Verhaltensweisen einer Mutter, mit denen sie als Hauptbezugsperson der Kinder den Umfang der väterlichen Fürsorge einschränkt. Dies geschieht zum einen durch Praktiken der erneuten, besseren Ausführung bereits durch den Vater erledigter Aufgaben und zum Anderen durch den Verzicht auf Delegation von Arbeiten auf Grund angenommener und/oder erfahrender Inkompetenz des Vaters. Stattdessen übernehmen Mütter selbst den größten Teil der anfallenden Arbeiten am Kind oder für das Kind. (Brandes, 2017, 6)

Gatekeeping findet sich bei Frauen mit einer ängstlichen Persönlichkeitsstruktur, hohen Standards für die Kindererziehung und einer ausgeprägten Identifikation mit der Mutterrolle. Es zeigen sich im Literaturüberblick ungünstige Effekte auf die Involviertheit der Väter und die Selbstständigkeitsentwicklung älterer Kinder.

Nimmt man die Väter in den Blick, so dominiert in der empirischen Literatur die *Fathering Vulnerability Hypothesis,* die Annahme einer Verletzlichkeit von Vätern. Sie beschreibt den Rückzug von Männern, wenn diese mit der Partnerschaft nicht zufrieden sind, was sich dann zusätzlich auch negativ auf ihr Engagement in der Erziehung der Kinder auswirkt. Es gibt zudem empirische Hinweise darauf, dass Väter sich in ihrem Engagement für die Familie abhängig machen, sich sozusagen im »Wartemodus« (Brandes, 2017, 13) befinden: Ihre aktive Beteiligung an der Erziehung braucht die Ermutigung durch die Partnerin (vor allem bei Versorgungsaufgaben) oder deren Wertschätzung der Vater-Kind-Beziehung. Väter beteiligen sich auch eher, wenn sie flexible Arbeitszeiten haben. All diese Bedingungen sind für das mütterliche Engagement in der Erziehung nicht bedeutsam: Frauen üben ihre Mutterrolle auch unter ungünstigen familiären und beruflichen Bedingungen weiter aus.

Brandes (2017) fasst die einschlägigen Forschungsergebnisse zu diesem Thema zusammen und kommt vor dem Hintergrund systemischer Überlegungen zu der Einschätzung, dass gegenseitige Kompetenzzuschreibungen den Selbstwert von Müttern als gute Mütter (auch ohne Gatekeeping) und als gute Väter der gleichberechtigten Rollenverteilung bei den Erziehungsaufgaben dienlich ist.

In den verschiedenen Studien wird deutlich, wie traditionell die Verteilung von Familienarbeit und Erwerbstätigkeit zwischen Müttern und Vätern bei den allermeisten Familien verhaftet ist. Nur eine kleine Gruppe von Eltern schafft egalitäre Verhältnisse. Gleichstellungsmotivierte sozial- und arbeitspolitisch günstige Rahmenbedingungen können Entscheidungen von Eltern beeinflussen, erreichen aber nicht alle Familien gleichermaßen. Maßgeblich für die traditionelle Rollenverteilung nach der Familiengründung scheint die Entgeltlücke zuungunsten von Frauen zu sein (Wippermann, 2016). Die günstige Arbeitsplatzsituation in vielen Ausbildungsberufen mit zahlreichen offenen Stellen und der zunehmende Ausbau von U3-Kitaplätzen bergen – trotz fehlender Betreuungsplätzen vor allem in den großen Städten – gegenwärtig allerdings deutlich größere Chancen als früher, Erwerbs- und Familienarbeit flexibel zu verbinden.

6.4.2 Milieubarrieren für die Gleichstellung

Im Auftrag des Bundesministeriums für Familie, Senioren, Frauen und Jugend haben Wippermann und Wippermann Gleichstellungsfragen in Abhängigkeit von den sozialen Milieus untersucht (BMFSFJ, 2008). Hierbei wurde deutlich, dass sich Mütter und Väter zu Gleichstellungsfragen in Abhängigkeit von ihrer Milieuzugehörigkeit stark unterscheiden. Die Gleichstellung von Frauen und Männern ist umso bedeutsamer, je höher die soziale Lage und gleichzeitig je fortschrittlicher ihre Grundorientierung ist (vgl. Sinus-Modell in Abbildung 9, Kapitel 5.1). Die höchste Zustimmung erzielt das Thema Geschlechtergerechtigkeit beim Postmateriellen Milieu (seit 2010 differenziert in Liberal-Intellektuelles Milieu und Sozialökologisches Milieu), bei Performern und beim Expeditiven Milieu. Während Postmaterielle Gleichstellungsfragen auch als Politikum betrachten, praktizieren Frauen und Männer im Milieu der Performer und im Expeditiven Milieu eine flexible Rollenverteilung – fern gleichstellungspolitischer Debatten – als Familienmanagement (eher Performer) oder als Spiel mit verschiedenen Rollen (eher Expeditive).

Erwerbs- und Familienarbeit als gemeinsames Projekt
Meta (28 Jahre) und Heiner (35 Jahre) lassen sich bei der Verbindung von Erwerbstätigkeit und Familienarbeit von persönlichen Bedürfnissen, pragmatischen Abwägungen in Bezug auf Einstellungschancen im Beruf und von der Idee leiten, dass zwischen den Eheleuten in der langjährigen Familienphase eine faire Verbindung von Erwerbs- und Familienarbeit erfolgen sollte. Nach der Geburt des ersten Sohns Jonathan kümmert sich Meta um die Betreuung des Kindes. Im Gegensatz zu ihren Studienkolleginnen und -kollegen verschiebt sie den Berufseinstieg nach dem Stu-

dium der Betriebswirtschaft und ermöglicht dadurch Heiner, der auf dem zweiten Bildungsweg Abitur und Lehramtsstudium absolviert hatte und zu diesem Zeitpunkt schon Mitte 30 ist, die Lehrerprüfung abzulegen. Nach dem Referendariat tritt Heiner zur Verwunderung der Schulbehörde nicht direkt eine Stelle an, sondern übernimmt die Familienaufgaben für ein Jahr, während Meta als wissenschaftliche Mitarbeiterin an einer Hochschule für das Familieneinkommen aufkommt. Nach zwei Jahren nimmt Heiner eine Teilzeitstelle an einem Gymnasium an und Meta reduziert den Beschäftigungsumfang, sodass in der gesamten Familienphase beide Elternteile zusammen im Umfang einer 1 ½-Stelle erwerbstätig sind. Nach fünf Jahren wird Paul geboren, den Heiner im ersten Jahr hauptsächlich betreut. Zwei Jahre darauf kommt Vincent auf die Welt. Meta nimmt sich eine Familienzeit von zwei Jahren. Die Kinder besuchten ab dem zweiten Lebensjahr bis ins Grundschulalter eine Kindertagesstätte mit großer Altersmischung und integriertem Hort.

Die gleichberechtigte Verteilung von Familien und Erwerbsarbeit muss immer wieder erklärt werden und stößt auf geschlechterrollenstereotype Erwartungen der Außenwelt. Schwierigkeiten am Arbeitsplatz Gymnasium, wenn es darum geht, Erziehungsurlaub zu beantragen, Krankheitstage für die Kinder in Anspruch zu nehmen oder terminliche Engpässe durch die Bring- und Holzeiten der Kinder geltend zu machen, hat Heiner. Abwertende Bemerkungen, weil sie auch mit sehr kleinen Kindern berufstätig ist und zudem im Erziehungsurlaub nach der Geburt von Vincent mit einer Promotion beginnt, muss sich Meta anhören – in der Regel von anderen Müttern in Kita und Schule. Unabhängig von der Zufriedenheit der Eltern über ihr Familienmodell merkt man den Kindern Jonathan, Vincent und Paul an, dass ihre Interessen und ihr Spiel weniger durch Geschlechterrollenstereotypen eingeengt sind als dies bei Kindern der Fall ist, die eine traditionelle Rollenverteilung bei ihren Eltern erleben.

Traditionelle Milieus und Milieus der unteren sozialen Schicht werden durch gleichstellungspolitische Fragen und Maßnahmen aus verschiedenen Gründen nicht erreicht. Die Bürgerliche Mitte wird in der Studie aus dem Jahr 2007 mit den folgenden Merkmalen als zerrissen beschrieben:

> Wahrnehmung von Gleichstellung als unaufhaltsamer Trend; kein intrinsischer Wunsch nach mehr Gleichstellung, sondern von außen getrieben; moderate Adaption; Integration traditioneller und moderner Rollenmuster; vor allem Männer sind verunsichert und unter Druck. (BMFSFJ, 2008, 39)

Frauen engagieren sich in allen Milieus stärker als Männer für die Realisierung der Gleichstellung. Männer sind gezwungen, auf die Forderungen ihrer Partnerinnen zu reagieren. Und in allen Milieus gilt, dass gleichstellungsorientierte Einstellungen nicht zwangsläufig auch wie gewünscht umgesetzt werden (BMFSFJ, 2008).

6.4.3 Väterprojekte funktional betrachtet

Ergebnisse, die das Engagement der Väter in Bezug auf die Kindertagesbetreuung betreffen, lassen sich der Väterstudie des Deutschen Jugendinstituts entnehmen (Li, Zerle-Elsäßer, Entleitner-Phleps & Schier, 2015). Nur 6 % der befragten Väter gaben an, ausschließlich allein die Bring- und Holdienste ihrer Kita- und Grundschulkinder zu übernehmen, in 41,1 % der Fälle übernahmen dies aus Sicht der Väter beide Eltern, in 52,9 % erledigten allein die Mütter diese Aufgabe. Kontakt mit Erziehungseinrichtungen hielten nach Angabe der Väter nur 3,9 % der Väter eigenverantwortlich, 35,2 % der Eltern tun dies zusammen, 60,9 % überlassen dies ihren Partnerinnen. Nur eine sehr kleine Gruppe von 16 % der Befragten fiel in die Gruppe der sogenannten *aktiven Väter*, die sich in Haus- und Familienarbeit engagieren, weil sie sich die Erwerbsarbeit mit den Müttern weitestgehend paritätisch teilen.

Diese Daten machen verständlich, weshalb seit geraumer Zeit der Versuch unternommen wird, Väter für die Mitarbeit in der Kindertagesstätte zu gewinnen (Koordinationsstelle *Männer in Kitas,* 2013; Verlinden & Kübel, 2005). Väterprojekte beziehen sich aus sorgerechtlichen Gründen auch auf getrenntlebende, geschiedene Väter, auf Lebenspartner der Mütter oder auf Großväter – besonders dann, wenn es darum geht, dass Männer in der Kindertagesstätte präsent sein sollen. Auffallend ist das große Bemühen um eine optimierte Ansprache von Vätern. So nennen Martin Verlinden und Anke Künkel (2005, 43) als Kernaufgaben der Väterarbeit: »Väterfreundliche Signale von Anfang an aussenden« – »An Fähigkeiten von Vätern anknüpfen« – »Den Alltag von Vätern aufgreifen« – »Verstehen, wie Väter Kind und Familie sehen«.

Väterarbeit gestaltet sich vielfältig als reine Väteraktivitäten, als Vater-Kind-Angebote, als Mitwirkung bei Aktivitäten und Projekten oder als Einbindung von Vätern in die Kita-Eltern-Kooperation (Textor, 1999, 2001). Die verschiedenen Väterprojekte sind nicht per se richtig oder falsch, sie können allerdings nach ihrer Zielsetzung beurteilt werden.

Geschlechtshomogene Väteraktivitäten können hilfreich sein, wenn es darum geht, die Hemmschwelle von Männern abzubauen und sich in der Frauenwelt der Kindertagesstätte zu engagieren. Ähnlich wie bei *Vater-Kind-Aktivitäten* oder der *Einbindung von Vätern in den Kita-Alltag* werden hierzu Aktivitäten vorgeschlagen, die das wahrgenommene Vakuum männlich konnotierter Aktivitäten in der Kindertagesstätte füllen sollen. Die diesbezüglichen Beispiele sind zahlreich (vgl. Textor, 2001), fokussieren aber Körperkraft und Grobmotorik (Gartengestaltung, Reparaturarbeiten) oder männlich assoziierte Interessen (Sportveranstaltungen besuchen, Grillparty veranstalten). Die Motivlage für diese Formen der Väterarbeit ist hier eine *sozialisationstheoretische:* Väter und Männer sollen ein angenommenes Defizit in der familiären und professionellen Erziehung von Kindern ausgleichen. Rose und Stibane (2013, 34) kritisieren in diesem Zusammenhang »bipolare Geschlechterbilder«, »geschlechtliche Überdeterminierungen« und die Überhöhung des »Männlichen als Verkörperung des ›Neuen‹ und ›Anderen‹.« Ähnlich wie bereits beim Einbezug von Erziehern in die Kindertagesstätte festgestellt, können in Väterprojekten Geschlechterrollen reproduziert werden und mit einer geschlechterrollenoffenen Kindertagesstätte prinzipiell in Konflikt geraten.

Die gleichstellungsmotivierte Variante macht Väterprojekte überflüssig, weil Väter gleichermaßen wie Mütter als Verantwortliche für ihr Kind angesehen werden, unabhängig davon, wie die Rollenverteilung in der Familie geregelt ist. Diese pragmatische *Einbindung der Väter* in die Kita-Eltern-Kooperation erfordert immer, beide Eltern für regelmäßig stattfindende Gespräche anzusprechen, schriftliche Mitteilungen explizit an Mütter und Väter zu richten, Termine so zu legen, dass Väter teilnehmen können oder Väter gleichermaßen in Tür- und Angel-Gespräche über Betreuungs- und Erziehungsfragen einzubinden wie Mütter.

6.5 Zusammenfassung

Das Kapitel zu einzelnen genderbezogenen Themen sollte dazu anregen, die Perspektiven auf Kinder, auf die eigene Berufsgruppe und auf Eltern um die Genderperspektive zu erweitern. Der exemplarische Blick auf Kinder als Mädchen und Jungen, auf Fachkräfte als Erzieherin und Erzieher bzw. als Kindheitspädagogin und Kindheitspädagoge sowie auf Eltern als Mütter und Väter zeigte traditionelle Tendenzen. Abschließend sei zusammengestellt, welche Denkanstöße sich für die Kooperation mit Eltern ergeben können.

- Genderbezogene Themen sollen im Team enttabuisiert werden. Nur im Austausch mit allen Beteiligten können Positionen formuliert, Debatten geführt, Entscheidungen getroffen werden und als explizierte Genderpraxis in die Konzeption der Einrichtung Eingang finden. Konzeptuelle Klärung schafft Sicherheit, wenn es darum geht, Genderthemen im Gespräch mit Eltern zu besprechen.
- Unterschiede oder Ähnlichkeiten im Erleben oder im Verhalten von Mädchen und Jungen oder von Frauen und Männern können mittels unterschied-

licher Theorien erklärt werden, wobei jede Perspektive ihre Evidenzen hat, aber andere Ziele befördert. Biologische Perspektiven engen Möglichkeitsräume ein und eignen sich weitaus weniger als sozialisationstheoretische und sozialkonstruktivistische Ansätze, den gesetzlichen Auftrag einer genderorientierten Pädagogik zu erfüllen.

- Unterschiede in der Ausgestaltung der Geschlechtsidentität und Geschlechterrolle bei Kindern und Erwachsenen sind Ausdruck von Vielfalt, müssen von professionellen Kräften aber auch auf soziale Ungleichheit hin überprüft werden. Dies gilt für alle Beteiligten im institutionalisierten Erziehungsprozess auch entgegen klassischer Sichtweisen: Erzieher in der Kindertagesbetreuung machen auch benachteiligende Erfahrungen, wenn sie einem Generalverdacht ausgesetzt sind. Väter bleiben, bedingt durch tradierte Rollenmuster in der Familie, in Erziehungsfragen häufig außen vor. Viele Studien kommen übereinstimmend zu dem Ergebnis, dass Jungen in der Kindertagestätte eine ungünstigere Entwicklungsumwelt vorfinden als Mädchen. Hier kann ein ungewohnter Perspektivenwechsel auf Männer als Betroffene nötig sein, um Ungerechtigkeit zu erkennen.
- Angesichts deutlich gewordener ungleicher Entwicklung- und Bildungschancen für Mädchen und Jungen sollte die Reproduktion von familiären und gesellschaftlichen Geschlechterrollenstereotypisierungen bei allen Beteiligten vermieden werden. In Einrichtungen ermöglicht das Leitbild einer Professionellen Geschlechterrollenflexibilisierung, die Entwicklungsmöglichkeiten von Mädchen und Jungen zu maximieren. Eltern mit ausgeprägten Rollenerwartungen an ihre Töchter und Söhne sind auf die langfristigen Folgen anzusprechen.
- Die Auseinandersetzung mit aktuellen Studien machte deutlich, dass tradierte *Geschichten* über vermeintliche Kompetenzschwerpunkte von Erzieherinnen oder Kindheitspädagoginnen im Bereich der Beziehungsarbeit und von Erziehern oder Kindheitspädagogen im Bereich von Grobmotorik und Exploration erzählt werden, die mit pädagogischen Prozessen in der Kindertagesstätte nicht mehr viel zu tun haben. Es ist eher davon auszugehen, dass das Geschlecht der pädagogischen Fachkraft allein keinen Einfluss auf die professionelle Beziehungsgestaltung, auf Kommunikationsangebote und die Begleitung von Aktivitäten hat, wenn nicht geschlechterrollenstereotype Einstellungen das Verhaltensspektrum einengen.
- Studien, die das Geschlecht der Kinder mit einbezogen haben, zeigen übereinstimmend eine Interaktionslücke zwischen Erzieherin und Junge. Hier ist zu überprüfen, wie sich Raumkonzepte, die thematische Ausrichtung von Aktivitäten und die konkrete Förderung von schulrelevanten Kompetenzen wie Gewissenhaftigkeit und Konzentration verbessern lassen. Artikulierte

Sorgen von Eltern über die Entwicklung ihrer Söhne haben möglicherweise also ihre Berechtigung. Andere Eltern, die ihren Söhnen ausschließlich jungenhaftes Verhalten erlauben, können über negative Effekte auf die Schulfähigkeit aufgeklärt werden.

- Eltern beschäftigt das Thema Geschlechtergerechtigkeit unterschiedlich intensiv. Die Milieukompetenz, familiäre Lebenswelten differenzierend in die eigene pädagogische Arbeit einfließen zu lassen (vgl. Kapitel 5), muss auch genderbezogene Einstellungen und Verhaltensweisen von Eltern betreffen. Eltern, die dem Liberal-Intellektuellen Milieu, dem Milieu der Performer und dem Expeditiven Milieu zugeordnet werden können, wenden sich von traditionellen Rollenbildern entschieden ab und sind konsequent um eine Gleichverteilung von Erwerbs- und Familienarbeit bemüht. Darin unterscheiden sie sich von Milieus der mittleren sozialen Schicht, in denen die Frauen in der Regel progressiver denken als ihre Männer (z. B. Bürgerliche Mitte, Hedonistisches Milieu) oder von traditionellen Milieus mit geschlechterrollenkonformen Vorstellungen (z. B Prekäres Milieu, aber auch Konservativ-Etabliertes Milieu). In diesem Sinne können Eltern progressiver sein als das Team der Kindertagesstätte, aber auch traditioneller – und sich dann durch gleichstellungsorientierte Regeln in der Kindertagesstätte provoziert fühlen.
- Die Erarbeitung einer konzeptuellen und professionellen Position gegen die diskriminierende Unterstellung pädophiler und homophiler Neigungen bei Männern im Team kann in Anlehnung an publizierte Schutzkonzepte gelingen. Als konzeptuelle Klarheit erleichtert sie die Positionierung bei vorurteilsbehafteten Eltern.

7 Differenzkompetenz für psychisch gesunde Kinder

Die Differenzkategorie *Gesundheit* hat im Diversity-Ansatz eine besondere Stellung. Im Gegensatz zu anderen Differenzkategorien wird die Abwesenheit von körperlicher, geistiger oder seelischer Gesundheit selten vorrangig unter dem Aspekt der Vielfalt oder als Bereicherung betrachtet, sondern ist aufgrund der vorübergehenden oder andauernden Beeinträchtigungen in der Regel umfassend negativ behaftet (vgl. Behrisch, 2016). Die vergleichsweise geringe Beschäftigung mit dem Thema Gesundheit bzw. Krankheit im Diversity-Ansatz mag auch darin begründet liegen, dass für Personen mit gesundheitlichen Nachteilen bereits ein ausgeprägtes Spezialwissen zur Verfügung steht: Neben dem nach Behinderungsarten unterschiedenen Förderschulwesen und Therapieangeboten wie Physiotherapie, Ergotherapie und Logopädie gilt dies auf wissenschaftlicher Ebene für die Fachdisziplinen der Heilpädagogik, der Psychologie und der Medizin.

Obgleich in diesem Kapitel der Schwerpunkt auf der psychischen Gesundheit von Kindern liegt, soll am Beispiel von Behinderung deutlich werden, wie unterschiedlich die gesunde Mehrheitsgesellschaft mit nicht gesunden Minderheiten umgeht. In Bezug auf die Betreuung und Beschulung außerhalb der Familie können historisch aufeinanderfolgend Phasen der *Exklusion* (= Ausschluss), *Separation* (= Abtrennung) und *Integration* (= Eingliederung) unterschieden werden: Bis in die 1960er-Jahre wurden Kinder mit einer geistigen oder körperlichen Behinderung selten öffentlich betreut, d. h. sie wurden aus der Gesellschaft ausgeschlossen. Sonderkindergärten seit den 1970er-Jahren ermöglichten dann wohl die Betreuung und Förderung außerhalb der Familie, Kinder mit Behinderung besuchten allerdings eine pädagogische Einrichtung getrennt von den Kindern ohne Behinderung. Integrative Kindertagesstätten, die vermehrt seit den 1990er-Jahren ausgebaut wurden, erlaubten, Kinder mit und ohne Behinderung gemeinsam zu betreuen, was allerdings nur für einzelne darauf spezialisierte Einrichtungen galt.

Aufgefordert durch die menschenrechtliche Betrachtung in der UN-Behindertenrechtskonvention im Jahr 2006 und angeregt durch die Nachhaltigkeitsziele der Vereinten Nationen aus dem Jahre 2014 wird aktuell *Inklusion* (= Einschluss) zum gesellschaftlichen und bildungspolitischen Leitbild. Während Integration erfordert, dass die zu integrierende Person bestimmte Aufnahmebedingungen aktiv selbst herstellt, indem sie sich an die aufnehmende Mehrheitsgesellschaft anpasst, erfordert Inklusion den aktiven Beitrag seitens der Mehrheitsgesellschaft für die Minderheit. In Bezug auf Personen mit Behinderung geht es um den Abbau funktionaler, sozialer und kommunikationsbezogener Barrieren sowie um den Aufbau von Teilhabemöglichkeiten. Kinder mit Behinderung haben ein Recht auf einen wohnortnahen Kindergartenplatz in jedweder Einrichtung, unabhängig davon, ob sich einzelne Einrichtungen – wie auf der Stufe der Integration – auf die Aufnahme einiger Kinder mit Behinderung spezialisiert haben oder nicht.

Inklusion wird in Bezug auf die Beschulung von Kindern mit geistiger Behinderung kontrovers diskutiert (z. B. Felder & Schneider, 2016). Auf Kinder mit Verhaltensstörungen oder andere Differenzmerkmale wird der Begriff bislang noch wenig angewendet. Die Begrifflichkeit *Doing Inclusion* (Dorrance & Dannenbeck, 2013) ordnet das Thema Inklusion in die sozialkonstruktivistischen Theorien ein und stellt die dringliche Frage nach der konkreten Umsetzung von Inklusion.

Welche Bedeutung hat das Thema Inklusion für die Kooperation mit Eltern? Nach Schätzungen haben ca. 3–5 Prozent der Kinder in frühpädagogischen Einrichtungen eine Behinderung (Rauschenbach u. a., 2004). In der Studie zur Gesundheit von Kindern und Jugendlichen der Robert-Koch-Stiftung, der sogenannten KIGGS-Studie, wurden viele Kinder im Alter zwischen 3 und 6 Jahren als psychisch auffällig identifiziert. Dies gilt für 14 % der Mädchen und 20 % der Jungen. Gehören die Kinder der unteren sozialen Schicht an, sind 30 % der Mädchen und 37 % der Jungen der Gruppe der Risikokinder zuzuordnen (Robert-Koch-Stiftung, 2014). In Gesprächen mit Eltern wird also Inklusion als gesetzlicher Anspruch, als gesellschaftliches Ideal und als Förderziel für das eigene Kind Thema werden. Dabei sind die pädagogischen Fachkräfte zum einen in der Begründung ihres pädagogischen Konzepts oder ihres konkreten erzieherischen Handelns herausgefordert, wollen aber auch Eltern Orientierung bieten, wie diese selbst ihr Kind unterstützen können.

Der Fokus des vorliegenden Kapitels liegt auf dem Aufbau von Differenzkompetenz in Bezug auf Entwicklungsprobleme und psychische Störungen von Kindern. Im Gegensatz zur vergleichsweise zuverlässigen Präsenz von Sonder- oder Förderpädagoginnen und -pädagogen für Kinder mit Behinderung fehlen Psychologinnen und Psychologen, die pädagogischen Fachkräften im Falle psychischer Auffälligkeiten von Kindern beratend zur Seite stehen. In einer Befragung von Klaus Fröhlich-Gildhoff u. a. (2013b) in 101 Kindertagesstätten existierten nur in einem kleinen Teil der Einrichtungen Konzepte zum Umgang mit verhaltensauffälligen Kindern, es wurde aber ein großer Unterstützungsbedarf offenkundig. Unter diesen Umständen wird es schwer, in Bezug auf Kinder mit Verhaltensproblemen das Leitbild einer inklusiven Gesellschaft umzusetzen.

Einleitend kann ein systemisch-konstruktivistischer Blick auf Entwicklungsförderung, auf die Rolle der Erziehenden sowie auf Probleme und Diagnosen in Kapitel 7.1 helfen, grundlegende Fragen zu klären. In Kapitel 7.2 wird die hohe Bandbreite kindlichen Verhaltens als Ausdruck unterschiedlicher Temperamente betrachtet, die eine differenzielle Entwicklungsförderung nahelegen. In Kapitel 7.3 wird angeregt, in der Kindertagesbetreuung zur Prävention von Verhaltensstörungen beizutragen bzw. diese zum Thema der Kita-Eltern-Kooperation zu machen. Die Überlegungen zur differenziellen Entwicklungsförderung in der Kita-Eltern-Kooperation werden in Kapitel 7.4 zusammengefasst.

7.1 Überlegungen zur differenziellen Entwicklungsförderung

Der Grundgedanke einer differenziellen Entwicklungsförderung ist einfach formuliert: Je nachdem, welches Temperament, welches Wesen, welche Verhaltensmuster ein Kind zeigt, braucht es eine unterschiedliche Ansprache und Förderung in der Kindertagesstätte und im Elternhaus, vor allem *bevor* sich ungünstige Verhaltenstendenzen verfestigen. Durch ausgleichende Erziehung kann eine Psychiatrisierung kindlicher Verhaltensmerkmale – weil sie sich zu Verhaltensstörungen entwickelt haben und dann Förderung oder Therapie erfordern – abgewendet werden (Pagel, 2003).

Diese Haltung ist alles andere als neu: Bei der Prävention und psychotherapeutischen Behandlung von Kindern wird immer störungsspezifisch gehandelt. Die unterschiedliche Ansprache unterschiedlicher Kinder wird im Folgenden nur auf die Kindertagesstätte übertragen und für die Elternberatung genutzt. Verschiedene Autoren haben zu diesem Thema bereits vor dem Hintergrund entwicklungspsychologischer und klinischer Expertise publiziert (Castello, 2013; Fröhlich-Gildhoff, 2013a).

Auch für kindheitspädagogische Fachkräfte ist diese Haltung nicht neu: Sicherlich verhalten sich viele kindheitspädagogische Fachkräfte intuitiv unterschiedlich, je nachdem welche Bedarfe sie beim Kind wahrnehmen. Das Konzept einer *kompensatorischen Erziehung*, das seit den 1970er-Jahren Bildungsnachteile von Kindern ausgleichen möchte, entspricht der Idee differenzieller Entwicklungsförderung.

Da in der aktuellen Bildungspolitik Unterschiede zwischen Kindern aber tabuisiert werden und eine unterscheidende Erziehung und Förderung von Kindern eine Begründung braucht, seien zunächst einige grundlegende Überlegungen angestellt.

7.1.1 Systemisch-konstruktivistische Aspekte

Eine differenzielle Entwicklungsförderung ist mit systemisch-konstruktivistischen Annahmen zu verbinden. Obgleich für die systemisch-konstruktivistische Ausrichtung der Kindertherapie eine Vielzahl von Zugängen entwickelt wurden (z. B. Vogt-Hillmann & Burr, 2009; Steiner & Berg, 2013), fehlen theoretisch grundlegende Ausführungen zur Entwicklungspsychologie und Entwicklungsförderung insgesamt und speziell für die Kindertagesstätte. Diesbezügliche Überlegungen sollen deshalb einführend zusammengefasst werden.

Entwicklung – systemisch-konstruktivistisch betrachtet

- *Selbstgestaltung:* Eine konstruktivistische Perspektive akzentuiert zur Erklärung von Entwicklungsprozessen nicht ausschließlich Reifung oder Lernen, sondern besonders Selbststeuerungsprozesse des Kindes. Das Kind wird besonders unter dem Aspekt der aktiven Gestaltung seiner eigenen Entwicklung betrachtet.
- *Selbstbildung:* Mit dem Fokus auf Selbstbildung ist die Annahme verbunden, dass aufgrund der Autonomie von Systemen Entwicklungs- und Lernprozesse nur angeregt, nicht aber determiniert werden können. Die Idee der Selbstbildung wird in der Praxis mit beschreibenden Beobachtungs- und Dokumentationsformen und offenen Lernformen gleichgesetzt, was allerdings nicht logisch zwingend ist (siehe Teil III).
- *Ressourcenorientierung:* Die mit der konstruktivistischen Theorie verbundene Ressourcenorientierung ermöglicht, Entwicklungsleistungen in den Blick zu nehmen, statt bei der Entwicklungsüberprüfung nur Defizite zu fokussieren.
- *Hypothesenvielfalt:* Die mit der konstruktivistischen Theorie ebenfalls verbundene Anerkennung pluralistischer Perspektiven öffnet den Blick auf verschiedene Erklärungen für Entwicklungsprozesse, die unter dem Aspekt ihrer Nützlichkeit und Passung, weniger in Bezug auf einen Wahrheitsgehalt beurteilt werden.
- *Interaktionen:* Eine systemische Perspektive lenkt bei Entwicklungsprozessen den Blick auf die Einbettung der kindlichen Entwicklung in das interaktive Geschehen unterschiedlicher Systeme: »Das Kind ist Akteur der eigenen Entwicklung; es entwickelt sich selbst, ist dabei jedoch auf Versorgungs- und Kommunikationsangebote einer förderlichen Umwelt angewiesen« (Brächter, 2016, 308).

- *Verschiedene Systemzugehörigkeiten:* Systeme, in denen für das Kind entwicklungsfördernde oder entwicklungsblockierende Interaktionen beschrieben werden können, sind nicht nur die Familie, sondern auch die Kindertagesstätte und die Kindergruppen, in denen sich ein Kind bewegt. Eine systemische Perspektive erlaubt aber auch, übergeordnete gesellschaftliche Systeme und deren Einfluss auf Entwicklungschancen und Entwicklungsrisiken in den Blick zu nehmen.

Im Zusammenhang mit Entwicklungsförderung und Diagnosen im Kindesalter tun sich grundlegende Konflikte auf, die Arist von Schlippe (2015, 22 f.) als zwei unter mehreren Paradoxien der systemisch-konstruktivistischen Theoriediskussion folgendermaßen benennt:

> »Sei neutral in Bezug auf das Ergebnis!« vs. »Orientiere Dich an den Gesetzmäßigkeiten kindlicher (menschlicher) Entwicklung!«

> »Sei respektlos gegenüber allen Beschreibungen, auch wenn es um Phänomene geht, die als ›psychische Krankheit‹ bezeichnet werden!« vs. »Behandle störungsspezifisch!«

Schlippe empfiehlt einen pragmatischen Umgang mit diesen Paradoxien. In Kapitel 2.2.4 über Kindeswohl wurde deutlich gemacht, dass nicht nur Normen, die Kinderschutz gewähren, sondern auch Normen, die eine optimale Entwicklung von Kindern ermöglichen, als sehr wichtig erachtet werden, um umfassend schädigende Einflüsse auf Kinder abzuwenden. Entwicklungspsychologische Normen begrenzen also zusätzlich zu Rechtsnormen den Möglichkeitsraum für Lösungen und lassen alle Beteiligten gemeinsam zum Kindeswohl beitragen.

Die Idee, in der Kindertagesstätte nicht nur ressourcenbezogen, sondern auch förderorientiert pädagogisch zu arbeiten, wird als funktional zur Lösung von Entwicklungsproblemen betrachtet. Das damit zusammenhängende Rollenverständnis der Erziehenden und eine systemisch-konstruktivistische Perspektive auf Probleme und Diagnosen werden in den folgenden beiden Abschnitten dargestellt.

7.1.2 Rollenflexible professionelle Fachkräfte

Eine differenzielle Entwicklungsförderung erfordert eine rollenflexible Professionalität. Was damit gemeint ist, kann man einer Diskussion zwischen dem Medienwissenschaftler und Systemiker Bernhard Pörksen und dem Kommunikationspsychologen Friedemann Schulz von Thun (2016) entnehmen. Auf die

Frage, wie es sich mit den philosophischen Grundthemen Freiheit und Zwang in der Erziehung verhielte, antwortete Friedemann Schulz von Thun:

> Einerseits geht es darum, das Kind und den Heranwachsenden in seiner Selbstbestimmung zu fördern, sich zurückzuhalten, die Dinge geschehen zu lassen. Hier braucht es, metaphorisch gesprochen, den *Gärtner,* der anerkennt, dass die Pflanze nach eigenen Gesetzen wächst [...] Andererseits braucht es auch den *Bildhauer* im Pädagogen der manches gutheißt, anderes verbietet, der anleitet, interveniert und gestaltet. Er wird das Kind, den Jugendlichen nach seinen Idealvorstellungen formen und tut dies auch, um ihm die Anpassung an die Welt, in der wir leben, zu ermöglichen [...] Die große Kunst der Pädagogik besteht darin, den Bildhauer und den Gärtner zu einer gelungenen Koexistenz zusammenzuführen, Führung und Ermutigung zum Selbstsein zu verbinden [...] *A + K = E, sprich Akzeptanz plus Konfrontation befördern die Entwicklung.* (Pörksen & Schulz von Thun, 2016, 161; Hervorhebungen im Original)

Schulz von Thun macht für ein pädagogisches Rollenverständnis ein breites Spektrum pädagogischer Haltungen auf, wenn er Selbstbestimmung *und* Fremdbestimmung, Selbstbildung *und* Fremdbildung, Lernen durch Selbstkonstruktion *und* Lernen durch Instruktion – so die moderne Terminologie für Zwang und Freiheit – als gleichermaßen wichtig erachtet.

Diese ausgewogene Haltung, die ein differenzierendes Rollenverständnis der Erziehenden für unterschiedliche Kinder erst ermöglicht, ist bildungspolitisch nicht immer angesagt. In den unterschiedlichen historischen Epochen schlägt in Bezug auf die Empfehlung für eine optimale Förderung des Kindes das Pendel einmal mehr in Richtung Freiheit des Kindes durch eine unterstützende Gärtnerin aus und einmal mehr in Richtung Zwang und Begrenzung durch die Vorstellungen einer Bildhauerin.

Bis in die 1960er-Jahre dominierten in Psychologie und Pädagogik Reifungstheorien zur Erklärung von Entwicklungsprozessen. Die Rolle der Erziehenden war abwartend-versorgend. Seit den 1970er-Jahren unter dem Einfluss der Lernpsychologie wird die kindliche Entwicklung als von außen steuerbar angesehen. Umwelttheorien wurden modern und die Rolle der kindheitspädagogischen Fachkraft wurde die einer aktiv Fördernden. Zielorientierung, angeleitete Aktivitäten, funktionsorientierter Ansatz, vorschulische Förderung sind Stichworte für die Didaktik der Kindertagesstätte im Fremdbildungsansatz. Ungefähr seit der Jahrtausendwende setzt sich nach und nach die Idee durch, die kindliche Entwicklung würde am besten in offenen Lernsituationen unterstützt. Lernwerkstätten, Projekte und Partizipation werden bedeutsam, um die Neugier und intrinsische Motivation des lernenden Kindes anzusprechen und Selbstbildung zu ermöglichen (vgl. auch Textor, 2009).

Der bildungspolitische Druck, bestimmte Konzepte wie aktuell beispielsweise den Selbstbildungsansatz oder offene Kitas umzusetzen, die dann für alle Kinder gleichermaßen wirksam Erziehung und Bildung ermöglichen sollen, verstellt den Blick für verschiedene Bedarfe unterschiedlicher Kinder. Insbesondere mit der systemisch-konstruktivistischen Grundhaltung, dogmatische Verengungen zu überwinden und Handlungsmöglichkeiten zu erhöhen, stellt jedwede Einseitigkeit im Rollenverständnis einer kindheitspädagogischen Fachkraft eine unnötige Begrenzung der Möglichkeiten dar, Kinder mit ihrem unterschiedlichen Unterstützungsbedarf zu erreichen.

So lehrt die pädagogische Erfahrung, dass bestimmte Gruppen von Kindern und Jugendlichen durch offene Lernformen, die mit dem Selbstbildungsansatz immer verknüpft werden, nicht optimal erreicht werden können. Dies gilt für Kinder mit Lernschwierigkeiten und für Kinder, die über eine geringe Selbststeuerung verfügen, also z. B. Schwierigkeiten mit der Motivation, der Konzentration und der Anstrengungsbereitschaft haben (siehe 7.3.2). Die Befundlage in der empirischen Bildungsforschung erlaubt, sogar noch einen Schritt weiter zu gehen: Die Zusammenstellung zahlreicher empirischer Studien durch den Bildungsforscher John Hattie (2013) macht unmissverständlich deutlich, dass in der Schule strukturierte Lernformen gegenüber offenen Lernformen überlegen sind. Lehrende – und dazu gehören sicher nicht nur Lehrkräfte an Schulen, sondern auch Fachkräfte in der Kindertagesstätte – sind dann besonders erfolgreich, wenn sie die Rolle *der Regisseurin bzw. des Regisseurs* einnehmen und nicht die der *Mediatorin* bzw. des *Mediators.* Auch der für die kindliche Entwicklung als optimal eingeschätzte autoritative Erziehungsstil nach Diana Baumrind, der dem Kind Selbstbestimmung in einem von Erziehenden gesetzten Rahmen ermöglicht, basiert auf einer ausgewogenen Mischung von Freiheit und Zwang. Vor dem Hintergrund dieser empirischen Evidenz erscheint ein einseitig auf Selbstbestimmung der Kinder bauendes Lernverständnis im Grunde nicht vertretbar. Es muss ergänzt werden durch eine systemische Perspektive, die die entwicklungsförderliche Qualität der Interaktionen mit anderen Personen mit in den Blick nimmt. Ganz bestimmt ist die Rolle der Gärtnerin oder Begleiterin wenig geeignet, wenn die kindliche Entwicklung problematisch verläuft. Entwicklungsförderung als Kompensation einseitiger Wahrnehmungsverarbeitungstendenzen, Temperamentslagen oder entwickelter Verhaltensstörungen erfordert aktiv gestaltende professionelle Fachkräfte.

Sensorische Integration ermöglichen
Zur Verdeutlichung der Vorteile kompensatorischer Umwelterfahrungen zur Prävention von Verhaltensstörungen sei eine Theorie ausgewählt, die vor allem in den 1990er-Jahren in medizinischen Übungsbehandlungen wie Physiotherapie und Ergotherapie aufgenommen wurde. Die Ergotherapeutin und Entwicklungspsychologin Anna Jean Ayres (1920–1988) beschreibt in ihrem Hauptwerk *Bausteine der kindlichen Entwicklung* (Ayres, 2016) die Förderung der sensorischen Integration. Motorische und verhaltensbezogene Auffälligkeiten bei Kindern werden dabei mit Störungen in der Verarbeitung von Sinneseindrücken in den Basissinnen Hautsinn, Gleichgewichtssinn und Körpersinn erklärt. Erst ausgleichende Sinneserfahrungen in der SI-Therapie oder in einem heilsamen, aktiv gestalteten Umfeld machen Sensorische Integration möglich.

Ayres unterscheidet zwei extreme Reizverarbeitungstendenzen bei Kindern, deren Verhalten aus dem Rahmen des Erwarteten fällt. *Überinformierte Kinder* nehmen Reize in den Basissinnen Hautsinn, Gleichgewichtssinn oder Körpersinn übermäßig intensiv war, *unterinformierte Kinder* nehmen Reize aus der Umwelt dagegen nur abgeschwächt wahr. Überinformiertheit führt zur Vermeidung von Reizen, Unterinformiertheit zum vermehrten Aufsuchen der Reize mit entsprechenden Auffälligkeiten im Verhalten. Am Beispiel des Hautsinns zeigt sich der Unterschied z. B. darin, dass überinformierte Kinder taktile Reizung vermeiden, also anderen Kindern nicht die Hand geben wollen, das Spiel mit verformbaren Materialien wie Knete, Sand oder Kleister meiden, einem Körperkontakt im Spiel ausweichen, sich über die unbequeme Kleidung beklagen, nicht gerne beim Baden den Wind oder das Wasser auf der Haut spüren und vieles mehr – Ayres spricht hier von *Taktiler Abwehr. Schwerkraftverunsicherung* wiederum meint eine übermäßige Vorsicht überinformierter Kinder beim grobmotorischen Spiel, das sie aus Angst vor Höhenunterschieden oder unvermittelten Dreh- und Fallbewegungen, die ihren sensiblen Gleichgewichtssinn extrem stimulieren würden, weitestgehend vermeiden.

Ganz anders verhalten sich dagegen unterinformierte Kinder, die den körperlichen Kontakt zu anderen suchen, dabei auch grob und aggressiv wirken, einfach weil sie härter im Nehmen sind als andere Kinder. Grobmotorisch sind sie übermäßig aktiv, rennen, springen, hüpfen, weil diese Kinder sich besser spüren, wenn sie sich häufig und ausgelassen bewegen, um den Gleichgewichtssinn stark zu stimulieren.

Kinder, deren sensorische Integration unauffällig ist, haben keine Nachteile, wenn der kindheitspädagogischen Fachkraft Selbstbestimmung wichtig ist und sie auf die Auswahl der Lernumwelten der Kinder kaum Einfluss nimmt. Die Kinder, deren Reizverarbeitung zur Überinformiertheit und zur Unterinformiertheit neigt, haben in offenen Lernsituationen allerdings Nachteile. Sie könnten weitestgehend unbeeinflusst über die Jahre grundlegende Entwicklungskompetenzen nicht angemessen entwickeln und Verhaltensauffälligkeiten ausbilden: Im Falle des überinformierten Kindes sind motorische Defizite wahrscheinlich, ängstliches Verhalten kann sich verfestigen; im Falle des unterinformierten Kindes kann die mangelnde körperliche Ruhe und Konzentrationsfähigkeit die spätere schulische Entwicklung negativ beeinflussen. Beide profitierten demnach nur von einer kindheitspädagogischen Fachkraft und von entsprechend beratenen Eltern, die korrigierende Erfahrungen anbieten, was für jedes Kind allerdings wieder unterschiedlich aussähe.

Obgleich neurobiologisch begründend, schafft die Theorie der sensorischen Integration von Ayres demnach vielfältige Möglichkeiten der Entwicklungsbeeinflussung: So wirkt eine behutsame und kontinuierlich übende Hinführung zu den vernachlässigten Wahrnehmungserfahrungen ausgleichend auf die Entwicklung des Kindes (vgl. ausführlich bei Pauli & Kisch, 2017; Pfluger-Jacob, 2007).

Zusammenfassend erscheint für die differenzielle Entwicklungsförderung die Fähigkeit seitens der pädagogischen Fachkräfte hilfreich, verschiedene Rollen einzunehmen, metaphorisch gesprochen Gärtnerin, Bildhauerin, Coach, Mediator, Regisseurin sein zu können – je nach Aufforderungscharakter des kindlichen Verhaltens. Auch Eltern sind gut beraten, sich in ihrem Erziehungsverhalten an ihrem Kind zu orientieren und nicht an pädagogischen Trends über die vermeintlich beste Erziehungsmethode, vor allem dann nicht, wenn deren Effektivität nur behauptet, aber nicht nachgewiesen wird.

7.1.3 Probleme und Diagnosen als Konstruktionen

Zu der Frage, was ein Problem ist und wie Diagnosen verstanden werden können, gibt es im systemisch-konstruktivistischen Ansatz dezidierte Ausführungen, die nicht nur für Therapie und Beratung, sondern auch für Problemsichten in der Kindertagesstätte anregend sind.

Der alltägliche Satz »Mach daraus bitte kein Problem!« verdeutlicht bereits, dass Probleme erzeugt werden, Problemkonstruktionen subjektiv, mehr oder weniger nützlich und veränderbar sind – Merkmale, die in Kapitel 2 als typisch für Wirklichkeitskonstruktionen eingeführt wurden. Problemkonstruktionen dürfen auch dann nicht mit einer Wahrheit verwechselt werden, wenn Mehrheiten einen Konsens über ein Problem erzeugen und sogar in Bezug auf kindliches Verhalten eine klinische Diagnose aussprechen.

Wie kann man sich den Aufbau eines Problemsystems vorstellen? In der Phase der *Problementdeckung* oder *Problemerfindung* kommt jemand (z. B. ein Elternteil oder die pädagogische Fachkraft) auf die Idee, dass im Verhalten eines Kindes etwas nicht stimmt. Zum Beispiel könnte der Vater über seinen Sohn denken, dieser sei zu zurückhaltend und fände in der Kindergruppe keinen Anschluss. Durch die Verbreitung der Idee entsteht ein *problemdeterminiertes Kommunikationssystem.* So unterhält sich der Vater innerhalb der Familie über das als problematisch erlebte Verhalten seines Kindes und spricht die kindheitspädagogische Fachkraft an. In der Phase der *Problemerklärung* führen vor allem ausweglose Erklärungen (also Vererbung, gesellschaftliche Umstände, die anderen Kinder in der Gruppe, Schicksal usw.) dazu, dass sich ein *problemstabilisierendes Handeln* einstellt. Der Vater und die Mutter könnten den gesamten Kindergartenbesuch im Gespräch mit dem Kind und mit anderen Beteiligten auf die Frage reduzieren, ob das Kind mit anderen zusammen gespielt hat oder nicht. Ein Problem ist demnach definiert als ein Verhalten, das zumindest eine Person als unerwünscht erlebt, aber als prinzipiell änderbar ansieht (Schlippe & Schweitzer, 2016).

Als Konstruktionen von Wirklichkeit können Probleme, Symptome oder Diagnosen auch unter einem Nützlichkeitsaspekt betrachtet werden. Auf die Strukturelle Familientherapie geht in Bezug auf kindliche Problemverhaltensweisen die allgemeine Hypothese zurück, ein Fokus auf Probleme beim Kind lenke von anderen Konflikten in der Familie ab. Wenn Probleme nicht enden wollen, mit ausweglosen Erklärungen untermauert werden, haben sie für die beteiligten Personen wahrscheinlich einige Vorteile. Funktional betrachtet sind Probleme dann auch eine Art von Lösung – allerdings mit Nachteilen für die Beteiligten. In Kapitel 4.3.1 wurde in diesem Zusammenhang das Konzept des Krankheitsgewinns vorgestellt. Je höher der Krankheitsgewinn, je ausgeprägter ein System durch eine Symptomatik stabilisiert wird, umso geringer ist wahrscheinlich die Veränderungsbereitschaft. Je größer dagegen die Nachteile bzw. Krankheitsverluste, desto ausgeprägter die Suche nach Lösungen (Ruf, 2009). Probleme weisen demnach auch darauf hin, dass bessere, effektive Lösungen noch ausstehen.

Bei der Problemkonstruktion kann unter den Beteiligten ein Konsens darüber entstehen, dass eine nennenswerte Ist-Soll-Diskrepanz besteht. Das Normensystem für eine solche Beurteilung ist differenziert (Gerrig & Zimbardo, 2008): Entwicklungsnormen, d. h. *statistische Normen* führen zu der Einschätzung, dass sich ein Problem zeigt, weil sich ein Kind im Vergleich zur Altersgruppe zu langsam oder zu schnell entwickelt. Probleme als Ist-Soll-Diskrepanzen entstehen auch durch die Orientierung an *sozialen Normen,* die Verhaltenserwartungen einer Gesellschaft formulieren und bei Abweichung Verhaltensauffälligkeiten benennen lassen. Diese werden dann als besonders dringlich in Bezug auf eine Lösung erlebt, wenn eine Verletzung der *subjektiven Norm* (d. h. Leidensdruck entsteht) oder eine Verletzung der *funktionalen Norm* besteht (d. h. Nachteile in wichtigen Lebensbereichen angenommen werden).

Problematisch erlebte Verhaltensweisen von Kindern in der Kindertagesstätte werden üblicherweise ohne Rekurs auf Diagnosen, dafür aber als stabile Eigenschaften beschrieben. Kinder sind dann *schüchtern, zurückhaltend, ängstlich, gehemmt, distanzlos, unkonzentriert, aggressiv, unruhig* u.v.m. Eine Ausnahme bildet die Diagnose Aufmerksamkeitsdefizitsyndrom (ADHS), das häufig schon bei kleinen Kindern ausgesprochen wird. Andere diagnostisch umrissene Störungen, die laut KIGGS-Studie bei kleinen Kindern im Übrigen nicht weniger häufig auftreten, werden nicht mittels diagnostischer Fachbegriffe benannt. Dies betrifft eine übermäßige Angst, sich von den Eltern zu trennen, die sogenannte *Emotionale Störung mit Trennungsangst des Kindesalters,* den erschwerten Aufbau exklusiver und tragfähiger Bindungen, also die *Reaktive Bindungsstörung des Kindesalters* oder die *Bindungsstörung des Kindesalters mit Enthemmung,* und aggressives Verhalten, im höheren Kindesalter diagnostiziert als *Störungen des Sozialverhaltens* (siehe Kapitel 7.3).

Diagnosen psychischer Störungen als Übereinkünfte

Auch für Diagnosen gilt, was über soziale Konstruktionen gesagt wurde. Die zahlreichen Diagnosen in den beiden Klassifikationssystemen *International Classification of Disorders* (ICD) der Weltgesundheitsorganisation oder *Diagnostic and Statistical Manual of Mental Disorders* der American Psychiatric Association (in der 5. Version 2013 erschienen) werden von internationalen Expertinnen und Experten aus Medizin, Psychiatrie und Psychologie verhandelt und zusammengestellt. In größeren zeitlichen Abständen (das ICD-10 erschien 1992, die 11. Version soll 2019 verabschiedet werden) wird ein Konsens unter Vertreterinnen und Vertretern (im Falle des ICD-10) aus 40 Nationen darüber erzeugt, welchen statistisch seltenen Erlebens- und Verhaltensweisen ein Krankheitswert zugesprochen wird, weil sie die aktuelle und zukünftige psychische Entwicklung einer Person nachhaltig beeinträchtigen.

Den Kanon über die hier interessierenden psychischen Störungen muss man sich vielstimmig vorstellen: Bei jeder Überarbeitung in der Geschichte der beiden Klassifikationssysteme wurden Diagnosen aufgenommen, gesundheitliche Phänomene aus dem Katalog psychischer Störungen aber auch wieder gestrichen. So war Homosexualität bis in die 1970er-Jahre in westlichen Ländern nicht nur strafbar, sondern auch offiziell eine psychische Störung. In Bezug auf Diagnosen, die Kinder betreffen, wurde ADHS erst in den 1960er-Jahren in Amerika erfunden, 1980 in das DSM III-R und 1992 als *Hyperkinetische Störungen* in das ICD-10 aufgenommen. Das ICD-11 sieht beispielsweise vor, pathologisches Computerspiel als neue Diagnose aufzunehmen, Transidentitäten nun aber nicht mehr als psychische Störung, sondern als sexuellen Gesundheitszustand zu bezeichnen (siehe 6.2.4).

Probleme und Diagnosen sind nicht nur soziale Konstruktionen, sie werden zudem nicht verallgemeinernd benutzt, sondern nur in konkreten Situationen betrachtet. Im einführenden Kapitel über Konstruktivismus und in der Haltung, Abstraktes konkret zu machen (vgl. 4.5.2), wurde ausgeführt, dass Eigenschaften – und das gilt auch für abstrakte Problembeschreibungen und Diagnosen – in Kommunikationen übersetzt werden müssen, weil sie sich nur in Beziehungen manifestieren (oder auch nicht). Eine Idee, wie ADHS im Familienkontext in der therapeutischen Behandlung älterer Kinder erfragt werden kann, vermitteln die folgenden Beispiele: »Was wäre für Sie anders, wenn Ihr Kind eine ADHS-Diagnose bekäme? Würden Sie dann etwas an Ihrem Verhalten zu Ihrem Sohn ändern? Falls ja, was?« – »Angenommen, du hättest ADHS, wolltest aber nicht, dass das jemand merkt – was müsstest du tun?« (Baumann & Epple, 2013, 137). Im Methodenteil in Teil III wird noch deutlich werden, wie Problemkontexte auch in der Kita-Eltern-Kooperation erfragt werden können (siehe 9.2). Wenn im Verlauf dieses Kapitels immer wieder (vereinfachend) auch in Eigenschaftsbegriffen oder Diagnosen gesprochen wird, ist das Wissen, dass es sich dabei um Konstrukte handelt, immer vorausgesetzt.

Diagnosen im Kindesalter werden in einem therapeutischen Setting außerhalb der Kindertagesstätte ausgesprochen, existieren aber auch als Vermutungen im Gespräch mit Eltern. Diagnosen lassen sich entdramatisieren, wenn man sich vergegenwärtigt, dass sie im Grunde Verhaltensweisen benennen, die prinzipiell bei allen Kindern auftreten, die aber im betreffenden Fall einen sehr schwer zu bestimmenden *kritischen Schwellenwert* (oder eher einen Schwellenbereich) überschreiten, also so häufig und so ausgeprägt auftreten, dass sie eine positiv verlaufende Weiterentwicklung erschweren, weswegen ihnen ein Störungswert zugesprochen wird. Treten symptomatische Verhaltensweisen wieder weniger häufig oder weniger ausgeprägt auf, kann auf eine Diagnose verzichtet werden. Der Gebrauch von Diagnosen unter Fachleuten bedeutet zudem nicht zwangsläufig, Diagnosen auch im Gespräch mit Eltern zu nutzen.

Wie ist die Idee, dass es einen kontinuierlichen Übergang zwischen unauffälligem Verhalten und Symptomen einer Diagnose gibt, konkret zu verstehen? Übergangssituationen wie der Eintritt in die Kindertagesstätte oder in die Schule werden durch Eingewöhnungsprogramme gestaltet, damit Kinder die Trennung von den Eltern bewältigen können. Dieses Verhalten gilt als unauffällig, *Erziehung* reicht in diesen Situationen aus. Manche Kinder haben mehr Schwierigkeiten in der Eingewöhnungszeit oder tun sich auch noch im ersten Kindergartenjahr schwer damit, sich von den Elternpersonen zu lösen. Hier ist die kindheitspädagogische Fachkraft zusammen mit den Eltern gefordert, die pädagogischen Anstrengungen zu erhöhen. Vielleicht müssen altersgemäße

Trennungen immer wieder geübt werden oder andere Interventionen (z. B. Ritualisierungen) lassen das pädagogische Geschehen am besten mit *Förderung* beschreiben. Bei Kindern mit der ICD-10-Diagnose *Emotionale Störung mit Trennungsangst des Kindesalters* treten Befürchtungen, Ängste um den Verlust der Eltern und psychosomatische Beschwerden aber so häufig und so ausgeprägt auf, dass das Kind ohne Eltern nie angstfrei in Kindergarten, später auch nicht in der Schule oder unter Freunden sein kann. Hier kann die Inanspruchnahme von *Therapie* hilfreich sein. Die Kontinuitätsannahme mit fließenden Übergängen von unauffälligem zu auffälligem Verhalten den assoziierten Maßnahmen auf der Ebene der Erziehung, Förderung oder Therapie wird in Abbildung 11 dargestellt.

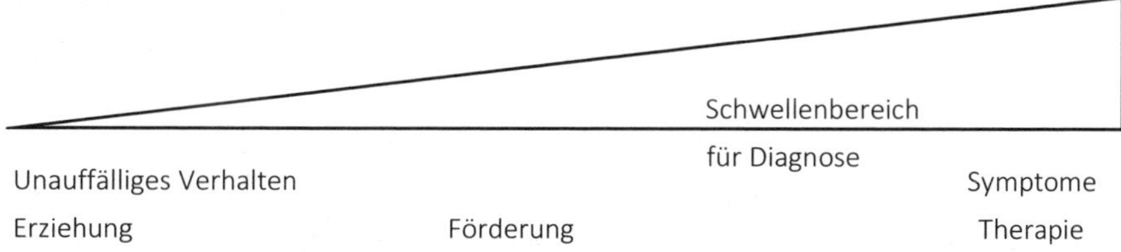

Abbildung 11: Symptome als häufiger und ausgeprägter auftretende Verhaltensweisen.

Symptome im Ausmaß einer diagnostizierten psychischen Störung beeinträchtigen nicht nur die aktuelle schulische und persönliche Entwicklung eines Kindes, sondern haben auch langfristig ungünstige Auswirkungen. Im Falle ausgeprägter Trennungsangst können Kinder als Jugendliche und junge Erwachsene im Kreis der Familie gebunden bleiben. Im Falle der Diagnose Aufmerksamkeitsdefizit-Hyperaktivitätsstörung (ADHS) sind vor allem ungünstige Auswirkungen auf die schulische und berufliche Bildung bekannt. Bindungsstörungen, die bei sozial benachteiligten Kindern mit entwicklungstraumatisierendem Lebensumfeld häufig auftreten, brauchen für eine positiv verlaufende Entwicklung korrigierende Beziehungserfahrungen (Steinhausen, 2016; siehe 7.3.1 und 7.3.2).

Die bislang skizzierte, vorrangig konstruktivistisch geprägte Sicht auf Probleme und Diagnosen sei um den dezidierten Hinweis ergänzt, dass Entwicklungsprobleme im Kindesalter natürlich nicht als individuelle Störung eines Kindes angesehen werden, sondern im Gefüge der verschiedenen Systeme betrachtet werden müssen, zu denen das Kind gehört (vgl. einleitend zu 7.1). Systemisch heißt wiederum nicht, Gründe linear in der Familie zu suchen, sondern auch andere Systeme mit in den Blick zu nehmen (Brächter, 2016) – auch die Kindertagesstätte oder übergeordnete Systeme im Sinne der ökopsychologischen Theorie von Bronfenbrenner (vgl. 3.4.1). Das Merkmal Zirkularität der Kommunikationen in Systemen weist darauf hin, dass nicht nur von einer elterlichen Wirkung, sondern auch von einer Wirkung des kindlichen Verhaltens auf die anderen Familienmitglieder ausgegangen werden muss (vgl. 3.3). Die kindheitspädagogische Fachkraft sollte vorrangig das System *Kindergruppe* für systemische Hypothesen heranziehen. Methoden der Systemerkennung werden ausführlich in Kapitel 8 behandelt.

Diagnosen funktional betrachtet

Der Gebrauch von Diagnosen ist kontraproduktiv, wenn sie als statische, verabsolutierende und dekontextualisierte Eigenschaften von Personen verstanden werden. Diagnosen werden als konkrete Handlungen und Kommunikationen in verschiedenen Situationen betrachtet. Als Konstrukte können Diagnosen verschiedene Funktionen erfüllen.

Zu den Vorteilen von Diagnosen gehört ihre Ökonomie, weil sie erlaubt, sich unter Fachleuten einfach über problematische Erlebens- und Verhaltensweisen zu verständigen. Bei Kenntnis von Symptomen erlauben sie frühe Möglichkeiten der Prävention und Förderung, um langfristige Nachteile für ein Kind oder einen Jugendlichen abzuwenden. Für Eltern kann eine Diagnose eine Entlastungsfunktion haben, wenn sie ihnen ermöglicht, hemmende Schuldgefühle abzulegen und wieder handlungsfähig zu werden. Nicht zuletzt ermöglichen Diagnosen den Zugang zu qualifizierter therapeutischer Behandlung.

Diagnosen können auch Nachteile mit sich bringen. Zu den wichtigsten Nachteilen gehören Etikettierungs- und Diskriminierungsprozesse. Die Stigmatisierung durch eine offen bekannte Diagnose einer psychischen Störung wird auch als *zweite Krankheit* beschrieben, weil damit sozialer Rückzug, ein Verlust des Selbstwertgefühls und im Erwachsenenalter ein erschwerter Zugang zu Arbeits- und Wohnmöglichkeiten verbunden sind (Ruf, 2009; Baumann & Epple, 2013).

7.2 Unterschiede zwischen Kindern: Temperamente

Unterschiede zwischen Kindern offenbaren sich schon mit der Geburt. Kinder kommen mit einer Wesensausstattung auf die Welt, die als kindliches Temperament bezeichnet wird. Damit ist nicht das Alltagsverständnis einer (laut Duden) »lebhaften, leicht erregbaren Wesensart« gemeint (Dudenredaktion, 2006, 1671). Unter Temperament versteht man »veranlagungsbedingte individuelle Unterschiede in der emotionalen, motorischen und aufmerksamkeitsbezogenen Reagibilität und in der Selbstregulierung, die über Situationen hinweg konsistent sowie über die Zeit hinweg stabil sind« (Siegler u. a., 2005, 550).

Vor allem ein *schwieriges Temperament* wird in der psychiatrischen Literatur als biologische Disposition (= Anlage) für Verhaltensstörungen wie aggressives und motorisch unruhiges Verhalten herangezogen (z. B. Steinhausen, 2016). Der Fachbegriff *schwieriges Temperament* verweist auf eine Unterscheidung in drei Temperamentstypen, die auf die Studien von Stella Chess und Alexander Thomas aus den 1960er-Jahren zurückgehen, die diese zu veranlagungsbedingten Unterschieden bei kleinen Kindern durchführten. Mittels statistischer Analysen reduzierte das Forscherteam neun Temperamentsdimensionen auf drei Kategorien, ohne dass sich damit allerdings die gesamte Variationsbreite kindlicher Verhaltensweisen erklären ließ. Diese Unterscheidung wurde über die Entwicklungspsychologie hinaus bekannt: Babys, die aufgrund ihres Verhaltens dem Faktor *easy* (40 %) zugeordnet werden konnten, bildeten die Mehrheit. Kinder, die aufgrund ihres Verhaltens der Kategorie *difficult/hard-to-handle* (10 %) oder *slow-to-warm-up* (15 %) zugeordnet wurden, gelten eher als entwicklungsgefährdet (Siegler u. a., 2005).

Der Rekurs auf Temperamente wirkt zunächst wenig nützlich für eine Kita-Eltern-Kooperation vor dem Hintergrund einer systemisch-konstruktivistischen Grundhaltung, weil Temperamentsmerkmale von Kindern als angeboren gelten, also oberflächlich betrachtet nicht veränderbar scheinen. Die Idee angeborener Merkmale kann nur dann den Möglichkeitsraum für pädagogisches Handeln erhöhen, wenn man zum einen eine differenziertere Unterscheidung als die genannten drei Temperamentstypen heranzieht. Dazu eigenen sich die neun Temperamentsdimensionen, die der erwähnten Studie eigentlich zugrunde liegen. Diese sind *Aktivitätsniveau, Rhythmus, Ablenkbarkeit, Annäherung/Rückzug, Anpassungsfähigkeit, Aufmerksamkeitsspanne/Ausdauer, Reaktionsintensität, Reaktionsschwelle* und *Stimmungsqualität* (genauer siehe weiter unten in Tabelle 1). Zum anderen macht der Aufforderungscharakter, der aus einer Theorie, die eine biologische Disposition beschreibt, abgeleitet wird, den Unterschied: Nicht der Fokus auf die angeborenen Temperamentsmerkmale schafft Handlungsmöglichkeiten, wohl aber der Blick auf den Aspekt der Theorie, der dazu auffordert, die Umwelt in Familie und Kindertagesstätte so zu gestalten, dass ein Kind sich in Abhängigkeit von seiner individuellen Temperamentslage optimal entwickeln kann. Dies ist vor allem bedeutsam, wenn die einseitige Temperamentslage des Kindes als herausfordernd erlebt wird, das Kleinkind z. B. nur schwer einen Tag- und Nachtrhythmus entwickelt, übermäßig reizbar ist, keine Ruhe findet oder sehr viel weint. Der förderliche Beitrag der Umwelt verbessert die sogenannte »Anpassungsgüte – d. h. das Ausmaß, in dem das Temperament eines Individuums mit den Anforderungen und Erwartungen seiner sozialen Umwelt übereinstimmt« (Siegler u. a., 2005, 559). Abbildung 12 zeigt die Verbesserung der Anpassungsgüte durch Strukturierung der Entwicklungsumwelt bei ursprünglich extremer Ausprägung auf der Temperamentsdimension *Rhythmus.*

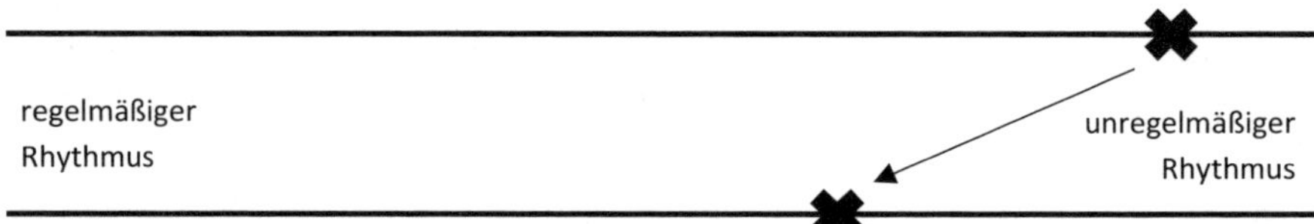

Abbildung 12: Verbesserung der Anpassungsgüte.

In diesem Denkmodell besteht die Aufgabe von Eltern und kindheitspädagogischen Fachkräften darin, durch flexible und an das kindliche Temperament angepasste Formen der Begegnung sowie durch ausgesuchte Erziehungsmaßnahmen schon sehr früh die Weichen für eine ausgeglichene Entwicklung zu stellen. Eine geringe Anpassungsgüte birgt das Risiko immer größerer Abweichungen zwischen kindlichem Verhalten und den sozialen Normen – nicht anders wird dann eine Verhaltensauffälligkeit oder eine psychische Störung im Kindesalter definiert (siehe 7.3).

Tabelle 1 fasst auf Stichworte verkürzt entwicklungsförderliche Angebote für Kinder bei unterschiedlichen Temperamentsmerkmalen zusammen. Die Zuordnung kompensierender Förderangebote kann so verstanden werden: Das Kind mit einer einseitigen Temperamentsausprägung interagiert mit Personen, die ihm eine Erweiterung seiner Entwicklungsmöglichkeiten anbieten. Dies geschieht vor dem Hintergrund der begründeten Annahme von langfristigen Entwicklungsrisiken, die einseitige Entwicklungstendenzen mit sich bringen. Diese betreffen Schwierigkeiten im Sozialkontakt oder in Bezug auf das Lernen. Differenzielle Entwicklungsförderung ist eine Absage an die Vorstellung, dass Schwierigkeiten sich von alleine *auswachsen,* wie häufig formuliert wird. Sie ergänzt eine ressourcenorientierte Perspektive auf das Kind, verharmlost Risikoverhalten aber nicht.

Tabelle 1: Differenzielle Entwicklungsförderung bei Temperamentsmerkmalen

Temperaments-dimensionen	Endpole eines Kontinuums	Mögliches Verhalten kleiner Kinder (nur Beispiele)	Entwicklungsfördernde Angebote
Aktivitätsniveau	hoch	bewegt sich fast immer, klettert auf Spielgeräte, springt und hüpft, erledigt Dinge schnell, …	strukturierte Bewegung im Sinne von Sport, Natur- und Ruheerfahrungen, …
	niedrig	beschäftigt sich stundenlang am Tisch (Malen, Tischspiele, Bilderbücher), isst langsam, …	niedrigschwellige Bewegungsangebote, alltagsintegrierte körperliche Aktivität, …
Rhythmus	regelmäßig	schläft nachts gleich lang, hält Essenszeiten ein, fordert Regelmäßigkeit ein, …	bei Rigidität: ungewohnte Erfahrungen ermöglichen, Flexibilität vorleben, …
	unregelmäßig	schläft unterschiedlich lang, geht verschieden zu Bett, isst zu unterschiedlichen Zeiten, …	Tagesstruktur einhalten; Strukturierungshilfen anbieten; Rituale einführen, …
Ablenkbarkeit	ablenkbar	braucht Ruhe bei Aktivitäten, wird bei Lärm unaufmerksam, …	reizarme Umgebung, Umgang mit Störreizen üben, …
	nicht ablenkbar	kann auch bei Außengeräuschen beim Vorlesen zuhören, vertieft sich ins Spiel, …	bei starken inneren Reizen: regelmäßige Ansprache, zu ablenkenden Gedanken befragen, …
Annäherung/ Rückzug	positiv	hat sich schnell in die Kita eingewöhnt, findet Freundinnen und Freunde in der Kita, …	bei risikohaftem Verhalten: vor Gefahren schützen, angemessene Nähe und Distanz einüben, …
	negativ	braucht eine verlängerte Eingewöhnung, zeigt Heimweh, meidet unbekannte Kinder, …	Sicherheit geben, schrittweise Hinführung an neue Erfahrungen, …
Anpassungs-fähigkeit	anpassungs-fähig	hält Regeln ein, lernt gerne, …	bei Überanpassung: eigene Bedürfnisse artikulieren, etwas Verrücktes machen dürfen, …
	nicht anpassungsfähig	hört nicht auf Erwachsene, lässt sich durch Lob und Strafe nicht lenken, …	klare Ansprache, einfache Formulierungen, Präsenz zum Ausdruck bringen, …

Temperamentsdimensionen	Endpole eines Kontinuums	Mögliches Verhalten kleiner Kinder (nur Beispiele)	Entwicklungsfördernde Angebote
Aufmerksamkeitsspanne und Ausdauer	lang	kann sich lange mit einer Sache beschäftigen, macht Aufgaben sorgfältig, ...	(vgl. geringe Ablenkbarkeit)
	kurz	wechselt schnell Betätigungen; bringt sie nicht zu Ende; meidet schwierige Aufgaben, ...	Erhöhen der Erwartungen an Konzentration, Aufgaben strukturieren, anleiten, ...
Reaktionsintensität	stark	schreit laut bei Ärger; wirft Dinge auf den Boden; zerreißt Papier bei Misslingen, ...	zur Emotionsregulation hinführen, Selbstberuhigung üben, ...
	schwach	kommentiert Tadel nicht; sagt nicht, wenn es Hunger oder Durst hat, ...	eigene Bedürfnisse formulieren, Selbstwirksamkeitserfahrungen ermöglichen, ...
Reaktionsschwelle	niedrig	isst alles; kann von jeder Person betreut werden, ...	(vgl. hohe Anpassungsfähigkeit oder schwache Reaktionsintensität)
	hoch	achtet auf Sitz der Kleidung, schläft in der Kita nicht ein, ...	Umgang mit Störreizen einüben, ...
Stimmungsqualität	positiv	lächelt häufig, freut sich über neue Erfahrungen und Leistungen, erzählt lustige Ereignisse, ...	eventuell auch Umgang mit unvermeidlichen negativen Erfahrungen begleiten, Einfühlungsvermögen unterstützen, ...
	negativ	weint viel, zeigt launenhaftes Verhalten, schaut mit ernstem Gesichtsausdruck, ...	Heiterkeit, Unbeschwertheit vorleben; negative Emotionen regulieren lernen, ...

Anmerkung: Temperamentsdimensionen nach Thomas, Chess & Birch, 1970; zitiert nach Siegler u. a., 2005, 552 (adaptierte und um Förderung ergänzte Tabelle).

7.3 Kinder mit verschiedenen Diagnosen

Extreme Verhaltensmuster von Kindern können schon im Kindergartenalter zu einer Diagnose führen, wenn Eltern eine psychotherapeutische Behandlung ihres Kindes anstreben. Für eine mit der Krankenkasse abzurechnende Behandlung sind Diagnosen eine Bedingung, es obliegt allerdings den Behandelnden und den Eltern, wie sie mit Diagnosen umgehen und ob diese in der Kita-Eltern-Kooperation zur Sprache kommen. Diagnosen können auch im Raum stehen, ohne dass Therapeutinnen oder Therapeuten involviert sind, allein deshalb, weil Diagnosen bekannt sind, in Ausbildung oder Studium vermittelt werden und Kurzbeschreibungen auch für Eltern im Internet einsehbar sind.

Tabelle 2: Diagnosen im Kindergartenalter laut ICD-10 (Stand 2018)

Kapitel 9: Verhaltens- und emotionale Störungen mit Beginn in der Kindheit und Jugend	
Wichtige Diagnosegruppen	**Diagnosen (ohne unspezifische Restkategorien)**
F 90 Hyperkinetische Störungen	Einfache Aktivitäts- und Aufmerksamkeitsstörung, Hyperkinetische Störung des Sozialverhaltens, …
F 91 Störungen des Sozialverhaltens	Auf den familiären Rahmen beschränkte Störung des Sozialverhaltens, Störung des Sozialverhaltens bei fehlenden sozialen Bindungen, Störung des Sozialverhaltens bei vorhandenen sozialen Bindungen, Störung des Sozialverhaltens mit oppositionellem, aufsässigem Verhalten, …
F 92 Kombinierte Störungen des Sozialverhaltens und der Emotionen	Störung des Sozialverhaltens mit depressiver Störung, …
F 93 Emotionale Störungen des Kindesalters	Emotionale Störung mit Trennungsangst des Kindesalters, Phobische emotionale Störung des Kindesalters, Störung mit sozialer Ängstlichkeit des Kindesalters, Emotionale Störung mit Geschwisterrivalität des Kindesalters, …
F 94 Störungen sozialer Funktionen mit Beginn in der Kindheit und Jugend	Elektiver Mutismus, Reaktive Bindungsstörung des Kindesalters, Bindungsstörung des Kindesalters mit Enthemmung, …
F 95 Ticstörungen	Vorübergehende Ticstörung, Chronische motorische oder vokale Ticstörung, Kombinierte vokale und multiple motorische Tics (Tourette-Syndrom)
F 98 Sonstige Verhaltens- oder emotionale Störungen mit Beginn in der Kindheit und Jugend	Nichtorganische Enuresis, Nichtorganische Enkopresis, Fütterstörung im frühen Kindesalter, Pica im Kindesalter, Stereotype Bewegungsstörungen, Stottern (Stammeln), Poltern, …

aus: Weltgesundheitsorganisation (2011).

Aus systemischer Sicht werden Diagnosen funktional betrachtet und für die störungsspezifische Förderung einfach in konkretes Verhalten übersetzt. Zwei Diagnosen werden in den folgenden beiden Abschnitten exemplarisch aus systemisch-konstruktivistischer Perspektive dargestellt: die Aufmerksamkeitsdefizit-Hyperaktivitätsstörung (7.3.1) und Bindungsstörungen (7.3.2).

Interessierte an der Prävention anderer umrissener Verhaltensprobleme im Kindesalter seien auf die umfassende Darstellung bei Klaus Fröhlich-Gildhoff

(2013a) verwiesen. Systemische Perspektiven auf einzelne Störungen im Kindes- und Jugendalter finden sich im Lehrbuch von Jochen Schweitzer und Arist von Schlippe (2016), das in Band II störungsspezifisches Wissen vermitteln möchte. In Kapitel 3 geht es um systemische Hypothesen in Bezug auf Fütter-, Schlaf- und Schreistörungen, Lese-Rechtschreibstörung, Autismus, Schulprobleme und Störungen des Sozialverhaltens.

7.3.1 ADHS: Selbststeuerung als Herausforderung

Aus klinischer Perspektive ist die Aufmerksamkeitsdefizit-Hyperaktivitätsstörung (ADHS) keine Diagnose, die sich auf kleine Kinder bezieht. ADHS sollte nur bei extremer Abweichung von Erwartungen, die an die Altersgruppe gestellt werden, überhaupt vor dem Schulalter diagnostiziert werden. Im ICD-10 heißt es in Bezug auf die vergleichbar verwendete Diagnose mit der Bezeichnung *Hyperkinetische Störung:* »Wegen der breiten Variation der Norm ist Hyperaktivität vor dem Schulalter schwierig zu erkennen. Bei Vorschulkindern soll nur ein extremes Ausmaß zu dieser Diagnose führen« (Weltgesundheitsorganisation, 2011, 360). Da es sich bei ADHS allerdings um eine Diagnose handelt, die auch von Ärzten und Ärztinnen in Bezug auf kleine Kinder ausgesprochen wird, sei bereits einleitend kritisch darauf hingewiesen, dass die Diagnose ein Eigenleben entwickelt hat.

Der Psychiater Allen Frances (2013), verantwortlicher Mitverfasser des amerikanischen Klassifikationssystems in der Version DSM-IV, schreibt in seiner kritischen Publikation *Normal. Gegen die Inflation psychiatrischer Diagnosen* über die Gesundheitsschädigung durch Modediagnosen in Bezug auf ADHS:

> ADHS greift um sich wie ein Waldbrand. Früher beschränkte es sich auf einen kleinen Kreis von Kindern mit klar definierten Symptomen, die in sehr jungem Alter anfingen und die Betroffenen in vielen Situationen in charakteristische Schwierigkeiten brachten. Dann wurde jede Form des Störens pathologisiert, und die Diagnose ADHS wurde so wahllos gestreut, dass jetzt erstaunliche 10 Prozent als ADHS-Kinder gelten. Heute sitzen in jedem Klassenzimmer mindestens zwei Kinder, die regelmäßig Medikamente nehmen. […] Die nächstliegende Erklärung ist die mit Abstand unwahrscheinlichste: dass die Prävalenz, also die Auftretenswahrscheinlichkeit von Aufmerksamkeitsdefizit- und Hyperaktivitätsproblemen tatsächlich zugenommen hat. Nichts spricht dafür, dass die Kinder sich tatsächlich verändert haben; was sich verändert hat, sind die Etiketten. Heutzutage diagnostizieren wir Konzentrationsschwierigkeiten und Verhaltensauffälligkeiten, die bis vor kurzem

noch zum normalen Leben gehörten und einfach individuelle Charaktereigenschaften waren, als psychische Störungen (206 f.)

Auch in Deutschland sprechen die Prävalenzraten für eine Überdiagnostik, die vor allem Jungen betrifft (Bruchmüller & Schneider, 2012). In der KIGGS-Studie bei den 3- bis 17-Jährigen wurde nur eine Auftretenswahrscheinlichkeit von 2,2 % (im Vergleich dazu: Ängste 10 %) ermittelt (Robert-Koch-Institut, 2014). Zur offensichtlichen Überdiagnostik kommt noch eine Übertherapie mit Psychopharmaka: Die Verschreibung des Wirkstoffs Methylphenidat hat sich von 1993 bis 2012 um das 54-fache erhöht.

Symptomatische Verhaltensweisen

Die Aufmerksamkeitsdefizit-Hyperaktivitätsstörung beschreibt Verhaltensweisen von Kindern, die sich bei Konzentrationsaufgaben von äußeren oder inneren Reizen so ablenken lassen, dass diese ihnen auffallend weniger als der Altersgruppe gelingen. Aufgrund des schwer abschätzbaren Vergleichs mit der Altersgruppe steht im DSM-5 als Rahmenbedingungen der Diagnose: »Es sind deutliche Hinweise dafür vorhanden, dass sich die Symptome störend auf die Qualität des sozialen, schulischen und beruflichen Funktionsniveaus auswirken, oder dieses reduzieren« (American Psychiatric Association, 2013, 78). Konzentrationsleistungen sind bei fremdbestimmten Aktivitäten schwerer aufzubringen, bei selbstbestimmten fällt das Problemverhalten weniger auf. Der Aspekt der Hyperaktivität fasst zusammen, dass die Kinder sich viel, auch ziellos bewegen möchten und sich in ihrem Bewegungsverhalten wenig situativ anpassen können. Die Kinder zeigen zudem impulsives Verhalten, was ihre Motivation (immer Erster sein wollen), die Denkweise (raten statt nachdenken) und die Emotionen betrifft (schneller Wechsel der Gefühlslage) (Döpfner & Banaschewski, 2013).

ADHS gilt als Entwicklungsrisiko: Tendenziell bei 40–70 % der im Kindesalter Betroffenen zeigt sich ein kontinuierlicher Verlauf ins Erwachsenenalter mit negativen Auswirkungen auf Lernverhalten und berufliche Sozialisation wie Schulversagen und Unterforderung im ergriffenen Beruf. Schwer Betroffene mit Störungen des Sozialverhaltens haben ein erhöhtes Risiko, Suchtverhalten zu entwickeln (Barkley, 2005; Lauth & Raven, 2009; Lindeman u. a., 2012).

Ressourcenorientierung

Kinder mit den negativ konnotierten ADHS-typischen Verhaltensweisen zeigen auch Verhaltensweisen, die positiv bewertet werden, aber oft in den Hintergrund geraten. Aus der Perspektive der Ressourcenorientierung gelten sie als aktiv, bringen viel Energie auf, interessieren sich für neue Erfahrungen, zeigen ihre positiven, aber auch negativen Gefühle authentisch, sind leicht zu begeistern, können mit anderen mitfühlen und sind im Konflikt nicht nachtragend. Leichte Ausprägungen lassen sich schulisch und beruflich optimal nutzen, wenn Kreativität und schnelle Informationsverarbeitung gefragt sind. Erstaunlich viele prominente Personen aus Musik, Sport, Film und Fernsehen berichten von einer früheren ADHS-Diagnose, was eine einfache Internetrecherche zutage bringt.

Hypothesen zur Entstehung

Es besteht weitestgehend Konsens darüber, dass unkonzentrierte und motorisch unruhige Verhaltensmuster bei deutlicher Ausprägung Nachteile für Kinder haben. Aushandlungsprozesse zwischen den Beteiligten beziehen sich auf die Frage, ab welcher Ausprägung Verhaltensweisen mit dem Etikett ADHS versehen werden können und welche Begründung herangezogen werden sollte.

Zur Erklärung des Aufmerksamkeitsdefizit-Hyperaktivitätssyndroms (ADHS) wird in der Fachliteratur eine Vielzahl biologischer und psychosozialer Begründungen aufgeführt, deren Zusammenspiel – bei einer hohen Präferenz biologischer Erklärungen – für die Entstehung herangezogen wird. Russell A. Barkley (2005) fasst in *Das große ADHS-Handbuch für Eltern* auf über 35 Seiten Erklärungen aus der Literatur zusammen: Gründe mögen liegen in Hirnverletzungen, hirnchemischen Vorgängen (z. B. Dopaminmangel), Hirnaktivität (wie schlechte Durchblutung), Hirnstruktur, Alkohol- und Nikotinkonsum während der Schwangerschaft, Vererbung, Ernährung (z. B. chemische Zusätze, Zucker), Wahrnehmungsstörungen (Unterinformiertheit im Gleichgewichtssinn), Überangebot an Information, Kommunikation und medialen Reizen (Fernseher, Computer, PC-Spiele), Bewegungsmangel, Erziehungsfehler (z. B. mangelnde Konsequenz), Belastungen in Familien (Armut, Scheidungsquote) u.v.m.

Es bieten sich verschiedene Hypothesen an, die einen Perspektivwechsel auf die Symptomatik ermöglichen und tradierte Sichtweisen erweitern: Aus pädagogischer Sicht regen Karl Westhoff und Carmen Hagemeister (2005) an, bei einer Konzentrationsdiagnostik viele Faktoren in Erwägung zu ziehen. Für kleine Kinder sollten körperliche Bedingungen (wie Hunger, Schlafmangel bei sozial benachteiligten Lebenslagen), kognitive Bedingungen (wie intellektuelle Überforderung oder Unterforderung) und emotionale Bedingungen (Probleme und Belastungen) als mögliche Erklärungen für Beeinträchtigungen der Konzentrationsleistung erwogen werden. Barkley (2005, 87) fasst die heterogene Symptomatik bei ADHS auf einer abstrakten Ebene zusammen und benennt ein »Kernproblem: Der Mangel an Selbstbeherrschung« – also eine möglicherweise deutlich verzögerte Fähigkeit zur Selbststeuerung im Sinne einer Spätentwicklung. Aus systemischer Sicht ist die traditionelle Wirkungsrichtung, ADHS als angeborene neurophysiologische Störung (z. B. bei angenommenem Dopaminmangel) führe zu den ADHS-typischen Verhaltensproblemen – also vereinfacht: Gehirn wirkt auf Verhalten – nicht die einzig mögliche Kausalität. Stattdessen liegt gleichermaßen nahe, dass Übung und Training von Konzentration (oder das Unterlassen desselben) auch Veränderungen im Gehirn bewirken, wie in der Gehirnforschung vielfach bekannt – also Verhaltensmuster auf die Chemie und die Physiologie des Gehirns einwirken (Martinus, 2001). Aus psychoanalytischer Sicht ist eine Verwöhnung in der Phase der Autonomieentwicklung, insgesamt ein Fehlen des väterlichen Prinzips anzunehmen. In den 1990er-Jahren unterrichtete ich eine ältere Aussiedlerin aus Russland im Rahmen eines Berufsanerkennungsverfahrens als Erzieherin. Von ihr erinnere ich den Satz, den sie wohl auf Russland bezog, der allerdings auch so radikal denkbar ist: »ADHS gibt es nicht.« Typisch für konstruktivistisches Denken ist, *alle* Hypothesen zur Entstehung von ADHS ernst und (gleichermaßen auch nicht zu ernst) zu nehmen.

Beziehungsmuster

Eine systemische Perspektive lenkt bei ADHS den Blick auf das interaktive Geschehen in der Familie. So werden in der Beschreibung familiärer Interaktionen Wirkungen des Elternverhaltens auf das Kind, aber auch Wirkungen des kindlichen Verhaltens auf den elterlichen Erziehungsstil angenommen. Die Interaktionen in den chronisch belasteten Familien lassen sich als Teufelskreise beschreiben: So provoziert das kindliche Verhalten je nach Kraftreserven der Erziehenden einen nachgiebigen oder einen bestrafenden Erziehungsstil, beide wirken sich nicht positiv auf das kindliche Verhalten aus, Eltern sind verunsichert, reagieren aggressiv, das Kind fühlt sich abgelehnt usw. (Schweitzer & Schlippe, 2016). Aus struktureller Perspektive ergibt sich folgende Hypothese: Familien, die distanzierte Beziehungen unter den Mitgliedern haben, können einem Kind wenig Halt geben, was bei entsprechender Temperamentslage externalisierende, grenzüberschreitende Verhaltensmuster begünstigt (siehe 8.2).

Andere relevante Systeme

Nicht nur Interaktionen in der Familie, auch in anderen Systemen können motorisch unruhiges und unkonzentriertes Verhalten bei Kindern hervorbringen oder zumindest als dysfunktionale Umwelt das Problemverhalten verstärken. So sind Strukturlosigkeit durch offene Konzepte in der Kindertagesstätte und offene Unterrichtsformen in der Grundschule sicher wenig förderlich für

Kinder, die geringere Selbststeuerungskompetenzen als die Altersgruppe haben. Miriam Stiehler (2007) arbeitet die ungünstigen Bedingungen einer einseitig ressourcenorientierten Pädagogik sowie des Selbstbildungsansatzes heraus, die verhindern, Fehlendes zu benennen und durch Konzentrationserziehung positiv fördernd aufzubauen.

Der eingangs erwähnte Status der Diagnose als Modediagnose lässt Interessen von Medizinerinnen und Medizinern, der Pharmaindustrie, aber auch von Eltern selbst sowie von Lehrkräften an Schulen annehmen, die Frances (2013, 207) pointiert beschreibt:

> Intensive Pharmawerbung in Arztpraxen und Direktwerbung beim allgemeinen Publikum; extensive Medienberichterstattung; Druck vonseiten gestresster Eltern und Lehrer, die ein Interesse daran haben, unruhige Kinder zu bändigen; insbesondere Förderung und Unterstützung bei vorliegender ADHS-Diagnose; und schließlich der verbreitete Missbrauch verschreibungspflichtiger Stimulanzien zur Leistungsverbesserung am Arbeitsplatz und für mehr Freizeitspaß.

Hinweise für die Kita-Eltern-Kooperation

Alle Informationen, die über die gängigen medizinischen Hypothesen und die Anleitung einer Behandlung mit Psychopharmaka hinausgehen, können für Eltern und für kindheitspädagogische Fachkräfte pädagogische Handlungsalternativen bereitstellen. Nur eine der weiter oben aufgeführten Hypothesen, nämlich die einer erschwerten oder verspäteten Selbststeuerung der Kinder, wird für die Elternberatung in der Kita-Eltern-Kooperation weiter verfolgt.

Selbststeuerung kann in den vielen Jahren der Kindheit und Jugend gelernt werden, wenn Strukturierungshilfen, die von außen an das Kind herangetragen werden, nach und nach verinnerlicht werden können. In der Kindertagesstätte hilft unkonzentrierten und motorisch unruhigen Kindern dann ein hoher Grad an Strukturierung in der Raumgestaltung, im Tagesablauf, bei geplanten Aktivitäten und bei alltäglichen Interaktionen zwischen pädagogischer Fachkraft und Kind.

Die Erziehungshaltung, die sich im Kontakt mit einem Kind mit ADHS-typischem Verhalten bewährt hat, ist die eines *Coaches*. Wie ein Trainer, eine Trainerin im Sport die Planung der Trainingseinheiten übernimmt, die nötig sind, um zu Erfolg zu kommen, übernehmen Erziehende – häufiger und länger als alterstypisch üblich – Planungs- und Strukturierungsleistungen für das Kind. Barkley (2005) benennt in seinem Fachbuch *Das große ADHS-Handbuch für Eltern* die erzieherische Grundhaltung im Untertitel: *Verantwortung übernehmen für Kinder mit Aufmerksamkeitsdefizit und Hyperaktivität.* Er formuliert insgesamt 14 Erziehungsprinzipien einer Verantwortung übernehmenden Erziehungsperson, die sich auf drei Aspekte zusammenfassen lassen:

- Geben Sie Ihrem Kind häufig positive und negative Rückmeldung.
- Machen Sie Abstraktes konkret: Veranschaulichen Sie innere Denk- und Planungsvorgänge für das Kind.
- Seien Sie ihrem Kind gegenüber tolerant (und auch mit sich selbst).

Stiehler (2007) weist darauf hin, dass Konzentrationserziehung die Aufgabe der Erwachsenen ist. Konzentration entsteht nicht von allein, sondern bedarf täglicher Übung.

Alltagsnahe Konzentrationsförderung wirkt

Evaluationsstudien zu erzieherischen und fördernden Maßnahmen in der Kindertagesstätte sind leider sehr selten. Umso mehr soll ein Forschungsergebnis zu Fördermöglichkeiten und Fördereffekten bei Kindern herausgestellt werden, die bereits im Kindergartenalter als unkonzentriert eingestuft werden mussten und über das Günter Krampen (2008) berichtet. In dem Forschungsvorhaben wurde untersucht, ob Kinder im Vergleich zu einer unbehandelten Kontrollgruppe von einer alltagsnahen Förderung profitieren können oder ob es zur Konzentrationsförderung aufwändiger Konzentrationstrainings braucht, die in der Regel nur in der Kindertherapie verwendet werden.

Der jeweilige Unterschied zwischen behandelter und unbehandelter Kindergruppe wurde mittels des statistischen Maßes der Effektstärke angegeben. Eine Effektstärke von d = 0,5 gilt als wahrnehmbarer Unterschied. Hohe Effektstärken um d = 2,0, die durch Konzentrationsförderung in einigen der Interventionsstudien, die Krampen zusammenstellt, erreicht werden konnten (siehe Tabelle 3), sind in der Psychologie selten. In der durch den australischen Bildungsforscher John Hattie (2013) bekannt gewordenen Bildungsforschung über Lerneffekte an Schulen kommen Effekte diesen großen Ausmaßes gar nicht vor! Wie muss man sich einen so großen Effekt, wie in der Konzentrationsförderung erzielbar, vorstellen? Der Effekt einer mehrwöchigen alltagsnahen Konzentrationsförderung wäre ungefähr mit einem Leistungszuwachs um mehrere Notenstufen vergleichbar.

Tabelle 3: Effekte konzentrationsfördernder Interventionen

Art der Intervention	Effektstärke
Eltern lesen ihrem Kind drei Wochen lang täglich 30 min ein Bilderbuch vor	d = 1,7
Erzieherin liest Kindergruppe drei Wochen lang täglich 30 min ein Bilderbuch vor	d = 1,9
Praktikantin spielt mit einem Kind zwei Wochen lang täglich 20–30 min Mikado	d = 1,9
Dreier-Kinder-Gruppe spielt zwei Wochen lang täglich 20–30 min Memory	–

Art der Intervention	Effektstärke
Kindergruppe macht über zwei Wochen täglich 10–15 min eine Phantasiereise	–
Autogenes Training an 2 Tagen pro Woche über 6 Wochen	d = 2,1
Marburger Konzentrationstraining 30 min täglich über sechs Wochen	d = 2,1

Anmerkung: – bedeutet: Die Effektstärke wurde nicht berichtet, weil das Ergebnis statistisch nicht signifikant war.

Die Ergebnisse machen nicht nur überdeutlich, wie wirksam eine Konzentrationsförderung vor allem für Kinder mit Defiziten in diesem Bereich ist und wie einfach sie durchzuführen ist. Sie verdeutlichen auch, dass die Interaktionsgestaltung durch Erwachsene (im Vergleich zu reinen Kindergruppen) unabdingbar für die Effektivität ist.

Auf der körperlichen Ebene ist für Kinder mit einem ausgeprägten Bewegungsdrang eine strukturierte Bewegungsförderung (z. B. als angeleitetes Bewegungsspiel mit hohen Anforderungen an die Kondition, als Sporttraining) ziellosen und unstrukturierten Bewegungsaktivitäten vorzuziehen (Bewegungsbaustelle ohne Aufsicht, austoben lassen). Neben regelgeleiteter Bewegung sollten Ruhephasen in den Tagesablauf eingebaut werden (z. B. gemeinsame ritualisierte Lektüre, Naturerfahrungen).

Eltern mit einseitiger Information über Erziehungsaufgaben oder einer ideologisch eingefärbten Ablehnung von Struktur und Regeln (z. B. im Hedonistischen Milieu, siehe 5.3.3) kann die Übernahme einer aktiven Erzieherrolle nahegelegt werden, indem ihnen von den positiven Entwicklungen des Kindes bei strukturierenden Interaktionsangeboten in der Kindertagesstätte berichtet wird. Das Wiedererlangen verloren gegangener Sicherheit beim Erziehen kann auch durch ein Eltern-Coaching unterstützt werden (z. B. Omer & Schlippe, 2017). Kindheitspädagogische Fachkräfte können solche Elternkurse, wie sie oft an Volkshochschulen und Beratungsstellen von Psychologinnen und Psychologen angeboten werden, empfehlen, wenn Eltern dafür offen sind. Wichtig ist auch das Einrichten unbelasteter Zeiten mit dem Kind und der Fokus auf die Ressourcen des Kindes. Schwieriger wird es bei Eltern, die durch eine benachteiligte Lebenslage oder psychische Störungen ihre Elternaufgaben nicht erfüllen können. Hier sind dem Kind kompensierende Erfahrungen in der Kindertagesstätte zu vermitteln, die dann in außerfamiliären Zusammenhängen abgerufen werden können.

Von den vielen Hypothesen, die weiter oben zur Begründung von ADHS formuliert wurden, trat die Erklärung einer erschwerten Selbststeuerung in den Vordergrund. Mit dieser Hypothese werden nicht alle kindheitspädagogischen Fachkräfte oder Eltern einverstanden sein. An dieser Stelle sei ein Beispiel aus Kapitel 2 aufgegriffen, das nicht nur zweifelnden Eltern, sondern auch zweifelnden kindheitspädagogischen Fachkräften Folgendes empfiehlt, und deshalb leicht abgewandelt wiederholt wird: Angenommen, in Bezug auf das Kind steht die Diagnose ADHS im Raum und die Erwachsenen schwanken zwischen einer medizinischen Erklärung (»ADHS ist eine Krankheit«) und einer pädagogischen Erklärung (»ADHS ist Ausdruck einer verflachten Erziehung«) hin und her. Die Erwachsenen sollen sich dann eine Woche lang vorstellen, ADHS sei ein vorrangig medizinisches Problem, in der zweiten Woche es sei ein ausschließlich erzieherisches Problem. In der dritten Woche sollten sie sich dann entscheiden, welche der beiden Erklärungen sich für die Bewältigung ihrer erzieherischen Probleme als nützlicher erweist und fortan nach dieser handeln (vgl. Weiss, 2008).

Vor der medizinischen Hypothese und der Pharmatherapie warnt der Psychiater Frances (2013, 209 f.) mit dem dafür notwendigen Weitblick über die Kinderzeit hinaus:

> Unnötige Therapie hat schädliche Nebenwirkungen wie Schlafstörungen, Appetitverlust, Reizbarkeit, Herzrhythmusstörungen und eine Vielzahl psychiatrischer Symptome. Dazu kommt das wachsende Problem des Missbrauchs von Aufputschmitteln zur Leistungsverbesserung und Herbeiführung von Rauschzuständen. Wollen wir wirklich zulassen, dass sich 30 Prozent unserer Studenten und 10 Prozent unserer Schüler illegal verschreibungspflichtige Stimulanzien beschaffen, um bei einer Prüfung besser abzuschneiden oder auf einer Party mehr Spaß zu haben?

7.3.2 Bindungsstörungen: Beziehungen ermöglichen

Die Auftretenswahrscheinlichkeit von Bindungsstörungen liegt bei 1 % in der Gesamtbevölkerung, ist aber in Kindertagesstätten, in der viele Kinder aus sozial benachteiligten Familien, aus Kinderheimen oder Pflegefamilien betreut werden, deutlich erhöht. Aufgrund der Schwere der Beeinträchtigung der Kinder und einer teilweise kritischen Prognose für die weitere Entwicklung, wenn korrigierende Erfahrungen ausbleiben, sollen Bindungsstörungen als zweite Diagnose im Kindesalter genauer betrachtet werden.

Symptomatische Verhaltensweisen

In den Klassifikationssystemen ICD-10 und DSM-5 werden zwei Ausprägungen von Bindungsstörungen unterschieden. Mit *Reaktiver Bindungsstörung* wird ein Beziehungsverhalten von Kindern mit einer unglücklichen, furchtsamen und übervorsichtigen Grundhaltung beschrieben. Die Kinder lassen sich kaum ansprechen und gehen keine sozialen Kontakte zu Gleichaltrigen ein. Aggressionen gegen sich selbst oder gegen andere sind nicht selten. Bei der *Bindungsstörung des Kindesalters mit Enthemmung* zeigt sich im Kleinkindalter ein nicht selektives Bindungsverhalten als diffuses Anklammern, d. h. das Kind unterscheidet nicht, wie nah die entsprechende Person ihm tatsächlich steht. Später entwickelt das Kind auch selektive Bindungen, fällt aber weiterhin durch aufmerksamkeitssuchendes und wahllos freundliches Verhalten auf. Kinder mit einer Bindungsstörung mit Enthemmung sind Gefährdungen ausgesetzt, weil Erwachsene ihr Beziehungsverhalten ausnutzen können (z. B. im Kontext Pädosexualität). Bindungsstörungen gelten als sehr großes Entwicklungsrisiko in Bezug auf die psychosoziale Anpassung bis ins Erwachsenenalter.

Hypothesen zur Entstehung

Im DSM-5 werden Bindungsstörungen in das Kapitel *Trauma und belastungsbezogene Störungen* eingeordnet, was ähnlich auch für das ICD-11 beabsichtigt ist (ICD-11, 2019). Verschiedene Formen von Entwicklungstraumatisierung werden zur Erklärung der Bindungsstörungen herangezogen: Bei einer *Reaktiven Bindungsstörung* werden Vernachlässigung, körperlicher und psychischer Missbrauch als Missachtung kindlicher Bedürfnisse bzw. eine unzureichende Versorgung mit Nahrung betont. Bei einer Bindungsstörung mit Enthemmung wird das diffuse Bindungsverhalten mit fehlenden Gelegenheiten zur Ausbildung selektiver Bindungen bei häufig wechselnden primären Bezugspersonen in Familie oder Heim erklärt. In Bezug auf die Reaktive Bindungsstörung heißt es im ICD-10:

> Dennoch ist die Diagnose ohne Hinweise auf Misshandlung oder Vernachlässigung nur mit Vorsicht zu stellen. Andererseits sollte die Diagnose bei Misshandlung oder Vernachlässigung nicht automatisch gestellt werden; nicht alle misshandelten und vernachlässigten Kinder zeigen diese Störung. (Weltgesundheitsorganisation, 2011, 313)

Eine Mehrgenerationenperspektive macht deutlich, dass Eltern, die ihre Kinder vernachlässigen, häufig selbst unzureichende Bindungserfahrungen machen mussten. Mit einem Blick auf die familiären Interaktionen zeigt sich, dass Kinder mit einem herausfordernden Temperament eher gefährdet sind, Opfer elterlicher Vernachlässigung und Gewalt zu werden (Siegler u. a., 2005).

Ressourcenorientierung

Der Blick auf Ressourcen betrifft weniger das symptomatische Verhalten selbst als vielmehr die Bewältigungskompetenz der Kinder. Der Blick auf Stärken und Kompetenzen der einzelnen Kinder liefert Berührungsmöglichkeiten für einen unbeschwerten Kontakt jenseits einer Fokussierung auf die schwer benachteiligende Lebenssituation der Kinder.

Kinder, die in der Kindertagesstätte mit Bindungsstörungen auffallen, aktivieren Hilfen für die Familie, in der Eltern die Familienentwicklungsaufgaben nicht erfüllen können. Ein radikaler Milieuwechsel wie eine Heimunterbringung oder eine Pflegefamilie führen zu einer deutlichen Verbesserung der Angst vor Verwahrlosung und Gewalt, selektive Bindungen können aufgebaut werden. Hilfreich ist auch das Wissen, dass für die betroffenen Kinder die Erfahrung emotionaler Verfügbarkeit bis in das Jugendalter korrigierend wirken kann (Spangler & Zimmermann, 1999). Dabei ist vor allem die gehemmte Variante der Bindungsstörung prognostisch günstig (Klitzing u. a., 2015). Eltern, die Hilfen annehmen, können im Rahmen der Familienhilfe Sensitivität ihren Kindern gegenüber lernen, um kindliche Bedürfnisse besser zu erfüllen (Siegler u. a., 2005).

Auch die Fachkräfte in Kindertagesstätte und Sozialer Arbeit verfügen über Ressourcen: Die sehr elaborierten Wissensbestände zur Resilienzförderung und Traumapädagogik helfen bei der Entwicklungsförderung von Kindern mit Bindungsstörungen (Hanswille & Kissenbeck, 2014; Lenz & Brockmann, 2013). Im Gegensatz zu widersprüchlichen Haltungen im Umgang mit ADHS können im Falle der Entwicklungsförderung bei Bindungsstörungen Reibungsverluste unter den kindheitspädagogischen Fachkräften vermieden werden.

Andere relevante Systeme

Bindungsstörungen von Kindern können nie als Problem des Kindes und auch nicht allein als Problem der Eltern angesehen werden. Laut Mikrozensus 2012 liegt in ungefähr der Hälfte der gesamten Bundesrepublik die Armutsgefährdung von Kindern über 25 %. Ein Drittel aller Ehen werden wieder geschieden, davon mehr als die Hälfte vor einer Ehedauer von 10 Jahren. 20 % der Familien in Deutschland sind Einelternfamilien mit einem besonderen Armutsrisiko (Bundesministerium für Arbeit und Soziales, 2017; Statistisches Bundesamt, 2018). Genaue Zahlen über Kinder psychisch kranker Eltern liegen nicht vor, Schätzungen gehen von mehreren Millionen Kindern aus – fest steht aber, dass ihnen keine ausreichende Unterstützung zukommt, obgleich sie ein erhöhtes Risiko tragen, selbst psychische Störungen zu entwickeln (Plass & Weigand-Grefe, 2012). Der Ausbau der Frühen Hilfen ist erforderlich, um Kinderschutz und Kindeswohl von Geburt an zu gewähren.

Belastungen von Familien durch Armut, Arbeitslosigkeit und psychische Erkrankungen von Eltern sollten nicht aufseiten der Kinder psychiatrisiert werden. Das Gewähren von Kinderschutz und Kindeswohl ist politisch zu verhandeln und durch politische Maßnahmen zu sichern.

Hinweise für die Kita-Eltern-Kooperation

Bei Verdacht auf eine Entwicklungstraumatisierung ist die Gewährleistung äußerer Sicherheit vor Gewalt und Übergriffen oberstes Gebot. Den Eltern gegenüber ist eine beratende und eine kontrollierende Rolle zu unterscheiden, wenn es zu einer Kooperation mit dem Jugendamt zum Wohle des Kindes kommt.

Die extrem unzureichende Fürsorge des Kindes mit *Reaktiver Bindungsstörung* erfordert in der Kindertagesstätte eine stabile Betreuung durch eine Bezugsperson, die auf die emotionalen Bedürfnisse des Kindes eingehen kann, Geborgenheit, Zuneigung, aber auch intellektuelle Anregung vermittelt. Dem Kind wird so ermöglicht, Zuversicht zu entwickeln und vertiefte Bindungen einzugehen. Bei einer *Bindungsstörung mit Enthemmung* geht es zusätzlich auch um das Nachsozialisieren eines sozial akzeptierten Kontakts Fremden gegenüber sowie um eine sexualpädagogische Aufklärung zum Schutz des Kindes.

Martin Baierl (2016) beschreibt wichtige Zielsetzungen für eine Förderung traumatisierter Kinder und Jugendlicher im Kontext einer Fremdplatzierung in der stationären Kinder- und Jugendhilfe oder bei Pflegeltern. Dieses Konzept bietet auch Anregungen für die pädagogischen Schwerpunkte in der Kindertagesstätte, wenn Kinder mit Bindungsstörungen betreut werden. Wie bereits erwähnt, ist die Herstellung der *äußeren Sicherheit* wichtig, im Kontext Kindertagesstätte bedeutet dies aber auch den Schutz vor Aggressionen und Ausgrenzung oder grenzüberschreitendem Verhalten durch andere Kinder. In der Traumapädagogik ist zudem die Herstellung einer *inneren Sicherheit* wichtig, die durch Regeln, Absprachen und Strukturen das Kind genau abschätzen lässt, was als nächstes passiert. Kinder mit Bindungsstörungen profitieren eher von festen Gruppen als von offenen Konzepten. Zum Aufbau einer inneren Sicherheit gehört auch die Wahrnehmung von Transparenz und Partizipation. So können entwicklungstraumatisierte Kinder, die vorrangig Ohnmachtserfahrungen gemacht haben, lernen, dass andere Personen sie in ihre Entscheidungen einbinden, ihnen Bedeutsamkeit und Selbstwirksamkeitserfahrungen vermitteln wollen. Der *Aufbau von Bindungs- und Beziehungsfähigkeit* im Rahmen der Kita erfordert, eine erfahrene kindheitspädagogische Fachkraft, die durch eine Vollzeitbeschäftigung häufig anwesend ist, dem Kind als Bezugsperson an die Seite zu stellen, ohne mit den primären Bezugspersonen des Kindes zu konkurrieren. Durch traumapädagogisches Wissen können problematische Verhaltensweisen bindungsgestörter Kinder als Reaktion auf eine Traumaerfahrung interpretiert werden. Verständnis zeigen darf nicht mit Passivität gleichgesetzt werden: Kinder müssen dennoch und sogar in besonderem Maße dahingehend unterstützt werden, *emotionale Selbstregulation* zu entwickeln. Unterschätzt werden oft die Notwendigkeit und die Möglichkeiten einer Psychotherapie in Absprache mit den Bezugspersonen in der stationären Jugendhilfe oder mit Eltern in Ersatzfamilien.

Sichere Bindung: Kita-Effekte ohne Elternbeteiligung

Eine Untersuchung von Tina Eckstein-Madry und Lieselotte Ahnert (2016, 305) an Kindern aus sozial benachteiligten Familien konnte zeigen, dass eine qualifizierte Kindertagesbetreuung »eine realistische Möglichkeit für Kinder aus sozial benachteiligten Familien sein könnte, familiäre Bindungsdefizite zu kompensieren.«

Kinder, die zu ihren Müttern nur eine unsichere Bindung aufbauen konnten, unterschieden sich von einer Kontrollgruppe von Kindern mit sicherer Bindung wider Erwarten nicht in ihrem Bindungsverhalten gegenüber professionellen Kräften in der Kindertagesstätte: Sie konnten gleichermaßen sichere Bindungen zu den kindheitspädagogischen Fachkräften aufbauen. Die positiven Beziehungserfahrungen in der Kindertagesstätte führten zudem noch zu einer Abnahme externalisierender Verhaltensstörungen wie Aggression und Aufmerksamkeitsstörungen, die bei sozial benachteiligten Kindern überproportional häufig berichtet wurden. Die Autorinnen sprechen der kompensatorischen Beziehungserfahrung und der beobachteten Verhaltensanpassung eine große Bedeutung für den Schulstart sozial benachteiligter Kinder zu.

7.4 Zusammenfassung

Eine differenzsensible Perspektive in Bezug auf die psychische Gesundheit von Kindern betrachtet Kinder als unterschiedlich in Bezug auf ihre Entwicklungsmöglichkeiten. Dies erscheint vor dem Hintergrund einer großen Anzahl von Kindern, die schon im Kindesalter Kriterien einer psychischen Störung erfüllen, als wichtige Aufgabe in der Kindertagesstätte und der Elternberatung.

Differenzielle Entwicklungsförderung macht Kindern ein Interaktionsangebot, das ihnen hilft, begrenzende Verhaltensmuster – beispielsweise durch Temperamentsmerkmale – zu erweitern und mehr Handlungsmöglichkeiten für das Kind zu schaffen. Je nachdem, welche Verhaltenstendenzen das Kind zeigt, ergeben sich unterschiedliche Ziele, die die Interaktionen in der Kindertagesstätte, aber auch in der Familie zum Wohle des Kindes verändern können. Differenzielle Entwicklungsförderung baut nicht auf ein bestimmtes Erziehungskonzept, sondern erfordert eine rollenflexible kindheitspädagogische Fachkraft, die sich an den Bedarfen des Kindes orientiert.

Eine systemisch-konstruktivistische Basis hilft, bei Entwicklungsproblemen und Diagnosen im Kindesalter die Perspektiven zu erweitern. Diagnosen sind als Aushandlungsprozess zwischen den Beteiligten zu betrachten. Dies gilt vor allem deshalb, weil die Grenze zu kindlichem Verhalten, das als risikohaft für die aktuelle und zukünftige Entwicklung des Kindes eingeschätzt werden muss, nicht klar zu ziehen ist. Eine Offenheit in der Erklärung von Verhaltensproblemen, eine Ressourcenorientierung und der Einbezug anderer Systeme als nur der Familie eines Kindes sind weitere Merkmale einer systemisch-konstruktivistischen Perspektive, wie am Beispiel zweier Diagnosen im Kindesalter aufgezeigt wurde.

Eine einseitig ressourcenorientierte Pädagogik wird in diesem Zusammenhang als wenig funktional eingeschätzt, zur Prävention von Entwicklungs- und Verhaltensproblemen beizutragen. Aktuelle pädagogische Kindertagesstättenkonzepte wie offene Gruppen oder die Ausgestaltungen des Selbstbildungsansatzes mit übermäßig vielen freien Lerngelegenheiten sind wenig funktional zur Förderung von Kindern mit psychischen Problemen. Nicht nur Kinder mit der Diagnose ADHS oder Kinder mit Bindungsstörungen, die in diesem Kapitel exemplarisch ausführlich bedacht wurden, sondern auch Kinder mit anderen Problemen profitieren eher von klaren Strukturen in festen Gruppen. Die wenigen Studien zu kompensatorischer Förderung weisen auf sehr positive Effekte für die Kinder hin.

Teil III Konkrete Kommunikationen gestalten

Für die systemische Therapie und Beratung existiert eine unübersehbare Fülle an Methoden, die oft anwendungsnah bereitgestellt werden. Angesichts einiger Publikationstitel entsteht der Eindruck, die Komplexität und auch Kompliziertheit der theoretischen Grundlagen sei zumindest auf der Ebene der Methoden überwunden. So heißen methodenorientierte Publikationen vielversprechend *MiniMax-Interventionen: 15 minimale Interventionen mit maximaler Wirkung* (Prior, 2017, übrigens seit 1994 auf dem Markt), *einfach systemisch!* (Renoldner, Scala & Rabenstein, 2017), *Fragen können wie Küsse schmecken* (Kindl-Beilfuß, 2015) oder *Perlen der Aufstellungsarbeit* (Lockert, 2018). Häufig wird eine Technik- oder Toolebene eingenommen wie im Lehrbuch von Rainer Schwing und Andreas Fryszer (2015) *Systemisches Handwerk – Werkzeug für die Praxis,* das den Schwerpunkt auf Methoden im Arbeitsfeld der Sozialen Arbeit legt. Vermehrt findet sich eine Aufbereitung als Fragekarten oder Loseblattsammlungen (Bamberger, 2017; Guyer, 2015; Hoch, 2016; Hoch & Schnelle, 2018; Lindemann & Bauer, 2016). Bei aller Praktikabilität – oder vor allem aufgrund der hohen, manchmal spielerisch anmutenden Umsetzbarkeit der so aufbereiteten systemischen Methoden – sei wiederholt, worauf in Kapitel 1 einleitend bereits ausführlich hingewiesen wurde: Ein Werkzeuggebrauch ohne Ideenlehre ist sehr kritisch zu bewerten. Methoden haben kein Eigenleben. Sie leiten sich aus Theorien oder Handlungskonzepten ab, im vorliegenden Fall aus konstruktivistischen und systemischen, ergänzt um differenzsensible Perspektiven.

Theorien, Haltungen und Methoden sind unterschiedlich stark an Anwendungskontexte gebunden. In Teil I wurde in Kapitel 2 und 3 deutlich, dass Systemtheorie und Konstruktivismus als Weltbilder in allen Kontexten wirken. Auf der Ebene der Grundhaltungen werden je nach Aspekt der Kita-Eltern-Kooperation unterschiedliche Grundhaltungen bedeutsam, sind also ein wenig mehr auf Kontexte bezogen. In Kapitel 4 wurden vier Inhaltsbereiche einer systemisch konstruktivistischen Grundhaltung unterschieden: *eine*

Passung zu Eltern herstellen, auf Elternperspektiven eingehen, Unterscheidungen einführen und *Handlungsmöglichkeiten erweitern.* Elterninformation oder Elternbildung erfordern, die pädagogische Fachlichkeit durch eine Passung an die Lebenswelt und Interessen von Eltern verständlich zu machen. Elternpartizipation funktioniert per Definition nur, wenn kindheitspädagogische Fachkräfte auf elterliche Perspektiven neugierig sind. Elternberatung erfordert ein breites Spektrum an Haltungen seitens der pädagogischen Fachkräfte, soll aber mit der Einstellung erfolgen, auch problemlösende Handlungsmöglichkeiten hervorzubringen.

Erst auf der Ebene der Methoden macht der Anwendungskontext einen deutlichen Unterschied: Viele Methoden, Techniken oder Werkzeuge, die für die systemische Therapie, für Beratung, Supervision oder Coaching entwickelt wurden, eignen sich nicht zwangsläufig auch für die Kita-Eltern-Kooperation, einige sind im Kontext Kindertagesstätte sogar undenkbar. Die Kita-Eltern-Kooperation unterscheidet sich von Therapie und Beratung nämlich grundlegend – dieser Unterschied wird aber erst jetzt, auf der Ebene der verwendeten Methoden, erkennbar.

Die Kita-Eltern-Kooperation hat anderes Klientel, andere Interventionsformen, einen anderen situativen Kontext, andere Probleme, andere Interventionsziele und andere Zeitkontingente als andere Settings. Ähnlich wie dies Michael Galuske (2013) für die Sozialpädagogik im Vergleich zur Psychotherapie beschrieben hat, gilt auch für die Kita-Eltern-Kooperation: Sie betrifft grundsätzlich alle Eltern (nicht nur die Personengruppe mit psychischen oder sozialen Problemen wie in Psychotherapie oder Sozialer Arbeit); sie erfolgt in der alltagsnahen Situation der Kindertagesstätte (nicht in einem geschützten Beratungssetting); sie betrifft die Entwicklungsförderung der Kinder, es geht also um Dritte (und nicht um die psychische Gesundheit der Ratsuchenden); die betrachteten Probleme können nicht so leicht auf Schlüsselprobleme (Angststörungen, Depression o. Ä.) reduziert werden wie in der Therapie. Der wichtigste Unterschied betrifft das minimale Zeitkontingent im Vergleich zu Therapie und Beratung. Viele Formen der Kita-Eltern-Kooperation sind nicht individuell auf einzelne Eltern bezogen (z. B. Information, Bildung oder Partizipation), sondern betreffen Elterngruppen. Auch im Kontext der Elternberatung kommt es mit den Eltern eines Kindes sicher höchstens zu ein, maximal zwei längeren Gesprächskontakten im Jahr. Komplexe systemische oder konstruktivistische Methoden erfordern zudem eine fundierte Ausbildung, wie sie in einer mehrjährigen Zusatzqualifikation angeregt werden kann und auch dann noch vielfacher Übung bedarf. Die meisten kindheitspädagogischen Fachkräfte dürften nur kurze Fortbildungen zum Thema besucht haben oder bilden sich durch Fachliteratur weiter. Diese Rahmenbedingungen sind bei der Auswahl der Methoden zu beachten.

Die Methoden, die vor diesem Hintergrund überhaupt nicht in den Rahmen der Kita-Eltern-Kooperation passen, gehören allerdings zu den Klassikern systemischer Methodenlehre. Ungeeignet für Gespräche mit Eltern sind Verfahren, die emotional-intime Informationen von Familien über hierarchische Beziehungen und über Nähe und Distanz offenlegen wie die *Familienskulptur.* Auf die Liste der undenkbaren Verfahren in der Kita-Eltern-Kooperation gehören auch vergangenheitsbezogene Verfahren wie das *Genogramm* oder die *Familienaufstellung,* die eine Mehrgenerationenperspektive einfordern. Viele bildhaft-metaphorische Verfahren, besonders aber die in der Kindertagesstätte häufig bekannten *Familientests* in Form von Familienzeichnungen der Kinder, erfordern ein profundes tiefenpsychologisches Wissen. Vorsicht geboten ist auch bei *Zirkulärem Fragen,* der Anwendung der *Wunder-Frage, Externalisierungen, Paradoxen Interventionen* wie *Symptomverschreibungen* u.v.m. aus der systemischen Methodenkiste. Kurzum: Aktionsmethoden, zeitaufwändige Methoden und Methoden, die von alltäglichen Gesprächserfahrungen sehr weit entfernt sind, eignen sich nicht für die Kita-Eltern-Kooperation.

Kleine Methodenkunde zu Methoden ohne praktische Relevanz in der Kita

- *Genogramme* sind standardisierte Darstellungen der verwandtschaftlichen Beziehungen über mehrere Generationen wie in einem Stammbaum. Ziel ist das Verständnis gegenwärtiger Probleme mittels vergangenheitsbezogener Auswertungskriterien (McGoldrick, Gerson & Petry, 2016). Verschiedene Verfahren bilden familiäre Beziehungen für die Familienmitglieder erlebbar ab.
- Eine lange Tradition hat die *Familienskulptur* als körperlich-räumliche Darstellung von Familienbeziehungen oder als *Familienbrett* (Ludewig, Pflieger, Wilken & Jakobskötter, 1983) unter Einbezug von Nähe und Distanz, Hierarchie und im Falle der Skulptur auch von Ausdrucksmerkmalen.
- Interessant sind auch sozialarbeiterisch motivierte Erweiterungen zu Familienlandschaften wie bei *Familie in Balance* von Eva Tillmetz (2014, 2017). Das unter verschiedenen Namen praktizierte Stellen der Familie (Schneider, 2014; ethisch umstritten in der Variante nach Bert Hellinger) agiert mit Nähe und Distanz, Zu- und Abwendung, arbeitet mit Stellvertretern, wird vergangenheitsbezogen und normativ ausgewertet (vgl. hierzu Deutsche Gesellschaft für Systemische Therapie, Beratung und Familientherapie, 2003).
- *Familientests* sind standardisierte Verfahren, um familiäre Beziehungen zu erkennen. Bekannt sind *Die verzauberte Familie* (Kos & Biermann, 2017) oder *Familie in Tieren* (Brem-Gräser, 2014). Die Auswertung erfolgt multikriterial

und bezieht sich auch auf die verwendete Symbolsprache des Kindes (Müssig, 1991).
- *Zirkuläre Fragen* bringen die Perspektiven verschiedener Systemmitglieder auf andere Systemmitglieder hervor (Patrzek & Scholer, 2018), erhöhen Komplexität, sind für viele Menschen aber auch kompliziert: »Wie reagiert Ihr Mann, wenn Sie sich über die Schulfähigkeit von Marie wiederholt Sorgen machen?«
- Die *Wunderfrage,* die auf die Hypnotherapie und die Lösungsfokussierte Kurzzeittherapie zurückgeht, erfragt mittels einer fiktiven Inszenierung die ideale Lösung: »Angenommen, es würde eines Nachts, während Sie schlafen, ein Wunder geschehen, und Ihr Problem wäre gelöst. Wie würden Sie das merken?« (Shazer, 2015, 24).
- Im Kontext ihrer Entstehung verstehbar, außerhalb dieses Kontextes aber verwunderlich sind auch *Paradoxe Interventionen,* die das Gegenteil dessen anleiten, was zur Problemlösung augenscheinlich beiträgt. Eine Symptomverschreibung bei Verwöhnung könnte lauten: »Lieben Sie ihr Kind so abgöttisch, wie sie nur können!«
- *Externalisierungen* isolieren das Problemverhalten (»Der Faulpelz in mir«) und machen es dadurch betrachtbar und behandelbar (White & Epston, 2013).
- *Ordeals* sind Verhaltensverschreibungen, die einen höheren Aufwand erfordern als das Problemverhalten (Haley, 2014).

Viele systemische Grundbegriffe, auch methodenbezogene Grundbegriffe, sind bei Simon, Clement und Stierlin (2004) erklärt.

Dass systemische und konstruktivistische Methoden an den Anwendungskontext angepasst werden müssen, ist unmittelbar nachvollziehbar. Vergleichsweise provozierend wirkt dagegen die Einschätzung, dass es eigentlich gar keine *systemischen* Methoden gibt. Bei Fritz B. Simon (2012, 13) heißt es dazu:

> Handlungen […] ›sind‹ genauso wenig systemisch, wie sie ›katholisch‹ oder ›grün‹ sind […] Ganz anders sieht es bei der Begründung oder Erklärung von Handlungen aus. Sie können in dem Sinne systemisch sein, dass sie aus systemtheoretischen Überlegungen abgeleitet werden.

Was für die Systemtheorie gilt, gilt natürlich auch für den Konstruktivismus und wird als Grundgedanke in den Methodenkapiteln 8 und 9 immer wieder aufgegriffen: Systemische und konstruktivistische Methoden brauchen einen dazu passenden Begründungszusammenhang.

Davon ausgehend, dass Elternberatung zu den Kerngeschäften einer kindheitspädagogischen Fachkraft im Rahmen der Eltern-Kita-Kooperation gehört, werden in Teil III nur Methoden für diese Aufgabe zusammengestellt. Auf Methoden zu den Aspekten Elterninformation (z. B. Wanddokumentationen, Öffentlichkeitsarbeit), Elternbildung (z. B. kurze Vorträge halten) oder Elternpartizipation (z. B. Befragungen planen, durchführen und auswerten) kann an dieser Stelle nur verwiesen werden.

Das Thema Elternberatung in der Kindertagesstätte wirft einige Fragen auf. Bernhard Kalicki (2010, 197/199) warnt nachvollziehbar vor der »ausufernden Programmatik« des Konzepts der Erziehungspartnerschaft, besonders wenn sie Beratungen vorsieht, die den Kontext Familie betreffen: »Zu problematisieren ist, ob pädagogische Fachkräfte das Mandat haben, die Paarbeziehung von Eltern zu thematisieren und welche Wirkung es hat, wenn sie sich den Eltern gegenüber wertend zu deren Familienerziehung äußern.«

Teilt man prinzipiell die Forderung nach Zurückhaltung seitens der kindheitspädagogischen Fachkraft, und passt diese Forderung auch sehr gut zu einer systemisch-konstruktivistisch geprägten Toleranz, so zeigt der Blick in die tägliche Praxis, dass Fachkräfte in der Kindertagesbetreuung oft bei Erziehungsfragen zu Rate gezogen werden. Erziehungsprobleme in der Familie können sich auch so stark auswirken, dass die Betreuung in der Kindertagesstätte davon nicht isoliert betrachtet werden kann. Eine systemisch-konstruktivistische Haltung und eine methodisch entsprechend gestützte Gesprächsführung kann das Dilemma von kindheitspädagogischen Fachkräften auflösen, weil das Prinzip der Wahlfreiheit auf allen Ebenen der Beratung dominiert.

Im Verlauf von Kapitel 8 und 9 wird deutlich werden, dass kindheitspädagogische Fachkräfte, wenn sie sich einbringen wollen oder sollen, ermutigt werden, in Elterngesprächen Methoden anzuwenden, die mitunter auch sehr *direkt* sind (selbst wenn sie moderat zum Ausdruck kommen). Erfahrungsgemäß sind frühpädagogische Fachkräfte sehr verhalten, wenn es darum geht, ihre eigene Perspektive im Elterngespräch einzubringen, obgleich sie diese in Aus- und Weiterbildung meiner Erfahrung nach immer gut artikulieren können. Malte Mienert (2016, 112) problematisiert diese Zurückhaltung unter der Überschrift »Pädagoginnen und Pädagogen wollen von Eltern gemocht werden.« Wenig hilfreich wirkt sich auch die unter kindheitspädagogischen Fachkräften häufig vertretende Annahme aus, es sei von Nachteil, Ratschläge zu erteilen, die zudem als Rezepte abgewertet werden, weil diese angeblich dem Individuum und individuellen Problemlagen nicht gerecht würden. Hier könnten konstruktivistisch Denkende erwidern: Ratschläge können zu Vorschlägen werden, wenn sie nicht als Wahrheit erzählt sind. Systemisch Denkende wissen, dass Vorschläge sowieso nur übernommen werden, wenn sie zum System Familie passen.

Die Methoden in Teil III werden konsequent in den Kontext der Kita-Eltern-Kooperation gestellt. In Kapitel 8 werden Analysemethoden für das Kind in der Kindertagesstätte und das Kind in der Familie vorgestellt. Dabei werden auch Methoden, die in die Kindertagesstätte bereits Einzug gehalten haben und die vor allem in Entwicklungs- und Beratungsgesprächen Bedeutung erlangen, auf ihre Passung zu einer systemischen oder konstruktivistischen Grundhaltung überprüft. Kapitel 9 stellt verschiedene Methoden speziell für die Elternberatung zusammen, die sich an den in Kapitel 4 formulierten Haltungen orientieren. Sie können als Methodenbausteine den Verlauf von Beratungsgesprächen unterstützen. Die 25 Methodenbausteine sind praxisnah beschrieben, aber nicht so einheitlich strukturiert, wie dies in expliziten Praxismaterialien häufig der Fall ist. Die Transferleistung ist also noch zu ergänzen, was Vorteile hat, weil die Angemessenheit des Methodeneinsatzes überdacht werden muss und Modifikationen möglich werden.

8 Kind und Familie methodisch betrachten

Pädagogische Prozesse unterliegen einer Logik, die sich in therapeutischen, beraterischen und anderen helfenden Beziehungen ebenfalls findet. Am Anfang steht eine Analyse der Situation, dann werden Erklärungen gesucht und Wissensbestände aktiviert, es findet eine Maßnahme statt – und abschließend wird dieses Vorgehen auf seinen Erfolg hin überprüft. Die Analyse der Ausgangssituation heißt in der Medizin und Psychologie *Diagnose.* Im Kontext Sozialer Arbeit spricht man von *Sozialer Diagnostik.* In der Didaktik der Kindertageseinrichtung ist für den ersten Schritt pädagogischen Handelns der Begriff *Situationsanalyse* üblich. Im Projektmanagement beinhaltet der *Projektantrag* diese Phase.

Auch bei einem systemischen Vorgehen würde man sich in einem ersten Schritt einen Überblick über ein betreffendes System verschaffen wollen. Hier wird von *Systemdiagnose* – oder weniger therapiebezogen von *Systemerkennung* gesprochen. Trotz medizinischer und psychologischer Mitbedeutungen eignet sich der Begriff *Diagnose* sehr gut für das anvisierte Vorhaben. Das griechische Wort *diágnosis* heißt nämlich *unterscheiden, durchschauen, genau erkennen,* d. h. regelgeleitet differenzierende Information gewinnen.

Werden Methoden der Systemerkennung im Kontakt mit Klienten in Therapie und Beratung angewendet, z. B. mittels Familienskulptur oder Genogramm, dann lassen sich Systemerkennung und Systemveränderung nicht klar trennen, weil die Anleitung zur Selbstbeobachtung der familiären Beziehungen an sich schon eine Veränderung bewirkt. Auf die Methoden der Systemerkennung, die in Kapitel 8 thematisiert werden, trifft dieser Vorbehalt einer schwierigen Trennung zwischen Systemerkennung und Systemveränderung allerdings nicht zu: Sie sollen nämlich nur der kindheitspädagogischen Fachkraft helfen, Informationen über das Kind und die Familie zu systematisieren, um hilfreiche Ideen zu entwickeln. Nur in seltenen Fällen werden sie in die konkrete Interaktion mit den Eltern eingebracht.

In Kapitel 8 geht es darum, das Kind in der Kindertagesstätte und in der Familie methodengeleitet zu betrachten. Dazu wird in Kapitel 8.1 zunächst ein Blick auf Methoden geworfen, die das Kind fokussieren. In diesem Zusammenhang stellt sich anwendungsbezogen erneut die grundsätzliche Frage, was eine Methode zu einer systemischen oder zu einer konstruktivistischen macht. Kapitel 8.2 widmet sich Systemdiagnosen der gesamten Familie, die in der Kindertagesstätte praktikabel sind und helfen, das Kind im Kontext seiner Familie zu verstehen. Tabelle 4 gibt einen Überblick über die Analysemethoden, die in diesem Kapitel vorgestellt werden. Die Methoden werden zunächst ausführlich theoretisch eingeleitet und dann durchführungsnah beschrieben.

Tabelle 4: Überblick über Analysemethoden für verschiedene Systeme

Kind: Personbezogene Methoden	Kind: Systembezogene Methoden	Familie: Systembezogene Methoden
- KOMPIK: Kompetenzen und Interessen von Kindern - Motivationsprogramm *Ich schaffs!*	- VIP-Karte - Kita-Netzwerkkarte - Spielgruppenanalyse - Soziogramm	- Familie in Kreisen - Darstellung von Teilfamilien

8.1 Das Kind im Fokus

In der Kindertagesbetreuung erfolgt der analysierende Zugang zum Kind in der Regel personzentriert, nicht interaktionszentriert. Beide Wege haben ihre Bedeutung, wenn die Ziele mit betrachtet werden.

8.1.1 Personbezogene Erkenntniswege

Es gehört seit jeher zu den selbstverständlichen Aufgaben einer kindheitspädagogischen Fachkraft, durch spontane, regelmäßige und gezielte Beobachtungen des Kindes dessen Entwicklungsstand einzuschätzen, diese Beobachtungen im Team zu besprechen und zur Förderung des Kindes zu nutzen. Dabei werden auf der Grundlage entwicklungspsychologischen Wissens die motorischen, emotionalen, sozialen, sprachlichen und kognitiven Fähigkeiten des Kindes mit dem allgemeinen Entwicklungsstand der Altersgruppe verglichen. Weicht ein Kind erkennbar von Altersnormen ab, wird daraus ein pädagogischer Handlungsbedarf abgeleitet: Ein Entwicklungsrückstand wird durch Förderung in der Kindertagesstätte, bei medizinisch auffälligen Abweichungen durch therapeutische Übungsbehandlungen wie Ergotherapie, Logopädie oder Physiotherapie ausgeglichen. Bei einem Entwicklungsvorsprung lässt sich durch zusätzliche Förderangebote oder eine frühere Einschulung eine Unterforderung des Kindes vermeiden. Für dieses Vorgehen liegt eine Fülle entwicklungspsychologischer Literatur für die Kindertagesstätte vor (z. B. Koglin & Petermann, 2013; Koglin, Petermann & Petermann, 2008; Küspert & Schneider, 2018; Mayr & Krause, 2011; Petermann & Gust, 2016; Petermann, Natzke, Gerken & Walter, 2016; Tröster, Flender, Reineke & Wolf, 2016; Verbeek, 2006).

Seit der Einführung von Bildungsplänen in die Kindertagesbetreuung zu Beginn des Jahrtausends wird dieses entwicklungspsychologisch geprägte Vorgehen durch Beobachtungs- und Dokumentationsroutinen ersetzt oder ergänzt, die ressourcenorientiert Lernleistungen von Kindern dokumentieren, wobei vorrangig der Lernfortschritt des Kindes betrachtet, nicht aber primär die Entwicklungsbezogenheit bewertet wird. Bildungs- und Lerndokumentationen als Portfolios mit Arbeitsergebnissen des Kindes, Fotografien, Briefen oder Lerngeschichten über Aktivtäten gehören mittlerweile zum Dokumentationsstandard von Kindertageseinrichtungen. Das Portfolio ist dabei keine Kindergartenmappe mit den schönsten gestalterischen Arbeiten, auch kein Erinnerungsalbum mit Dokumenten über die öffentlichkeitswirksamen Highlights im Kindergartenjahr, sondern es erzählt die individuelle Lerngeschichte eines Kindes. Ganz wertfrei ist die Bildungsdokumentation allerdings nicht gedacht: Das mittels Beobachtung und Lerngeschichte dokumentierte situative Handeln des Kindes wird in Bezug auf verschiedene Lerndispositionen beurteilt, die intrinsisch motivierte Lernvorgänge anzeigen: Interesse, Engagement, Durchhaltevermögen, Versprachlichung und Beteiligung in einer Lerngemeinschaft gehören dazu. Aktivieren Lernhandlungen eines Kindes nicht alle Lerndispositionen, sollte die Lernumwelt entsprechend anreichernd gestaltet werden – so zumindest die Theorie (vgl. Leu u. a., 2007).

In der Praxis führen Bildungsdokumentationen wiederum häufig zu einer einseitigen Ressourcenorientierung. Sie machen einen intraindividuellen Vergleich, also einen Vergleich der Person mit sich selbst. Bei einem Ressourcenbegriff, der nicht ergänzend, sondern ausschließend gebraucht wird, besteht die Gefahr, dass Entwicklungsprobleme tabuisiert werden (vgl. Ritscher, 2008). Deshalb wird auf Methoden der reinen Ressourcenanalysen, die z. B. für die Soziale Arbeit vorliegen (Buttner, 2018) und auf die Kindertagesbetreuung übertragen werden könnten, an dieser Stelle nicht eingegangen.

8.1.2 Probleme von Kindern – besser erzählt

Vor dem Hintergrund der nur begrenzt verfügbaren Zeit einer kindheitspädagogischen Fachkraft und der bedenklich hohen Zahl an Kindern mit Entwicklungsgefährdung (vgl. 7.1) erlangt eine gezielte Prävention psychischer Störungen mit den Mitteln, die in der Kindertagesbetreuung zur Verfügung stehen, eine sehr große Bedeutung. Für eine gezielte Entwicklungsförderung bedarf es einer ausgewogenen Betrachtung von altersgemäßen Entwicklungskompetenzen, aber auch von Entwicklungsrisiken.

Aus konstruktivistischer Sicht kann die in der kindheitspädagogischen Praxis ungeliebte Rede von Defiziten oder Problemen vermieden werden, wenn stattdessen andere, positiv besetzte Begriffe benutzt werden wie beispielsweise *Lernbedarfe* oder *zu lernende Fähigkeiten.* Im Sinne einer konstruktivistisch geprägten Grundhaltung sei dazu angemerkt: Wenn diese neuen Narrationen dazu verhelfen, die Notwendigkeit einer Entwicklungsförderung für (mehr) psychisch gesunde Kinder zu erkennen, ist dies ein guter Weg. Zwei methodische Umsetzungen seien dazu im Folgenden vorgestellt.

Methoden-baustein 1

8.1.2.1 KOMPIK: Kompetenzen und Interessen von Kindern

Empfehlenswert ist die Beobachtung von Kindern mittels des Verfahrens *Kompetenzen und Interessen von Kindern (KOMPIK),* das am Staatsinstitut für Frühpädagogik in Kooperation mit der Bertelsmann Stiftung entwickelt wurde (Bauer, Krause & Mayr, 2010). Optimiert aufbereitet für die kindheitspädagogische Praxis steht das Beobachtungsverfahren als kostenfreier Download unter *www.kompik.de* zur Verfügung und ermöglicht eine computergestützte Auswertung der Beobachtungsergebnisse. Die Kompetenzen und Interessen eines Kindes im Alter zwischen 3½ und 6 Jahren können mehrmals während der Kindergartenzeit in elf Entwicklungs- und Bildungsbereichen eingeschätzt werden. Beobachtungen beziehen sich auf Motorische Kompetenzen, Soziale Kompetenzen, Emotionale Kompetenzen, Motivationale Kompetenzen, Sprache und frühe Literacy, Mathematische Kompetenzen, Naturwissenschaft, Gestalterische Kompetenzen und Interessen, Musikalische Kompetenzen und Interessen, Gesundheit sowie – als letzter Kompetenzbereich – Wohlbefinden und soziale Interessen. Alle wichtigen Informationen zur Entstehung und wissenschaftlichen Begründung des Verfahrens, zur Einordnung in die Bildungsplanung, zur konkreten Vorgehensweise und Auswertung auf der Ebene des Kindes, zusätzlich auf der Ebene der Gruppe oder des Sozialraums sind detailliert der Homepage zu entnehmen. Zur Elterninformation wird die Durchführung eines Elternabends empfohlen und an Eltern adressiertes Material zur Verfügung gestellt.

Obgleich klassisch in der Tradition eines psychologischen Entwicklungstests konstruiert sowie nach testtheoretischen Kriterien evaluiert (Mayr, Krause & Bauer, 2011) und von daher in der Tendenz defizit- und problemfokussiert, werden in der Verfahrensdarstellung konsequent Begriffe genutzt, die eine Stärkenorientierung ausdrücken. Schon in der Namenswahl für das Verfahren wird im KOMPIK von *Kompetenzen* oder *Interessen* gesprochen. Mittels KOMPIK ist es möglich, eine Entwicklungsförderung einzuleiten, wenn altersgemäße Kompetenzen nicht erreicht sind.

Methodenbaustein 2

8.1.2.2 Motivationsprogramm Ich schaffs!

Im Trainingsprogramm *Ich schaffs!* von Ben Furman (2016; 2017), das auch für die Förderung in der Kindertagesbetreuung konzipiert ist, wird das Ausgleichen von Entwicklungsproblemen oder das Bewältigen von Verhaltensproblemen so angeboten, dass Kinder darin eine anregende Trainingsaufgabe sehen können. Kindgemäß wird eine Geschichte erzählt, die das Kind nicht zu einem Problemfall, sondern zu einem Experten und Mitgestalter seiner psychischen Gesundheit macht – ein Vorgehen, das für die Kindertherapie typisch ist und in der Kindertagesstätte als verändertes Reden über Entwicklungsprobleme des Kindes aufgenommen werden kann. Explizit bezieht sich Furman auf narrative und lösungsfokussierte Therapieansätze als Inspiration für das Förderprogramm.

In einem 15-Schritte-Programm wird das Problem des Kindes (z.B. Einnässen) in eine Fähigkeit übersetzt (z.B. die Toilette benutzen). Der Nutzen der zu erlernenden Fähigkeit wird zusammen mit dem Kind erarbeitet, die neue Fähigkeit erhält einen Namen usw. Zu dem Motivationsprogramm gehört auch, den Erfolg zu feiern und die neu erlernte Fähigkeit an andere weiterzugeben. Interessierte seien auf das zusätzliche, didaktisch optimal aufbereitete Material mit zahlreichen Fallbeispielen verwiesen.

8.1.3 Systembezogene Erkenntniswege

Wenn Entwicklungsstände mittels Entwicklungsbögen eingeschätzt, lernrelevante Arbeitsergebnisse in Portfolios gesammelt werden und Kinder selbst Entwicklungsziele formulieren, dann wird das Kind mit seinen Kompetenzen und Lernbedarfen fokussiert. Erst der Perspektivenwechsel weg von der Einzelperson hin zu den Interaktionen in der Gruppe ermöglicht, das Kind in seinen Beziehungen wahrzunehmen und führt zu systembezogener Information über das Kind. Wie in Kapitel 3 über systemtheoretische Grundlagen ausgeführt, betrifft dieser Perspektivenwechsel nicht einen Blick auf soziale Kompetenzen, sondern meint radikaler, dass Personen grundlegend in Beziehungen verstehbar werden.

Personbezogene und systembezogene Betrachtung am Beispiel
Deutlich wird der Unterschied zwischen personzentrierten und interaktionszentrierten Erkenntniswegen an der unterschiedlichen Interpretation einer bestimmten kindlichen Verhaltensweise, z. B. der Malaktivität der fünfjährigen Charlotte, die über eine Stunde allein am Tisch sitzend Seerosen bunt ausmalt.

Aus einer personzentrierten Perspektive wird ein bestimmtes Verhalten als Ausdruck von Eigenschaften, Entwicklungsständen oder Bildungsinteressen interpretiert. So kann Charlottes seltene Motivwahl als Ausdruck ihrer Kreativität (Personmerkmal), eines positiv auffallenden feinmotorischen und kognitiven Reifestandes (Entwicklung) oder als Selbstaneignung biologischer Wissensbestände (Bildungsbereich Naturwissenschaften) betrachtet werden.

Aus einer systemisch-konstruktivistischen Perspektive ist Verhalten allerdings nicht stabil in der Person verankert, sondern variabel in konkreten Interaktionen begründet. Es gibt Auskunft über Beziehungen, über Absichten oder die Stellung in Gruppen. Zieht sich Charlotte aus der Spielgruppe zurück, wenn sie ihre Interessen bei ihren Freundinnen nicht durchsetzen kann? Malt Charlotte Seerosen, weil sie sich die Aufmerksamkeit der neuen Praktikantin sichern will? Sind Seerosen gerade als Malmotive angesagt und möchte das Mädchen in die Gruppe der Seerosen-Malerinnen gehören?

Interaktionen zwischen Kindern und anderen Personen in der Einrichtung fallen in der Regel nicht auf, wenn sie einmalig erfolgen, wohl aber wenn sie sich zu Kommunikationsmustern entwickeln, weil sie immer ähnlich oder gleich ablaufen. So malt Charlotte immer Blumen oder Pferde, nie Autos oder wilde Tiere. Sie malt seltene Motive immer dann, wenn sie allein mit der kindheitspädagogischen Fachkraft im Malraum ist. Wenn Kommunikationsmuster sich verfestigen, laufen sie Gefahr, dass sie nicht mehr als prinzipiell änderbar wahrgenommen werden und sie fälschlich der Person als überdauerndes Merkmal angeheftet werden (z. B. typisch Mädchen; erwachsenenfixiert). Ähnlich wie wiederkehrende Interaktionsmuster sind auch Rollen in Gruppen nicht Merkmale von Personen, sondern prinzipiell veränderbar.

Eine typische Erfahrung kindheitspädagogischer Fachkräfte verdeutlicht, dass auch verfestigte Verhaltensmuster in einem System nicht als Teil der Person, sondern als Teil der Interaktion verstanden werden müssen. In Gesprächen mit Eltern fällt nicht selten der Satz, ihr Kind verhalte sich zu Hause, in den Freizeit- oder Familienbeziehungen ganz anders als es die kindheitspädagogische Fachkraft schildert. Was bei personbezogener Betrachtung ein Widerspruch ist und aus Sicht der pädagogischen Fachkraft die Wahrnehmung der Elternperson fragwürdig erscheinen lässt, ist in einer systembezogenen Sichtweise völlig selbstverständlich: Kinder kommunizieren in unterschiedlichen Situationen oder Systemen mit unterschiedlichen Interaktionspartnerinnen und -partnern unterschiedlich (Im Übrigen gilt: Auch wenn jemand sich in verschiedenen Situationen ähnlich verhielte, spräche dies nicht gegen das elementare Gewordensein in Interaktionen).

In der Kindertagesbetreuung wird weit mehr als in allen anderen Institutionen dem Aufbau sozialer Kompetenzen eine herausragende Bedeutung zugemessen, nicht zuletzt deshalb, weil dort erstmalig Erfahrungen in einer Gemeinschaft außerhalb der Familie gemacht werden. Gerade deshalb sind kindheitspädagogische Fachkräfte in der Wahrnehmung dessen, was sich *zwischen* Kindern abspielt, ziemlich geübt. Gespräche über das Einhalten von Regeln, über Spielpartnerschaften und über Konflikte unter Kindern erfordern immer wieder, den Blick auf die Interessen der Gemeinschaft und damit auf Beziehungen zu lenken. Unabhängig vom konkreten Handlungsbedarf im Alltag einer Kindertagesstätte beobachten kindheitspädagogische Fachkräfte die Kinder, um Erkenntnisse über die Gruppen und über die Kinder als Gruppenmitglieder zu erlangen. Sie tun dies mit der Absicht, den Gruppenzusammenhalt zu fördern und extreme Positionen in der Gruppe zu korrigieren.

Kindheitspädagogische Fachkräfte stellen sich in Bezug auf Kindergruppen auch genau die Fragen, die sich systemisch Denkende stellen, wenn sie Systeme erkunden wollen: Welche Kinder spielen häufiger miteinander? – Welche Kinder spielen weniger miteinander? – Welche Interessen teilen die Kinder, die häufiger miteinander spielen? usw. Aus den unzähligen Beobachtungen im Gruppenalltag bildet sich die Wahrnehmung von Teilgruppen innerhalb der Kita-Gruppe heraus (oder bei offenem Konzept von Teilgruppen in der Kindertageseinrichtung). Diese können auch genauer beobachtet werden: Zeigen sich in der Teilgruppe immer wieder ähnliche Verhaltensmuster der Kinder? – Welche Rollen nehmen einzelne Kinder in der Teilgruppe ein?

Systemisch Praktizierende nutzen Methoden der Systemerkennung allerdings nicht beiläufig, sondern standardisiert und dokumentieren ihre Ergebnisse ähnlich sorgfältig, wie dies in der Kindertagesbetreuung für personbezogene Verfahren mittlerweile üblich ist.

8.1.4 Methoden der Systemerkennung

Um Interaktionen zu beobachten, braucht es prinzipiell nicht grundlegend andere Methoden als die Beobachtung und das Gespräch, wohl aber die in Kapitel 2 und 3 besprochenen veränderten Perspektiven. Die Beobachtung richtet sich nicht auf das Kind und seine Persönlichkeit, sondern auf die Interaktionen und Beziehungen zwischen den Kindern.

Die im Folgenden beschriebenen Methodenbausteine *VIP-Karte, Soziogramm, Spielgruppen-Analyse* und *Netzwerkkarte* sind vier exemplarische systemorientierte Methoden, die in die Praxis der Kindertagesstätte aufgenommen werden können und einen geschärften Blick auf die Beziehungen der Kita-Kinder untereinander ermöglichen. Ziel ist entweder die ressourcenorientierte Erfassung des Unterstützerkreises eines Kindes (z. B. *VIP-Karte* oder *Kita-Netzwerkkarte*), die Analyse der Interessen von Untergruppen *(Spielgruppen-Analyse)* oder die Erfassung von Gruppenkohäsion und der Stellung des Einzelnen in Relation zur Gesamtgruppe *(Soziogramm)*.

Die Auswertungen sind nicht standardisiert, was besonders beachtet werden muss. Manchmal offenbaren systematische Erhebungen neue Information, manchmal bilden sie nur ab, was sich offensichtlich zeigte. Im letzten Fall kann die Dokumentationspflicht besser erfüllt werden als bei einer freien Beobachtung von Gruppen.

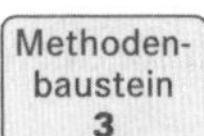

8.1.4.1 VIP-Karte

Die VIP-Karte wurde von Johannes Herwig-Lempp (2004, 2007) als Methode für die Soziale Arbeit beschrieben. Sie erlaubt, in einem Vierfelderschema für das Kind wichtige Personen (Very Important Persons) zu notieren. Herwig-Lempp schlägt dazu die vier Kontexte *Familie, Freunde/Bekannte, Professionelle Helfer* und alternativ je nach Lebenslage *Arbeit/ Ausbildung/Schule* vor. Ziel ist es, Ressourcen im Umfeld des Kindes in Erfahrung zu bringen, wobei die Bedeutung der einzelnen Personen durch einen unterschiedlichen Abstand zum Kind, platziert im Zentrum des Vierfelderschemas, angezeigt werden kann. Die VIP-Karte ist angelehnt an die Netzwerkdiagnostik in der sozialräumlichen Sozialarbeit (vgl. Sommer, Lingg, Reutlinger & Stiehler, 2010; Kupfer, 2018).

In Adaptation der VIP-Karte für die Kita-Eltern-Kooperation in der Kindertagesstätte können drei Felder mit *Familie, Kindertagesstätte, Freunde und Freundinnen* (außerhalb der Kita, z. B. in der Nachbarschaft oder in Vereinen), überschrieben werden. Die jeweilige Nähe und Distanz zum Kind durch einen unterschiedlichen Abstand der notierten Personen zum Kind auszudrücken, kann in der Kindertagesstätte unterbleiben, vor allem, wenn Kinder oder Eltern befragt werden (siehe auch Methodenbaustein 4). Durchführungsempfehlungen und Anwendungserfahrungen in der Sozialen Arbeit, verbunden mit dem Hinweis, die Methode eigenen Fragestellungen anzupassen, finden sich bei Herwig-Lempp (2007). Eine kindgemäße Adaptation könnte folgendermaßen aussehen (siehe Abbildung 13):

Abbildung 13: VIP-Karte für Kinder in der Kindertagesstätte (angelehnt an Herwig-Lempp, 2004, 2007)

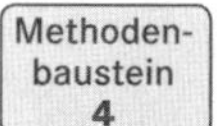

8.1.4.2 Kita-Netzwerkkarte

Ebenfalls ein sehr einfach praktizierbares Verfahren stellt eine Netzwerkkarte dar, die die Kita-Gruppe als Unterstützungssystem hervorhebt. In die konzentrischen Kreise werden wichtige andere Kinder, abgestuft in drei Kreisen, eingetragen. Enge Beziehungen des Kindes können von weniger engen Beziehungen unterschieden werden. Netzwerkkarten sind in der Sozialen Arbeit mit Kindern und Jugendlichen bereits etablierte Verfahren (Kupfer, 2018) und eignen sich in der Kita dafür, die wahrgenommene soziale Einbindung des Kindes schnell zu dokumentieren. Eine mögliche Umsetzung der Kita-Netzwerkkarte eines Kindes wird in Abbildung 14 verdeutlicht.

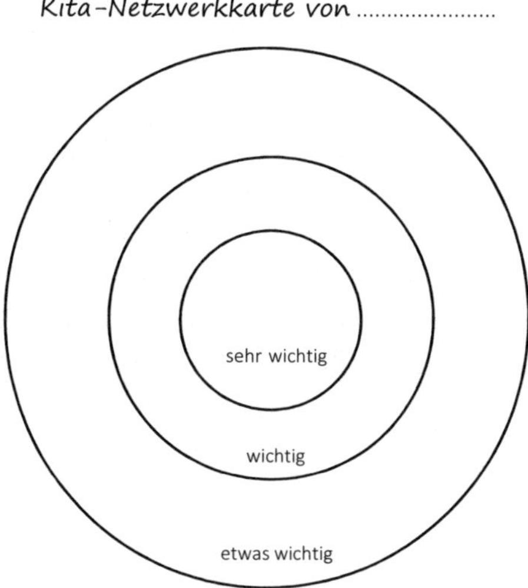

Abbildung 14: Beispiel einer Kita-Netzwerkkarte.

Methoden-
baustein
5

8.1.4.3 Spielgruppen-Analyse

Diese systemorientierte Methode wurde durch ein Verfahren der sozialräumlichen Jugendarbeit inspiriert, die dort *Cliquenraster* heißt (Deinet & Krisch, 2009). Mittels der Analyse bestehender Gruppen in einem Stadtteil und der Beschreibung identitätsstiftender Merkmale (Treffpunkte, bevorzugte Musikstile, Abgrenzung zu anderen Gruppen) ergeben sich Ansatzpunkte für die Soziale Arbeit.

Die Analysemethode kann auf eine Kita-Gruppe, im Falle offener Konzepte auch auf die gesamte Kindertagesstätte angewendet werden. Sie eignet sich dafür, die Interessen von Kindergruppen für Spiel und Bildung systematisch zu erkunden. Tabelle 5 gibt einen Einblick in Inhalte und Dokumentationsmöglichkeiten der Spielgruppen-Analyse.

Tabelle 5: Beispiel für eine Spielgruppen-Analyse.

Gruppe	Namen	Treffpunkte oder Orte	Tätigkeiten und Interessen	Ideen für pädagogische Arbeit
1	Charlotte, Emma, Marie, Talitha, Zoe	Maltisch (innen und außen)	Bastelangebote nutzen, Malen	
2	Hassim, Leander, Vanessa, Steven, Bea	Fußballwiese	Fußball	Fußballprojekt mit Berufspraktikantin
3	Ayascha, Namika, Zahra	Bällchenbad	Erzählen (auf Arabisch)	Integration ermöglichen
4	Melan, Robin, Paul, Alexander	Bauecke	Bauen und Experimentieren	

Die Bezeichnung der Methode als *Spielgruppen-Analyse* kann abgeändert werden, wenn sich das Ziel der Analyse ändert. Für die Planung von Projekten oder im Bildungsansatz mit weitreichenden Phasen, in denen das Kind seine Bildungsaktivitäten selbst steuern kann, bietet sich auch eine Begrifflichkeit wie *Interessengruppen-Cluster* an. In Anpassung an die jeweiligen Erkenntnisinteressen über Teilgruppen der Kindertageseinrichtung ändern sich auch die Kriterien der Beobachtung und Befragung selbst. Im Bildungsansatz kann die Rubrik *Pädagogische Konsequenzen* dann *Ansatzpunkte für Bildungsaktivitäten* heißen. In diesem Sinne findet sich in Tabelle 5 nur ein Vorschlag für das Erfassen von Teilgruppen mit ihren Spezifika und Interessen.

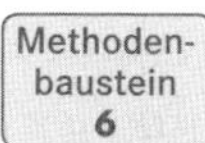

8.1.4.4 Soziometrie

Während mittels der Spielgruppen-Analyse Teilgruppen im System Kita-Gruppe identifiziert werden können, ermöglicht das Soziogramm Einblicke in die *Gruppenstruktur* von Teilgruppen oder der Gesamtgruppe. Die Soziometrie, übersetzt: Gruppen-Messung, bildet »Wunschstrukturen der beteiligten Personen in Kleingruppen« (Six, Gleich & Grimmler, 2007, 193) ab. Auf der Grundlage von Zustimmungs- und Ablehnungsentscheidungen in Bezug auf ein bestimmtes Kriterium (z. B. Wahl als Spielpartner) werden Aussagen über verschiedene Positionen und über den Zusammenhalt einer Gruppe möglich. Die Wurzeln der Soziometrie liegen bereits zu Beginn des letzten Jahrhunderts in Untersuchungen zum Klassenklima und in der Analyse von Therapiegruppen im Psychodrama nach Jacob Levy Moreno (1889–1974).

Das Erstellen eines Soziogramms ist sicher das bekannteste Verfahren zur Abbildung einer Gruppenstruktur in der pädagogischen Praxis. In der Aus- und Weiterbildung von kindheitspädagogischen Fachkräften erlangte die Soziometrie seit den 1970er-Jahren vor allem im Rahmen von Gruppenpädagogik den Status von ausbildungsbezogenem Grundwissen. Beiträge zur konkreten Anwendung von Soziogrammen in der kindheitspädagogischen Praxis liegen nicht vor, wobei aber nicht ausgeschlossen werden kann, dass Einrichtungen sich mehr oder weniger standardisiert dieser Methode oder ihrer Interpretationsregeln bedienen.

Bei der Durchführung der soziometrischen Methode sind fünf Schritte zu beachten:

1. die Erhebung der Daten,
2. die Darstellung in einer Soziomatrix,
3. die Darstellung in einem Soziogramm,
4. die Interpretation der Gruppenstruktur und
5. die Ableitung pädagogischer Konsequenzen.

Eine sehr anwendungsbezogene Darstellung der Vorgehensweise beim Erstellen eines Soziogramms in der Kindertageseinrichtung findet sich in dem Lehrbuch von Hans-Dietrich Barth, Fred Bernitzke und Winfried Fischer (2007), auf das aus Komplexitätsgründen an dieser Stelle verwiesen werden muss. Einige Überlegungen zur Interpretation des Soziogramms seien hier aber ergänzt.

Sozialpsychologische Forschung in den 1970er-Jahren brachte Kriterien positiver Wahlen hervor: Beliebtheit und Tüchtigkeit sind die beiden voneinander unabhängigen Kriterien, die zu positiven Wahlen einer Person führen. Viele gegenseitige Wahlen sprechen für einen hohen Zusammenhalt der Gruppe (Six, Gleich & Grimmler, 2007). In der Literatur finden sich Ausführungen zu verschiedenen Rollen nach der soziometrischen Analyse: *Star* (Mitglied mit den meisten positiven Wahlen), *Abgelehnte* (Mitglieder mit den meisten negativen Stimmen), *Ausgestoßene* (Mitglieder mit ausschließlich negativen Stimmen) oder *Unbeachtete* (keine Stimmen) (Barth u. a., 2007).

Soziogramme sind zeitlich umrissene Repräsentationen einer Gruppenstruktur und sollten als solche nicht überinterpretiert werden. Kinder bis sechs Jahre gehen wenig stabile Beziehungen ein, ihr Freundschaftsbegriff ist durch räumliche Nähe und gemeinsame Spielinteressen geprägt, nicht durch überdauernde Interessen oder wechselseitiges Vertrauen. Soziogramme sollten auch nicht außerhalb der Fallsupervision öffentlich gemacht werden, weil die Wahrnehmung bestimmter Rollen Stigmatisierungsprozesse oder – im Falle eines Außenseiterrolle – Kränkungen hervorruft. Erst wenn die Möglichkeiten der Kita begrenzt sind, einem Kind zu einer ausgeglichenen oder zu einer besseren Position in der Spielgruppe zu verhelfen, können Ergebnisse von Soziogrammen (nicht aber die Soziogramme selbst mit den Daten auch anderer Kinder) zum Thema in Gesprächen mit Eltern werden.

8.1.5 Alles in gewisser Hinsicht nützlich

Pädagogische Trends stellen zu bestimmten Zeiten bestimmte Methoden in den Vordergrund. Damit ist in der Regel eine Abwertung des bisherigen und die Aufwertung des neuen methodischen Vorgehens verbunden. Das aktuelle Selbstbildungsparadigma und die damit assoziierten Analysemethoden wie die Bildungs- und Lerndokumentation (anstatt einer Entwicklungsüberprüfung) oder die Durchführung von Projekten (anstatt lernzielorientierter Aktivitäten) unterstellen solche vermeintlichen neuen Wahrheiten. Aus konstruktivistischer Sicht handelt es sich bei pädagogischen Trends um einen Konsens über vermeintlich beste Lösungen, die von wissenschaftlichen Experten und Bildungspolitikern in die kindheitspädagogische Praxis hineingetragen werden.

Eine Einengung auf einen *richtigen* (im Sinne von wahren) Bildungsbegriff, auf eine diesbezüglich *richtige* Beobachtungsmethode und eine diesbezüglich *richtige* Durchführung pädagogischer Aktivitäten widerspricht allerdings einer systemisch-konstruktivistischen Grundhaltung. Diese drückt sich nie in einer Begrenzung, sondern immer in einer Erweiterung von Möglichkeiten aus (vgl. 3.5). Entscheidungen können allerdings pragmatisch-funktional begründet werden.

Meinungsfreiheit nicht erlaubt

Wie sehr auch bildungspolitische Interessen bei der Einführung der Bildungs- und Lerndokumentation verfolgt werden, sei an einem persönlichen Erlebnis verdeutlicht. 2008 schrieb ich als Privatperson einen Leserbrief, der die Idee der »Konsultationskindergärten« kritisierte, die als Praxispartner des Deutschen Jugendinstituts Bildungs- und Lerngeschichten nach einem neuseeländischen Vorbild einführten und anderen Einrichtungen Vorbild im Umgang mit dem Beobachtungsauftrag sein sollten. Über einen dieser Konsultationskindergärten in der Region war werbewirksam in der Lokalpresse berichtet worden. Ich war bereits viele Jahre in der Erzieherausbildung tätig und fand die Bildungs- und Lerngeschichten, über die ich mich mittels der Publikation von Hans R. Leu u. a. (2007) ausführlich informiert hatte, aus verschiedenen Gründen nicht praktikabel.

Die Argumentation in meinem Leserbrief war pragmatisch und folgte einem einfachen Kosten-Nutzen-Kalkül. So schrieb ich z. B.: »Da vergeht bei 20 so ›dokumentierten‹ Kindern pro Gruppe sehr viel distanzierte Beobachtungs-, Schreib-, Fotografier- und Dokumentationszeit, bis sich überhaupt pädagogische Konsequenzen ergeben können. Dem Beobachter von außen drängt sich der Eindruck auf, dass in den Vorzeige-Einrichtungen das Verhältnis zwischen Beobachtung und Förderung nicht im Lot ist.« Mein abschließendes Urteil war schon 2008 entschieden: »Schade, dass wieder einmal die schnelle Anpassung an pädagogische Trends mit viel Geld honoriert wird. Vorzeigen sollte man Einrichtungen, die Trends nicht unhinterfragt einführen – um sie dann nicht wieder abschaffen zu müssen.«

Wenige Wochen nach diesem Leserbrief, der nur in einem regional sehr begrenzten Lokalteil der Tageszeitung publiziert worden war, lag ein mehrseitiges Schreiben der zuständigen Mitarbeiterin des Landesministeriums in meinem Briefkasten. In diesem Brief wurde mein »undifferenzierter Artikel« kritisiert und mir eine Fachlichkeit in der Beurteilung von Bildungs- und Lerndokumentationen abgesprochen. Dazu hieß es in dem Brief der ministeriellen Mitarbeiterin: »Ich würde mir wünschen, dass ein weiterer Dialog den auch ihrerseits gewünschten Ansprüchen Rechnung trägt.« (Natürlich ließ ich diesen Brief nicht unbeantwortet.)

In der Einführung zu Teil III wurde die radikale Position eingeführt, dass es keine systemischen oder konstruktivistischen Methoden an sich gäbe: Unterschiedliche person- oder gruppenbezogene Analysemethoden können also nicht im Hinblick auf Wahrheit, wohl aber in Hinblick auf ihre Nützlichkeit zur Lösung von Problemen beurteilt werden.

Entwicklungsüberprüfungsverfahren als Beobachtungen in psychologischer Tradition eignen sich dafür, auf der Grundlage einer langen Forschungsgeschichte altersbezogene Ressourcen und Kompetenzen, aber auch Lernbedarfe eines Kindes zu erfassen. Eine entwicklungspsychologische Perspektive einzunehmen ist der kindheitspädagogischen Fachkraft sehr nützlich, um mit verschiedenen Parteien zum Wohle des Kindes kooperieren zu können und Entwicklungsgefährdungen zu vermeiden. Altersbezogene Entwicklungsdaten aus den Beobachtungen in der Kindertagesbetreuung zu kennen, ist zunächst einmal sehr förderlich für den Kontakt mit Eltern: In der Trierer Kindergartenstudie, in der 5500 Eltern befragt wurden, zeigte sich, dass für Eltern das persönliche Gespräch mit der kindheitspädagogischen Fachkraft über die Entwicklung des Kindes wichtiger ist als Mitbestimmungs- und Mitarbeitsmöglichkeiten, die im Rahmen der Erziehungspartnerschaft angeboten werden (Honig, Joos & Schreiber, 2004). Die Ergebnisse von Entwicklungsbeobachtungen sind übrigens nicht nur für Eltern sehr wichtig, sondern eignen sich auch für die Kooperation mit den verschiedensten Berufsgruppen aus Medizin, Ergotherapie, Physiotherapie, Schule und Unterricht.

Bildungs- und Lerndokumentationen eignen sich nicht für fundierte Aussagen über Stärken und Schwächen, weil dies immer einen Vergleich mit einer Entwicklungsnorm erfordert. Der Vergleich des Kindes mit sich selbst, mit den früheren, in der Regel geringeren Kompetenzen ist allerdings sehr nützlich, um Kindern in Bezug auf das Lernen gute Gefühle zu vermitteln. Sie lernen wertschätzend mit ihren Produkten umzugehen, angesichts ihrer Arbeitsergebnisse Stolz zu entwickeln und durch den Bezug auf ihre Ressourcen ein positives Selbstkonzept zu entwickeln. Positive Lernemotionen und Selbstwirksamkeitserwartungen sind in der Lernpsychologie wichtige Antriebsmotoren für Lernaktivitäten (Hasselhorn & Gold, 2006).

Möglicherweise eignet sich die Bildungs- und Lerndokumentation aber *nicht* zur Kooperation mit professionellen Fachkräften außerhalb der Frühpädagogik. Angesichts einer knappen Personalsituation ist für Außenstehende der starke Fokus auf Beobachtung, der vergleichsweise immense Aufwand der Dokumentation des Ist-Zustandes schwer zu vermitteln, zumal die Konsequenzen für die Planung von Förderung nicht transparent werden. Ob ein übermäßiger Fokus auf Selbstbildung in der mindestens vierjährigen Bildung in der Kindertageseinrichtung wirklich funktional für das Erreichen von Bildungszielen ist, muss nach den jüngsten Ergebnissen von Grundschulstudien im Auftrag der Kultusministerkonferenz stark bezweifelt werden. Trotz didaktischer Bemühungen in Kindertagesbetreuung und Grundschule, die Lernbedingungen für Kinder zu individualisieren, fallen 2016 die Leistungen in Deutsch und Mathematik am Ende der Grundschule im Vergleich zu der Erhebung 2011 so deutlich ab, dass bildungspolitische Kursänderungen beabsichtigt werden (Stanat, Schipolowski, Rjosk, Weirich & Haag, 2017).

Ebenso wie die in 8.1.1 beschriebenen personbezogenen Verfahren ihre jeweiligen Funktionalitäten und Dysfunktionalitäten haben, müssen auch die in 8.1.4 beschriebenen systembezogenen Verfahren allein von der Zielsetzung her bewertet werden. Auch vermeintlich systemische Methoden werden erst durch ihre Begründung systemisch (Simon, 2012). Methoden der Systemerkennung sind allerdings nötig, wenn ein systemischer Ansatz in der Kindertagesstätte glaubwürdig umgesetzt werden soll. Personbezogene Analysemethoden mögen nützlich sein, sind aber keine Grundlage für die Veränderung des Beziehungsgefüges innerhalb einer Gruppe, beispielsweise wenn die Stellung eines Kindes in der Gruppe seiner Entwicklung abträglich wird.

8.2 Die Familie im Fokus

Wie bereits einleitend zu Teil III erwähnt, ist die Kita-Eltern-Kooperation kein Ort für Aktionstechniken oder zeitintensive Verfahren der Familiendiagnostik. Zudem ist die Privatsphäre der Eltern zu wahren. Und dennoch ist die Kindertagesstätte ein Ort, an dem viele Informationen über Familien zusammenkommen. Eltern stellen sich in Aufnahmegesprächen vor, kommen täglich in die Einrichtung, es entwickeln sich über die Jahre vertraute Gespräche, im ländlichen Gebieten kennt man sich sogar privat. Kinder erzählen Erlebnisse von Zuhause, malen Bilder von ihrer Familie, bringen Familienfotos für die Portfolio-Arbeit mit oder spielen sogar eindeutig erkennbar Familienszenen im Rollenspiel nach. Eltern schildern Probleme in der Erziehung und geben vertieften Einblick in schwierige Familiensituationen, z. B. bei Trennung und Scheidung.

Das Wissen, das bei systemdiagnostischen Verfahren genutzt wird, kann hilfreich sein, um die Eigenlogik von Familien besser zu verstehen. Sie erlauben einen Einblick in die Stellung des Kindes in der Familie.

8.2.1 Merkmale von Familien

Drei Merkmale können für die Beschreibung von Familien herangezogen werden: die Familienentwicklungsphase, die Familienform und die Familienstruktur (Hennig & Knödler, 1987).

In Bezug auf die Phase in der *Familienentwicklung* sind Eltern in der Kindertagesstätte eine weitestgehend homogene Gruppe: Sie stehen am Anfang des Familienlebenszyklus. Der Familienlebenszyklus beginnt mit dem Zusammenfinden eines Paars, der Familiengründung, dem Zusammenleben mit einem, später mit zwei oder mehreren kleinen Kindern. Nach der Zeit in der Kindertagesstätte lassen sich die Familienzeiten mit heranwachsenden Kindern und später mit erwachsenen Kindern unterscheiden. In dieser Phase muss die Familie die Ablösungskrise bewältigen, die Eltern finden sich in der nachelterlichen Phase neu als Paar, haben die Versorgung ihrer eigenen Eltern und die Begrenzungen der eigenen Gesundheit zu bewältigen und am Ende des Familienlebenszyklus den Tod des Partners oder der Partnerin zu verkraften (Noack, 2018). Selbst wenn ein idealtypischer Familienlebenszyklus angesichts der vielfältigen Familienformen heutzutage nicht mehr zeitgemäß wirkt, erlaubt er, die spezifischen Aufgaben in jeder Familienphase zu formulieren und zur Entwicklungsförderung von Familien zu nutzen.

Familien im Übergang zur Fremdbetreuung ihres ersten Kindes in Krippe oder Kindertagesstätte haben möglicherweise den Übergang von der Partnerschaft zur Elternschaft noch nicht abgeschlossen. Dieser ist durch den Wechsel der Erwerbstätigkeit mit der Übernahme der Familienarbeit durch ein Elternteil, in den allermeisten Fällen der Mutter, verbunden (vgl. 6.4.1). Eine erste Elternschaft führt zu grundlegenden Veränderungen im Tagesablauf, im Freizeitverhalten und in der Gestaltung der Paarbeziehung. Mit der Kindertagesbetreuung des Kindes kann das Zusammenspiel von Familien- und Erwerbstätigkeit sich erneut verändern, weil für die Eltern wieder eine Erweiterung der Berufstätigkeit möglich wird. Auf der individuellen Ebene muss die Trennung vom Kind bewältigt, Vertrauen in die kindheitspädagogischen Fachkräfte entwickelt werden und eine erste Auseinandersetzung mit den Entwicklungsanforderungen an das Kind – auch im Vergleich mit anderen Kindern – erfolgen. Vor allem bei Eltern eines ersten Kindes ist von einer großen Unsicherheit in Erziehungsfragen auszugehen (Griebel & Niesel, 1998; 2005; Tillmetz, 2017).

Viele Familien, deren Kinder die Kindertagesstätte besuchen, sind in der beschriebenen frühen Familienentwicklungsphase mit kleinen Kindern. Kindheitspädagogische Fachkräfte sind allerdings häufig in ganz anderen Familienentwicklungsphasen, was Passungsprobleme hervorrufen kann. Sehr junge Erzieherinnen und Erzieher unmittelbar nach der Fachschulausbildung können sich selbst noch in der Ablösungsphase von den eigenen Eltern befinden. Kindheitspädagogische Fachkräfte, die selbst noch keine Kinder haben, allein oder in einer Partnerschaft leben, können die Belastungen als Mutter oder Vater nicht so leicht abschätzen. Andere Erzieherinnen und Erzieher teilen mit Eltern die Familienphase und versorgen selbst kleine Kinder. Ältere kindheitspädagogische Fachkräfte mit heranwachsenden oder erwachsenen Kindern haben den Familien der Kita-Kinder eine langfristige Perspektive auf die Entwicklung von Kindern voraus. Sie können glaubwürdig Sicherheit in Erziehungsfragen vermitteln. Sie wissen etwas aus dem Leben mit Kindern, was in der kindheitspädagogischen Theorie und in Rahmenkonzepten aber zu wenig vermittelt wird: dass die Förderung von Kindern in der Kita nur einen kleinen Teil der Bildungsbiografie eines Kindes ausmacht und die Lernerfahrungen noch vielfach positiv, aber auch negativ überformt werden.

In Bezug auf das zweite Merkmal *Familienform* lassen sich Eineltern- und Zweielternfamilien, Großfamilien, Dreigenerationenfamilien, zusammengesetzte Familien und Ersatzfamilien unterscheiden (vgl. 3.4.1). Jede Familienform birgt Chancen, aber auch Risiken für die Entwicklung des Kindes und der Eltern. Auch im gesellschaftlichen Ideal der Zweielternfamilie können beispielsweise konflikthafte Elternbeziehungen über das Kind ausgetragen werden und dazu führen, dass ein Elternteil eine überintensive Beziehung zu einem Kind ausbildet und das andere Elternteil ausgrenzt. In Einelternfamilien kommt es oft zu einer Verschlechterung der wirtschaftlichen Lebenssituation und sehr engen Beziehungen zwischen Elternteil und Kind. Kinder in zusammengesetzten Familien haben zahlreiche Beziehungserwartungen zu erfüllen. Großfamilien können dagegen zur Überforderung von Eltern führen.

Das psychologisch bedeutsame Merkmal *Familienstruktur* gibt Auskunft über das subjektive Beziehungserleben in der Familie. Wichtige Dimensionen der Familienstruktur sind die sogenannte *Kohäsion,* der Zusammenhalt als Regulation von Nähe und Distanz in der Familie, und die Hierarchie in der Familie, als Umgang mit Macht. Die Familienstruktur ist die Grundlage der wichtigsten systemischen Familientypologien und familiendiagnostischen Verfahren und wird noch genauer ausgeführt.

Strukturelle Familientherapie

Der argentinische Kinderpsychiater Salvador Minuchin (1921–2017) ist die Leitfigur der *Strukturellen Familientherapie.* Diesbezüglich orientierte Therapien gehen normativ von einem funktionalen Familiengefüge aus, das einen optimalen Entwicklungsraum für Kinder bietet. In funktionalen Familien haben Eltern mehr Entscheidungsmacht als Kinder, die Familie zeigt sich flexibel im Umgang mit Nähe und Distanz und mit den Grenzen nach innen und außen. Dysfunktionale Familien führen zu Problemen: Der Familienzusammenhalt entwickelt sich extrem distanziert oder verbunden; Grenzziehungen nach innen oder außen werden starr; Kinder haben sogar mehr Macht als ihre Eltern; Familienmitglieder gehen Bündnisse ein, die sich gegen andere Familienmitglieder richten. Die wichtigen Parameter der Familienanalyse in der Strukturellen Familientherapie – Kohäsion, Koalitionen und Hierarchie – müssen geklärt werden, damit Familien mit Problemen sich wieder besser organisieren können.

Die strukturelle Familientherapie basiert auf Systemmodellen vor der konstruktivistischen Wende (Kybernetik 1. Ordnung). Die Wahrnehmung von Systemen gilt nicht als durch Beobachtende vermittelt, sondern wird als real erachtet, was die normativen Setzungen und einen autoritären Therapiestil erklärt, der in den publizierten Therapieprotokollen (Minuchin, 1994; 2015) oder in Videos im Internet zum Ausdruck kommt.

8.2.2 Familientypologien

Aus Sicht der strukturellen Familientherapie erhält der Zusammenhalt von Familien, die sogenannte *Familienkohäsion*, eine herausragende Bedeutung für die Typisierung von Familien. Dazu werden je nach Regulation von Nähe und Distanz zwischen den Familienmitgliedern die beiden gegensätzlichen Grundmuster der *Verstrickung* und der *Loslösung* unterschieden. Aus der klinischen Erfahrung heraus müssen beide Familientypen als dysfunktional, als wenig förderlich für die Entwicklung des Kindes bewertet werden. Sie müssen daher durch ein funktionales Muster der familiären Regelung von Nähe und Distanz ergänzt werden (Minuchin, 2015).

Verstrickte Familien sind ausgesprochen eng miteinander verbunden. Gegenüber der Außenwelt isoliert sich die Familie durch starre Grenzen. Die Grenzen innerhalb der Familie sind durchlässig, die familiären Subsysteme Eltern und Kinder sind nicht klar voneinander getrennt. Unter den Familienmitgliedern herrscht eine sogenannte *Konsensus-Sensitivität,* d. h. Eltern und ihre heranwachsenden Kinder vermeiden Meinungsverschiedenheiten und Konflikte und spüren genau die Gefühle, Wahrnehmungen und Einstellungen der anderen Familienmitglieder, die sie uneingeschränkt teilen. Bei verstrickten Familien hat die Familie eine außerordentlich hohe Anziehungskraft, d. h. es wirken sogenannte *zentripetale Kräfte* (= Sogkräfte), die Familienmitglieder immer wieder in den Mittelpunkt der Familie zurückziehen. Verstrickte Familien leugnen die Autonomie der Familienmitglieder und haben die größte Angst vor Trennung (Simon, Clement & Stierlin, 2004).

Übermäßig enge Bindungen zeigen sich schon früh

Verstrickung zeigt sich bei Familien auf sehr unterschiedliche Weise: Kindliche Trennungsangst ist häufig in zu engen Familienbeziehungen begründet, die es dem Kind schwer machen, außerhalb der Familien in Beziehungen die Befriedigung zu erlangen, die es innerhalb der Familie erfahren konnte. Ängste bei Übergangssituationen und in Trennungssituationen können die Folge sein, im Extremfall und langfristig betrachtet können z. B. Ablösungskrisen damit verbunden sein (Stierlin, 1982). Oftmals drängt sich bei einer überlangen Eingewöhnungszeit oder nicht enden wollenden Verabschiedungen der Eindruck auf, das Trennungsproblem liege eher bei der Mutter als beim Kind. Auch Eltern, die ihr Kind verwöhnen, verhindern eine altersgemäße Selbstständigkeitsentwicklung und halten ihr Kind so länger abhängig (Wexberg, 1983).

Fragt man Praktikerinnen und Praktiker, so kennen sie ganz verschiedene Anzeichen übermäßiger Bindung in der noch jungen Familie, die den Anschein erweckt, als dauere sie über die Kleinkindphase hinaus. Manche Eltern bauen eine Art Corporate Identity auf und geben z. B. allen Kindern Vornamen mit dem gleichen Anfangsbuchstaben oder kleiden ihre Kinder gleich; Familien mit einer größeren Anzahl von Kindern bleiben unter sich; Eltern wollen ihr Kind übermäßig schützen, haben extreme Sorge bei leichten Erkrankungen oder ziehen ihre Kinder aus Angst vor Erkältungen viel zu dick an.

Losgelöste Familien sind untereinander distanziert und zu wenig durch beziehungsstiftende Alltagsroutinen organisiert. Die Grenzen innerhalb der Familie sind starr, die Mitglieder sind auf ihre Unabhängigkeit bedacht, die durch *Distanz-Sensitivität* gewahrt wird. Die Grenzen nach außen sind allerdings sehr durchlässig, sodass Beobachtenden nicht unmittelbar klar wird, wer zur Familie gehört und wer nicht. Im Gegensatz zur verstrickten Familie wirken in losgelösten Familien *zentrifugale Kräfte* (= Fliehkräfte), die die Familienmitglieder aus der Familie hinausführen. Die größte Angst in losgelösten Familien ist Nähe. Starre Grenzziehung innerhalb der Familie leugnet Beziehungen und gegenseitige Unterstützung, was zur Isolation der Familienmitglieder führt.

Funktionale Familien zeichnen sich durch flexible, aber klare Grenzen nach außen und innen aus und zeigen einen entwicklungsangemessenen Umgang mit Nähe und Distanz. Abbildung 15 symbolisiert funktionale und dysfunktionale Grenzziehungen nach innen und außen.

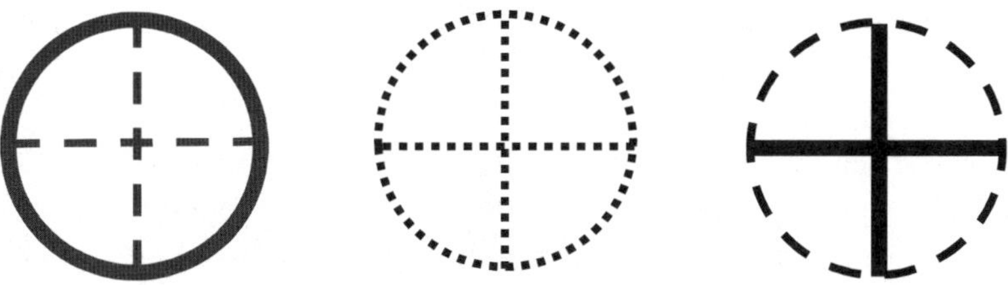

Abbildung 15: Typisierte Grenzen nach außen und nach innen bei verstrickten, funktionalen und losgelösten Familien.

Nach dem *Circumplex-Modell* (Olson, Sprenkle & Russel, 1979; dargestellt in Simon, Clement & Stierlin. 2004), das Familien nach ihrer *Flexibilität,* aber auch nach der *Kohäsion* typisiert, sind für die beiden Extreme Verstrickung und Loslösung auch Abstufungen formuliert: *Losgelöste* und *getrennte* Familien haben beide eine graduell unterschiedlich ausgeprägte geringe Kohäsion, *verbundene* bzw. *verstrickte* Familien eine unterschiedlich starke Kohäsion. Für die extreme Verstrickung kann in der klinischen Praxis eine Verbindung zu internalisierenden Verhaltensstörungen von älteren Kindern wie Angst, Depression oder Abhängigkeitsstörungen beobachtet werden. Eine verfrühte Erfahrung von Loslösung korreliert eher mit externalisierenden Verhaltensstörungen wie grenzüberschreitendem, aggressivem Verhalten oder Problemen mit der Selbststeuerung, die als motorische Unruhe und Konzentrationsprobleme beobachtbar sind.

Bindung, Delegation und Ausstoßung

Der Familientherapeut Helm Stierlin (1980, 1982), unterscheidet gemäß des psychoanalytischen Personmodells verschiedene Manifestationsebenen dysfunktionaler Beziehungsmuster in Familien. Eltern im *Bindungsmodus* haben - entsprechend der Verstrickung - ein »zu starkes, auf die Kinder gerichtetes, elterliches Besitzverlangen« (Stierlin, 1984, 48). Auf der Ebene der Es-Funktionen nutzen sie das kindliche Bedürfnis nach Triebbefriedigung und Abhängigkeit aus und halten das Kind durch regressive Verwöhnung klein. Auf der Ebene der Ich-Funktionen versehen Eltern kindliche Empfindungen, Bedürfnisse und Absichten mit eigenen Bedeutungen und zwingen diese dem Kind auf. Auf der Über-Ich-Ebene entwickelt das Kind »Ausbruchsschuld« (Stierlin, 1984, 64).

Eltern im *Ausstoßungsmodus* sind - wie im Falle losgelöster Familien beschrieben - nicht fähig, den Zusammenhalt in der Familie zu sichern, und zwingen die Kinder dazu, wesentliche emotionale Befriedigung außerhalb der Familie zu suchen. Mangelndes elterliches Interesse an oder der fehlende Zugang zu den Gedanken und Gefühlen des Kindes beschreiben Aspekte der Ausstoßung auf der Ich-Ebene. Der Mangel an sinnstiftenden Loyalitätsbindungen zeigt sich auf der Über-Ich-Ebene.

Neben Bindung und Ausstoßung unterscheidet Stierlin noch den *Delegationsmodus*. Delegierende Eltern geben ihren Kindern Aufträge, die diese erfüllen, um nicht in einen Loyalitätskonflikt mit den Eltern zu kommen. Delegierte des elterlichen Es sollen Bedürfnisse von Eltern ausleben, Delegierte des elterlichen Ich müssen lebenspraktische Unterstützung leisten. Delegierte des elterlichen Über-Ichs sind angehalten, unerfüllte Wünsche, das Ich-Ideal von Eltern, zu erfüllen. Dies kann z. B. die Berufswahl betreffen, die die Eltern nicht erreichten.

Eltern, die ihre Kinder an sich binden, Delegationen aussprechen oder ausstoßen, wirken nicht zwangsläufig pathogen. Als altersangemessene Abfolge von Modi unterstützen sie die Entwicklung der Kinder: Bindung bringt dem kleinen Kind seine einzigartige Bedeutung zum Ausdruck, bis zur Jugendzeit geben entwicklungsangemessene Delegationen dem Kind Entwicklungsanreize, eine »wohlwollende Vernachlässigung« seitens der Eltern (Stierlin, 1980, 145) hilft jugendlichen Kindern, sich abzulösen.

8.2.3 Methoden der Systemerkennung von Familien

Familiendiagnostischen Verfahren liegt die Annahme zugrunde, dass Beziehungen innerhalb der Familie bildhaft kodiert sind. Ähnlich wie in den in 8.1.2 vorgestellten gruppenbezogenen Verfahren werden auch in Familienbeziehungen die beiden Dimensionen *Kohäsion* und *Hierarchie,* zusätzlich aber auch der Umgang mit *Grenzen* erfasst. Die Vorstellungen von funktionalen und dysfunktionalen Familienkonstellationen gehen auf die Strukturelle Familientherapie nach Minuchin (2015) zurück.

Wie bereits einleitend zu Teil III ausgeführt, eignen sich die meisten *großen* familiendiagnostischen Verfahren nicht für den Beratungskontext Kindertagesstätte. Die folgenden beiden einfachen Verfahren können bei Bedarf hilfreich sein, die Eigenlogik von Familien in Bezug auf die Familienkohäsion zu versinnbildlichen oder Informationen bei zusammengesetzten Familien zu ordnen. Sie sind für den Austausch in Team und Supervision geeignet, nicht aber für Gespräche mit Eltern.

Methoden-baustein 7

8.2.3.1 Familie in Kreisen

In einer älteren Publikation beschreibt Ricarda Müssig (1991) eine Reihe gestaltender Verfahren in der Paar- und Familientherapie. Auch unabhängig von dem tiefenpsychologischen Hintergrund der Autorin kann die familiendiagnostische Methode *Familie in Kreisen* sinnvoll interpretiert werden. In der eigenen therapeutischen, unterrichtenden und lehrenden Praxis, also sowohl in der Arbeit mit Kindern als auch in Bildungszusammenhängen, erwies sie sich als dienlich für die Vergegenwärtigung wahrgenommener Interaktionsmuster in einer Familie.

Als Material werden nur ein DIN-A4-Blatt und ein Bleistift benötigt. In Unterricht und Lehre – und auch zur Fallsupervision allein oder im Team – kann das Vorgehen folgendermaßen eingeführt werden (mit geringen Abweichungen zur Instruktion bei Müssig, 1991, 111): »Zeichnen Sie auf einem Blatt eine Familie, die Sie kennen. Symbolisieren Sie jedes der Familienmitglieder durch einen Kreis. Sie können Kreise unterschiedlich klein oder groß zeichnen und auch entscheiden, wie klein oder groß der Abstand zwischen den Kreisen sein soll.« Nach dem Zeichnen werden die Kreise mit den Namen der Familienmitglieder gekennzeichnet.

In die Auswertung werden die Größe der Kreise, die Anordnung, Abstände und Überschneidungen einbezogen, von weiteren tiefenpsychologisch ausgewiesenen Auswertungskriterien (z. B. Strichführung, Symbolgehalt individueller Variationen des Kreises) wird an dieser Stelle abgesehen. Die relative Größe der Kreise untereinander drückt die unterschiedliche Bedeutung der einzelnen Familienmitglieder und damit die diagnostische Dimension *Dominanz* aus. Die Anordnung der Kreise wird als Ausdruck der *Hierarchie* in der Familie interpretiert. Fehlt eine Über- und Unterordnung, so gilt dies als Tabuisierung logischer Hierarchien zwischen Eltern und Kindern. Der Abstand zwischen den Kreisen spiegelt die emotionale Nähe und Distanz zwischen den Familienmitgliedern wider *(Kohärenz)*. Extreme Überschneidungen bis hin zu Umschließungen gelten als Ausdruck symbiotischer Beziehungen: »Solche Gestaltungen finden wir in hochvernetzten Familien, wo sich niemand entfernen darf, um sich weiter zu entwickeln« (Müssig, 1991, 124). Abbildung 16 stellt die verschiedenen inneren Repräsentationen von Familie zusammen.

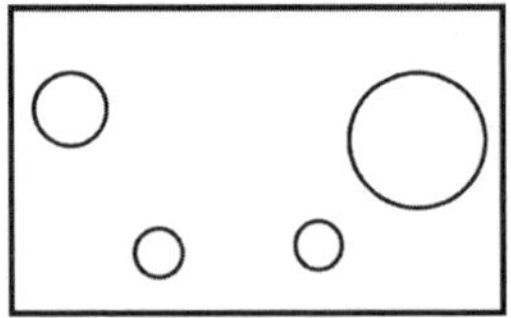
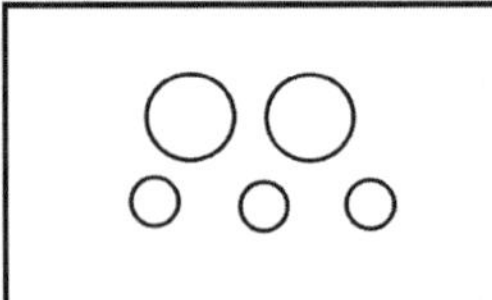
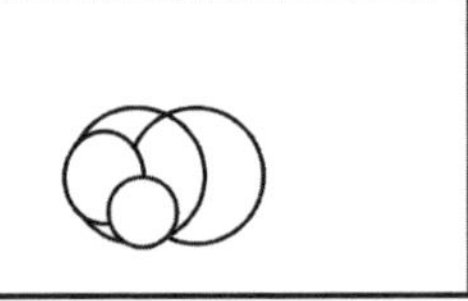

Abbildung 16: Typisierte Darstellung von losgelösten, funktionalen und verstrickten Familien mittels Familie in Kreisen (ohne Namenskennzeichnung).

Eine interessante Beobachtung aus vielen Jahren Lehre in Aus- und Weiterbildung in der Fachschulqualifikation von sozial- und heilpädagogischen Fachkräften sei an dieser Stelle erwähnt. Meiner Erfahrung nach drücken angehende Erzieherinnen oder Heilpädagoginnen mittels der Methode *Familie in Kreisen* und auch in Familien-Helfer/innen-Skulpturen, die sich für die Fallsupervision eignen, mehrheitlich enge oder verstrickte Beziehungen aus – legt man die familiensystemischen Maßstäbe der strukturellen Familientherapie an. Für die Altersgruppe junger Erwachsener werden oft erwartungswidrig überlappende Kreise oder eng aneinander liegende Kreise in Bezug auf die Herkunftsfamilie gemalt. In der Fallsupervision wurde von den pädagogischen Fachkräften, die einen Fall einbrachten und die ein Familie-Helfer-System stellten, oft eine größere räumliche Nähe zu den Kindern eingenommen als von den in der Familienskulptur mitgestellten Elternersatzfiguren.

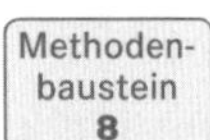

8.2.3.2 Darstellung von Teilfamilien

Das folgende Verfahren zur Darstellung von Teilfamilien ist der Publikation von Tony Ryan und Roger Walker (2007) entnommen. Sie eignet sich in der biografischen Selbstreflexion von Kindern, die nicht mehr in ihren Herkunftsfamilien leben, zur Verortung im Familiengefüge. In einer

Zeit, in der jede dritte Ehe geschieden wird, kann die Darstellung von Teilfamilien als sich überschneidende Kreise einen Überblick über das Familiengefüge und die Verwandtschaftsbeziehungen ergeben, in denen ein Kind sich bewegt. Die Visualisierung komplexer Familien kann auch mit den Eltern oder einem Elternteil erfolgen (siehe Abbildung 17).

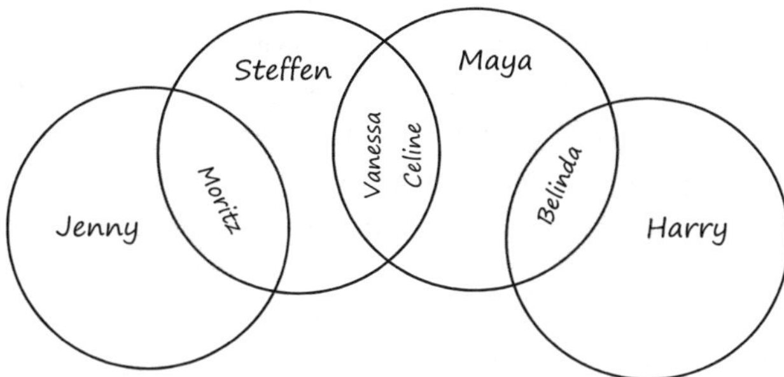

Abbildung 17: Darstellung der Teilfamilien eines Kindes in Anlehnung an Ryan und Walker (2007, 61).

Je nach Einschätzung der Familiensituation ergeben sich unterschiedliche kompensatorische Aufgaben in der Kindertagesstätte, die in der Regel unmittelbar nachvollziehbar sind. Neigen Familien zu übermäßig engen Familienbeziehungen, so hilft es Kindern, wenn sie in ihrer Autonomieentwicklung unterstützt werden. Eltern können dann darin bestärkt werden, ihren Kindern mehr Freiräume für die Selbstständigkeitsentwicklung zu ermöglichen. Neigen Familien dazu, dem jungen Kind wenig emotionale Sicherheit zu vermitteln, ist das Kind in einer losgelösten Familie zu sehr auf sich allein gestellt, dann sollte das Kind Halt erfahren und verlässliche Ansprechpartner in der Kindertagesstätte finden.

An dieser Stelle verdeutlicht die Einstellung der Leiterin einer Kindertagesstätte in einem Viertel mit vielen Familien in prekären Lebenslagen die kompensatorische Aufgabe der Kindertagesstätte, die bereits an anderer Stelle berichtet wurde (Verbeek, 2008). Auf die Frage, weshalb sie in ihrer Kindertagesstätte nicht das offene Konzept einführte, antwortete die erfahrene Erzieherin sinngemäß: Weshalb sollte ich die Gruppenstruktur aufgeben, die Kinder haben doch bei ihren Eltern schon ein offenes Haus?

8.3 Zusammenfassung

Kindbezogene Methoden sind in der Praxis der Kindertagesstätte mittlerweile etabliert, Methoden der Systemerfassung in der Regel nicht. Methoden, die das Kind als Einzelperson betrachten, sind nicht systemisch im engeren Sinne, können aber aus konstruktivistischer Perspektive betrachtet werden.

Mittels Entwicklungsbögen oder Entwicklungsüberprüfungsverfahren wird die Entwicklung eines bestimmten Kindes an einer Entwicklungsnorm relativiert und führt zu Einschätzungen über den Förderbedarf des Kindes. Seit der kompetenzorientierten Wende in der Kindheitspädagogik werden zunehmend Bildungsdokumentationen verwendet, die das Kind mit sich selbst vergleichen, also Lernergebnisse dann hervorheben, wenn sie besser sind als frühere Lernergebnisse. Aus konstruktivistischer Perspektive handelt es sich bei beiden Verfahren um gangbare Möglichkeiten, die kindliche Entwicklung zu dokumentieren, sie unterscheiden sich allerdings in der Funktionalität und der Effektivität.

Besonders vor dem Hintergrund eines hohen Bedarfs an Entwicklungsförderung und in Anbetracht der begrenzt verfügbaren Zeit einer kindheitspädagogischen Fachkraft sollte effektiven Verfahren der Entwicklungsüberprüfung der Vorzug gegeben werden. Sie erlauben, Kompetenzen, aber auch Entwicklungs- und Verhaltensprobleme eines Kindes früh zu erkennen. Aus konstruktivistischer Sicht macht es Sinn, Kindern und Eltern neue Begriffe und Erzählungen für den Umgang mit Problemen bereitzustellen, die eher angenommen werden können als psychologisierende Einschätzungen oder gar Diagnosen. Beispiele für funktionale Narrationen, die ein Beobachtungsverfahren und ein Förderprogramm für Kinder nahelegen, wurden ausgeführt.

Gruppenbezogene Verfahren, die die Kindergruppen in der Kindertagesstätte betreffen, werden in der Regel nicht standardisiert durchgeführt. Die Logik von Verfahren der Systemerkennung kommt den gruppenpädagogischen Überlegungen kindheitspädagogischer Fachkräfte sehr nahe. Es geht bei der standardisierten Analyse von Gruppen um die Erfassung der Gruppenkohäsion, um Interessen verschiedener Teilgruppen oder um die Tragfähigkeit eines Unterstützungssystems für ein spezielles Kind. Für die Erweiterung der Gruppenerfassung und deren Dokumentation wurden einige einfache Verfahren zur Auswahl gestellt.

Ein weiteres System, das in der Kita-Eltern-Kooperation Bedeutung bekommt, ist die Familie. Verfahren der Familiendiagnose wie die Familienskulptur oder das Genogramm gehören zu den Klassikern der Familientherapie; als Verfahren, die sehr persönliche Informationen über Familien hervorbringen, gehören sie aber nicht in den Kontext Kindertagesstätte. Die Grundidee der Strukturellen Familientherapie, die Familie nach ihrer Funktionsfähigkeit zu beurteilen, kann dennoch hilfreich für die Fallbesprechung sein.

Wichtiger als die Dokumentationsanregungen in Bezug auf das System Familie ist es allerdings, die vielfältigen Ausgestaltungen verstrickter und losgelöster Familien im Alltag der Kindertagesstätte zu erkennen. Aus familienpsychologischer Sicht wirken sich Störungen der Grenzen zwischen Subsystemen (z. B. zwischen Eltern- und Geschwistersystem), starre Grenzen (nach innen oder außen, wie bei Loslösung und Verstrickung beschrieben), eine Verletzung logischer Hierarchien (z. B. Kinder, die mehr Macht als die Eltern haben) ungünstig auf die kindliche Entwicklung aus.

Je nach Familienstruktur können in der Kindertagesstätte und Elternberatung unterschiedliche Akzente gesetzt werden. Kinder aus losgelösten Familien brauchen emotionale Unterstützung und Struktur, Kinder aus verstrickten Familien Hilfe bei der Selbstständigkeits- und Autonomieentwicklung, nimmt man die Vorstellungen der strukturellen Familientherapie zur Grundlage.

9 Elterngespräche methodisch unterstützen

Wie formelle oder informelle Gespräche mit Eltern konkret durch Methoden mitgestaltet werden können, ist Thema dieses Kapitels. Dabei wird nicht eine lose Sammlung von Methoden für den Anwendungskontext der Elternberatung zusammengestellt, sondern die Methodenbausteine sind den verschiedenen Haltungen, die in Kapitel 4 ausgeführt wurden, zugeordnet. Die vier Inhaltsbereiche einer systemisch-konstruktivistischen Haltung – eine Passung zu Eltern herstellen, auf Elternperspektiven eingehen, Unterscheidungen einführen und Handlungsmöglichkeiten erweitern – bilden Prozessmerkmale in der Kita-Eltern-Kooperation ab, sodass die Methoden einer ungefähren Ablauflogik in der systemisch-konstruktivistischen Ausgestaltung von Gesprächen mit Eltern entsprechen. Die Methodenbausteine können aber auch unabhängig von einem Gesprächsverlauf dienlich sein, vor allem deshalb, weil in der Kindertageseinrichtung viele kurze informelle Gespräche stattfinden.

Die zugeordneten methodischen Zugänge sind beispielhafte Konkretisierungen der jeweiligen Haltungen, wobei die Zuordnung keine stringent logische ist: Verschiedene Aspekte einer systemisch-konstruktivistischen Grundhaltung können sich in einer Methode ausdrücken, sodass die Zuordnung nur schwerpunktmäßig erfolgt. Die Methodenbausteine können zudem durch andere ausgetauscht werden, wenn ihre Zielsetzung vergleichbar ist. Tabelle 6 gibt einen Überblick über die Methodenbausteine und ihre Zuordnung zu den verschiedenen Aspekten einer systemisch-konstruktivistischen Haltung in Gesprächssituationen mit Eltern.

Tabelle 6: Überblick über Aspekte der Grundhaltung und Methodenbeispiele für die Elternberatung

Eine Passung zu Eltern herstellen	Auf Elternperspektiven eingehen	Unterscheidungen einführen	Handlungsmöglichkeiten erweitern
- Joining - Elternerwartungen priorisieren - Auftragskarussell	- Viele Perspektiven erfragen - Zuhören und nachfragen - Elternperspektiven erproben	- Rollen offenlegen - Probleme kontextualisieren - Ausnahmen erfragen - Hypothetisieren - Reframing	- Elterliche Ressourcen nutzen - Ziele formulieren - Lösungsbrainstorming - Beobachtungsaufgaben - Etwas anders machen - Rituale

9.1 Methodenbausteine: Eine Passung zu Eltern herstellen

In Kapitel 4.2 wurde eingehend die Grundhaltung beschrieben, zu Eltern eine Passung herzustellen, d. h. eine würdigende Beziehung zu Eltern zu gestalten, deren Autonomie zu achten, die Kooperationsbereitschaft zu erhöhen, unterschiedliche Erwartungen zu klären, diese auszuhandeln und zu einem Arbeitsbündnis zu kommen. Ihr werden im Folgenden exemplarisch einige Methoden zugeordnet, die zu Beginn der Kita-Eltern-Kooperation, für Zwischenbilanzen zu den jährlichen Entwicklungsgesprächen oder in Fallbesprechungen eingesetzt werden können.

Eine Passung zu Eltern herstellen kann in der Praxis z. B. mittels der Methode *Joining* gelingen. Die Klärung von Erwartungen und Aufträgen seitens der Eltern kann durch eine Erwartungsabfrage im Gespräch erfolgen, zusätzlich aber mittels des Methodenbausteins *Elternerwartungen priorisieren* auf den Punkt gebracht werden. Für die Selbstreflexion oder die Fallbesprechung im Team bietet sich die etablierte Methode *Auftragskarussell* an.

Methodenbaustein 9

9.1.1 Joining

Joining meint übersetzt *Beitritt, Eintritt, Anschluss, Koppelung* und beschreibt die erste Phase in einem Kontakt mit dem Ziel, sich gegenseitig kennenzulernen und sich miteinander vertraut zu machen. Innerhalb systemischer Zugänge erhält das Joining eine herausgestellte Bedeutung: Systeme können von außen nicht verändert werden, deshalb ist es wichtig, dass die kindheitspädagogische Fachkraft Teil des Systems der Kita-Eltern-Kooperation wird. Joining gelingt durch Würdigung und Akzeptanz der bestehenden Wertvorstellungen und familiären Routinen sowie der Wahrnehmung von Ressourcen einer Familie (vgl. Simon, Clement & Stierlin, 2004). Für die konkrete Umsetzung des Joining können drei Elemente unterschieden werden: eine angenehme Gesprächsatmosphäre, der Smalltalk und die gegenseitige Vorstellung (vgl. Schwing & Fryszer, 2015).

Eine *angenehme Gesprächsatmosphäre* entsteht durch angemessene Räume, verfügbare Zeiten und die üblichen Gesten von Gastgeberinnen und Gastgebern – eine Rolle, die kindheitspädagogische Fachkräfte beim Joining prinzipiell einnehmen. Angemessene Rahmenbedingungen für die Eltern-Kita-Kooperation bzw. ganz konkret für Gespräche mit Eltern sind nicht in jeder Kindertagesstätte gegeben. Klagen über Raumnot, Arbeitsbedingungen und Personalknappheit – so berechtigt sie den Alltag von kindheitspädagogischen Fachkräften beschreiben – gehören als negative Themen nicht in die Kita-Eltern-Kooperation, sondern sind arbeitsrechtliche Forderungen mit Adressaten in Trägerschaft und Sozialpolitik.

Smalltalk ermöglicht die Begegnung unter fremden Personen und bereitet den Einstieg in ein vertieftes Gespräch vor. Smalltalk wird in zahlreichen Publikationen als Technik vermittelt: Er gelingt durch Lächeln während des Gesprächs, eine dem Gesprächspartner zugewandte Körperhaltung, durch das Stellen offener Fragen, durch aufmerksames Zuhören und zustimmendes Nicken. Als Themen in der Kindertagesstätte eignet sich alles, was die Lebenswelt der Familie ausmacht. Die besondere Bedeutung von Smalltalk im Rahmen von Joining kann mit einer Studie belegt werden, die zeigt, dass die Bereitschaft von Personen, sich auf konkretes Anliegen einer ihnen fremden Person einzulassen (im Experiment: eine gemeinnützige Spende zu leisten), extrem erhöht war, wenn die um Spenden bittende Person zuvor einen unverbindlichen, aber *würdigenden* Smalltalk initiiert hatte (Dolinski, Nawrat & Iza, 2001). Aus dieser Perspektive sind nicht nur zu Beginn der Kita-Eltern-Kooperation, sondern auch zur Beziehungspflege Alltagsgespräche im Sinne von *Smarttalks* (Märtin, 2013) in den zahllosen Begegnungen mit Eltern wichtig.

Die Vorstellung der Einrichtung sollte strukturiert erfolgen und die Kooperationsformen mit Eltern betonen. Üblich sind ein Gang durch die Kindertagesstätte und die Übergabe des öffentlichen Teils der pädagogischen Konzeption. Offene Fragen zur Lebenswelt der Familie ermöglichen den Eltern, sich selbst vorzustellen.

Milieuwissen für Joining nutzen

Milieukompetenz hilft bei der konkreten Gestaltung des Joining. So ist anzunehmen, dass je nach Milieuzugehörigkeit der Eltern die genannten Elemente des Joining unterschiedliche Bedeutung erlangen. Kapitel 5, das eine milieusensitive Pädagogik in Bezug auf die Kita-Eltern-Kooperation thematisierte, führte bereits zu konkreten Überlegungen, wie pädagogische Fachkräfte eine Passung zu Familien unterschiedlicher sozialer Lage herstellen können (vgl. ausführlich in 5.3.2). So ist es bei Familien der sozialen Oberschicht wichtig, als kindheitspädagogische Fachkraft Fachlichkeit zum Ausdruck zu bringen und das pädagogische Handeln wissenschaftlich zu begründen, um ernstgenommen zu werden. Die Vorstellung der Einrichtung mittels Konzeption ist für das Joining dann sicher wichtiger als das Alltagsgespräch. Eltern aus der Mittelschicht legen Wert auf frühe Förderung, engagieren sich gerne, wollen informiert und gefragt sein. Hier erlangt die gemütliche Atmosphäre und eine organisierte Fachlichkeit Bedeutung. Familien der sozialen Unterschicht brauchen eine einfache Ansprache, klare Ausführungen und eine partnerschaftliche Ebene, um die bevorzugt niedrigschwelligen Angebote der Kita-Eltern-Kooperation annehmen zu können. Bei dieser Elterngruppe ist der würdigende Smalltalk zur Kontaktaufnahme und -erhaltung besonders wichtig.

Methodenbaustein 10

9.1.2 Elternerwartungen priorisieren

Dieser Methodenbaustein ist durch systemische Frageformen inspiriert, die Unterschiede hervorbringen sollen (zu *Fragen* siehe Methodenbaustein 13). Dazu zählen z. B. Klassifikationsfragen, die eine Rangreihenbildung einfordern, um diffuse Auftragskonstellationen zu durchdringen (Schweitzer & Schlippe, 2016).

Nach der Formulierung elterlicher Erwartungen könnte die kindheitspädagogische Fachkraft beide Elternteile gemeinsam oder getrennt darum bitten, die Wünsche an die Kindertagesstätte in eine Rangreihe zu bringen, also zu überlegen, welche Erwartung ihnen am wichtigsten, welche ihnen am zweitwichtigsten, welche ihnen am drittwichtigsten – und welche ihnen am wenigsten wichtig ist. Für die Kita-Eltern-Kooperation wäre z. B. interessant zu erfragen, in welche Rangreihe Eltern die Aspekte Elterninformation, Elternberatung, Elternbildung oder Elternpartizipation brächten.

Ähnlich kann auch mit anderen Aufträgen verfahren werden, deren Stellenwert geklärt werden sollte, damit ein offener Umgang mit Erwartungen möglich wird. Die zu klassifizierenden Aufträge können zur besseren Erinnerung auf Karten verschriftlicht vorliegen und im Dialog in eine Rangreihe gebracht werden.

Priorisierung von Elternerwartungen am Beispiel
Wie könnte das Prioritätensetzen von Aufträgen der Eltern praktisch umgesetzt werden? Folgende Einführung der kindheitspädagogischen Fachkraft am Beispiel des gesetzlichen Auftrags an Kindertagesstätten ist denkbar, wenn grundlegende Erwartungen von Eltern erfragt werden sollen oder widersprüchliche Erwartungen seitens der Kindertagesstätte und der Familie im Raum stehen.

»Wie Sie sicher wissen, formuliert der Gesetzgeber an Kindertagesstätte einen umfassenden Auftrag. Wir sollen Kinder betreuen, begleiten, erziehen, bilden, Inklusion und Partizipation ermöglichen. Betreuung bezieht sich auf die Versorgung und Unterstützung der Kinder; Erziehung und Förderung zielt darauf ab, die Entwicklung und das Verhalten von Kindern positiv zu beeinflussen. Bildung meint den Aufbau altersgemäßen Wissens und grundlegender Fertigkeiten in verschiedenen Bereichen (hier eventuell Beispiele nennen). Partizipation ermöglicht den Kindern, selbst auf die Planung und Organisation der Kindertagesstätte Einfluss zu nehmen. Inklusion zielt auf die Gleichstellung aller Kinder, unabhängig von Benachteiligungen. Damit wir wissen, welche Prioritäten Eltern setzen, fragen wir regelmäßig nach, was Ihnen für Ihr Kind am wichtigsten ist. Betreuung, Erziehung, Förderung, Bildung, Partizipation, Inklusion? Auf diese Weise können wir darüber ins Gespräch kommen, ob wir als Kindertagesstätte/im Falle Ihres Kindes (Name) zu ähnlichen Prioritäten kommen.«

Methodenbaustein 11

9.1.3 Auftragskarussell

Diese bekannte Methode der Selbstsupervision geht auf Arist von Schlippe zurück und erlaubt, die Handlungsfähigkeit in einem unüberschaubar gewordenen Auftragsgeflecht wiederzuerlangen. Es lassen sich die folgenden sechs Schritte unterscheiden (vgl. Schlippe, 1996; Schlippe & Kriz, 1996):

1. *Raum schaffen* erfordert, sich einen Raum mit einem größeren Platzangebot zu suchen, sich aber auch eine Stunde Zeit zu nehmen für einen Prozess der Reflexion bei blockierend erlebter Auftragskonstellation. Der größere Raum ist nötig, weil davon ausgegangen wird, dass ein räumlich ausgedehntes Ausbreiten von Repräsentanten der Auftraggeberinnen und -geber und das spätere aktive Einnehmen verschiedener Positionen den Prozess der Perspektivenübernahme erleichtert.
2. *Das äußere Problemsystem erkunden* führt zu einer unzensierten Auflistung möglichst aller Personen, die in der Auftragskonstellation Bedeutung haben. Die Namen der Personen werden jeweils auf DIN-A4-Blätter geschrieben, die nach und nach um die eigene Person herum auf dem Boden platziert werden. Denkbar ist auch der Einsatz von Stühlen gemäß der metaphorischen Redewendung *zwischen den Stühlen sitzen.*

3. *Das innere Problemsystem erkunden* gibt inneren Stimmen oder Rollen Raum, die ebenfalls Aufträge formulieren. Auch diese Anteile an der Auftragskonstellation werden benannt und auf (möglicherweise andersfarbigen) Bögen (oder mittels weiterer Stühle) repräsentiert. Innere Erwartungsträger können *Erfolgsdruck, Anwältin des Kindes, die Faule, der Fordernde* u.v.m. heißen. Die Klärung von Aufträgen sollte verschiedene Ebenen bedenken: die gesetzliche Auftragsebene, die Betreuung, Erziehung, Bildung, Förderung, Kooperation, Inklusion von Kindern einfordert, oder die Kita-Eltern-Kooperation mit den Komponenten Elterninformation, Elternberatung, Elternbildung und Elternpartizipation.
4. *Aufträge fokussieren* bezieht sich auf eine sukzessive Identifikation mit den verschiedenen äußeren und inneren Mitgliedern des Problemsystems, indem deren Position auf den Papierbögen (oder Stühlen) eingenommen wird. Ziel ist die Vergegenwärtigung der jeweiligen Ansprüche als Brainstorming und die abschließende prägnante Formulierung eines wahrgenommenen Auftrags, die dann auf dem Papier verschriftlicht wird. »Zeige den Eltern, dass du die Expertin bist« »Finden Sie mein Kind so toll, wie ich es auch als Mutter tue!« Oder: »Geben Sie mir Ratschläge zur Erziehung des Kindes!« Dies sind einige willkürliche Beispiele für verdichtete Formulierungen möglicher Aufträge. Vor allem verdeckte Aufträge brauchen ein geduldiges Hineinhören in die entsprechende äußere oder innere Stimme.
5. *Aufträge differenzieren* erlaubt, die identifizierten Aufträge, die jeweils zusammengefasst auf Papierbögen (oder Stühlen) offenliegen, anzunehmen, zu differenzieren oder abzulehnen. Nicht immer ist es leicht, Aufträge so zu modifizieren, dass das Arbeitsbündnis aufrechterhalten werden kann. Innere Aufträge sind einem selbst in der Regel bekannt und müssen möglicherweise einfach nur ruhiggestellt werden, z. B. mit dem Satz: »Die Eltern von Lorenz müssen mich nicht mögen!« Oder: »Es ist nicht schlimm, wenn die Eltern von Sarah mein Engagement nicht erkennen!«
6. *Umsetzung in die Praxis:* Nach der Selbstreflexionsübung weiß die kindheitspädagogische Fachkraft in der Regel, wie sie mit verschiedenen Erwartungen umgehen, wie sie Erwartungen auch ablehnen oder modifizieren kann. Schlippe (1996, 141) nennt zwei Schwierigkeiten, und zwar »problematische und widersprüchliche Aufträge und […] sehr hartnäckige innere Anteile.« Beim Umgang mit schwierigen Aufträgen von Eltern hilft eine Konzeption oder ein Qualitätshandbuch (vgl. hierzu Erath, 2002). Bei der praktischen Umsetzung kann der Austausch mit Kolleginnen und Kollegen unterstützend wirken.

Denkbare Modifikationen von (verdeckten) Aufträgen

Lassen Sie meinen getrennt lebenden Mann außen vor! – Wir sind dagegen gesetzlich verpflichtet, beide Elternteile zu informieren, wenn sie getrennt leben und nach der Scheidung beide das Sorgerecht haben. Wenn Ihr getrennt lebender Mann uns um ein Gespräch bittet, kommen wir ihm entgegen, weil wir zu beiden Elternteilen Kontakt pflegen.

Bestrafen Sie mein Kind streng, wenn es Unfug macht! – Wenn ein Kind Regeln verletzt, achten wir darauf, dass es den Schaden wiedergutmacht. Wir überlegen aber auch, welches Verhalten es noch lernen muss, um in der Gruppe besser zurechtzukommen. Wir unterstützen es dabei, diese sozialen Fähigkeiten aufzubauen.

Versorgen Sie mein Kind nur! – Wir betreuen Ihr Kind, achten aber auch darauf, dass es sich in der Gruppe angemessen verhalten kann, achten auf eine altersgemäße Entwicklung und möchten, dass es in seinem Tempo lernt. Der Gesetzgeber hat uns einen umfassenden Auftrag gegeben, der die Betreuung, die Erziehung und die Bildung von Kindern betrifft.

9.2 Methodenbausteine: Auf Elternperspektiven eingehen

Mehr noch als bei der Orientierung an Eltern versucht die Grundhaltung, auf Elternperspektiven einzugehen, die Eigenlogik der Familie zu verstehen. Dieser Inhaltsbereich einer systemisch-konstruktivistischen Grundhaltung wurde ausführlich in Kapitel 4.3 beschrieben. Dazu bedarf es einer systemischen Neutralität, die verhindert, sich vorschnell von Elternteilen, von bevorzugten eigenen oder nachhaltig vorgebrachten elterlichen Problem- oder Lösungssichten einnehmen zu lassen. Neben Neutralität wurde Offenheit als Haltung der kindheitspädagogischen Fachkraft thematisiert.

Drei Methodenbausteine sind dem Inhaltsbereich exemplarisch zugeordnet: *Viele Perspektiven erfragen* bringt Neutralität gegenüber Personen, Problemen und Lösungen zum Ausdruck. Bei der Neigung zu vorschnellem Agieren oder einer Konfusion durch eigene Sichtweisen kann methodisch gestütztes *Zuhören und nachfragen* bedeutsam werden. *Elternperspektiven erproben* eignet sich für die Selbstreflexion oder Fallbesprechung.

Methodenbaustein 12

9.2.1 Viele Perspektiven erfragen

Eine systemische Neutralität erfordert, die Problem- und Lösungskonstruktionen aller involvierten Personen zu erkunden. Als *Neutralität gegenüber Personen* geht es darum, immer beide Elternteile systematisch nach ihren

Einstellungen zu befragen und auch abwesende Personen, die Teil des Familiensystems sind, mitzubedenken. Dies können z. B. in die Betreuung einbezogene und der Kita bekannte Großeltern sein, aber auch ältere Geschwister oder Au-pairs. Die Perspektive Abwesender wird bei den Anwesenden erfragt. Fragen zu dem umrissenen Gesprächsthema, das in der Regel eine Problemstruktur haben wird, können die Wahrnehmung des Problems, aber auch die Wahrnehmung möglicher Lösungen betreffen. Wenig neutral verhielte man sich, wenn eine Person (z. B. die anwesende Mutter) ihre Perspektive allein zum Ausdruck bringen könnte und die anderen Sichtweisen außen vor blieben. Diese Befragungsart hebt die Komplexität des Systems hervor und gehört in die Gruppe der sogenannten *zirkulären Fragen,* die in moderater Form und sehr eng umrissen auch in Gesprächen mit Eltern in der Kindertagesstätte Sinn machen. Wenn man sich die Systemmitglieder vorstellt, Fragen in ähnlicher Formulierung an alle relevanten Personen stellt bzw. über Anwesende Perspektiven Abwesender einholt, kann systemische Neutralität zum Ausdruck kommen.

- Wie würden Sie, Elternteil 1/Elternteil 2, das Verhalten von Kind (Name) beschreiben?
- Wie würde die abwesende Person A/die abwesende Person B das Verhalten von Kind (Name) beschreiben?
- Wer sieht darin ein Problem? Elternteil 1/Elternteil 2/(abwesende) Person A/(abwesende) Person B …
- Wie erklärt sich Elternteil 1/Elternteil 2/abwesende Person A/abwesende Person B das Verhalten von Kind (Name)?
- Gibt es Ideen, wie das Problem gelöst werden kann von Elternteil 1/Elternteil 2/abwesender Person A/abwesender Person B …?

Durch das Einführen verschiedener und zahlreicher Perspektiven verlieren diese ihr angenommenes Konfliktpotenzial. Das Einnehmen verschiedener Perspektiven erhöht die Komplexität einer Situation und damit auch die Handlungsmöglichkeiten bei Problemen.

Wenn es nicht nur darum geht, Eltern- bzw. Familienperspektiven einzuholen, wird die kindheitspädagogische Fachkraft hier ihre Perspektive ebenfalls einbringen. Neutralität gegenüber Problemen und Neutralität gegenüber Lösungen (vgl. 4.3.1) kommt zum Ausdruck, wenn sie ihre Sicht als eine unter vielen darstellt: »Ich selber denke, dass Kind (Name) nicht mit anderen spielt, weil es wenig Erfahrung darin hat, wie man andere Kinder anspricht – aber diese Einschätzung ist jetzt nur meine, die muss für Sie nicht zutreffen. Die passt ja auch überhaupt nicht zu ihrer Wahrnehmung« – z. B. wenn Eltern ihr Kind *immer* als Opfer von Ausgrenzung sehen (um das Thema *Hypothetisieren* geht es in Methodenbaustein 18).

Methoden-
baustein
13

9.2.2 Zuhören und nachfragen

Zuhören meint passives Zuhören im Sinne von Nicht-Sprechen. In seiner kleinen Einführung in die Sozialpsychologie bespricht Otto Marmet (2014, 91) das Zuhören vergleichsweise ausführlich:

> Die Fähigkeit, einem anderen Menschen ruhig und konzentriert zuzuhören, ist allgemein wenig entwickelt. Verbreitet ist dagegen ein vorschnelles ›Antworten‹, das den Gesprächspartner nicht ganz ernst nimmt und die Kommunikation hemmt.

Marmet bezeichnet das Zuhören nicht als Technik, sondern eher als eine Haltung, die man aber dennoch erlernen kann. Zuhören erfordert Zeit und eine innere Ausgeglichenheit, um aufmerksam sein zu können, die Fähigkeit, schweigen zu können, die Welt mit den Augen des anderen zu sehen, den anderen so zu akzeptieren, wie er ist, zusammenzufassen, was man verstanden hat.

Im systemischen Kontext ist Zuhören eine Möglichkeit, um den Vorstellungen von Eltern Respekt entgegenzubringen und ihre Erwartungen oder Perspektiven kennenzulernen. In diesem Zusammenhang wird auch von *Achtsamem Zuhören* gesprochen (Klein & Kannicht, 2011). Dazu ist es hilfreich, sich ganz auf die andere Person zu konzentrieren. Zuhören kann durch *Interessiertes Nachfragen* (Klein & Kannicht, 2011) ergänzt werden. Dieses Nachfragen sucht Verständnis (nicht Verstörung) und bleibt deshalb bei den Beschreibungen, Bewertungen und Erklärungen der Eltern, ohne eine eigene Perspektive einzubringen.

Methoden-
baustein
14

9.2.3 Elternperspektiven erproben

Ein vertiefter Perspektivenwechsel kann die pädagogische Fachkraft dazu bringen, sich in die Lebenssituation und die Einstellungen der Eltern sozusagen probeweise hineinzuversetzen. Dazu ist differenzierendes Wissen über die Gewohnheiten im Milieu, über Rollenbilder, Wissen über Besonderheiten der Familienentwicklungsphase und über elterliche Bedürfnisse in verschiedenen Familienstrukturen hilfreich – Theorien, die vor allem in Teil II zusammengestellt wurden. Schwing und Fryszer (2013, 34) nutzen für den Perspektivwechsel die indianische Redensart »Hundert Schritte in den Mokassins des anderen« zu gehen, bevor man sich ein Urteil über eine andere Person erlaubt.

In der Selbstreflexionsübung geht es darum, sich zu grundlegenden Fragen die Antworten der Eltern vorzustellen. Die folgenden Fragen sind an die differenzrelevanten Aspekte angelehnt, die in Teil II für milieuspezifische Unterschiede hilfreich waren, wobei die folgenden exemplarischen Fragen auf die Perspektivenübernahme abzielen und deshalb nicht ausschließlich pädagogisch relevante Themen betreffen.

- Wie sieht der Berufsalltag der Eltern und der Familienalltag aus?
- In welchem Wohnumfeld lebt die Familie?
- Wie ist die Familie vernetzt?
- Womit verbringt die Familie ihre Freizeit?
- Welche Einstellungen haben die Eltern zu Familie und Kindererziehung?
- Welche Bedeutung haben Bildung und Förderung?
- Welche politischen Einstellungen haben die Eltern?
- Welches Wertesystem leitet sie?

Perspektivenübernahme ist nicht gleich Empathie

Perspektivenübernahme meint die Fähigkeit, die *Sichtweise* einer anderen Person zu übernehmen und sich deren Erfahrungen vorstellen zu können, ohne dass eine gefühlsmäßige Reaktion erfolgen muss. Perspektivenübernahme gilt in der sozialpsychologischen Forschung als eine Voraussetzung für Empathie (Bierhoff, 2006).

Empathie bezeichnet wiederum die gefühlsmäßige Reaktion auf die Erfahrungen einer anderen Person, was durch Anteilnahme und Zuwendung gekennzeichnet ist. Probleme können entstehen, wenn die wahrgenommenen Erfahrungen der anderen Person und die daraufhin eintretende eigene Reaktion nicht als getrennt erlebt werden. Empathie kann Stress, Abwehr oder eine unpassende Reaktion hervorrufen, wenn jemand nicht möchte, von den Erfahrungen, die er bei einer anderen Person wahrnimmt, selbst überwältigt zu werden (Leibetseder, Laireiter, Riepler & Köller, 2001).

In der Personzentrierten Psychotherapie nach Carl Rogers, die als theoretische Perspektive in der Pädagogik und in der Sozialen Arbeit seit langer Zeit eine herausragende Stellung erfährt (Blaha, Meyer, Colla & Müller-Teusler, 2013), stellt Empathie neben Wertschätzung und Echtheit eine der drei wirksamen Grundhaltungen dar (Rogers, 1983). Im Gegensatz zum Personzentrierten Ansatz hat Empathie als stete Grundhaltung im systemisch-konstruktivistischen Ansatz keine vergleichbare Bedeutung für Veränderung. Wachstums- und bindungsorientierte Formen der Familientherapie bilden dabei eine Ausnahme (im Überblick: Schlippe und Schweitzer, 2016).

9.3 Methodenbausteine: Unterscheidungen einführen

Den Handlungsspielraum der involvierten Personen durch die Einführung von Unterscheidungen zu erweitern, kann einen ersten lösungsorientierten Schritt in Gesprächen markieren. Grundlegende Überlegungen zu dieser Haltung sind in Kapitel 4.4 ausgeführt. Die Einführung differenzsensibler Perspektiven in Teil II verweist auf die Wichtigkeit, Unterschiede zu machen, um Engstellungen bei der Lösungsfindung zu vermeiden.

Fünf Methodenbausteine werden im Folgenden exemplarisch diesem Aspekt einer systemisch-konstruktivistischen Haltung zugeordnet: *Rollen offenlegen* als grundlegende Rollentransparenz im Gespräch, *Probleme kontextualisieren, Ausnahmen erfragen, Hypothetisieren* und *Reframing.*

Unterscheidungen einführen als ein Fokus einer systemisch-konstruktivistischen Haltung steckt natürlich auch in bereits beschriebenen Methoden, z. B. wenn eine Auftragsklärung erfolgt oder Perspektivenvielfalt in den Raum gestellt wird. Unterscheidungen bringen Veränderungen hervor und sind deshalb auch ein Aspekt vieler Methoden, die später in Kapitel 9.4 für den Inhaltsbereich *Handlungsmöglichkeiten erweitern* beschrieben werden.

Methodenbaustein 15

9.3.1 Rollen offenlegen

Im Gespräch kann es klärend sein, wenn die kindheitspädagogische Fachkraft sich als Rollenträgerin oder -träger zeigt und die Rolle, die sie aktuell einnimmt, explizit nennt. Übersetzt man die verschiedenen Aspekte der Kita-Eltern-Kooperation in konkrete Rollenaufgaben, so kann sie in Bezug auf Eltern die Informierende, Beratende, Befragende, Bildende sein. Als Perspektiven können diese Rollen ins Gespräch eingebracht werden. So wird es der kindheitspädagogischen Fachkraft möglich, verschiedene Rollen nebeneinander oder gegeneinander zu stellen, z. B. auch die Rollenanteile des Berufs: Begleitende, Erziehende, Bildende oder Fördernde, aber auch Bewertende, Beauftragte, …

Die Einnahme einzelner Rollen ermöglicht, verschiedene, auch an gesetzliche Aufträge gebundene Perspektiven einzuführen oder kritische Perspektiven einzubringen, ohne sie als eigene Sichtweise ausdrücken zu müssen. Ein Widerstand von Eltern kann so verringert werden: »Wenn ich die Rolle der Entwicklungsbegleiterin einnehme, kann ich große Fortschritte erkennen, aus der Sicht der Person, die die altersgemäße Entwicklung einschätzen soll, …«

Für den Wechsel von Perspektiven im Gespräch wird häufig die Metaphorik bemüht, verschiedene *Brillen* aufzusetzen. Mittels dieses Sprachspiels lassen sich Gesprächssequenzen strukturieren, um Unterschiede in der Sichtweise auszudrücken: »Wenn ich mir Ihre Brille als Eltern/als Mutter/als Vater aufsetze, dann sehe ich vor allem …«.

Die kindheitspädagogische Fachkraft kann mit diesem Gesprächsmittel aber auch die Eltern dazu bringen, ihre Perspektive einzunehmen (»Wenn Sie sich meine Brille als Erzieherin aufsetzen, …«) oder noch weitere Sichtweisen einführen (z. B. die der Leitungskraft, die der zukünftigen Lehrkraft nach dem Übertritt in die Grundschule, die des abwesenden Elternteils, ...).

Methodenbaustein 16

9.3.2 Probleme kontextualisieren

Handlungsmöglichkeiten ergeben sich eher, wenn abstrakte Beschreibungen von Problemverhalten[3] wie *ängstlich, autoritär, vorsichtig, vernachlässigend* oder *nachgiebig* konkretisiert werden, sich also die Interaktionen und Kommunikationen über und um das Problem aufzeigen lassen. Zur Erinnerung: Kein Mensch ist *an sich,* sondern verhält sich in verschiedenen Kontexten unterschiedlich (vgl. 3.3.2). Bei Schlippe und Schweitzer (2016, 258) heißt die erste Beispielfrage zum Problemkontext »Aus welchen Verhaltensweisen besteht das Problem?« Sie erfragt den Kern: Wie sich etwas auf der Ebene konkreter Handlungen oder Verhaltensweisen zeigt – sehbar, hörbar und mitteilbar.

Problemverhalten kann einfach mittels W-Fragen kontextualisiert werden, was Unterschiede im Problemverhalten offenbart, die in abstrakten Beschreibungen nicht erkennbar werden.

- Wer zeigt das Verhalten?
- Was wird gezeigt?
- Wie wird es gezeigt?
- Bei wem wird es gezeigt?
- Wann wird es gezeigt?
- Wo wird es gezeigt?
- Warum wird es gezeigt?
- Wozu wird es gezeigt?

Diagnosen wie Kindliche Trennungsangst, Aufmerksamkeitsdefizit-Hyperaktivitätsstörung (ADHS), Motorische Tics, Störung des Sozialverhaltens, Einnässen (Enuresis) und Einkoten (Enkopresis) – um nur einige der Diagnosen zu nennen, die kindliche Verhaltensprobleme benennen – werden ebenfalls auf der konkreten Verhaltensebene betrachtet, sodass ihnen im Kontext systemisch-konstruktivistischen Denkens keine andere Bedeutung zukommt (vgl. 7.1.3). In der Problemkontextualisierung stellen sich dieselben Fragen: Wer? Was? Wie? Bei wem? Wann? Wo? Warum? und Wozu?

3 Problemverhalten steht in diesem Kapitel als Kürzel für häufig vorkommende Verhaltensmuster von Kindern, die als problematisch erlebt werden und von jemandem in das Gespräch eingebracht wurden. In den Beispielfragen ist das Wort ein Platzhalter für ein kontextualisiertes Verhalten: anfallsartig Spielsachen durch die Gruppe werfen, nicht in der Kita bleiben, andere Kinder ausgrenzen, die Erzieherin beschimpfen u.v.m. (vgl. 7.1.3).

Wissenswertes über Fragen

Fragen erfüllen viele Funktionen: Sie eröffnen Gespräche, signalisieren Zugewandtheit und die Bereitschaft zum Zuhören, lenken das Gespräch, bringen Informationen zutage. Systemische Fragen wollen allerdings mehr erreichen als Beziehungsaufbau und Informationssammlung: Sie sollen Konstruktionen und Systeme verändern, indem sie fragend Unterschiede verdeutlichen, dadurch neue Sichtweisen einführen und ineffiziente Perspektiven durcheinanderbringen (vgl. Schwing, 2016).

Fragen nehmen in systemisch-konstruktivistischer Theorie und Praxis einen großen Stellenwert ein. Einige Publikationen widmen sich den verschiedenen Fragearten (u. a. Bamberger, 2017; Guyer, 2015; Hoch, 2016; Hoch & Schnelle, 2018; Kindl-Beilfuß, 2015; Lindemann & Bauer, 2016). Besonders *zirkuläre Fragen* erlangten Popularität, weil es mittels dieser Fragetechnik gelingen kann, alle Beteiligten mit einzubeziehen, unterschiedliche Perspektiven in Erfahrung zu bringen und die Wechselseitigkeit in Beziehungen abzubilden.

Um Ordnung in unendlich lange Fragekataloge und in die vielen Fragetypologien zu bringen, ist die Unterscheidung von Schlippe und Schweitzer (2016) in *Fragen zur Wirklichkeitskonstruktion* und *Fragen zur Möglichkeitskonstruktion* hilfreich. Fragen zur Wirklichkeitskonstruktion helfen, die Problemsicht zu erkunden. Zu dieser Gruppe von Fragen gehören Fragen zum Auftragskontext, der in Therapie, Beratung und Sozialer Arbeit aufwändiger zu klären ist als in der Kindheitspädagogik, oder Fragen zur Problemkontextualisierung (vgl. Methodenbaustein 16). Fragen nach Ausnahmen vom Problem, Fragen nach Ressourcen, Zukunftsfragen wie die Wunderfrage aus der lösungsfokussierten Therapie nach Steve de Shazer fokussieren bereits Lösungen und zählen deshalb zu der Gruppe der Fragen zur Möglichkeitskonstruktion (vgl. Methodenbaustein 17).

Fragen in der systemischen Therapie laufen Gefahr, ein Eigenleben zu führen. Ihr Einsatz in der Eltern-Kita-Kooperation sollte wohl bedacht sein: Fragen können als zudringlich und aufdringlich erlebt werden und Widerstände hervorrufen, vor allem wenn zu viele Fragen oder als zu intim erlebte Fragen gestellt werden.

Methodenbaustein 17

9.3.3 Ausnahmen erfragen

Werden die Fragen zur Problemkontextualisierung einfach ergänzt um Fragen, die Ausnahmen vom Problemverhalten zeigen, wird ein wichtiger Schritt in Richtung Lösungen gemacht.

- *Was?* – Was wird nicht gezeigt, obgleich es eigentlich zum Problemverhalten gehört?
- *Wie?* – Wie schafft es Kind (Name), das Problemverhalten zu verbergen?

- *Bei wem?* – In Anwesenheit welcher Personen zeigt sich das Problemverhalten nicht, wer verunmöglicht es?
- *Wann?* – Zu welchen Zeitpunkten zeigt sich das Problemverhalten nicht?
- *Wo?* – An welchen Orten zeigt sich das Problemverhalten nicht?
- *Warum?* – Welche Erklärungen werden für das Problemverhalten herangezogen, welche werden vermieden?
- *Wozu?* – Welcher Nutzen ist mit dem Problemverhalten verbunden? Gibt es Alternativen?

Methodenbaustein 18

9.3.4 Hypothetisieren

Unsystematisch durch zahllose Beobachtungen im Alltag der Kindertagesstätte gesammelte Informationen über Eltern und Kinder, aber auch systematisch erfolgte Beobachtungen wie in Kapitel 8 beschrieben, verdichten sich zu Annahmen über zugrundeliegende Strukturen und Prozesse eines Problemverhaltens. Im systemisch-konstruktivistischen Denken gilt (in Anlehnung an Watzlawicks Kommunikationsthese): »Man kann nicht nicht hypothetisieren« (Schlippe & Schweitzer, 2016, 226), man kann sich aber der Vorläufigkeit von Hypothesen immer bewusst sein – auch dann, wenn man sie mittels standardisierter Verfahren (vgl. Kapitel 8) schwarz auf weiß vor sich liegen hat. Hypothesen sind immer Entwürfe, werden revidiert und durch neue Annahmen ersetzt, beispielsweise wenn weitere Information verfügbar ist oder Maßnahmen auf der Grundlage bestimmter Hypothesen nicht erfolgreich waren.

Hypothesen aus *konstruktivistischer* Sicht beziehen sich auf die Funktionalität des Problemverhaltens, erwägen dysfunktionale Konstruktionen bzw. Narrationen. Hilfreiche Fragen hierfür sind z. B.:
- Welche Funktion erfüllt das Problemverhalten?
- Wer hat von dem Problemverhalten einen Nutzen?
- Welche Bedeutungen vermitteln verwendete Begriffe?
- Welche Geschichte wird erzählt und welche Absicht steckt hinter der Erzählung?

Hypothesen aus *systemischer* Sicht betreffen eher dysfunktionale Systemmerkmale. Beispielfragen für die Entwicklung von Hypothesen aus dem normativen Ansatz der strukturellen Familientherapie sind die folgenden:
- Hat die Familie zu viel oder zu wenig Kohäsion?
- Zeigen sich Störungen in der Familienhierarchie?
- Hat die Familie zu geringe oder zu starke Grenzen nach außen?

Hypothesen können aus *differenzpädagogischem* Wissen heraus formuliert werden, wenn Erklärungen durch die Zugehörigkeit zu einem bestimmten Milieu gesucht oder kulturell geprägte Geschlechtsunterschiede betrachtet werden.

Hypothesen können aber auch einfach kommen und gehen. Insgesamt gilt allerdings: Je mehr Wissen, desto mehr Ideen über zugrundeliegende Strukturen und Prozesse.

Hypothesen kommen und gehen, manche bleiben

Die zweieiigen Zwillinge Caspar und Corbinian sind beide drei Jahre alt, als ihre Eltern Claudia und Georg, beide um die 40 Jahre alt, sich in der Kindertagesstätte vorstellen. Die Familie ist erst in die Großstadt gezogen, weil der Vater eine Professur für Informatik an der Fachhochschule angenommen hat. Die Mutter ist promovierte Betriebswirtin, aber nicht erwerbstätig. Beide Eltern sind auffallend übergewichtig, die Kinder auffallend untergewichtig.

Das Aufnahmegespräch verlief routinemäßig und dennoch sind der Kita-Leiterin Sandra ein paar Besonderheiten im Verhalten der Familienmitglieder in Erinnerung geblieben. Während des gesamten Gesprächs rennen die Kinder im Besprechungszimmer herum, beachten die Spielmaterialien im Raum überhaupt nicht, streiten lange darüber, wer auf dem Schoß der Mutter sitzen darf, schubsen sich dabei auch grob, Corbinian weint lange. Die Eltern reagieren während des Gesprächs nicht auf ihre Kinder, greifen auch in die Konflikte nicht ein, sind aber der Erzieherin gegenüber sehr zugewandt. Während des gesamten Gesprächs spricht der Vater sehr viel, ist durch einen Sprachfehler schwer verständlich – die Mutter Claudia wiederholt seine Sätze routinemäßig und bindet die Zusammenfassungen geschickt in das Gespräch ein, ohne sich selbst inhaltlich an der Unterhaltung zu beteiligen. Sie wird die Eingewöhnung übernehmen, äußert aber große Angst davor, sich von den Kindern trennen zu müssen.

Bei Kita-Leiterin Sandra blitzen zahlreiche Hypothesen über die Familie gleichzeitig auf, die in der Kita-Eltern-Kooperation zum Thema werden könnten: zu enge Bindung, nachgiebiger Erziehungsstil, traditionelle Rollenverteilung, Akademikerfamilie mit hohen kognitiven Anforderungen an die Kinder, Kooperationsbereitschaft der Eltern, ungesunde Ernährungsgewohnheiten, Integration eines Zwillingspaars in die Kindergruppe, kein soziales Netzwerk, Risiko einer Sprachstörung bei den Kindern, …

Nur zwei der Hypothesen blieben zur Erklärung kindlicher Verhaltensprobleme während der gesamten Kindergartenzeit ein Thema in der Kita-Eltern-Kooperation: der nachgiebige Erziehungsstil der Eltern und die Weigerung der Eltern, die Sprachstörung eines Zwillings vor der Einschulung logopädisch behandeln zu lassen: Beide

Kinder konnten sich während der gesamten Kindergartenzeit wenig an Regeln halten; Corbinian entwickelte tatsächlich ein ausgeprägtes Poltern, eine Redeflussstörung, die auch der Vater bei sich nie hatte behandeln lassen. Eine wichtige Hypothese kam erst später dazu: Die Eltern unterstellten den anderen Kindern böse Absichten ihren beiden Kindern gegenüber und sahen Caspar und Corbinian vorrangig in einer Opferrolle. Der Vater engagierte sich trotz vieler Konflikte übermäßig stark und ausgesprochen verlässlich als Elternvertreter. Die Mutter übernahm unentgeltlich die Öffentlichkeitsarbeit für die Kindertagesstätte und baute eine Homepage auf.

Für eine kindheitspädagogische Fachkraft ist diese Haltung des Hypothetisierens wahrscheinlich ungewohnt, weil sie dahingehend beruflich sozialisiert ist, Interpretationen als Annahmen über Hintergründe von Verhaltensweisen außen vor zu lassen. Im hier besprochenen Ansatz sind Hypothesen willkommen, allerdings nur, wenn sie bei Untauglichkeit direkt wieder verabschiedet werden. Hypothetisieren kann als Hypothesen-Brainstorming im Team auch zur Fallbesprechung genutzt werden.

Methodenbaustein 19

9.3.5 Reframing

Eine Möglichkeit des Kommunizierens von Hypothesen sind *Reframings.* Beim Reframing oder Umdeuten wird das Verhalten in einen anderen Kontext gestellt, was ihm eine neue Bedeutung verleiht und andere Reaktionen ermöglicht. Reframing macht aus dem *halb leeren* Glas durch Perspektivenwechsel ein *halb volles* Glas. *AD(H)S. Erziehen statt behandeln,* der Buchtitel eines Ratgebers von Miriam Stiehler (2007), ist ein Beispiel für eine provozierende veränderte Rahmung: Statt ADHS im Kontext Medizin zu verorten, wird der Kontext Pädagogik gewählt. Die Vorstellung in der frühen Familientherapie, ein Kind mit auffälligem Verhalten erfülle einen Dienst für die gesamte Familie, kann ebenfalls als Beispiel für ein Reframing angesehen werden: Der Rahmen, das Kind habe ein individuelles Problem, wird durch den Rahmen, das Kind verkörpere ein Familienproblem, ersetzt. Ein trennungsängstliches Kind in einer bestimmten Familie könnte dann zu Hause bleiben wollen, nicht weil es an sich Angst hat, sondern weil es spürt, dass die Mutter in ihrer ungewohnten Familienrolle Gefahr läuft, eine Depression zu entwickeln. Mit neuen Rahmungen erweitern sich die Handlungsmöglichkeiten in Bezug auf ein Problem.

Schwing (2016) zählt verschiedene Kontexte für Reframings auf. Problematisch erlebtes Verhalten

- kann verdeckt eine gute Absicht verfolgen,
- erfüllt eine Funktion für die Familie,
- kann als Ausdruck einer biografischen Episode interpretiert werden,
- wird für einen anderen Lebensbereich als sinnvoll angesehen.

Die gesamte systemisch- konstruktivistische Denkweise, die Einführung ungewohnter Perspektiven wie beispielsweise das Erfragen zirkulärer Prozesse anstelle automatisierter Ursache-Wirkungs-Gefüge, die Einführung einer Eigenbeteiligung an Problemen und an Lösungen ebenso wie die Frage nach Ausnahmen stellen neue, weil ungewohnte Rahmungen eines bestimmten Verhaltens dar. Auch im Alltag kennen wir Situationen, in denen wir ein Verhalten ganz anders kontextualisieren als unser Gegenüber.

Positive Konnotation

Eine besondere Form des Reframings stellt die *Positive Konnotation* oder *Positive Umdeutung* dar. Konnotation bezeichnet die Mitbedeutung von Wörtern. Diese Form des Reframings schafft für ein Verhalten, das begrifflich negativ gefasst wird, einen positiv besetzten Bezugsrahmen. Es wäre ein Missverständnis zu glauben, negative Bedeutungen würden einfach durch positive ersetzt. Positive Konnotation als Methode *ergänzt* aber die unterschlagene positive Wirkung eines bestimmten Verhaltens. So können verdeckte Ressourcen erkannt werden (Weiss, 2008).

Die Methode des positiven Konnotierens eignet sich in der Kita-Eltern-Kooperation zur Ergänzung von elterlichen Perspektiven auf Kinder, wenn diese besonders negativ ausfallen. Sie eignen sich aber auch zur Verbesserung der Perspektiven auf Eltern, die - wie bereits einleitend in Kapitel 2.2.2 betrachtet - seitens kindheitspädagogischer Fachkräfte oft mit negativ getönten Attributen versehen werden.

Einige Beispiele für positive Umdeutungen finden sich im Anschluss. Durch die Formulierung als Tätigkeiten werden auch die Eigenschaftszuschreibungen aufgelöst in Handlungen.

Negative Zuschreibungen, die eher auf Kinder bezogen sind:

- *dickköpfig* heißt auch: hat einen ausgeprägten Willen, kann seine Interessen durchsetzen …
- *unkonzentriert* heißt auch: reagiert sensibel auf Außenreize; lässt sich anrühren, ansprechen und anregen; ist spontan …

Negative Zuschreibungen, die eher auf Eltern bezogen sind:

- *überbehütend* heißt auch: den Eltern ist das Kind sehr wichtig; sie möchten keine Konflikte mit ihren Kindern; suchen Harmonie …
- *besserwisserisch* heißt auch: Eltern sind Sachfragen wichtig; sie beteiligen sich an der Suche nach der besten fachlichen Lösung …

- *vernachlässigend* heißt auch: den Eltern sind ihre eigenen Bedürfnisse sehr wichtig; sie können lernen, Bedürfnisse der Kinder besser zu erkennen …

Reframing ist eine Technik, die ohne die *Annahme eines guten Grundes* für jegliches Verhalten nicht glaubwürdig eingesetzt werden kann. Reframings, vor allem riskierende Reframings, müssen gut eingeführt werden. Es empfiehlt sich eine Formulierung als Frage oder als eine mögliche Perspektive, diese in den Raum zu stellen, damit sie bei Eltern, die andere als ihre eigenen Sichtweisen nicht tolerieren können, dennoch eine Wirkung erzielt. Hilfreich ist in diesem Fall auch der Rückgriff auf eine andere Person oder Rolle (vgl. Methodenbaustein 15): »Ich kenne eine Familie, das Kind besuchte vor ein paar Jahren unsere Kindertagesstätte, die hatte ein sehr vergleichbares Problem. Im Verlauf der Zeit stellte sich heraus, dass es eigentlich um … ging.«

9.4 Methodenbausteine: Handlungsmöglichkeiten erweitern

Ebenso wie das Einführen von Unterschieden ist der vierte Inhaltsbereich einer systemisch-konstruktivistischen Grundhaltung in der Kindertagesstätte besonders dann wichtig, wenn Eltern mit Erziehungsproblemen an die kindheitspädagogische Fachkraft herantreten. *Handlungsmöglichkeiten erweitern* wurde als Haltung ausführlich in Kapitel 4.5 besprochen. Die Methodenbausteine *Elterliche Ressourcen nutzen, Ziele formulieren, Lösungsbrainstorming, Beobachtungsaufgabe, Etwas anders machen* und *Rituale einführen* sind hilfreich, diese Haltung methodisch umzusetzen.

Methodenbaustein 20

9.4.1 Elterliche Ressourcen nutzen

Die Frage nach Ausnahmen, in Methodenbaustein 17 unter dem Aspekt des Unterscheidens betrachtet, bringt elterliche Ressourcen ins Spiel. Wenn es immer wieder gelingt, dass das irgendwie geartete kritische Verhalten des Kindes nicht auftritt, dann hat das etwas mit Gelingensbedingungen zu tun. Besonders für Eltern, die sich in der Opferrolle sehen und Probleme nicht aktiv bewältigend angehen, ist ein Blick auf eigene Ressourcen ein Anreiz, über eigene Anteile am Problemverhalten, aber auch über eigene Anteile an Lösungen nachzudenken.

Wenn das Kind sich gut trennen kann, sobald sich die Mutter einen Ruck gibt und nicht mehr zurückschaut, dann ist das eine elterliche Kompetenz im Umgang mit einem Kind, das sich morgens schwer von der Mutter trennt.

Wenn die Mutter beim Abholen nicht viele Fragen stellt, was das Kind denn heute alles in der Kindertagesstätte gespielt hat, das Kind also nicht regelrecht aushorcht, erzählt das Kind auf dem Heimweg oft doch davon, was es am Tag erlebt hat. Wenn der Vater morgens beim Bringen der Kinder sich nicht bevorzugt mit dem jüngeren Geschwisterkind beschäftigt, sondern auch das ältere in Gespräche einbindet, zeigt dieses zu Beginn des Kita-Tages weniger aggressives Verhalten.

Zusätzlich zu den Fragen nach Ausnahmen von dem Problem können Eltern mittels folgender beispielhafter Fragen systematisch auf ihre Erfolgserfahrungen aufmerksam werden und daraus Lösungen entwickeln.

- Was möchten Sie in der Erziehung von Kind (Name) so behalten, wie es ist?
- Als Erzieherin finde ich, dass bei Kind (Name) besonders positiv auffällt ... Ich wüsste gerne, wie Sie Ihr Kind aus Elternperspektive erleben: Was finden Sie denn toll an Kind (Name)? Worauf sind Sie stolz?
- Sicher war Verhalten XY schon einmal weniger ausgeprägt: Wie haben Sie das hingekriegt?
- Mit welcher Erziehungseinstellung gelang es denn besser, das Verhalten XY von Kind (Name) in den Griff zu kriegen?
- Wer kann Ihnen denn helfen, wenn Kind (Name) wieder die Verhaltensweise XY zeigt?
- Was müssten Sie noch wissen, damit Sie sich sicher fühlen können?

Methodenbaustein 21

9.4.2 Ziele formulieren

Die Lösungskonstruktion erfolgt in Therapie, Beratung und Coaching mittels Fragen zur Möglichkeitskonstruktion (in der Terminologie von Schlippe und Schweitzer, 2016, 257 ff.), die helfen, einen erwünschten Zustand facettenreich zu beschreiben. Der immer wieder zitierte Rückgriff auf die Wunderfrage nach Steve de Shazer rückt die Lösungskonstruktion in den Bereich des Visionären, ermöglicht dann aber auch eine unzensierte, spielerisch anmutende Betrachtung. Ausgestaltungen der Wunderfrage werden in der Literatur vielfach beschrieben, im Folgenden sind einige Versionen für die Kita-Eltern-Kooperation zusammengestellt, die so oder in modifizierter Form denkbar sind.

- Angenommen das Problemverhalten wäre von heute auf morgen verschwunden: Woran würden Sie zu Hause/in der Kita ... merken, dass das Problem weg ist? Woran würden Sie es ganz konkret zuerst merken?
- Wer würde noch merken, dass das Problem weg ist?
- Wie sähe Ihr Leben/Ihr Familienleben/Ihr Verhältnis zur Kita ... dann aus?

- Die Frage mag verwundern, sei aber trotzdem gestellt: Würden Sie als Elternteil 1/Elternteil 2/abwesende Person A/abwesende Person B ... etwas vermissen?
- Welche Fähigkeiten haben Sie denn schon erprobt, wenn es darum geht, dieser Lösung nahezukommen?

Eine andere Form, Ziele konkret zu machen, sind die SMART-Prinzipien (vgl. 2.2.4), die nicht nur für Projektziele, sondern auch für die Formulierung von Entwicklungszielen dienlich sind (Erzieherinnen und Erzieher, 2013).

Nach dem SMART-Prinzip sollen Ziele

- ***S**pecific,* also eindeutig und präzise formuliert werden.
- ***M**easureable,* messbar im Sinne von überprüfbar sein.
- ***A**chievable,* für die Person einen Anreiz darstellen und erreichbar sein.
- ***R**ealistic,* realistisch im Kontext Kindertagesstätte förderbar sein.
- ***T**ime-bounded,* zeitlich festlegbar sein und terminiert werden.

Methodenbaustein 22

9.4.3 Lösungsbrainstorming

Ein Methodenbaustein, der ermöglicht, unzensiert Ideen zu sammeln, die helfen, das anvisierte Ziel zu erreichen, kann mit *Lösungsbrainstorming* überschrieben werden. Das Sammeln von Wegen hin zum Ziel stellt eine Phase in der Mediation dar und ist auch in der kollegialen Supervision ein wichtiger Prozess, um verschiedene Blicke nicht nur auf die Problembeschreibung (vgl. Methodenbaustein 12), sondern auf die Problemlösung zu werfen. Die Sammlung von Lösungsideen erfolgt in einer ersten Phase unzensiert und kann im Gespräch mit Eltern sowohl vonseiten der kindheitspädagogischen Fachkraft erfolgen oder vonseiten der Eltern: »Ich würde vorschlagen, dass wir einfach einmal möglichst viele Ideen sammeln, wie das Ziel erreicht werden kann. Dabei lassen wir zunächst einmal völlig außen vor, wie umsetzbar wir die einzelnen Ideen einschätzen ...«.

Wichtig ist, dass Lösungsideen einfach genannt werden, ihre Realisierbarkeit und die Passung der vorgeschlagenen Problemlösungen werden erst in einem zweiten Schritt beurteilt. Ob anvisierte Strategien, ein Problem anzugehen, erfolgreich sind, muss nach einiger Zeit überprüft werden.

Handlungsvorschläge erlaubt

Lösungskonstruktionen sind zunächst einmal nichts anderes als differenziert ausgestaltete Ziele, deren Umsetzung unter Rückgriff auf Ressourcen entweder spontan gelingt oder Anregung und Unterstützung braucht.

Üblich für Methoden der Systemveränderung sind Handlungsvorschläge wie Beobachtungsaufgaben oder Verhaltensaufgaben, die nach der Veränderungsbereitschaft der Eltern ausgewählt werden. In Therapie und Beratung würde man Eltern, die sich nicht als Teil des Problemsystems und nicht als Teil des Lösungssystems ansehen, die also im Sinne der Unterscheidung von Steve de Shazer Besucher oder Klagender, aber keine Kunden sind, eher Beobachtungsaufgaben oder (in der Therapie) paradoxe Interventionen/Symptomverschreibungen anraten. So können sich passive, vorrangig reagierende Eltern als Gestaltende und als Aktive in Kommunikationen erleben. Die Umsetzung einer Verhaltensaufgabe, die Neues erproben lässt, erfordert eine Lösungsbereitschaft seitens der Eltern. Eine gut lesbare Einführung in familientherapeutische Interventionen findet sich z. B. bei Thomas Weiss (2008). Einige der zahlreichen Handlungsvorschläge, die in der Literatur beschrieben werden, eignen sich auch für die Kita-Eltern-Kooperation.

Methodenbaustein 23

9.4.4 Beobachtungsaufgabe

Die Anregung, das Problemverhalten von Kindern oder das eigene Erziehungsverhalten nicht zu verändern, sondern erst einmal nur zu beobachten, ist für Eltern mit geringer Veränderungsbereitschaft geeignet. Durch Beobachtungsaufgaben erlangen sie Einsicht in die Verursachung von Problemen und können sich für die Verursachung von Lösungen öffnen.

Beispielsweise kann Eltern empfohlen werden, eine Weile zu beobachten,

- bei welchen Personen/in welchen Situationen/zu welchen Zeiten ein bestimmtes Problemverhalten auftritt.
- bei welchen Personen/in welchen Situationen/zu welchen Zeiten ein bestimmtes Problemverhalten ausbleibt.
- was in der Beziehung zum Kind so bleiben soll, wie es ist.
- was sich möglichst oft ereignen soll.
- wie sie es schaffen, die Ausnahmen zu bewirken.

(vgl. Klein & Kannicht, 2011; Weiss, 2008)

Methodenbaustein 24

9.4.5 Etwas anders machen

Neben Beobachtungsaufgaben gibt es eine Fülle an Handlungsvorschlägen, die in Therapie und Beratung angeboten werden, damit Klienten etwas anders machen können, worauf sie selbst nicht kamen (im Überblick z. B. Weiss, 2008). Viele dieser Methoden wie z. B. Varianten der Symptomverschreibung, sind im Kontext der Kita-Eltern-Kooperation nicht denkbar.

Anders verhält es sich mit Handlungsvorschlägen, die eine Aufgabe beinhalten. Der Begriff Handlungsvorschläge suggeriert schon, dass hier nicht eine einzig wahre Lösung nahegelegt wird. Ob das zur Erprobung vorgeschlagene Verhalten für Eltern hilfreich ist, entscheiden sie selbst. Hier liegen die Unterschiede zum traditionellen Ratschlag.

Kindheitspädagogische Fachkräfte könnten Eltern nahelegen,

- das Problemverhalten an Orte oder an Zeiten zu binden.
- erzieherisches Verhalten, das sie an sich selbst als negativ bewerten, einfach zu unterlassen.
- Dinge, die bislang gleichzeitig getan wurden, nacheinander zu tun.

(vgl. Schlippe & Schweitzer, 2016; Weiss, 2008)

Methodenbaustein 25

9.4.6 Rituale einführen

Eine besondere Form von Handlungsvorschlägen sind Rituale. Als Ritual werden verdichtete Abläufe bezeichnet, die sich als komprimierte, symbolische Handlungen wiederholen und als (emotional) bedeutungsvoll erlebt werden (Schweitzer, Weinhold & Schlippe, 2016). Viele Rituale, besonders die im Familienzyklus (Taufe, Geburtstagsfeiern, Einschulung), sind kulturell und religiös überformt.

Als Rituale werden aber auch Alltagshandlungen bezeichnet wie hochstrukturiert ablaufende Bring- und Abholsituationen in der Kita, das gemeinsame Essen in der Familie oder die Gutenachtgeschichte vor dem Einschlafen. Rituale schaffen Ordnung und Struktur, helfen aber vor allem bei der Bewältigung von Übergängen. In der systemischen Therapie werden sie zur Veränderungsarbeit eingesetzt (Imber-Black & Roberts, 2015).

Die positive Wirkung von Ritualen für die Paarbeziehung (Schindler, 1998), das Familienleben und die Entwicklung von Kindern (Groth, Brunner, Wuttke, Schulz & Quinzer 2014) wird geschätzt, was eine Fülle an Ratgebern hervorgebracht hat. Aufgrund dieser breiten Akzeptanz im Alltagsleben und in der Kindheitspädagogik eignen sie sich als Handlungsvorschläge für die Bewältigung von Problemen, die in der Kita-Eltern-Kooperation zur Sprache kommen.

Hilfreich ist dabei zunächst, Systeme nach dem Ritualisierungsgrad zu unterscheiden. Wenn in einem System viele Rituale durchführt werden, gilt es als *überritualisiert* und läuft Gefahr, rigide und starr zu wirken sowie bei Veränderungen wenig flexibel zu reagieren. Zeigt ein System wenig Rituale, wird es als *unterritualisiert* bezeichnet, sorgt kaum für Struktur und Zusammenhalt oder bietet wenig Hilfe bei Übergängen. Betrachtet man die gesellschaftliche und bildungspolitische Entwicklung, dann zeigt sich eine Tendenz zum Abbau von Ritualen in Familien, aber auch in der Kindheitspädagogik in Institutionen.

Zur Verbesserung der Erziehungspraxis kann Familien mit geringem Ritualisierungsgrad die Einführung von Ritualen empfohlen werden. Dies betrifft Familien, die Struktur in der Erziehung ihrer Kinder wenig Raum geben oder aus ideologischen Gründen abwerten (vgl. 5.3.3). Rituale in der Familie betreffen die Mahlzeiten, die Aufsteh- und Zubettgehsituation, den Umgang mit Schnuller und Kuscheltier oder Hygienehandlungen wie Toilettengang und Zähneputzen. Anregungen zur Ritualisierung dieser Abläufe finden sich bei Bedarf in einschlägiger Literatur (z. B. Gräßer & Hovermann, 2015).

Rituale können aber auch dysfunktional sein *(leere Rituale),* wenn sie nicht durchbrochen werden können und etwas negativ Erlebtes durch andauerndes Wiederholen festschreiben. Hier können Eltern darin unterstützt werden, dysfunktionale Rituale durch funktionale zu ersetzen. Ein Beispiel hierfür ist der effektive Umgang mit der Trennung vom Kind in der Eingewöhnungsphase und in der Bringsituation im Kindergarten. Der für Eltern schwierige Prozess kann von kindheitspädagogischen Fachkräften unterstützt werden. Denkbar sind Einführungselternabende, in denen Eltern älterer Kinder sich mit Eltern neuer Kinder in der Kindertagesstätte austauschen können, wie es Wilfried Griebel und Renate Niesel (1998) beschreiben.

Rituale in der Kita-Eltern-Kooperation

Nicht zuletzt kann auch die Kita-Eltern-Kooperation auf ihren Ritualisierungsgrad hin überprüft werden. Rituale zur Gestaltung von Übergängen in der Kita-Eltern-Kooperation sind das Aufnahmegespräch, das Abschlussgespräch, auch die Abschlussfeier vor dem Übergang der Kinder in die Grundschule. Rituale der Beziehungspflege sind Tür- und Angel-Gespräche, Alltagsgespräche, aber auch Feste und Feiern. Entwicklungsgespräche ritualisieren den Austausch über Bewertungen der kindlichen Entwicklung, eine für beide Seiten schwierige Situation, die durch einen klaren Ablauf, der den Eltern bekannt gemacht wird, erleichtert wird (Verbeek, 2006). Regelmäßige Elternabende und Elternstammtische, Elternbefragungen im Rahmen des Qualitätsmanagements ritualisieren andere Aspekte der Kita-Eltern-Kooperation.

9.5 Zusammenfassung

Die Methodenbausteine in Kapitel 9 erlauben, die vier Inhaltsbereiche einer systemisch-konstruktivistischen Grundhaltung in konkreten Gesprächen mit Eltern zu nutzen. Im Vergleich zu den Aktionsmethoden, die über den systemischen Ansatz hinaus Interesse wecken – nämlich Familienaufstellungen, Genogramme oder ungewöhnliche Handlungsvorschläge – sind die zusammengestellten Methodenbausteine wenig spektakulär. Im Gegensatz zu Theorien und Haltungen sind Methoden vom Anwendungskontext extrem abhängig, was die Auswahl für die Elternberatung in der Kindertagesstätte begründet.

Die Methoden wurden immer wieder an Konstruktivismus und Systemtheorie, systematisch aber an die in Kapitel 4 unterschiedenen Haltungen der kindheitspädagogischen Fachkraft rückgekoppelt. Durch Methoden konkret zu erproben, wie eine Passung mit Elterninteressen, eine Perspektivenübernahme, das Beachten von Unterschieden und das Erweitern von Möglichkeiten ausgestaltet werden kann, führt nach und nach zur Entwicklung einer systemisch-konstruktivistischen Haltung. Dabei kann ein sukzessives Vorgehen hilfreich sein, nämlich bei jedem Elterngespräch einzelne Aspekte systemisch-konstruktivistischer Haltungen zu fokussieren oder jedes Mal eine Methode mehr einzubeziehen.

10 Ein Buch ist erst der Anfang

Das vorliegende Buch stellt einen Versuch dar, das Anwendungsfeld Kindertagesstätte in Bezug auf die Zusammenarbeit mit Eltern aus einer systemisch-konstruktivistischen Perspektive zu erschließen. Zur Perspektivenerweiterung wurde zudem der sozialkonstruktivistische Diversity-Ansatz aufgegriffen, was in Bezug auf die Themen Milieu, Gender und psychische Gesundheit einen differenzierten Blick auf die Beteiligten der Kita-Eltern-Kooperation erlaubt. Zum Zeitpunkt der Publikation des vorliegenden Buchs ist in den bekannten Grundlagenwerken zur Systemischen Therapie und Beratung unter den umfangreich betrachteten Anwendungskontexten das Praxisfeld Kindertagesstätte noch nicht aufgenommen worden (Levold & Wirsching, 2016; Schlippe & Schweitzer, 2016; Schwing & Fryszer, 2015). Systemische Pädagogik fokussiert nur das Praxisfeld Schule; Systemische Sozialarbeit konzentriert sich auf die Anwendungsfelder stationäre Jugendhilfe, Case Management und Sozialraumorientierung (Gehrmann, 2015; Holtz, 2008; Kleve, Haye, Hampe-Grosser & Müller, 2017; Mosell, 2016; Ritscher, 2007; Schindler, 1996; Winkelmann, 2014).

Die gewählte Darstellung soll Lernenden und Fachkräften in der Kindertagesstätte eine erste Begegnung mit Konstruktivismus, Systemtheorie und Diversity-Theorien ermöglichen, wenn diese Ansätze neu sind. Bei Interesse kann der in Teil I und II eingeschlagene theoretische Zugang durch die oben genannte wissenschaftliche Grundlagenliteratur oder durch Originalliteratur vertieft werden. Dass theoretische Grundlagen oft nur oberflächlich bekannt sind, ist anzunehmen: Denn selbst wenn eine systemische Grundlegung auch in der Elternberatung vermehrt in die Kindertagesstätte Einzug hält (z. B. Roth, 2014; Vogt, 2017), liegt der Schwerpunkt der anwendungsbezogenen Darstellungen weniger auf Theorien, sondern eher auf einem Bündel von Haltungen oder dem Einsatz der interessanten systemischen Methoden.

Diese Entkoppelung von Theorie und Praxis kann in der Sache selbst begründet sein. Die Theorien Konstruktivismus und Systemtheorie sind vergleichsweise kompliziert, aufgrund der vielfältigen Bezüge werden sie selten als zwei unterscheidbare theoretische Zugänge dargestellt, was prinzipiell aber möglich ist und das Verständnis erhöhen kann. Die Theorien selbst sind zudem heterogene Gebilde: Je nachdem, welchem Systembegriff man z. B. folgt, geht es eher um Grenzen, um Kybernetik, um verschiedene Systemebenen oder um die Eigendynamik (Haase, 2012). Haltungen und Methoden, die für therapeutisches und beraterisches Handeln beschrieben und weitergeschrieben werden, lassen sich nicht zwangsläufig stringent aus den beiden Theorien ableiten. Zudem stellen sich bei genauerer Betrachtung grundlegende Fragen, z. B. ob der in die psychosoziale Praxis gern aufgenommene Lösungsorientierte Ansatz überhaupt ein systemischer ist (Dierolf, 2015) oder wie mit den zahlreichen Paradoxien umgegangen werden kann (vgl. Schlippe, 2015), z. B. wenn Gefährdungen beteiligter Personen die so beliebte Entgrenzung der Möglichkeiten wiederum begrenzen. Nur wenige Methoden lassen sich wirklich der Systemtheorie zuordnen, die dem Ansatz wiederum den Namen gibt: Dazu zählen nur die Verfahren der Systemerkennung wie Familienskulptur oder die Technik des zirkulären Erfragens (vgl. Haase, 2012).

Die Haltungen und exemplarischen Methodenbausteine, die im vorliegenden Buch in Bezug auf die Kita-Eltern-Kooperation herausgestellt wurden, müssen – nicht zuletzt aufgrund des Einbezugs der Diversity-Perspektive – häufig eher dem Konstruktivismus zugerechnet werden, wobei dies immer auch eine Frage der Betrachtung bleibt. Eher systemisch sind die in Kapitel 8 und 9 beschriebenen Methoden zur Systemerkennung der Familie und der Kindergartengruppe; Vorgehensweisen, die die Eigenlogik der Familie beachten wie Joining (unter Einbezug differenzsensibler Perspektiven), oder die Verstörung durch Perspektivenvielfalt und Handlungsvorschläge. Eher konstruktivistisch verortet sind beispielsweise die positive Umdeutung von Entwicklungsförderung zur Aufrechterhaltung der psychischen Gesundheit von Kindern oder die lösungsfokussierten Konstruktionen in der Elternberatung. In der Praxis werden diese Zuordnungen aufgrund der Bezüge zwischen Konstruktivismus und Systemtheorie zweitrangig, erklären aber die hier verwendete Bezeichnung *systemisch-konstruktivistisch* in Bezug auf die theoretische Grundlegung, die Haltungen und die Methoden.

Neben einer Anbindung an Theorien sollten ausführliche Darstellungen, Gegenüberstellungen gewohnter und ungewohnter Denkmuster sowie zahlreiche Beispiele dazu verhelfen, die Inhalte in die Praxis der Kita-Eltern-Kooperation zu übertragen. Auch hier lag der Fokus darauf, die Praxisrelevanz zugrundeliegender *Theorien* sowie systemische, konstruktivistische und differenzsensible *Haltungen* zu vermitteln, statt dekontextualisiert Methoden, Werkzeuge oder Tools in großer Zahl zu offerieren.

Für diese Entscheidung gab es verschiedene Gründe. Der wichtigste Grund wurde bereits angeführt: Methoden brauchen eine Grundlage in Theorien und Haltungen. *Systemisch* könnte sonst fälschlich mit dem Einbezug der Familie gleichgesetzt werden, Methoden wie Ressourcenanalyse oder Reframing wirkten nicht authentisch, Respektlosigkeit gegenüber Ideen würde als mangelnde Empathie missverstanden – um nur einige der wenig förderlichen Auslegungen zu nennen, die immer dann auftreten, wenn ein systemisches und konstruktivistisches Grundwissen fehlt. Eine Diskussion über verschiedene Ansätze findet auch nie auf der Ebene der Methoden, sondern immer auf der Ebene der Theorien, also auf der Ebene der Weltbilder statt: Ohne Diskurs ist aber prinzipiell kein mündiger Umgang mit Wissen möglich.

Ein weiterer Grund für den Fokus auf Theorien und Haltungen liegt in der Erkenntnis aus Psychotherapie- und Unterrichtsforschung, dass für persönliche Veränderungen, für Lernen und Bildung die angewandten Techniken weniger verantwortlich sind, als dies gemeinhin angenommen wird (Levold, 2016: Grawe, Donati & Bernauer, 1994; Helmke, 2010). Daraus sollte aber nicht die Erkenntnis abgeleitet werden, dass kindheitspädagogische Fachkräfte allein mit einer adäquaten Haltung professionelle Gespräche führen und irgendwie dienliche Veränderungen hervorrufen könnten. Gerade das Praxisfeld der Kindertagesstätte ist – zumindest in der Kooperation mit Eltern – eher unterritualisiert, was den Gebrauch von Methoden betrifft. So stellte Kubitza (2018) fest, dass sich in der Kindertagesstätte oftmals eine Familienlogik abbildet und weniger eine Organisationslogik: Der Kommunikationsstil ist persönlich und wenig formalisiert, an Bindung, Wohlergehen und Gleichheit der Beteiligten orientiert, was eigentlich typisch für Familien ist. Elemente einer Organisationslogik, also formalisierte Kommunikationsabläufe oder Kommunikationsaspekte wie Entscheidungen, Kompetenz und Funktionalität sind wenig entwickelt. Der theoriegebundene Einsatz von Methoden, wie in Teil III beschrieben, kann die professionelle Kommunikation in der Kita-Eltern-Kooperation und die Weiterentwicklung einer Organisationslogik unterstützen.

Auch wenn Theorien und Haltungen praktische Relevanz haben, sind Methoden nicht überflüssig. In Theorie und im Tätigkeitsfeld kontextualisierte Methoden dienen explizit der Bewältigung praktischer Aufgaben. Der folgende Hinweis erscheint vor allem für sogenannte Teamer bedeutsam, denen Beziehung und Harmonie in Arbeitsgruppen, aber auch im Kontakt mit Eltern besonders wichtig sind (vgl. Mienert, 2016): Bei systemisch-konstruktivistischem Handeln stellt Beziehung nicht das Ziel, sondern (nur) den Weg zu besseren Kommunikationen dar. Der Kontakt mit Eltern kann auch herausgefordert werden, z. B. durch die Explikation anderer Perspektiven seitens der professionellen Kräfte (oder durch die Explikation anderer Perspektiven seitens der Eltern). Meiner Erfahrung nach haben Erzieherinnen und Erzieher einen sehr klaren Blick auf die zwischenmenschlichen Phänomene in Kindertagesstätte und Familie und das auch schon in der Ausbildungssituation, spätestens aber nach wenigen Berufsjahren. Sie tragen diese Perspektive nur zu wenig in das Gespräch mit Eltern hinein. Die hier ausgiebig dargelegte Vorstellung, dass es sich bei der eigenen Meinung zu den Dingen (nur) um eine Perspektive handelt, die als Möglichkeit (nicht als Wahrheit) ausgesprochen nur dann eine Wirkung erzielt, wenn Eltern dies auch möchten – diese Sicht kann ermutigend sein, eine Zurückhaltung in der Kita-Eltern Kooperation aufzugeben. Die Methodenbausteine in Teil III können bei den ersten Schritten professioneller Vielperspektivität helfen.

Erfahrungsgemäß wird schon recht früh im Verlauf von Unterricht und Seminar deutlich, ob Fachschülerinnen und Fachschüler bzw. Studierende der Kindheitspädagogik von systemischen oder konstruktivistischen Ideen berührt werden oder nicht. Bei manchen ist es Verliebtheit auf den ersten Blick, andere nähern sich nach anfänglicher Skepsis, wieder anderen sind Systemtheorie und Konstruktivismus unerreichbar weit von ihrem Weltbild entfernt. Und sicher wurde auch Leserinnen und Lesern des Buchs unmittelbar klar, ob die dargestellten Perspektiven die eigene Kommunikation in der Erziehungspartnerschaft unterstützen können oder nicht. In diesem Sinne eignet sich die vorliegende Einführung dazu, sich begründet *für*, sich aber auch begründet *gegen* ein pädagogisches Handeln auf systemisch-konstruktivistischer Grundlage zu entscheiden. Nur für Leserinnen und Leser, die sich durch die theoretischen Inhalte, durch die Ideenlehre angesprochen fühlen, empfiehlt sich das schrittweise Erproben der in Teil III dargestellten Methoden in der Praxis.

Selbst wenn *Systemisches* gerade *in* ist, heißt dies natürlich nicht, dass das, was gerade in Mode ist, für jede kindheitspädagogische Fachkraft auch funktioniert, geschweige denn, dass es nachweisbare Vorteile für ein Kind mit sich bringt. Gerade in einem Berufsfeld wie der Kindheitspädagogik, das sehr stark durch (auferlegte) normative Vorgaben zum ›richtigen‹ pädagogischen Ansatz geprägt ist, kann konstruktivistisches Denken die Unabhängigkeit der kindheitspädagogischen Fachkraft stärken. Wie bereits ausführlich erörtert, werden Theorien aus konstruktivistischer Sicht nicht als Wahrheiten verstanden, sondern vor dem Hintergrund ihres Entstehungszusammenhangs betrachtet und auf ihre Funktionalität hin überprüft. Eine wichtige Frage lautet dann: Handelt es sich bei der Neuheit, die angeboten wird, wirklich um eine Bereicherung? Bei vielem, was sich in der Kindertagesbetreuung der letzten 20 Jahre verändert hat, sind diesbezüglich begründet Zweifel angesagt.

- Ist die Prozessqualität der Kindertagesstätten verbessert, seit die Ausbildungsanforderung nach der Fachschulreform 2002 angehoben und die Kindheitspädagogik akademisiert wurde? – Die Ergebnisse der NUBBEK-Studie, der *Nationalen Untersuchung zur Bildung, Betreuung und Erziehung in der frühen Kindheit,* sprechen dagegen: Im Vergleich der Ergebnisse aus den 1990er-Jahren hat sich die Qualität in der Kindertagesbetreuung nicht verbessert (Tietze u. a., 2013).
- Warum sollte eine frühe kindliche Fremdbetreuung sich günstig auf die kindliche Entwicklung auswirken? – Außer programmatischen Ansagen gibt es dafür keinen ernstzunehmenden Nachweis, auch nicht in der NUBBEK-Studie, sicher aber berechtigte sozialpolitische Motive: Schon zu Beginn der öffentlichen Kindertagesbetreuung vor über 150 Jahren stand das Ziel im Vordergrund, Armut zu begegnen (Brockmann, 2014).
- Gibt es einen Nachweis, dass die Verstärkung der Selbstbildung in der Kindertagesstätte (und später in der Grundschule) sich günstig auf die Lernkompetenzen der Kinder auswirkt? – Das Institut zur Qualitätsentwicklung im Bildungswesen kam zu dem Ergebnis, dass die Kompetenzen in den Fächern Deutsch und Mathematik am Ende der 4. Jahrgangsstufe (weiter) fallen (Stanat, Schipolowski, Rjosk, Weirich & Haag, 2017). Spätestens seit der Hattie-Studie ist zudem bekannt, dass die Rolle der Lehrperson die eines Regisseurs sein sollte, wenn sie Lernprozesse bei Kindern optimieren möchte, und nicht die eines Moderators oder Begleiters (Hattie, 2013).
- Und schlussendlich: Weshalb sollte sich eine Intensivierung der Kita-Eltern-Kooperation günstig auf die kindliche Entwicklung auswirken? Außer indirekten Ableitungen gibt es auch dafür keinen direkten Nachweis (Friedrich, 2012; Kalicki, 2010).

Eine konstruktivistische Grundhaltung im Umgang mit Theorien und Forschungsergebnissen hilft also, sich von bildungspolitisch motivierten Engstellungen frei zu machen. Für den Nutzen eines systemisch-konstruktivistischen Vorgehens in der Kita-Eltern-Kooperation gibt es im Übrigen ebenfalls keinen Nachweis. Den subjektiven Nutzen können Leserinnen und Leser aber beurteilen, wenn sie in die Erprobung gehen.

Für die systemische Sozialpädagogik in der Heimerziehung gibt Gehrmann (2015) zu bedenken, dass die Einführung systemischer Konzepte auch Anforderungen an die Personalentwicklung und Qualitätssicherung stellt. Er plädiert für eine gezielte Personalauswahl, einschlägige Fortbildungen und Supervisionsmöglichkeiten für pädagogische Fachkräfte.

Bei fachschulqualifizierten Erzieherinnen und Erziehern im Berufsfeld der

Kindertagesstätte ist davon auszugehen, dass systemische Ansätze in der Ausbildung überhaupt nicht oder nur in Ansätzen vermittelt werden. Einige Entwicklungen in der Fachschulausbildung erschweren eine fundierte Unterrichtung des systemischen Paradigmas. In der Erzieherausbildung muss leider eine Tendenz zur fachlichen Vereinheitlichung des Unterrichts festgestellt werden, wenn hauptsächlich Pädagoginnen und Pädagogen als Lehrkräfte die Erzieherausbildung gestalten (Verbeek, 2016). In keiner anderen beruflichen Qualifikation werden so verschiedene berufsrelevante wissenschaftliche Zugänge – neben pädagogischen auch psychologische, soziologische, gesundheitswissenschaftliche, sozialpolitische und juristische Ausbildungsinhalte – hauptsächlich von einer einzigen Berufsgruppe vertreten. Bei einem zunehmenden Bedarf an Lehrkräften tritt zudem die Praxiserfahrung für die Einstellung oder Zulassung zu einem Referendariat an der berufsbildenden sozialpädagogischen Fachschule in den Hintergrund. Es ist also des Weiteren auch nicht davon auszugehen, dass pädagogische Lehrkräfte, die über keine nennenswerte Praxiserfahrung verfügen, eine systemische Ausbildung absolvierten.

Im Gegensatz zur Fachschulqualifikation finden Hochschulstudierende der sozialwissenschaftlichen Studienfächer bessere Ausbildungsbedingungen vor, was die Förderung des systemisch-konstruktivistischen oder differenzsensiblen Denkens betrifft. Hochschullehrende haben vor ihrer Berufung eine Tätigkeit in Praxisfeldern vorzuweisen und haben in den Sozialwissenschaften deshalb auch eher einschlägige therapeutische Qualifikationen. Hochschullehrende kommen auch aus verschiedenen Wissenschaftsdisziplinen, sodass fachfremde Lehre weniger wahrscheinlich ist als an der Fachschule. Die Abdeckung der Lehre durch Praktikerinnen und Praktiker, die Lehraufträge an der Hochschule übernehmen, gewährleistet zudem einen Theorie-Praxis-Bezug – auch im Fall systemisch-konstruktivistischer Praxis. Vereinzelt werden an Hochschulen auch Masterstudiengänge mit der Vertiefungsrichtung *Systemische Beratung* oder *Systemische Soziale Arbeit* angeboten. Das Thema Diversity hat in den Differenzpädagogiken eine lange Tradition, zudem ist die Anerkennung von Vielfalt an Hochschulen nicht nur in der Lehre, sondern auch in der gesamten Organisationstruktur verankert (z. B. durch Gleichstellungsbeauftragte). Offen bleibt allerdings, ob systemisch-konstruktivistische und differenzsensible Ansätze in den Modulplänen der kindheitspädagogischen Studiengänge so verankert werden, wie dies für die Studiengänge der Sozialen Arbeit gilt.

Viele Themen, die die Umsetzung konstruktivistischer, systemischer und differenzsensibler Konzepte in der Kindertagesstätte betreffen, konnten in dieser Publikation überhaupt nicht angesprochen werden. Dies betrifft die Gestaltung der pädagogischen Arbeit mit den Kindern, die Arbeit im Team und die Organisation der Kindertagesstätte. Die Herausarbeitung dieser Anwendungsbereiche, ebenso wie die methodische Durchdringung der Aspekte Elterninformation, Elternbildung und Elternpartizipation ist anderen Publikationen vorbehalten.

Ein Buch ist erst der Anfang – die Überschrift des Schlusskapitels verweist auf den hohen Bildungsbedarf, will man sich eine theoriegeleitete Arbeitsweise aneignen. Zieht man die Ergebnisse einer qualitativen Evaluationsstudie von Volkmar Abt und Stefan Drechsel (2005) zu den Effekten systemischer Fortbildungen heran, dann müsste man ergänzen: *Wissen muss mit Erfahrung verknüpft werden.* Pädagogische Fachkräften nach systemisch-ressourcenorientierten Fortbildungen schreiben in der Regel auf die Evaluationsbögen, was sie gelernt haben: Dass ein Kind in seinen Beziehungen betrachtet werden muss. Dass es verschiedene Perspektiven gibt, die alle gleichermaßen gewürdigt werden wollen. Auf die Ressourcen und Lösungen kommt es an. Systeme seien nicht direkt beeinflussbar – und viele Sätze mehr. Diese Veränderung der Wissensorganisation durch eine Aufnahme von Fachinhalten erfolgt – obgleich sie auf den ersten Blick formelhaft vorgetragen wird – dennoch unterschiedlich. Den Unterscheid macht z. B. der Gebrauch unterschiedlicher Modi der Verben, was die hermeneutische Textauslegung von Evaluationsbögen offenlegte. Manche Teilnehmende schreiben im Indikativ (»Ich werde Eltern als unterschiedlich wahrnehmen«), andere im Konjunktiv (»Ich könnte Eltern als unterschiedlich wahrnehmen«), wieder andere im Imperativ (»Ich muss Eltern als unterschiedlich wahrnehmen«). Sie markieren damit unterschiedlich ausgeprägte Veränderungen ihrer Haltung. Eine Änderung des Bewusstseins wird nach Ansicht der Autoren aber erst möglich, wenn nicht nur die Wissensorganisation, sondern auch die Gefühlsebene angesprochen wird, was durch eine längere Dauer der Fortbildung und damit verbunden durch mehr praktische Übungen erreicht wird. In diesem Sinne entwickelt sich eine systemische Haltung mit zunehmender Theoriekenntnis und gleichermaßen durch zunehmende Erfahrungen im Einsatz von Methoden.

In diesem Sinn hoffe ich, dass das vorliegende Buch ein wenig zu einer solchen Entwicklung beitragen konnte, Wissensbestände auch fühlbar irritiert hat, um dann im besten Falle auf der Grundlage einer veränderten Haltung neue Ideen für die Kita-Eltern-Kooperation freizusetzen.

Literatur

Abt, V. & Drechsel, S. (2005). Veränderte Haltungen in der Kinder- und Jugendhilfe durch systemisch-ressourcenorientierte Fortbildung. Jugendhilfe, 43, 284–294.

Aden-Grossmann, W. (2011). Der Kindergarten: Geschichte – Entwicklung – Konzepte. Weinheim: Beltz.

Adler, A., Furtmüller, C. & Wexberg E. (Hrsg). (1983). Heilen und Bilden. Ein Buch der Erziehungskunst für Ärzte und Pädagogen. Frankfurt: Fischer.

Ahnert, L., Pinquart, M. & Lamb, M.E. (2006). Security of children's relationships with non-parental care providers. A meta-analysis. Child Development, 77, 664–679.

Aich, G., Kuboth, C., Behr, M. (2017) Gmünder Modell der Gesprächsführung (GMG) mit Kita-Eltern – Grundlagen, Aufbau und praktische Anwendungsmöglichkeiten. In G. Aich, C. Kuboth & M. Behr (Hrsg.), Kooperation und Kommunikation mit Eltern in frühpädagogischen Einrichtungen (87–101). Weinheim: Beltz.

Aigner, J. C. & Rohrmann, T. (Hrsg.). (2012). Elementar – Männer in der pädagogischen Arbeit mit Kindern. Opladen: Barbara Budrich.

Albrecht, R. (2017). Beratungskompetenz in der Sozialen Arbeit. Auf die Haltung kommt es an! KONTEXT, 48, 45–64.

Ambiguitätstoleranz. (2018). In M. A. Wirtz (Hrsg.), Dorsch – Lexikon der Psychologie. https://portal.hogrefe.com/dorsch/ambiguitaetstoleranz [30.08.2018].

American Psychiatric Association (2013): Diagnostic and Statistical Manual of Mental Disorders, 5 th Edition. Arlington: American Psychiatric Association.

Amthor, R.-C. (2012). Einführung in die Berufsgeschichte der Sozialen Arbeit. Weinheim: Beltz.

Anti-Bias-Netzwerk (Hrsg.). (2015). Vorurteilsbewusste Veränderungen mit dem Anti-Bias-Ansatz. Freiburg: Lambertus.

Antonovsky, A. (1997). Salutogenese: Zur Entmystifizierung der Gesundheit. Tübingen: dgvt-Verlag.

Asendorpf, J. B. & Neyer, F. J. (2012). Psychologie der Persönlichkeit. Berlin: Springer.

Autorengruppe Fachschulwesen (2011). Qualifikationsprofil »Frühpädagogik« – Fachschule/Fachakademie. München: Deutsches Jugendinstitut.

Ayres, A. J. (2016). Bausteine der kindlichen Entwicklung: Sensorische Integration verstehen und anwenden. Berlin: Springer.

Baierl, M. (2016). Traumaspezifische Bedarfe von Kindern und Jugendlichen. In S. B. Gahleitner, T. Hensel, M. Baierl, M. Kühn & M. Schmid (Hrsg.), Traumapädagogik in psychosozialen Handlungsfeldern. Ein Handbuch für Jugendhilfe, Schule und Klinik (72–87). Göttingen: Vandenhoeck & Ruprecht.

Bamberger, G. G. (2015). Lösungsorientierte Beratung. Ein Praxisbuch. Weinheim: Beltz.

Bamberger, G. G. (2017). Lösungsorientierte Fragen: 75 Therapiekarten. Weinheim: Beltz.

Barkley, R. A. (2005). Das große ADHS-Handbuch für Eltern. Verantwortung übernehmen für Kinder mit Aufmerksamkeitsdefizit und Hyperaktivität. Bern: Huber.

Barth, B., Flaig, B. B., Schäuble, N. & Tautscher, M. (2017). Praxis der Sinus-Milieus. Gegenwart und Zukunft eines modernen Gesellschafts- und Zielgruppenmodells. Berlin. Springer.

Barth, H.-D., Bernitzke, F., Fischer, W. (2007). Abenteuer Erziehung. Pädagogische, psychologische und methodische Grundlagen der Erzieherinnenausbildung. Nourney: Verlag Europa-Lehrmittel.

Barthelmess, M. (2016). Die systemische Haltung: Was systemisches Arbeiten im Kern ausmacht. Göttingen: Vandenhoeck & Ruprecht.

Barz, H. (2017). Bildungsforschung mit den Sinus-Milieus®. In B. Barth, B. B. Flaig, N. Schäuble, N. & M. Tautscher (Hrsg.), Praxis der Sinus-Milieus®. Gegenwart und Zukunft eines modernen Gesellschafts- und Zielgruppenmodells (155–171). Berlin: Springer.

Bauer, C., Krause, M. & Mayr, T. (2010). KOMPIK – Kompetenzen und Interessen von Kindern. Beobachtungs- und Einschätzbogen für Kinder von 3,5 bis 6 Jahre. Gütersloh: Bertelsmann Stiftung.

Baumann, S. & Epple, H. (2013). Zugänge und Anwendungen systemischer Diagnostik. systhema, 27, 134–146.

Becher, I. & El-Menouar, Y. (2014). Geschlechterrollen bei Deutschen und Zuwanderern christlicher und muslimischer Religionszugehörigkeit. Forschungsbericht 21. Berlin: Bundesministerium für Migration und Flüchtlinge.

Behrensen, B., Schwer, C., Friedberger, V. & Kiso, C. (2014): »Den Blick geschärft«: Einstellungen zu individueller Förderung von integrativ und nicht-integrativ arbeitenden Erzieherinnen. In C. Schwer & C. Solzbacher, C. (Hrsg.), Professionelle pädagogische Haltung: Historische, theoretische und empirische Zugänge zu einem viel strapazierten Begriff (199–202). Bad Heilbrunn: Klinkhardt.

Behrisch, B. (2016). Anerkennung von Menschen mit Behinderung als Thema von Diversity. In P. Genkova & T. Ringeisen (Hrsg.), Handbuch Diversity Kompetenz (438–448). Wiesbaden: Springer VS.

Bem, S. L. (1974). The measurement of psychological androgyny. Journal of Consulting and Clinical Psychology, 42, 155–162.

Bem, S. L. (1975). Sex-role adaptability: One consequence of psychological androgynity. Journal of Personality and Social Psychology, 31, 634–643.

Bergknapp, A. (2016). Systemische Haltung zwischen Theorie und Praxis. systhema, 30, 5–19.

Berth, H. & Goldschmidt, S. (2006). Testinformationen: NEO-PI-R. NEO-Persönlichkeitsinventar nach Costa und McCrae. Revidierte Fassung von Fritz Ostendorf und Alois Angleitner (2004). Diagnostica, 52, 95–103.

Berufsverband Heilpädagogik [BHP] (Hrsg.). (2011). Heilpädagoginnen und Heilpädagogen heute in Deutschland. Kommentierte Ergebnisse einer Berufsfeld- und Berufsqualifikationsanalyse des Berufs und Fachverbandes Heilpädagogik (BHP) e. V. Berlin: BHP.

Betz, T. (2015). Das Ideal der Bildungs- und Erziehungspartnerschaft. Kritische Fragen an eine verstärkte Zusammenarbeit zwischen Kindertagesstätten, Grundschulen und Familien. Gütersloh: Bertelsmann-Stiftung.

Betz, T. & de Moll, F. (2015). Sozial situierte Erwartungen von Eltern und pädagogischen Fachkräften an gute Kindertageseinrichtungen. Ein gesellschaftstheoretischer und empirisch-quantitativer Beitrag zur Qualitätsdebatte. Empirische Pädagogik, 29, 371–392.

Bierhoff, H.-W. (2006). Sozialpsychologie. Ein Lehrbuch. Stuttgart: Klett-Cotta.

Blaha, K., Meyer, C., Colla, H. & Müller-Teusler, S. (2013). Die Person als Organon in der Sozialen Arbeit. Erzieherpersönlichkeit und qualifiziertes Handeln. Wiesbaden: Springer VS.

Borke, J. & Keller, H. (2014). Kultursensitive Frühpädagogik. Stuttgart: Kohlhammer.

Borst, U., Schlippe, A. von & Fischer, H. R. (2013). Was tun bei Wertekonflikten zwischen Therapeuten und Klienten? Familiendynamik, 38, 334–336.

Bosinski, H. (2013). Geschlechtsidentitätsstörung/Geschlechtsdysphorie im Kindesalter. Forum der Kinder- und Jugendpsychiatrie, Psychosomatik und Psychotherapie, 23 (2), 3–25.

Bostelmann, A. (2016). Neue Eltern, neuer Kindergarten – Elternarbeit im Kindergarten der Zukunft. In M. R. Textor & A. Bostelmann (Hrsg.), Das Kita-Handbuch. http://www.kindergartenpaedagogik.de. (www.kindergartenpaedagogik.de/1337.html [30.8.2018]).

Bourdieu, P. (1987). Die feinen Unterschiede. Kritik der gesellschaftlichen Urteilskraft. Frankfurt: Suhrkamp.

Brächter, W. (2016). Entwicklungsprobleme im Kindesalter. In T. Levold & M. Wirsching (Hrsg.), Systemische Therapie und Beratung – das große Lehrbuch (307–313). Heidelberg: Carl Auer.

Brandes, C. (2017). Wunde Punkte bei Müttern und bei Vätern. Konflikthaftes Verhalten zwischen Eltern im Spiegel der Forschung. KONTEXT, 48, 5–16.

Brandes, H. (2008). Selbstbildung in Kindergruppen. Die Konstruktion sozialer Beziehungen. München: Ernst Reinhardt.

Brandes, H., Andrä, M., Röseler, W. & Schneider-Andrich, P. (2015). Spielt das Geschlecht eine Rolle? Erziehungsverhalten männlicher und weiblicher Fachkräfte in Kindertagesstätten. Kurzfassung der Ergebnisse der »Tandem-Studie«. Berlin: Bundesministerium für Familie, Senioren, Frauen und Jugend.

Brem-Gräser, L. (2014). Familie in Tieren: Die Familiensituation im Spiegel der Kinderzeichnung. Entwicklung eines Testverfahrens. München: Ernst Reinhardt.

Brockmann, S. (2014). Diversitätsbewusstes Denken und Handeln von Pädagogischen Fachkräften in Kindertagesstätten. Marburg: Waxmann.

Bronfenbrenner, U. (1993). Die Ökologie der menschlichen Entwicklung: Natürliche und geplante Experimente. Frankfurt: Fischer.

Bruchmüller K. & Schneider S. (2012). Fehldiagnose Aufmerksamkeitsdefizit- und Hyperaktivitätssyndrom? Empirische Befunde zur Frage der Überdiagnostizierung. Psychotherapeut, 57, 77–89.

Bucher, A. (2012). Geiz, Trägheit, Neid & Co. in Therapie und Seelsorge. Psychologie der 7 Todsünden. Berlin: Springer.

Bundesministerium für Arbeit und Soziales [BMSA] (Hrsg). (2014). Leichte Sprache. Ein Ratgeber. Berlin: BMSA.

Bundesministerium für Arbeit und Soziales [BMSA] (Hrsg). (2017). Lebenslagen in Deutschland. Der Fünfte Armuts- und Reichtumsbericht der Bundesregierung. Kurzfassung. Berlin: BMSA.

Bundesministerium für Familie, Senioren, Frauen und Jugend [BMFSFJ] (Hrsg.). (2012). Alleinerziehende in Deutschland – Lebenssituation und Lebenswirklichkeit von Müttern und Kindern. Berlin: BMFSFJ.

Bundesministerium für Familie, Senioren, Frauen und Jugend [BMFSFJ] (Hrsg.). (2008). Wege zur Gleichstellung heute und morgen. Sozialwissenschaftliche Untersuchung vor dem Hintergrund der Sinus-Milieus®. Berlin: BMFSFJ.

Bundesministerium für Familie, Senioren, Frauen und Jugend [BMFSFJ] (Hrsg.). (2011). Männliche Fachkräfte in Kindertagesstätten. Eine Studie zur Situation von Männern in Kindertagesstätten und in der Ausbildung zum Erzieher. Berlin: BMFSFJ.

Bundesvereinigung Lebenshilfe e. V. (2007). Gemeinsames Leben braucht gemeinsames Lernen in der Schule. Ein Positionspapier der Bundesvereinigung Lebenshilfe e. V. https://www.lebenshilfe.de/de/themen-recht/artikel/Gemeinsames-Leben-und-Lernen-Schule.php [30.8.2018].

Busche, M. (2012). Crosswork: Vom Sinn und Unsinn der pädagogischen Arbeit mit dem »Gegengeschlecht«. In Dissens e. V., K. Debus, B. Könnecke, K. Schwerma & O. Stuve (Hrsg.), Geschlechterreflektierte Arbeit mit Jungen an der Schule. Texte zu Pädagogik und Fortbildung rund um Jungenarbeit, Geschlecht und Bildung. Berlin: Dissens e. V.

Buttner, P. (2018). Ressourceninstrumente. In P. Buttner, B. Galeitner, U. Hochuli Freund & D. Röh, (Hrsg.), Soziale Diagnostik. Perspektiven und Konzepte für die Soziale Arbeit (310–314). Berlin: Verlag des Deutschen Vereins für öffentliche Fürsorge.

Castello, A. (2013). Kinder und Jugendliche mit psychischen Auffälligkeiten in Schule und Kita: Klinische Psychologie für die pädagogische Praxis. Stuttgart: Kohlhammer.

Cremers, M. & Krabel, J. (2012a). Gender macht Schule – wie viel Gender steckt in der Fachschulausbildung für Erzieher/innen? In M. Cremers, S. Höyng, J. Krabel & T. Rohrmann (Hrsg.), Männer in Kitas (183–198). Opladen: Barbara Budrich.

Cremers, M. & Krabel, J. (2012b). Generalverdacht und sexueller Missbrauch in Kitas: Bestandsanalyse und Bausteine für ein Schutzkonzept. In M. Cremers, S. Höyng, J. Krabel & T. Rohrmann (Hrsg.), Männer in Kitas (265–285). Opladen: Barbara Budrich.

Cremers, M., Höyng, S., Krabel, J. & Rohrmann, T. (Hrsg.). (2012). Männer in Kitas. Opladen: Barbara Budrich.

Dannhardt, K. & Nowak, D. (2007). Sinus-Milieus®. Lebensstil, Fernsehnutzung und Umgang mit neuer Kommunikationstechnologie. http://www.sinus-institut.de/uploads/tx_mpdownloadcenter/SOM_Milieu_Broschuere_2007.pdf [31.10.2013].

Deinet, U. & Krisch, R. (2009). Cliquenraster. sozialraum.de, 1/2009. http://sozialraum.de/cliquenraster.php [30.8.2018].

Deutsche Gesellschaft für Systemische Therapie, Beratung und Familientherapie e. V. (2003). Stellungnahme der DGSF zum Thema Familienaufstellungen. https://www.dgsf.org/themen/berufspolitik/hellinger.htm [30.8.2018].

Deutsche Gesellschaft für Systemische Therapie, Beratung und Familientherapie e. V. (2014). Stellungnahme der Regionalgruppe Berlin/Brandenburg – als Diskussionspapier unterstützt und beschlossen von der DGSF-Mitgliederversammlung am 6. Oktober 2014 in Friedrichshafen am Bodensee. https://www.dgsf.org/themen/stellungnahmen-1/alles-systemisch-systemische-beraterinnen-und-therapeutinnen-positionieren-sich [30.8.2018].

Dierolf, K. (2015). Ist Lösungsfokussierung ein systemischer Ansatz? Zeitschrift für systemische Therapie und Beratung, 33, 63–70.

Dolinski, D. & Nawrat, M. & Iza, R. (2001). Dialogue involvement as a social influence technique. Personality and Social Psychology Bulletin, 27, 1395–1406.

Döpfner, M. & Banaschewski, T. (2013). Aufmerksamkeitsdefizit-/Hyperaktivitätsstörung (ADHS). In F. Petermann (Hrsg.), Lehrbuch der Klinischen Kinderpsychologie (271–290). Göttingen: Hogrefe.

Dorrance, C. & Dannenbeck, C. (Hrsg.). (2013). Doing Inclusion. Inklusion in einer nicht inklusiven Gesellschaft. Bad Heilbrunn: Klinkhardt-Verlag.

Drexler, D. (2015). Ressourcenorientierung – Chancen und Risiken. KONTEXT, 46, 49–59.

Dudenredaktion (2006). Duden. Deutsches Universalwörterbuch. Mannheim: Bibliografisches Institut & F.A. Brockhaus AG.

Eckstein-Madry, T. & Ahnert, L. (2016). Kinder aus sozial benachteiligten Familien. Wie Bindungsdefizit und Verhaltensauffälligkeiten durch KiTa-Betreuung beeinflusst werden. Familiendynamik, 41, 304–311.

Eich, L. (2016) Psychoanalytische Pädagogik als Kindergartenkonzept. https://www.kita-fachtexte.de/uploads/.../KiTaFT_Eich_II_psychoanlytischekita-2016 [30.8.2018].

Elias, N. (1997). Über den Prozess der Zivilisation: Soziogenetische und psychogenetische Untersuchungen. Band 2: Wandlungen der Gesellschaft, Entwurf zu einer Theorie der Zivilisation. Berlin: Suhrkamp.

Erath, P. (2002). Von der Konzeption zum Qualitätshandbuch. Weiterentwicklung und Qualitätssicherung in der Kita. München: Don Bosco.

Ernst, H. (2006). Wie uns der Teufel reitet. Von der Aktualität der 7 Todsünden. Berlin: Ullstein.

Erpenbeck, M. (2017). Wirksam werden im Kontakt. Heidelberg: Carl Auer.

Erzieherinnen und Erzieher (2013). Prüfungswissen. Mit komplexen Beispielaufgaben. Berlin: Cornelsen.

Felder M. & Schneider, K. (2016). Inklusion kontrovers: Herausforderungen für die Soziale Arbeit (Grundlagen Sozialer Arbeit). Frankfurt: Wochenschau-Verlag.

Fialka, V. (2010). Wie Sie die Zusammenarbeit mit Eltern professionell gestalten. Bildungs- und Erziehungspartnerschaft. Sonderheft von ›Kindergarten heute – Die Fachzeitschrift für Erziehung, Bildung und Betreuung von Kindern‹. Freiburg: Herder.

Fiedler, P. (2004). Sexuelle Orientierung und Abweichungen. Heterosexualität – Homosexualität – Transsexualität und Paraphilien – sexueller Missbrauch sexuelle Gewalt. Weinheim: Beltz.

Fischer, H. R., Schlippe, A. von & Borst, U. (2014). Über Erwartungen und Aufträge in Therapie und Beratung. Vom Umgang mit dem Ungefähren. Familiendynamik, 39, 260–263.

Fischer, S. (2017). Kultursensible Zusammenarbeit mit Eltern. In G. Aich, C. Kuboth & M. Behr (Hrsg.), Kooperation und Kommunikation mit Eltern in frühpädagogischen Einrichtungen (62–86). Weinheim: Beltz.

Flaig, B. B. & Barth, B. (2017). Hoher Nutzwert und vielfältige Anwendung: Entstehung und Entfaltung des Informationssystems Sinus-Milieus®. In B. B. Barth, N. Flaig, N. Schäuble & M. Tautscher (Hrsg.), Praxis der Sinus-Milieus®. Gegenwart und Zukunft eines modernen Gesellschafts- und Zielgruppenmodells (3–21). Berlin: Springer.

Flaig, B. B. & Schleer, C. (2017). Migrantische Lebenswelten in Deutschland. Update des Modells der Sinus-Migrantenmilieus®. In B. B. Barth, N. Flaig, N. Schäuble & M. Tautscher (Hrsg.), Praxis der Sinus-Milieus®. Gegenwart und Zukunft eines modernen Gesellschafts- und Zielgruppenmodells (113–123). Berlin: Springer.

Fleßner, H. (2011). Die Kategorie Gender in der diversitätsbewussten Sozialpädagogik. In R. Leiprecht (Hrsg.), Diversitätsbewusste Soziale Arbeit (61–78). Schwalbach: Wochenschau-Verlag.

Forschungsgruppe Weltanschauungen in Deutschland (2018). Kindertagesstätten öffentlicher und freier Träger 2017. https://fowid.de/meldung/kindertagesstaetten-oeffentlicher-und-freier-traeger-2017 [30.8.2018].

Frances, A. (2013). Normal. Gegen die Inflation psychiatrischer Diagnosen. Köln: Dumont.

Fried, L. & Roux, S. (2013). Zwischen Wissenschaft und Ausbildung. In L. Fried & S. Roux (Hrsg.), Handbuch Pädagogik der frühen Kindheit (14–19). Berlin: Cornelsen.

Friederich, T. (2012). Zusammenarbeit mit Eltern – Anforderungen an frühpädagogische Fachkräfte. Weiterbildungsinitiative Frühpädagogische Fachkräfte. München: Deutsches Jugendinstitut.

Fröhlich-Gildhoff, K. (2013a). Angewandte Entwicklungspsychologie der Kindheit: Begleiten, Unterstützen und Fördern in Familie, Kita und Grundschule. Stuttgart: Kohlhammer.

Fröhlich-Gildhoff, K. (2013b). Die Zusammenarbeit von pädagogischen Fachkräften und Eltern im Feld der frühkindlichen Bildung, Betreuung und Erziehung. Bildungsforschung 10 (1), 11–25.

Fröhlich-Gildhoff, K. (2017). Standards für die Zusammenarbeit von pädagogischen Fachkräften und Eltern. In G. Aich, C. Kuboth & M. Behr (Hrsg.), Kooperation und Kommunikation mit Eltern in frühpädagogischen Einrichtungen (54–61). Weinheim: Beltz.

Fröhlich-Gildhoff, K., Lorenz, F. L., Tinius, C. & Sippel, M. (2013). Überblicksstudie zur pädagogischen Arbeit mit Kindern mit Verhaltensauffälligkeiten in Kindertageseinrichtungen. Frühe Bildung, 2, 59–71.

Fuchs-Rechlin, K. & Schilling, M. (2006). Wo sind die Männer? Zur Personalstruktur in der Jugendhilfe. KomDat Jugendhilfe (2/2006), 2–3.

Fuchs-Rechlin, K., Göddeke, L., Smidt, W. & Theisen, C. (2015). Wunscharbeitsfeld »Kindertageseinrichtung« – Welche Absolventinnen und Absolventen früh- und kindheitspädagogischer Ausbildungs- und Studiengänge präferieren das Arbeitsfeld der Kindertageseinrichtung? Frühe Bildung, 4, 33–45.

Furman, B. (2016). Ich schaffs! in Aktion. Das Motivationsprogramm für Kinder in Fallbeispielen. Heidelberg: Carl Auer.

Furman, B. (2017). Ich schaffs! Spielerisch und praktisch Lösungen mit Kindern finden – Das 15-Schritt-Programm für Eltern, Erzieher und Therapeuten. Heidelberg: Carl Auer.

Galuske, M. (2013). Methoden der Sozialen Arbeit. Eine Einführung. Weinheim: Beltz Juventa.

Gehrmann, U. (2015). Ressource Jugendhilfe. Systemische Sozialpädagogik in stationären Jugendwohngruppen. Göttingen: Vandenhoeck & Ruprecht.

Geimer, A. (2013). Undoing Gender. In *Gender Glossar/Gender Glossary* (5 Absätze). http://gender-glossar.de [30.8.2018].

Gergen, K. & Gergen, M. (2009). Einführung in den sozialen Konstruktionismus. Heidelberg: Carl Auer.

Gergen, K. J. (1985). The social constructionist movement in modern psychology. American Psychologist, 40, 266–275.

Gerrig, R. J. & Zimbardo, P.G. (2008). Psychologie. München: Pearson.

Glasersfeld, E. von (1997). Wege des Wissens. Konstruktivistische Erkundungen durch unser Denken. Heidelberg: Carl Auer.

Gräßer, M. & Hovermann, E. (2015). Kinder brauchen Rituale: So unterstützen Sie Ihr Kind in der Entwicklung. Stressfrei durch den Familien-Alltag. Hannover: humboldt-Verlag.

Grawe, K., Donati, R. & Bernauer, F. (1994). Psychotherapie im Wandel – von der Konfession zur Profession. Göttingen: Hogrefe.

Griebel, W. & Niesel, R. (1998). Der Übergang von der Familie in den Kindergarten – Unterstützung von Kindern und Eltern. In M. R. Textor & A. Bostelmann (Hrsg.), Das Kita-Handbuch. http://www.kindergartenpaedagogik.de. (www.kindergartenpaedagogik.de/99.html [30.8.2018]).

Griebel, W. & Niesel, R. (2005). Die Bewältigung von Übergängen zwischen Familie und Bildungseinrichtungen als Co-Konstruktion aller Beteiligten. In M. R. Textor & A. Bostelmann (Hrsg.), Das Kita-Handbuch. http://www.kindergartenpaedagogik.de. (www.kindergartenpaedagogik.de/1220.html [30.8.2018]).

Groot-Wilken, B. (2017). Entwicklungsgespräche in der Kita. Freiburg: Herder.

Groth, C., Brunner, S., Wuttke, N., Schulz, P.-M. & Quinzer, M. (2014). Rituale in der Kindheit: Wie Gewohnheiten helfen, das Leben zu meistern. Norderstedt: GRIN-Verlag.

Guyer, J.-L. (2015). Ressourcen aktivieren in Psychotherapie und Beratung: 116 Karten zum lösungsorientierten Arbeiten. Weinheim: Beltz.

Haase, J. (2012). Was ist systemisch? Von der Systemtheorie zur systemischen Praxis. systhema, 26, 6–18.

Haley, J. (2014). Ordeal Therapie. Ungewöhnliche Wege der Verhaltensänderung. Salzhausen: iskopress.

Hannover, B. (2015). Geschlecht und soziale Ungleichheit. In H. Reinders, H. Ditton, C. Gräsel & B. Gniewosz (Hrsg.), Empirische Bildungsforschung: Gegenstandsbereiche (201–214). Wiesbaden: Springer VS.

Hannover, B. & Kessels, U. (2011). Sind Jungen die neuen Bildungsverlierer? Empirische Evidenz für Geschlechtsdisparitäten zuungunsten von Jungen und Erklärungsansätze. Zeitschrift für Pädagogische Psychologie, 25, 89–103.

Hanswille, R. & Kissenbeck, A. (2014). Systemische Traumatherapie. Konzepte und Methoden für die Praxis. Heidelberg: Carl Auer.

Hargens, J., Richter, A. & Zettler H. (2000). Sozialarbeit, Psychotherapie, systemisches Arbeiten. KONTEXT, 31, 5–17.

Hasselhorn, M. & Gold, A. (2006). Pädagogische Psychologie. Erfolgreiches Lernen und Lehren. Stuttgart: Kohlhammer.

Hattie, J. (2013). Lernen sichtbar machen. Baltmannsweiler: Schneider Verlag Hohengehren.

Haug-Benien, R. (1998). Kollegiale Beratung – Ein Fall nicht nur für zwei. Heidelberg: heidelberger institut beruf und arbeit.

Hautzinger, M. (2013). Kognitive Verhaltenstherapie bei Depressionen. Weinheim: Beltz.

Heller, D., Watson, D., Komar, J., Min, J.-A. & Perunovic, W. Q. E. (2007). Contextualized personality: Traditional and new assessment procedures. Journal of Personality, 75, 1229–1253.

Helmke, A. (2010). Unterrichtsqualität und Lehrerprofessionalität. Diagnose, Evaluation und Verbesserung des Unterrichts. Seelze: Friedrich-Verlag.

Hendrich, A. (2016). Kinder mit Migrations- und Fluchterfahrung in der Kita Taschenbuch. München: Ernst Reinhardt.

Hennig, C. & Knödler, U. (1987). Problemschüler – Problemfamilien. Ein praktisches Lehrbuch zum systemischen Arbeiten mit schulschwierigen Kindern. Weinheim: Psychologie Verlags Union.

Herwig-Lempp, J. (2002). Maschinen, Menschen, Möglichkeiten – Eine kleine Ideengeschichte des systemischen Arbeitens. KONTEXT, 33, 190–212.

Herwig-Lempp, J. (2004). Die VIP-Karte – ein einfaches Instrument für die Systemische Sozialarbeit. KONTEXT, 35, 353–364.

Herwig-Lempp, J. (2007). Ressourcen im Umfeld: Die VIP-Karte. In B. Michel-Schwartze (Hrsg.), Methodenbuch Soziale Arbeit. Basiswissen für die Praxis (207–226). Wiesbaden: Verlag für Sozialwissenschaften.

Hildenbrand, B. (1999). Auftragsklärung und/oder Rahmung? – Zur Bedeutung der Anfangssequenz in Beratung und Therapie. System Familie, 12, 123–131

Hoch, R. (2016). 400 Fragen für systemische Therapie und Beratung: Von Auftragsklärung bis Möglichkeitskonstruktion. Weinheim: Beltz.

Hoch, R. & Schnelle, H. (2018). Systemische Therapie und Beratung mit Bildimpulsen: 75 Therapiekarten. Weinheim: Beltz.

Hoffman, R. M., & Borders, L. D. (2001). Twenty-five years after the Bem Sex-Role Inventory: A reassessment and new issues regarding classification variability. Measurement and Evaluation in Counseling and Development, 34, 39–55.

Hofmeier, J. & Friess, D. (2010). Wie erreichen wir sozial schwache und bildungsferne Eltern? In C. Henry-Hutmacher & E. Hoffmann (Hrsg.), Wie erreichen wir die Eltern? (138–147). Bonn: Konrad-Adenauer-Stiftung.

Holtz, K. L. (2008). Einführung in die systemische Pädagogik. Heidelberg: Carl Auer.

Honig, M.-S. (2017). Institutionalisierte Kindheit. Kindeswohl als kindheitstheoretisches Konstrukt. In M. Heimbach-Steins & A. M. Riedl (Hrsg.), Kindeswohl zwischen Anspruch und Wirklichkeit. Theorie und Praxis im Gespräch (35–45). Paderborn: Schöningh.

Honig, M.-S., Joos, M. & Schreiber, N. (2004). Was ist ein guter Kindergarten? Theoretische und empirische Analysen zum Qualitätsbegriff in der Pädagogik. Weinheim: Juventa.

Hyde, J. (2005). The gender similarities hypothesis. American Psychologist, 60, 581–592.

ICD-11. International Classification of Diseases 11 th Revision. The global standard for diagnostic health information (2018). https://icd.who.int/ [30.8.2018]

Imber-Black, E. & Roberts, J. (2015). Rituale. Rituale in Familien und Familientherapie. Heidelberg: Carl Auer.

Kalicki, B. (2010). Spielräume einer Erziehungspartnerschaft von Kindertageseinrichtung und Familie. Zeitschrift für Pädagogik, 56, 19–205.

Kalicki, B. (2017). Kindeswohl im Kontext frühkindlicher Bildung, Betreuung und Erziehung. In M. Heimbach-Steins & A. M. Riedl (Hrsg.) Kindeswohl zwischen Anspruch und Wirklichkeit. Theorie und Praxis im Gespräch (49–56). Paderborn: Schöningh.

Kasten, H. (2010). Geschlechtsunterschiede. In D.H. Rost (Hrsg.), Handwörterbuch Pädagogische Psychologie (234–241). Weinheim: Beltz.

Keil, J. & Pasternack, P. (2013). Frühpädagogisch kernkompetent. Kernkompetenzen als Ausbildungsziele. In P. Pasternack & J. Keil, Vom ›mütterlichen‹ Beruf zur gestuften Professionalisierung. Ausbildungen für die frühkindliche Pädagogik (HoF-Handreichungen, Beiheft zu »die hochschule« 2013) (54–59). Halle-Wittenberg: Institut für Hochschulforschung.

Kindl-Beilfuß, C. (2015). Fragen können wie Küsse schmecken: Systemische Fragetechniken für Anfänger und Fortgeschrittene Heidelberg: Carl Auer.

Klein, R. & Kannicht, A. (2011). Einführung in die Praxis der systemischen Therapie und Beratung. Heidelberg: Carl Auer.

Kleve, H., Haye, B., Hampe-Grosser, A. & Müller, M. (2017). Systemisches Case Management: Falleinschätzung und Hilfeplanung in der Sozialen Arbeit. Heidelberg: Carl Auer.

Klitzing, K. von, Doehnert, M., Kroll, M. & Grube, M. (2015). Psychische Störungen in der frühen Kindheit. Deutsches Ärzteblatt, 112, 375–386.

Koglin, U. & Petermann, F. (2013). Verhaltenstraining im Kindergarten. Ein Programm zur Förderung emotionaler und sozialer Kompetenzen. Göttingen: Hogrefe.

Koglin, U., Petermann, F. & Petermann, U. (2008). Entwicklungsbeobachtung und -dokumentation EBD 48–72 Monate: Eine Arbeitshilfe für pädagogische Fachkräfte in Krippen und Kindergärten. Berlin: Cornelsen.

Köhler, E. (2016). Toleranz. In D. Frey (Hrsg.), Psychologie der Werte. Von Achtsamkeit bis Zivilcourage – Basiswissen aus Psychologie und Philosophie (225–235). Heidelberg: Springer.

Koordinationsstelle »Männer in Kitas« (Hrsg.). (2013). Vielfältige Väterarbeit in Kindertagesstätten. Erfahrungen und Reflexionen. Berlin: Koordinationsstelle »Männer in Kitas«.

Koordinationsstelle »Männer in Kitas« (Hrsg.). (2014a). Geschlechtersensibel pädagogisch arbeiten in Kindertagesstätten. Forschungsergebnisse und Praxisempfehlungen. Berlin: Koordinationsstelle »Männer in Kitas«.

Koordinationsstelle »Männer in Kitas« (Hrsg.). (2014b). Sicherheit gewinnen. Wie Kitas männliche Fachkräfte vor pauschalen Verdächtigungen und Kinder vor sexualisierter Gewalt schützen können. Berlin: Koordinationsstelle »Männer in Kitas«.

Korte, A., Goecker, D., Krude, H., Lehmkuhl, U., Grüters-Kieslich, A. & Beier, K.M. (2008). Geschlechtsidentitätsstörungen im Kindes- und Jugendalter. Zur aktuellen Kontroverse um unterschiedliche Konzepte und Behandlungsstrategien. Deutsches Ärzteblatt, 105, 834–841.

Kos, M. & Biermann, G. (2017). Die verzauberte Familie. Ein tiefenpsychologischer Zeichentest. München: Ernst Reinhardt.

Krabel, J., Cremers, M. & Debus, K. (Hrsg). (2008). Gender Loops Curriculum. Unterrichtsmaterialien für eine geschlechterbewusste und -gerechte ErzieherInnenausbildung. Berlin: Dissens e. V.

Krampen, G. (2008). Zum Einfluss pädagogisch-psychologischer Interventionen auf die Konzentrationsleistungen von Vor- und Grundschulkindern mit Konzentrationsschwächen. Psychologie in Erziehung und Unterricht, 55, 196–210.

Kriz, J. (2017). »Angemessene Verstörung« als Schlüsselkonzept für Beratungsprozesse. KONTEXT, 48, 234–242.

Kron-Klees, F. (1994). Claudia – oder Öffentliche Jugendhilfe als heilsamer Impuls. Ein systemisches Wahrnehmungs- und Handlungskonzept. Dortmund: borgmann.

Kron-Klees, F. (2008). Familien WACH begleiten. Von der Probleminszenierung zur Lösungsfindung. Freiburg: Lambertus.

Krowatschek, D. & Albrecht, S. (2013). Marburger Konzentrationstraining (MKT) für Kindergarten, Vorschule und Eingangsstufe. Dortmund: borgmann.

Kubitza, R. (2018). Zwischen Familien- und Organisationslogik. Eine Landkarte für Supervision (nicht nur) in Kindertagesstätten. systhema, 32, 37–49.

Kuhl, J., Schwer, C. & Solzbacher, C. (2014a). Professionelle pädagogische Haltung: Persönlichkeitspsychologische Grundlagen. In C. Schwer & C. Solzbacher (Hrsg.), Professionelle pädagogische Haltung: Historische, theoretische und empirische Zugänge zu einem viel strapazierten Begriff (79–106). Bad Heilbrunn: Klinkhardt.

Kuhl, J., Schwer, C. & Solzbacher, C. (2014b). Professionelle pädagogische Haltung: Versuch einer Definition des Begriffes und ausgewählte Konsequenzen für Haltung. In C. Schwer & C. Solzbacher (Hrsg.), Professionelle pädagogische Haltung: Historische, theoretische und empirische Zugänge zu einem viel strapazierten Begriff (107–120). Bad Heilbrunn: Klinkhardt.

Kühling, L. (2006). Wenn Theoretiker Theorie lieben – Praktiker sie zur Kenntnis nehmen, und sie dennoch ein wenig wirkt. KONTEXT, 37, 130–148.

Kultusministerkonferenz [KMK]. (2018). Rahmenvereinbarung über Fachschulen. Beschluss der Kultusministerkonferenz vom 07.11.2002 i. d. F. vom 23.02.2018. https://www.kmk.org/fileadmin/Dateien/.../2002/2002_11_07-RV-Fachschulen.pdf [30.08.2018].

Kupfer, A. (2018). Netzwerkkarten als diagnostische Instrumente. In P. Buttner, B. Galeitner, U. Hochuli Freund & D. Röh, (Hrsg.), Soziale Diagnostik. Perspektiven und Konzepte für die Soziale Arbeit (320–327). Berlin: Verlag des Deutschen Vereins für öffentliche Fürsorge.

Küspert, P. & Schneider, W. (2018). Hören, lauschen, lernen. Sprachspiele für Kinder im Vorschulalter. Würzburger Trainingsprogramm zur Vorbereitung auf den Erwerb der Schriftsprache. Göttingen: Vandenhoeck & Ruprecht.

Lauth, G.W. & Raven, H. (2009). Aufmerksamkeitsdefizit/Hyperaktivitätsstörung (ADHS) im Erwachsenenalter. Ein Review. Psychotherapeutenjournal 1/2009, 17–30.

Leibetseder, M., Laireiter, A.-R., Riepler, A., Köller, T. (2001). E-Skala: Fragebogen zur Erfassung von Empathie – Beschreibung und psychometrische Eigenschaften. Zeitschrift für Differentielle und Diagnostische Psychologie, 22, 70–85.

Lenz, A. & Brockmann, E. (2013). Kinder psychisch kranker Eltern stärken: Informationen für Eltern, Erzieher und Lehrer. Göttingen: Hogrefe.

Leu, H. R. & Flämig, K., Frankenstein, Y., Koch, S., Pack, I., Schneider K. & Schweiger, M. (2007). Bildungs- und Lerngeschichten: Bildungsprozesse in früher Kindheit beobachten, dokumentieren und unterstützen. Weimar: verlag das netz.

Leupold, E. M. (2006). Handbuch der Gesprächsführung: Problem- und Konfliktlösung im Kindergarten. Freiburg: Herder.

Levold, T. (2016). Der Stellenwert von Tools und Methoden. In T. Levold & M. Wirsching (Hrsg.), Systemische Therapie und Beratung – das große Lehrbuch (220–223). Heidelberg: Carl Auer.

Levold, T. & Wirsching, M. (2016). (Hrsg.). Systemische Therapie und Beratung – das große Lehrbuch. Heidelberg: Carl Auer.

Li, X., Zerle-Elsäßer, C., Entleitner-Phleps, C. & Schier, M. (2015). Väter 2015: Wie aktiv sind sie, wie geht es ihnen und was brauchen sie? Eine aktuelle Studie des Deutschen Jugendinstituts. München: Deutsches Jugendinstitut.

Lieb, H., Danzeisen, W. & Goddar,A. (2011). Kindeswohlgefährdung: Paragraph-8a-Fälle in der Supervision – Paradoxieverhüllung und Paradoxieentfaltung. Zeitschrift für systemische Therapie und Beratung, 29, 109–117.

Liebenwein, S. (2008). Erziehung und soziale Milieus: Elterliche Erziehungsstile in milieuspezifischer Differenzierung. Wiesbaden: Verlag für Sozialwissenschaften.

Liegle, L. (2006). Konjunkturen der (frühpädagogischen) Forschung. Thesen zum Spannungsverhältnis zwischen politischer Steuerung, Eigendynamik und wissenschaftlicher Verantwortung. Diskurs Kindheits- und Jugendforschung, 1, 307–315.

Lindeman, C., Langer, I., Krau, A., Banaschewski, T., Schad-Hansjosten, T., …, Mikolajczyk, R. T. (2012). Age-specific prevalence an drug treatment of attention deficit/hyperactivity disorder (ADHD) in Germany. Journal of Child and Adolescent Psychopharmacology, 22, 3007–3014.

Lindemann, H. & Bauer, D. (2016). Die große Metaphern-Schatzkiste – Band 2: Die Systemische Heldenreise: 60 Karten mit Begleitheft: Systemisch Arbeiten mit Metaphern. Göttingen: Vandenhoeck & Ruprecht.

Lindmeier, B., Stahlhut, H., Oermann, L. & Kammann, C. (2018). Biografiearbeit mit einem Lebensbuch: Ein Praxisbuch für die Arbeit mit erwachsenen Menschen mit einer kognitiven Beeinträchtigung und ihren Familien. Weinheim: Beltz Juventa.

Lindmeier, C. (2013). Biografiearbeit mit geistig behinderten Menschen: Ein Praxisbuch für Einzel- und Gruppenarbeit. Weinheim: Beltz Juventa.

Lindner, U. (2013). Klare Worte finden. Elterngespräche in der Kita: Professionell vorbereiten, kompetent kommunizieren, Konflikte entschärfen. Mülheim: Verlag an der Ruhr.

Lockert, M. (2018). Perlen der Aufstellungsarbeit. Tools für systemisch Praktizierende. Heidelberg: Carl Auer.

Lord, W. (2011). Das NEO-Persönlichkeitsinventar in der berufsbezogenen Anwendung: Interpretation und Feedback. Göttingen: Hogrefe.

Ludewig, K., Pflieger, K., Wilken, U. & Jakobskötter, G. (1983). Entwicklung eines Verfahrens zur Darstellung von Familienbeziehungen: Das Familienbrett. Familiendynamik, 8, 235–251.

Lutz, H. & Wenning, N. (2001). Differenzen über Differenz – Einführung in die Debatten. In H. Lutz

& N. Wenning (Hrsg.), Unterschiedlich verschieden. Differenz in der Erziehungswissenschaft (11–24). Opladen: Leske + Budrich.

Maiwald, A. (2006). Die Kindergärtnerinnenausbildung der DDR. Zur berufssoziologischen Rekonstruktion einer Berufspersönlichkeit. Die Hochschule, 2/2006, 157–178.

Marmet, O. (2014). Ich und du und so weiter. Kleine Einführung in die Sozialpsychologie. München: Piper.

Märtin, D. (2013). Smart Talk: Sag es richtig! Frankfurt: Campus-Verlag.

Martinus, J. (2001). ADS, hyperaktiv, verhaltensgestört oder was? Pädiatrische Praxis, 59, 397–406.

Maschke, B. (2016). Systemischer Kinderschutz. Plädoyer für die (Wieder-) Etablierung systemischer Grundüberzeugungen im Kinderschutz. KONTEXT, 47, 120–141.

Mayr, T. & Krause, M. (2011). KOMPIK (Kompetenzen und Interessen von Kindern in Kindertageseinrichtungen) – ein neues Beobachtungsverfahren für Kindertageseinrichtungen. Bildung, Erziehung, Betreuung von Kindern in Bayern, 16, 48–52.

Mayr, T., Krause, M. & Bauer, C. (2011). Der Beobachtungsbogen »KOMPIK« – ein neues Verfahren für Kindertageseinrichtungen. In K. Fröhlich-Gildhoff, I. Nentwig-Gesemann & H. R. Leu (Hrsg.), Forschung in der Frühpädagogik IV (183–211). Freiburg: FEL.

McGoldrick, M., Gerson, R. & Petry, S. (2016). Genogramme in der Familienberatung. Göttingen: Hogrefe.

Merkel, J. (2005). Gebildete Kindheit: Wie die Selbstbildung von Kindern gefördert wird. Handbuch der Bildungsarbeit im Elementarbereich. Bremen: edition lumière.

Merkle, T. & Wippermann, C. (2008). Eltern unter Druck: Selbstverständnisse, Befindlichkeiten und Bedürfnisse von Eltern in verschiedenen Lebenswelten. Eine sozialwissenschaftliche Untersuchung von Sinus Sociovision im Auftrag der Konrad-Adenauer-Stiftung e. V. Stuttgart: Lucius.

Merten, T. (2018). Krankheitsgewinn, primärer, sekundärer bzw. tertiärer. In M. A. Wirtz (Hrsg.), Dorsch – Lexikon der Psychologie. https://m.portal.hogrefe.com/dorsch/krankheitsgewinn-primaerer-sekundaerer-bzw-tertiaerer-1/ [30.8.2018].

Metzinger, A. (2013). Geschichte der Erzieherinnenausbildung als Frauenberuf. In L. Fried & S. Roux (Hrsg.), Handbuch Pädagogik der frühen Kindheit (390–400). Berlin: Cornelsen.

Mienert, M. (2016). »Das haben wir doch schon immer so gemacht« – Die »Ja, abers« in Kita und Hort. Göttingen: Vandenhoeck & Ruprecht.

Mienert, M. & Vorholz, H. (2007). Gespräche mit Eltern – Entwicklungsgespräche, Konfliktgespräche, Informationsgespräche. Troisdorf: Bildungsverlag Eins.

Minuchin, S. (1994). Familienszenen. Problemmuster und Therapien. Reinbek: Rowohlt.

Minuchin, S. (2015). Familie und Familientherapie: Theorie und Praxis struktureller Familientherapie. Freiburg: Lambertus.

Mischo, C., Wahl, S., Hendler, J. & Strohmer, J. (2012). Warum in einer Kindertagesstätte arbeiten? Entscheidungstypen und Ausbildungsstudienmotivation bei angehenden frühpädagogischen Fachkräften an Fachschulen und Hochschulen. Zeitschrift für Pädagogische Psychologie, 26, 167–181.

Mosell, R. (2016). Systemische Pädagogik. Ein Leitfaden für Praktiker. Weinheim: Beltz.

Mührel, E. (2015). Verstehen und Achten: Philosophische Reflexionen zur professionellen Haltung in der Sozialen Arbeit. Essen: Die blaue Eule.

Müller, M. (2017). Einführung in die narrativen Methoden der Organisationsberatung. Heidelberg: Carl Auer.

Müller, R., Klauß, T., Heimberg, U., Mittmann, A. (1980). Verhaltensmodifikation in der Praxis. Ein Kursprogramm zur Aus-und Weiterbildung für pädagogische Fachkräfte. München: Ernst Reinhard.

Müssig, R. (1991). Familien-Selbst-Bilder. Gestaltende Verfahren in der Paar- und Familientherapie. München: Ernst Reinhardt.

Nentwich, J., Vogt, F., Tennhoff, W. & Schälin, S. (2014). Puppenstuben, Bauecken und Waldtage: (Un)doing gender in Kinderkrippen. Zusammenfassung der Projektergebnisse – Langversion. http://www.nfp60.ch/SiteCollectionDocuments/nfp60_projekte_nentwich_zusammenfassung_projektergebnisse_lang.pdf [30.8.2018].

Noack, P. (2018). Familienentwicklungsaufgaben. In M. A. Wirtz (Hrsg.), Dorsch – Lexikon der Psychologie. https://m.portal.hogrefe.com/dorsch/familienentwicklungsaufgaben/ [30.8.2018]

Omer, H. & Schlippe, A. von (2017). Autorität ohne Gewalt: Coaching für Eltern von Kindern mit Verhaltensproblemen. »Elterliche Präsenz« als systemisches Konzept. Göttingen: Vandenhoeck & Ruprecht.

Orban, R. & Wiegel, G. (2018). Ein Pfirsich ist ein Apfel mit Teppich drauf: Systemisch arbeiten im Kindergarten. Heidelberg: Carl Auer.

Organisation für wirtschaftliche Zusammenarbeit und Entwicklung [OECD] (2015): What lies behind gender inequalitiy in education? PISA in FOCUS 49. http://www.oecd-ilibrary.org/docserver/download/5js4xffhhc30.pdf?expires=1479986469&id=id&accname=guest&checksum=4933EF11268D98E180E9C4FFF43E0FE8 [30.8.2018].

Ortner, G. (2004). Märchen, die den Kindern helfen. Geschichten gegen Angst und Aggression, und was man beim Vorlesen wissen sollte. Wien: Orac.

Ostendorf, F. & Angleitner, A. (2004). NEO-PI-R: NEO-Persönlichkeitsinventar nach Costa und McCrae. Göttingen: Hogrefe.

Ott, B., Käsgen, R. & Ott-Hackmann, H. (2007). Die systemische Kita: Das Konzept und seine Umsetzung. Weimar: verlag das netz.

Pagel, R. (2003). Droht eine Psychiatrisierung der Pädagogik? Pädagogik, 2/2003, 38–41.

Patrzek, A. & Scholer, S. (2018). Systemisches Fragen in der kollegialen Beratung. Weinheim: Beltz.

Pauli, S. & Kisch, A. (2017). Was ist los mit meinem Kind? Bewegungsauffälligkeiten und Wahrnehmungsstörungen bei Kindern. Dortmund: verlag modernes lernen.

Petermann, F. & Gust, N. (2016). Emotionale Kompetenzen im Vorschulalter fördern. Das EMK-Förderprogramm. Göttingen: Hogrefe.

Petermann, F., Natzke, H., Gerken, N. & Walter, H. (2016). Ein Programm zur Förderung emotionaler und sozialer Kompetenzen. Göttingen: Hogrefe.

Pfluger-Jacob, M. (2007). Kinder mit Wahrnehmungsstörungen erkennen, verstehen, fördern. Freiburg: Herder.

Plass, A. & Wiegand-Grefe, S. (2012). Kinder psychisch kranker Eltern. Entwicklungsrisiken erkennen und behandeln. Weinheim: Beltz.

Pörksen, B. & Schulz von Thun, F. (2016). Kommunikation als Lebenskunst. Philosophie und Praxis des Miteinander-Redens. Heidelberg: Carl Auer.

Pohlmann, U., Kaiser-Hylla, C., Herzog, S. & Schneider, A. (2016). Haltung entwickeln – Qualität zeigen. Ein Kompass zur Eltern-, Familien- und Sozialraumorientierung. Weimar: verlag das netz.

Prekop, J. (1997). Der kleine Tyrann. Welchen Halt brauchen Kinder? München: Deutscher Taschenbuchverlag.

Prekop, J. (2006). Hättest du mich festgehalten. Grundlagen und Anwendungen der Festhalte-Therapie. München: Goldmann.

Prior, M. (2017). MiniMax-Interventionen: 15 minimale Interventionen mit maximaler Wirkung. Heidelberg: Carl Auer.

Projektgruppe ÜFA (2013). Übergang von fachschul- und hochschulausgebildeten pädagogischen Fachkräften in den Arbeitsmarkt. http://www.projekt-uebergang.de/Broschuere_UEFA_final.pdf [30.8.2018].

Rauschenbach, T., Leu, H. R., Lingenauber, S., Mack, W., Schilling, M., Schneider, K. & Züchner, I. (2004). Konzeptionelle Grundlagen für einen Nationalen Bildungsbericht – Non-formale und informelle Bildung im Kindes- und Jugendalter. Bildungsreform Band 6. Berlin: Bundesministerium für Bildung und Forschung.

Reinmann-Rothmeier, G. (2003). Vom selbstgesteuerten zum selbstbestimmten Lernen. Sieben Denkanstöße und ein Plädoyer für eine konstruktivistische Haltung. Pädagogik, 55 (5), 10–13.

Renoldner, C., Scala, E. & Rabenstein, R. (2017). Einfach systemisch! Systemische Grundlagen & Methoden für Ihre pädagogische Arbeit. Aachen: Ökotopia.

Richter, S. (2014). Eine vorurteilsbewusste Lernumgebung gestalten. https://www.kita-fachtexte.de/texte-finden/detail/data/eine-vorurteilsbewusste-lernumgebung-gestalten/ [30.08.2018].

Ritscher, W. (2007). Soziale Arbeit: systemisch. Ein Konzept und seine Anwendung. Göttingen: Vandenhoeck & Ruprecht.

Ritscher, W. (2008). Systemische Soziale Arbeit – Systemische Kinder- und Jugendhilfe: Kritische Anmerkungen zu einem Konzept mit Hochkonjunktur. KONTEXT, 39, 143–161.

Robert Bosch Stiftung (Hrsg.). (2011). Qualifikationsprofile in Arbeitsfeldern der Pädagogik der Kindheit. Ausbildungswege im Überblick. Stuttgart: Robert Bosch Stiftung.

Robert Koch Institut (Hrsg). (2014). Psychische Auffälligkeiten. Faktenblatt zu KiGGS Welle 1: Studie zur Gesundheit von Kindern und Jugendlichen in Deutschland – Erste Folgebefragung 2009–2012. Berlin: Robert Koch Institut.

Rogers, C. (1983). Therapeut und Klient. Grundlagen der Gesprächspsychotherapie. Frankfurt: Fischer.

Rohrmann, T., Cremers, M. & Krabel, J. (2010). Männer in Kitas – welche Bedeutung hat das Geschlecht pädagogischer Fachkräfte? ARCHIV für Wissenschaft und Praxis der sozialen Arbeit, 2/2010, 44–55.

Rohrmann, T. & Wanzeck-Sielert, C. (2014). Mädchen und Jungen in der KiTa: Körper, Gender, Sexualität. Stuttgart: Kohlhammer.

Rose, L. & Stibane, F. (2013). Männliche Fachkräfte und Väter in Kitas. Eine Analyse der Debatte und Projektpraxis. München: Deutsches Jugendinstitut.

Rost, D. H. (2007). Interpretation und Bewertung pädagogisch-psychologischer Studien: Eine Einführung. Weinheim: Beltz.

Roth, X. (2014). Handbuch Elternarbeit: Bildungs- und Erziehungspartnerschaft in der Kita. Freiburg: Herder.

Ruf, G. D. (2009). Vom Krankheitsmodell zum Lösungsmodell. Eine systemische Nutzung psychiatrischer Begriffe. KONTEXT, 40, 357–373.

Rupp, M. (Hrsg.). (2009). Die Lebenssituation von Kindern in gleichgeschlechtlichen Lebensgemeinschaft. Köln: Bundesanzeiger Verlag.

Ryan, T. & Walker, R. (2007). Wo gehöre ich hin? Biografiearbeit mit Kindern und Jugendlichen. Weinheim: Juventa.

Sachverständigenkommission zum Zweiten Gleichstellungsbericht der Bundesregierung (Hrsg.). (2017). Erwerbs- und Sorgearbeit Gutachten für den Zweiten Gleichstellungsbericht der Bundesregierung. Berlin: BMFSFJ.

Schindler, H. (Hrsg.). (1996). Un-heimliches Heim. Von der Familie ins Heim und zurück!? Familientherapeutische und systemische Ideen für die Heimerziehung. Dortmund: verlag modernes lernen.

Schindler, M. (1998). Heute schon geküßt? Paare brauchen Rituale. Freiburg: Herder.

Schlippe A. von (1996). Das »Auftragskarussell«. In H. Schindler (Hrsg.). Un-heimliches Heim. Von der Familie ins Heim und zurück. Familientherapeutische und systemische Ideen für die Heimerziehung. Dortmund: verlag modernes leben.

Schlippe, A. von (2015). Systemisches Denken und Handeln im Wandel. Impulse für systembezogenes Handeln in Beratung und Therapie. KONTEXT, 46, 6–26.

Schlippe, A. von, Fischer, H. R. & Borst, U. (2011). Sympathy for the Devil oder: Wie mit unsympathischen Klienten umgehen? Familiendynamik, 36, 154–157.

Schlippe, A. von & Kriz, J. (1996). Das »Auftragskarussell«. Eine Möglichkeit der Selbstsupervision in der systemischen Therapie und Beratung. System Familie, 9, 106–110.

Schlippe, A. von, Molter, H. & Böhmer, N. (1995). Zugänge zu familiären Wirklichkeiten. Eine Einführung in die systemische Familientherapie. systhema, 9, Sonderheft 1.

Schlippe, A. von & Schweitzer, J. (2016). Lehrbuch der systemischen Therapie und Beratung I. Das Grundlagenwissen. Göttingen: Vandenhoeck & Ruprecht.

Schneewind, K. (2012). Familienpsychologie – Brückenschläge zwischen Forschung und Anwendung. Familiendynamik, 37, 104–112.

Schneider, A. (2018). Bürokratie- und Verwaltungsaufwand in Kitas in Rheinland-Pfalz. Limburg: Verlag des Bischöflichen Ordinariats.

Schneider, J. R. (2014). Das Familienstellen: Grundlagen und Vorgehensweisen. Heidelberg: Carl Auer.

Schulz von Thun, F. (2018). Miteinander reden 1. Störungen und Klärungen: Allgemeine Psychologie der Kommunikation. Reinbek: Rowohlt.

Schulze, G. (2005). Die Erlebnisgesellschaft. Kultursoziologie der Gegenwart. Frankfurt: Campus-Verlag.

Schweitzer, J., Beher, S., Syndow, K. von & Retzlaff, R. (2007). Systemische Therapie/Familientherapie. Pychotherapeutenjournal 1/2007, 4–19.

Schweitzer, J. & Schlippe, A. von (2016). Lehrbuch der systemischen Therapie und Beratung II. Das störungssezifische Wissen. Göttingen: Vandenhoeck & Ruprecht.

Schweitzer, J., Weinhold, J. & Schlippe, A. von (2016). Rituale. In T. Levold & M. Wirsching (Hrsg.), Systemische Therapie und Beratung – das große Lehrbuch (272–276). Heidelberg: Carl Auer.

Schwer, C. & Solzbacher, C. (Hrsg.). (2014). Professionelle pädagogische Haltung: Historische, theoretische und empirische Zugänge zu einem viel strapazierten Begriff. Bad Heilbrunn: Klinkhardt.

Schwing, R. (2016). Fragetechnik, Reframing und aktivierende Methoden. In T. Levold & M. Wirsching (Hrsg.), Systemische Therapie und Beratung – das große Lehrbuch (166–172). Heidelberg: Carl Auer.

Schwing, R. & Fryszer, A. (2013). Systemische Beratung und Familientherapie – kurz, bündig, alltagstauglich. Göttingen: Vandenhoeck & Ruprecht.

Schwing, R. & Fryszer, A. (2015). Systemisches Handwerk. Werkzeug für die Praxis. Göttingen: Vandenhoeck & Ruprecht.

Shazer, S. de (2012). Wege der erfolgreichen Kurztherapie. Stuttgart: Klett-Cotta.

Shazer, S. de (2015). Der Dreh. Überraschende Wendungen und Lösungen in der Kurzzeittherapie. Heidelberg: Carl Auer.

Siegler, R., DeLoache, J. & Eisenberg, N. (Hrsg.). (2005). Entwicklungspsychologie im Kindes- und Jugendalter. München: Elsevier.

Sievert, S. & Kröhnert, S. (2015). Schwach im Abschluss. Warum Jungen in der Bildung hinter Mädchen zurückfallen und was dagegen zu tun wäre. http://www.berlin-insti-tut.org/fileadmin/user_upload/Schwach_im_Abschluss/Bildung_online_gesamt_final.pdf [30.8.2018].

Simon, F. B. (2012). Einführung in die Systemtheorie und Konstruktivismus. Heidelberg: Carl Auer.

Simon, F. B. (2014). Einführung in die (System-)Theorie der Beratung. Heidelberg: Carl Auer.

Simon, F. B., Clement, U. & Stierlin, H. (2004). Die Sprache der Familientherapie: Ein Vokabular. Kritischer Überblick und Integration systemtherapeutischer Begriffe, Konzepte und Methoden. Stuttgart: Klett-Cotta.

Sinus Sociovision (2005a). Erziehungsziele und -stile von Müttern mit kleinen Kindern. Pilotprojekt in den Sinus-Milieus Postmaterielle, Moderne Performer, Experimentalisten, Hedonisten. Heidelberg: Sinus-Institut.

Sinus Sociovision (2005b). Wie erreichen wir die Eltern? Lebenswelten und Erziehungsstile von Konsum-Materialisten und Hedonisten. Heidelberg: Sinus-Institut.

Sinus Sociovision (2007). Wege zur Gleichstellung heute und morgen. Sozialwissenschaftliche Untersuchung vor dem Hintergrund der Sinus-Milieus® 2007. Berlin: Bundesministerium für Familie, Senioren, Frauen und Jugend.

Sinus Sociovision (2017). Informationen zu den Sinus-Milieus® 2017. https://www.sinus-institut.de/veroeffentlichungen/downloads/ [30.8.2018].

Six, U., Gleich, U. & Gimmler, R. (2017). Kommunikationspsychologie – Medienpsychologie. Lehrbuch. Weinheim: Beltz.

Smidt, W. (2015). Big Five personality traits as predictors of the academic success of university and college students in early childhood education. Journal of Education for Teaching, 41, 385–403.

Smidt, W. & Roux, S. (2015). How extraverted, open, agreeable, conscientious, and neurotic are prospective early childhood pedagogues? A comparison with the German Socio-Economic Panel. Early Child Development and Care, 185, 766–778.

Sommer, A., Lingg, E., Reutlinger, C. & Stiehler, S. (2010): Netzkarten. In sozialraum.de, 2/2010. www.sozialraum.de/netzkarten.php [30.8.2018].

Spangler, G. & Zimmermann, P. (1999). Bindung und Anpassung im Lebenslauf: Erklärungsansätze und empirische Grundlagen für Entwicklungsprognosen. In R. Oerter, C. von Hagen, G. Röper & G. Noam (Hrsg.), Klinische Entwicklungspsychologie. Ein Lehrbuch (170–194). Weinheim: Beltz.

Stanat, P., Schipolowski, S., Rjosk, C., Weirich, S. & Haag, N. (Hrsg.). (2017). IQB-Bildungstrend 2016. Kompetenzen in den Fächern Deutsch und Mathematik am Ende der 4. Jahrgangsstufe im zweiten Ländervergleich. Münster: Waxmann.

Statistisches Bundesamt (Hrsg.). (2017a). Bildung und Kultur. Berufliche Schulen – Fachserie 11 Reihe 2 – Schuljahr 2016/2017. Wiesbaden: Statistisches Bundesamt.

Statistisches Bundesamt (Hrsg.). (2017b). Statistiken der Kinder- und Jugendhilfe. Kinder und tätige Personen in Tageseinrichtungen und in öffentlich geförderter Kindertagespflege am 01.03.2017. Wiesbaden: Statistisches Bundesamt.

Steiner, T. & Berg, I. K. (2013). Handbuch lösungsorientiertes Arbeiten mit Kindern. Heidelberg: Carl Auer.

Steinhausen, H.-C. (2016). Psychiatrische Störungen bei Kindern und Jugendlichen. Lehrbuch der Kinder- und Jugendpsychiatrie und -psychotherapie. München: Urban & Fischer.

Stiehler, M. (2007). AD(H)S – Erziehen statt Behandeln. Göttingen: Vandenhoeck & Ruprecht.

Stierlin, H. (1980). Eltern und Kinder. Das Drama von Trennung und Versöhnung im Jugendalter. Frankfurt: Suhrkamp.

Stierlin, H. (1982). Delegation und Familie. Beiträge zum Heidelberger familiendynamischen Konzept. Frankfurt: Suhrkamp.

Stierlin, H. (1984) »Psychosomatische« und »schizo-präsente« Familien: Wechselfälle der bezogenen Individuation. Familiendynamik, 9, 278–294.

Textor, M. R. (1997). Erziehungspartnerschaft – eine neue Qualität in der Beziehung zwischen Kindertageseinrichtungen und Familien. Unsere Jugend, 49, 13–119.

Textor, M. R. (1999). Väter im Kindergarten. Bildung, Erziehung, Betreuung von Kindern in Bayern, 4 (1), 10–13.

Textor, M. R. (2001). Väter im Kindergarten. In K. Schüttler-Janikulla (Hrsg.). Handbuch für ErzieherInnen in Krippe, Kindergarten, Vorschule und Hort. 38. Lieferung. Landsberg: mvg-Verlag.

Textor, M. R. (2002). Von der Erziehungspartnerschaft zur Bildungspartnerschaft. In M. R. Textor & A. Bostelmann (Hrsg.), Das Kita-Handbuch. http://www.kindergartenpaedagogik.de. (www.kindergartenpaedagogik.de/798.pdf [30.8.2018].

Textor, M. R. (2006). Erziehungs- und Bildungspartnerschaft mit Eltern. Gemeinsam Verantwortung übernehmen. Freiburg: Herder.

Textor, M. R. (2009). Drei Formen der Bildung. In M. R. Textor & A. Bostelmann (Hrsg.), Das Kita-Handbuch. http://www.kindergartenpaedagogik.de. (www.kindergartenpaedagogik.de/2028.html [30.8.2018].

Textor, M. R. (2011). 25 Jahre Elternarbeit: Rückblick, Draufblick und Ausblick. In M. R. Textor & A. Bostelmann (Hrsg.), Das Kita-Handbuch. http://www.kindergartenpaedagogik.de. (www.kindergartenpaedagogik.de/2174.pdf [30.8.2018]).

Textor, M. R. (2015). Vom Erziehungspartner zum Haupterzieher: neue Anforderungen an die Elternarbeit. In M. R. Textor & A. Bostelmann (Hrsg.), Das Kita-Handbuch. (www.kindergartenpaedagogik.de/2317.html [30.8.2018]).

Textor, M. R. (2017). Elternarbeit: Vergangenheit, Gegenwart und Zukunft. In G. Aich, C. Kuboth & M. Behr (Hrsg.), Kooperation und Kommunikation mit Eltern in frühpädagogischen Einrichtungen (20–37). Weinheim: Beltz.

Textor, M. R. & Blank, B. (1996). Elternmitarbeit: Auf dem Wege zur Erziehungspartnerschaft. München: Bayerisches Staatsministerium für Arbeit und Sozialordnung, Familie, Frauen und Gesundheit.

Thomas, M. & Calmbach, M. (2013). Jugendliche Lebenswelten: Perspektiven für Politik, Pädagogik und Gesellschaft. Berlin: Springer.

Tietze, W., Becker-Stoll, F., Bensel, J., Eckhardt, A.G., Haug-Schnabel, G., Kalicki, B., Keller, H. & Leyendecker B. (Hrsg.). (2013). Nationale Untersuchung zur Bildung, Betreuung und Erziehung in der frühen Kindheit (NUBBEK). Weimar: verlag das netz.

Tillmetz, E. (2014). FIB – Familie in Balance. Das systemische Familienentwicklungsspiel. Handwerkszeug für Therapie, Beratung und Coaching. Pentling: Spiele Gabriele Grabl.

Tillmetz, E. (2017). Zeit- und Beziehungsmanagement in der Familie. Ressourcenorientierte Elternberatung mit dem systemischen Familienentwicklungsspiel FIB – FAMILIE IN BALANCE. In G. Götting, C. Bromann, M. Möller, M. Piorunek, M. Schattanik, A. Werner (Hrsg.), Zeit geben – Bindung stärken. Konzepte der Beratung (70–85). Weinheim: Juventa Beltz.

Tröster, H., Flender, J., Reineke, D. & Wolf, S.M. (2016). DESK 3–6: Dortmunder Entwicklungsscreening für den Kindergarten – Revision. Göttingen: Hogrefe.

Tschöpe-Scheffler, S. (Hrsg). (2014). Zusammenarbeit mit Eltern in Kitas, Familienzentren und Jugendhilfe. Qualitätsfragen, pädagogische Haltung und Umsetzung. Opladen: Barbara Budrich.

UN-Behindertenrechtskonvention (2006). Übereinkommen der Vereinten Nationen über die Rechte von Menschen mit Behinderung. http://www.bmas.de/DE/Service/Medien/Publikationen/a729-un-konvention.html [30.8.2018].

Varga von Kibéd, M. (2012). »Systemisch« ist nicht systemisch. »Systemischer« ist systemisch. SyStemischer. Zeitschrift für Systemische Strukturaufstellungen, 1(1), 6–12.

Verbeck, V. (2006). Trierer Beobachtungs- und Förderbogen. Ein praktischer Leitfaden für die Kindertagesstätte. München: Ernst Reinhardt.

Verbeck, V. (2008). Soziale Einrichtungen in Kürenz 2008. In H. Holzberger (Hrsg.). Kürenz: Chronik eines Trierer Stadtteils (483–504). Trier: Kliomedia.

Verbeek, V. (2016a). Männer in der Erzieherausbildung – das schwächere Geschlecht. Ergebnisse einer Studie zu überfachlichen und fachlichen Kompetenzen. In M. R. Textor (Hrsg.), Das Kita-Handbuch. http://www.kindergartenpaedagogik.de. (www.kindergartenpaedagogik.de/2359.pdf) [30.8.2018].

Verbeek, V. (2016b). Modellierung, Messung und Analyse überfachlicher Kompetenzen in der fachschulischen Erzieherausbildung. Dissertation, Universität des Saarlandes. doi:10.22028/D291-23432.

Verbeek, V. (2017a). Ausbildungsziel Professionelle Genderkompetenz oder Gender-Bashing im Klassenzimmer? Evaluation und Diskussion einer Unterrichtsreihe an der Fachschule für Sozialpädagogik. PädagogikUNTERRICHT, 37 (4), 19–24.

Verbeek, V. (2017b). Auswahl und Förderung: Kriterien für eine pädagogische Eingangsdiagnostik in der Erzieherausbildung. In M. R. Textor & A. Bostelmann (Hrsg.), Das Kita-Handbuch. http://www.kindergartenpaedagogik.de. (www.kindergartenpaedagogik.de/2416.pdf [30.8.2018]).

Verbeek, V. (2017c). Psychologie-Unterricht ohne Psychologen: Ein Plädoyer für mehr Fachlichkeit in der Erzieherausbildung. Report Psychologie, 42 (5), 204–209.

Verlinden, M. & Külbel, A. (2005). Väter im Kindergarten: Anregungen für die Zusammenarbeit mit Vätern in Tageseinrichtungen für Kinder. Weinheim: Beltz.

Vogt, H. (2017). Mit Perspektivenwechsel und guten Fragen. Elterngespräche aus systemischer Sicht. Theorie und Praxis der Sozialpädagogik, 6/2017, 28–31.

Vogt-Hillmann, M. & Burr, W. (Hrsg.). (2009). Lösungsorientierte kreative Kindertherapie. Dortmund: borgmann publishing.

Wagner, Y. (2013). Der Weg zum Kita-Portfolio: Dokumentationen im Team entwickeln – Beobachtungs- und Dokumentationsprozesse. Braunschweig: Westermann Lernspielverlage.

Walter, M. (2008). »Muss ich jede Mode mitmachen?« Frauen und Männer auf der Suche nach einer Geschlechter-Haltung für sich selbst. Theorie und Praxis der Sozialpädagogik, 2/2008, 15–19.

Walter, M. (2012). Jungen sind anders, Mädchen auch. Den Blick schärfen für eine geschlechtergerechte Erziehung. München: Kösel.

Watzlawick, P. (2014). Wirklichkeitsanpassung oder angepasste Wirklichkeit? Konstruktivismus und Psychotherapie. In Einführung in den Konstruktivismus (89–107). München: Piper.

Watzlawick, P., Beavin, J. H., Jackson, D. D. (2000). Menschliche Kommunikation: Formen, Störungen, Paradoxien. Bern: Huber.

Wegrzyn, Eva (2014). Genderkompetenz. In Gender Glossar/Gender Glossary. http://gender-glossar.de [30.8.2018].

Weigel, T. (2010). »Keiner will mehr Mitte sein«. Süddeutsche.de vom 22.09.2010.

Weiss, T. (2008). Familientherapie ohne Familie. Kurztherapie mit Einzelpatienten. München: Kösel.

Weiß, W. (2013). Philipp sucht sein Ich. Zum pädagogischen Umgang mit Traumata in den Erziehungshilfen. Weinheim: Juventa.

Weltgesundheitsorganisation (2011). Internationale Klassifikation psychischer Störungen: ICD-10 Kapitel V (F). Klinisch-diagnostische Leitlinien. Bern: Huber.

Weltzien, D. (2006). Familien stärken – Elternbildung in der Kita. Sonderheft »kindergarten heute – Fachzeitschrift für Erziehung, Bildung und Betreuung von Kindern«.

Weltzien, D. (2015). Gesprächsführung und Gesprächssetting. https://www.kita-fachtexte.de/texte-finden/detail/data/gespraechsfuehrung-und-gespraechssetting/ [30.8.2018].

West, C. & Zimmerman, D. H. (1987). Doing gender. Gender & Society, 1, 125–151.

Westheuser, L. (2018). Doing Gender. In Gender Glossar/Gender Glossary. http://gender-glossar.de [30.8.2018].

Westhoff, K. & Hagemeister, C. (2005). Konzentrationsdiagnostik. Lengerich: Pabst Science Publishers.

Wexberg, E. (1983): Verzogene Kinder. In A. Adler, C. Furtmüller & E. Wexberg (Hrsg.), Heilen und Bilden. Ein Buch der Erziehungskunst für Ärzte und Pädagogen (241–246). Frankfurt: Fischer.

White, M. (2010). Landkarten der narrativen Therapie. Heidelberg: Carl Auer.

White, M. & Epston, D. (2013). Die Zähmung der Monster. Der narrative Ansatz in der Familientherapie. Heidelberg: Carl Auer.

Wienands, A. (2002). Palo Alto: die Wiege systemischen Denkens. In: Zeitschrift für systemische Therapie und Beratung, 20, 236–244.

Winkelmann, I. (2014). Systemisch-ressourcenorientiertes Arbeiten in der Jugendhilfe. Heidelberg: Carl Auer.

Winterhoff, M. (2009). Warum unsere Kinder Tyrannen werden. Oder: Die Abschaffung der Kindheit. Gütersloh: Güterloher Verlagshaus.

Wippermann, C. (2016). Was junge Frauen wollen. Lebensrealitäten und familien- und gleichstellungspolitische Erwartungen von Frauen zwischen 18 und 40 Jahren. Berlin: Friedrich-Ebert-Stiftung.